中國經濟轉型的邏輯

胡少華 著

財經錢線

自　序

　　2008年，肇始於美國的全球金融危機爆發以來，中國經濟轉型的形勢更加迫切，任務也更加艱鉅。中國經濟轉型對於中國經濟發展既是機遇，又是挑戰，還是中國經濟發展面臨的必然選擇。中國經濟發展面臨以下抉擇：是強化各級政府和國有經濟對社會經濟的掌控，還是繼續推進市場化的經濟改革，降低國有經濟的比重，降低行業門檻，引入競爭機制，改變大型國有企業的行業壟斷地位；是繼續過去依靠增加生產要素投入的粗放式經濟增長模式，還是轉變為依靠生產率提高的集約型經濟增長模式；是進一步深化改革，擴大開放，更進一步融入現有的國際體系，還是堅持所謂的「中國模式」；等等。影響中國經濟轉型的因素是多方面的，既有政治、經濟、金融等方面的因素，也有文化、制度、法律等方面的因素。中國的經濟轉型是全方位的，既有產業升級與轉型，又有加快民營經濟的發展；既有政府職能的轉變，又有建設現代工商文明；既需要金融體系的轉型，又需要商業銀行的戰略轉型；既需要進一步深化改革，又需要一系列制度創新。

　　2008年的全球金融危機使我們認識到，完全的自由市場制度可能導致金融危機，政府不當的作用同樣也可能導致金融危機。市場存在信息不完全，而政府也同樣存在信息不對稱。但有一點是肯定的，市場應該在經濟運行中發揮決定性作用，因為市場才是激發企業用最低的成本交付最好的產品的最好工具。

　　現有的國際貨幣體系存在國際貨幣發行者激勵不相容，導致全球經濟失衡等方面的問題，表明其已不可持續，必須進行改革。中國的經濟轉型要求中國經濟必須更進一步融入現有的國際貨幣體系，因此與國際貨幣體系改革存在密切的聯繫。中國要適應和推動國際貨幣體系改革就

必須推進人民幣國際化。人民幣國際化是參與全球資源配置，提升金融服務水平，保障中國在全球經濟中的利益和成為金融強國的需要，而人民幣國際化又要求必須加快推進中國金融改革與開放。

金融體系變化與經濟發展存在互動關係。目前，中國金融體系還存在效率很低、證券市場融資占比太低、金融機構治理結構不完善、金融體系市場化程度還較低等方面的問題。因此，必須進行轉型，以便更好地服務中國的實體經濟，服務中國經濟轉型。金融在現代經濟發展中是一個重要的環節和部門。特別是從長期發展的角度來看，一個國家經濟發展的可持續性最重要的就是看其技術創新能否不斷地進行、技術創新的潛力有多大、能否轉變經濟發展方式。要轉變經濟發展方式，就需要資本的投入，也就需要發揮金融的作用。要更好地發揮金融在中國經濟轉型中的作用，商業銀行必須進行戰略轉型。中國經濟發展方式轉變和經濟結構調整，為國內商業銀行戰略轉型提供了難得的機遇，後危機時代全球經濟格局的調整也將助推中國商業銀行戰略轉型，社會需求的變化也為商業銀行戰略轉型創造了良好的條件。商業銀行必須顛覆傳統觀念，確定「以客戶為中心，以價值為導向，以可持續發展為核心內容」的經營管理理念，由「外延粗放」發展模式向「內涵集約」發展模式轉型，由注重發展公司業務向更多注重發展零售銀行業務轉型，由主要服務於大型企業向更多服務於中小企業轉型，要由注重對國有企業提供金融服務向更多注重對民營企業提供金融服務轉型，由注重國內市場向更多關注海外市場轉型，穩步推進綜合經營，向多功能銀行轉型。

國際金融危機的衝擊暴露出中國經濟結構的重大缺陷，調整經濟結構、轉變經濟發展方式，已經成為中國政府、企業及社會各階層的共識。調整經濟結構，一是要進一步推進市場化改革，破除地方保護和市場分割，消除地區間的行政壁壘和貿易壁壘，建立和形成全國統一的、暢通無阻的市場，讓市場真正在資源配置中發揮決定性作用；二是進一步轉變政府職能，完善政府治理機制，必須從發展型政府向服務型政府轉變；三是必須從國有經濟的總體層面來進行改革，進一步加快民營經濟的發展；四是發展對外直接投資，促進中國經濟結構調整；五是通過加快中國城鎮化進程來促進服務業的發展；六是推進服務業專業化、社會化改革；七是積極推進創新，發展創新型企業，建設創新型國家。

幾十年經濟增長的歷程告訴我們一個最主要的經驗，那就是制度的

重要性。中國經濟增長模式的轉變也會面臨制度因素的制約。諾斯和托馬斯在1973年的研究，諾斯和溫加萊斯在1989年的研究以及其他許多的研究都指出，建立安全而穩定的產權制度是西方崛起和現代經濟增長的關鍵所在。原因在於企業家只有在其對生產或者改進的資產的回報有足夠的控制權時才會有激勵去累積資產和進行創新。科技人員只有在知識產權得到很好的保護前提下才會有積極性進行創造發明，研究新的生產工藝和開發新產品，從而減少生產要素的投入，提高資源的利用效率。產業升級是一個市場化過程，要企業家去發現。市場的好處在於總能挑出能預見未來趨勢的企業家，使他們成為新產業的領導者。發揮政府在促進產業升級中的作用的關鍵在於轉變政府的職能，厘清政府與企業的邊界，提升政府的公共服務水平。具體來說，必須推進以下方面的改革：一是充分發揮政府在制度建設中的作用；二是建立和保護自由和開放的資本市場；三是繼續推進國有企業的民營化和市場化。為此，必須告別大政府，建立有限政府。在政府與企業的關係上，要由過去的政商博弈轉變為建設現代工商文明。

金融改革與開放對中國的經濟轉型十分重要，利率市場化、匯率形成機制改革、資本項目開放與人民幣國際化是當前中國金融改革與開放的重要內容。利率市場化有利於更好地發揮金融體系在中國各種資源中的配置作用。匯率市場化將使中國資本帳戶和人民幣國際化面臨更少的掣肘。開放資本帳戶有利於中國企業對外投資，也有利於併購國外企業，獲取技術、市場和資源便利，提高中國企業可持續競爭能力，還有利於中國經濟結構調整，化解當前中國高儲蓄、高投資、產能過剩以及消費水平偏低等經濟運行中的突出矛盾。人民幣國際化有利於減少中國貿易和投資的交易成本，有利於中國及時把握全球的投資機會，增加國內金融改革的動力，獲得在國際金融體系中的話語權，提高參與國際金融游戲規則制定的影響力。

中國是一個農業大國，農村改革對中國的經濟轉型非常重要。「三農」問題由來已久，後危機時期「三農」問題的核心是農民問題。城市化是中國經濟發展的最大動力，而城市化與中國的經濟轉型又存在密切的聯繫。農民的素質對中國的城市化和經濟轉型都十分重要。未來中國廣大農村還是中國一部分農民生產、生活的主要領地，因此我們要統籌城鄉發展，搞好新農村建設，就地解決部分農民的生產、生活問題，

改善他們的生活環境，提升他們的生活水平和生活品質。

　　文化也會對中國的經濟轉型產生重要影響。儒家文化蘊涵著豐富的企業家精神，而企業家精神對中國的經濟轉型非常重要。因此，我們必須弘揚儒家文化、弘揚「創新、合作、節儉、自強」的企業家精神。在現代管理中，注重人文精神的培養和塑造，以提高我們的管理水平和管理效率，從而更好地促進中國的經濟轉型。

胡少華

目　錄

第一章　全球金融危機與中國經濟轉型／1

　　第一節　美國消費信貸快速發展對中國商業銀行的警示／1

　　第二節　全球金融危機與新凱恩斯主義經濟學／10

　　第三節　全球金融危機與奧地利學派經濟學／20

　　第四節　後危機時期中國通貨膨脹產生的原因、危害及對策／30

　　第五節　後危機時期中國商業銀行業務發展戰略／42

　　第六節　美元霸權、全球金融危機與中國的金融戰略／51

　　第七節　以科學發展觀應對當前全球金融危機／62

第二章　金融與中國經濟轉型／76

　　第一節　國際貨幣體系改革的政治經濟學／76

　　第二節　中國金融體系轉型／83

　　第三節　警惕中國後危機時期經濟出現滯脹／95

　　第四節　發揮金融在促進中國經濟發展模式轉變中的重要作用／100

　　第五節　中國商業銀行戰略轉型／108

　　第六節　走中國特色銀行卡產業發展道路／117

　　第七節　在轉型中打造中國自主銀行卡品牌／125

　　第八節　關於中國銀行卡產業發展的幾個戰略問題／134

第三章　產業與中國經濟轉型 / 138

第一節　經濟分權、產業政策與戰略性新興產業發展 / 138

第二節　如何調整中國經濟結構 / 147

第三節　中國經濟增長模式轉變的制度因素 / 150

第四章　經濟增長與中國經濟轉型 / 158

第一節　如何理解改革開放以來的中國經濟增長 / 158

第二節　如何分析和判斷中國未來的經濟增長 / 161

第五章　政府作用與中國經濟轉型 / 168

第一節　政府在應對全球金融危機中的作用 / 168

第二節　政府職能轉變與經濟發展方式轉變 / 178

第三節　中國政府治理與公司治理的合理邊界 / 185

第四節　產業升級與政府的作用 / 194

第五節　告別大政府 / 203

第六節　從政商博弈到建設現代工商文明 / 207

第七節　完善政府治理，遏制房價快速上漲 / 219

第六章　改革開放與中國經濟轉型 / 227

第一節　中國當前金融改革與開放的幾個問題 / 227

第二節　人民幣匯率制度改革與中國經濟 / 235

第三節　農村改革與中國經濟轉型 / 248

第七章　文化與中國經濟轉型 / 266

第一節　儒家文化、企業家精神與經濟增長 / 266

第二節　現代管理與人文精神 / 279

參考文獻 / 290

第一章　全球金融危機與中國經濟轉型

第一節　美國消費信貸快速發展對中國商業銀行的警示

個人消費貸款也稱消費信貸，包括個人住房貸款、個人汽車消費貸款、助學貸款和其他貸款等。近年來，美國消費信貸快速擴張，美國的次級債市場和快速發展的信用卡市場可以說是這種消費信貸過度擴張的典型產物。2007年，美國的次級債風波和信用卡市場發展產生的風險展示了現代金融風險錯綜複雜的特徵，不管是次級債風波還是信用卡業務的快速發展，都是消費信貸快速發展的主要內容，在風險上也具有很大的相似性，最終都體現為消費信貸的風險。中國商業銀行消費信貸業務正處在快速發展的階段，筆者認為，美國消費信貸快速發展產生的巨大風險對中國商業銀行消費信貸業務發展具有重大的警示作用。

一、美國消費信貸業務快速發展產生巨大的風險

（一）次級債風波

20世紀90年代初期，美國首先出現了一批盯住某些特殊客戶層的專業商業信貸機構，主要為這些客戶提供私家車購置按揭貸款、住房購置按揭貸款，以及個人信用卡發放等業務。由於這一客戶層無法提供必要的信用記錄，也沒有雄厚的資產保證，更難以找到連帶的保證人，所以無法按照傳統的資產按揭、信用擔保的方式進行按揭貸款。

次級住房貸款業務具有以下幾個特徵：一是次級住房按揭貸款業務完全是基於風險管理的現代模式，而不是傳統的資本管理模式

（Courchane 等，2007）。二是次級住房按揭貸款業務是政府重點監管的對象之一。雖然政府無法監控這一特殊客戶群體的信貸行為，但完全可以監管貸款公司的財務狀況。三是次級住房按揭貸款方式多採取靈活多樣的還款方式（Cytron & Lanzerotti，2006）。例如，臺階式的利率支付，就是在前兩年為客戶提供較為優惠的固定利息，客戶第三年開始才按照市場的浮動利率支付利息。還有延緩利率支付的「負按揭率」的支付方法，也就是客戶可以自由地選擇利率的支付比例，即容許客戶將利息支付不足的部分計入未來需要償還的本金中一併支付。總之，多樣性的支付方式的目的就是最大限度地降低個人暫時性的流動性短缺所造成的支付障礙問題。

次級抵押貸款和次級債借款具有以下基本特徵：一是個人信用比較差，信用評級比較低。美國的信用評級公司（FICO）將個人信用評級分為五等，即優（750～850 分）、良（660～749 分）、一般（620～659 分）、差（350～619 分）、不確定（350 分以下）。次級貸款的借款人信用評分多在 620 分以下，除非個人可支付高比例的首付款，否則根本不符合常規抵押貸款的借貸條件。二是房產貸款有關比例高。美國的常規抵押貸款與房產價值比（LTV，下同）多為 80%，借款人月供與收入之比在 30% 左右。而次級貸款的 LTV 平均達到 84%，有的超過 90%，甚至達到 100%，這意味著借款人的首付款不足 20%，甚至是零首付款。那麼在沒有個人自有資金投入的情況下，銀行就失去了借款人與銀行共擔風險的基本保障，其潛在的道德風險是顯而易見的。借款人月供與收入比過高，意味著借款人收入微薄，還貸後可支配收入有限，其抗風險的能力也比較弱。三是少數族群占比高，多為可調利率，只支付利息和無收入證明文件貸款。據美國抵押貸款銀行協會的調查表明：37.8% 的次級抵押貸款借款人是拉丁美洲移民，53% 的次級抵押貸款借款人是美籍非洲人。這些少數種族的居民基本沒有信用史料，也無收入證明文件。次級抵押貸款 90% 左右是可調整利率抵押貸款；30% 左右是每月只付利息，最後一次性支付的大額抵押貸款或重新融資。這種抵押貸款開始還貸款負擔較輕，但累積債務負擔較重。四是拖欠率和取消抵押贖回權比率較高。由於次級抵押貸款的信用風險比較大，違約風險是優級住房貸款的 7 倍，所以次級貸款的利率比優級住房抵押貸款高 350 個基點。次級抵押貸款多為可調整利率，當貸款利率不斷下調時，可以減輕

借款人的還貸負擔。但是當貸款利率不斷向上調時，借款人債務負擔隨著利率上升而上升，導致拖欠和取得抵押贖回權的風險加劇。[1] 美國的按揭提供商以種種方法吸引人們大膽草率貸款，甚至前2年以低利率引誘，後28年則利率超過正常利率的3%，這種十分危險的次級債規模2006年高達6,000億美元，約合4.78萬億元人民幣（謝百三，2007）。

(二) 信用卡業務的發展產生的消費信貸風險

在對美國破產的收入動態面板數據研究中，個人破產的最主要的原因是「高負債、沒有正確使用信用卡」（33%的個人破產歸咎於這個原因）。2006年，一項對在破產之前尋求信貸諮詢的債務人的調查發現債務是更重要的原因，三分之二的破產者是因為「不善於金錢管理、過度支出」而處於財務困難之中（信貸諮詢的國家基礎，2006）。此外，所有的個人破產的實證模型研究發現，如果消費者有比較高的負債，消費者更可能選擇破產。多莫維茨和薩泰（Domowitz & Sartain, 1999）發現隨著居民信用卡和醫療費用的增加，居民更願意加入破產的行列。格羅斯和蘇勒斯（Gross & Souleles, 2002a）同樣發現信用卡持卡人隨著信用卡負債的增加，更願意加入破產的行列。在法伊、哈斯特和維特（Fay, Hurst & White, 2002），邁切爾·J.維特及其合作夥伴（Michelle J. White, 2007）的研究中發現，隨著申請破產者從破產中獲得的財務回報的增加，居民更願意加入破產的行列，他們從破產中獲得的財務回報主要依賴於他們在破產中有多少債務被清償。法伊、哈斯特和維特（Fay, Hurst & White, 2002）的研究以及格羅斯和蘇勒斯（Gross & Souleles, 2002a）的研究包括每年的啞變量，這些研究的結果表明債務並非只充當了一些影響破產的其他因素代表的角色，其本身就是破產增加的一個重要解釋變量。

國際比較也表明信用卡負債與破產之間存在密切的聯繫。厄栗斯（Ellis, 1998）對美國和加拿大進行比較來說明信用負債解釋破產增加的重要性。一般的信用卡於1966年在美國首次發行，於1968年在加拿大首次發行。在加拿大，信用卡負債和破產從1969年開始迅速增加。但是在美國，許多州的高利率信貸法限制了貸款者貸款收取的最高利率，這就降低了其發行信用卡的意願。在整個20世紀70年代，美國破

---

[1] 汪利娜. 美國次級抵押貸款危機的警示 [J]. 財經科學, 2007 (10).

產保持常態。但是美國高等法院在馬凱特（Marquette）決策中有效地廢除了州高利率信貸法，從那以後，美國信用卡負債及破產事件快速增長。曼恩（Mann，2006）的文件同樣說明了在澳大利亞、日本和英國，信用卡負債與破產之間存在密切的聯繫。

李斯特和邁吉（Livshits & MacGee）使用校準技術檢驗從20世紀80年代早期以來各種破產案例增加的各種解釋。他們發現只有信用卡借款大量增加以及對破產懲罰的減少能解釋20世紀80年代破產案例增加。從1980年開始，雖然抵押貸款的增長率在循環信貸增長率之下，但是抵押貸款也快速增加，1980—2006年，每個居民戶的真實抵押貸款增加了3倍，而在同時期，每個居民戶的實際信貸增長了4.6倍。抵押貸款的增加和破產的增加通過很多方式聯繫在一起：首先，一些家庭常常利用破產來推遲抵押貸款。其次，雖然抵押貸款在破產中不被獲準，但是一些家庭可能想去加入破產的行列，因為他們的消費信貸獲得批准使免除他們的抵押責任變得更加容易。最後，債務人可能選擇破產，如果債務人的抵押借款方已經提前關閉了，已經賣掉的房子達不到債務人的擁有量。在這種情況下，在美國一些州的一些債務人對差額負有償還責任，但是在破產中債務能被獲準核銷。抵押貸款和消費者借款的相互作用的更多討論可見貝科維茲和哈尼斯（Berkowitz & Hynes，1999）以及林和維特（Lin & White，2001）的研究。

從1980年以來，信用卡的增加和可能的抵押貸款水平提供了美國破產案例增加的最可信的解釋。但是因為反向事件和負債水平在解釋破產案件中相互作用，隨著負債水平的增加，任何特殊的反向事件更可能引發財務困難和破產。

由於信用卡負債的擴張以及破產案例的增加在表面上存在聯繫，評審信用卡市場近幾十年如何發展是非常有意義的。阿蘇貝爾（Ausubel，1997）、伊瓦斯和思切馬勒斯（Evans & Schmalensee，1999）、莫思和約翰遜（Moss & Johnson，1999）、培特遜（Peterson，2004）、馬努（Mannon，2006）等進行了相關的研究。直到20世紀60年代，消費者信貸從銀行或者信貸機構逐步採取抵押貸款或分期付款貸款。對於銀行或信貸組織的客戶，要獲得一項貸款，需要通過面對面的申請程序，解釋貸款的目的，闡述自己還款的能力。因為申請程序是有成本的，還可能遭遇被拒絕的尷尬，這些貸款額度通常很小，只給予值得信賴的客

戶。隨著 1966 年信用卡的引入，這種狀況開始改變，因為信用卡提供了消費者任何時候，為了任何目的都可以使用的不嚴格的貸款限制。最早期的信用卡由銀行發行。在銀行，消費者有他們的支票或儲蓄帳戶。因為美國大多數州有限制最高利率的《高利率信貸法》，銀行一般只向那些最值得信賴的客戶提供信用卡，因此信用卡的使用增長很慢。但是 1978 年出抬了馬凱特（Marquette）決策後，信用卡的發行者能收取比較高的利率，他們在那些以前因為利率低的限制而使信用卡借款無利可圖的州大量擴大信用卡業務。

信用徵信局的發展和計算機信用評分模型改變了信用卡市場。因為借款者能從信用徵信局中獲得有關個人消費者的信用記錄信息，所以提供信用卡給以前與發卡機構沒有關係的消費者。發卡機構首先提供信用卡給那些通過郵件申請信用卡的消費者，然後開始發送預先批准的信用卡申請者，這些信用卡的申請者的信用記錄已經先進行了審核。這些創新減少了信貸成本，主要是通過消除面對面的申請程序、允許借款者擴大業務以及增加當地信用卡市場的競爭來降低信貸成本。從 1977 年到 2001 年，在美國，一個居民戶至少持有一張信用卡的比例從 38% 增長到 76%（Durkin，2000）。在同時期，循環信貸占非抵押消費信貸中的比例由 16% 增加到 37%，這意味著信用卡貸款逐步代替了其他形式的消費信貸。從分期貸款到循環信貸的轉移意味著消費者信貸戲劇性的變化。安全的和分期的貸款執行的是固定的利率，事先確定的還款日期。信用卡貸款則相反，允許借款者在任何時間改變利率，允許債務人選擇每個月的還款額，只要滿足最低還款額的要求即可。消費者每月全金額還款的只是為了交易方便，他們獲得了一個借款免息期。相反，消費者只是部分還款的，他們將要承擔部分利息。如果信用卡的使用者延期付款或超過了他們的信貸額度，發卡機構將提高利率進行懲罰和徵收額外的費用。信用卡發行者通過郵寄的方式向新的顧客提供信用卡。在 2001 年，美國平均每個居民戶獲得 45 個這樣的信用卡提供機會（Bar-Gill，2004）。發卡機構之間的競爭導致發卡機構不斷向消費者提供有利的信用卡初始使用期以及艱難的初始期以後的時期。對消費者有利的初始期包括免年費、初始利率為 0 或者很低以及對每 1 美元（1 美元約等於 6.40 元人民幣，下同）的消費都採取現金返還或頻繁的飛行里程獎勵。對消費者有利的信用卡初始使用期也鼓勵了消費者接受新的信用

卡，信用卡獎勵計劃鼓勵了消費者利用信用卡進行更多的支付，最低還款額又鼓勵了消費者進行更多的透支，每月的帳單安排也鼓勵了借款。

過了信用卡初始使用期以後的時期，信用卡的使用就變得很艱難了。平均信用卡利率達到了16%，如果消費者使用信用卡透支後不能按時還款，信用卡利率將提高到24%甚至30%。延遲還款或超過透支額度還需繳納懲罰費用達到35美元左右。這些信用卡定價暗示發卡機構在新的信用卡客戶上遭受損失，但在老的信用卡客戶上獲取利潤來彌補損失（Ausubel, 1991, 1997; Bar-Gill, 2004）。

信用卡發行者也通過向低收入、低信用評分、甚至有破產經歷的消費者借款來擴大他們的高風險經營。低收入的居民戶持有信用卡的比例也從1977年的11%提高到2001年的43%（Durkin, 2000; Johnson, 2005）。消費者信貸從分期貸款到信用卡負債轉移以及信用卡的定價機制使消費者的債務負擔對收入的變化更敏感。當消費者的收入高時，他們可能全額償還信用卡借款，因而債務負擔輕，他們承擔很少的利息甚至沒有支付任何利息。但是當消費者的收入降低時，消費者可能延遲還款或者只按最低還款額還款，因而他們的債務負擔增加，需要支付更多的利息和費用。雖然當消費者的收入降低時，信用卡允許消費者平滑消費，但這樣做的成本是很高的，可能使一些債務人陷入財務困境。

（三）兩者產生的巨大風險具有很大的相似性

美國的次級債市場和信用卡市場在給消費者提供信貸的思路和方法上具有很大的相似性，因此在產生的風險上也有很大的相似性，就是低的信貸門檻和高的後續負擔增加了消費信貸的風險。不管是美國的低級債市場還是信用卡市場，採取的都是低的信貸門檻，這一方面能讓更多的消費者符合進入這個市場的條件，另一方面又能讓這些消費者在進入這個市場的前期感到比較輕鬆。例如，美國次級債市場上臺階式的利率支付方式就是在前兩年為客戶提供較為優惠的固定利息，第三年開始才按照市場的浮動利率支付。不管是次級債市場還是信用卡市場都是使用比較優惠的條件把消費者吸引進來，在進入市場的初始期過後，這些消費者又不得不承受很高的利息負擔和不能按時還款所遭受的懲罰，這樣便增大了消費者破產的風險，也迅速提高了消費信貸市場的風險。

二、中國消費信貸市場發展的現狀

客觀地說，信貸業務仍然是中國商業銀行當前乃至今後相當長時間內資金運用的主渠道，在保持傳統的信貸業務合理均衡增長以外，商業銀行應積極拓寬信貸領域，大力培育消費信貸市場。西方商業銀行消費信貸一般占貸款總額的 20%～40%，花旗銀行 2000 年 44% 的收入來自於消費信貸領域。1998 年以來，中國消費信貸發展迅速，成效顯著，為促進消費、擴大內需以及提高人們消費水平發揮了重要作用。消費信貸不僅刺激了消費需求，更重要的是促進了商品銷售，並成為國家對消費市場實施選擇性調控的重要手段。截至 2006 年 4 月末，中國消費信貸餘額為 22,655 億元，比剛剛起步時的 1997 年年末增加了 22,465 億元，增長了 118 倍；消費信貸餘額占各項貸款餘額的比例也由 1997 年年末的不足 0.23% 上升到 10.2%。消費信貸品種呈現多元化發展。從消費領域看，已發展到住房、汽車、信用卡、助學等多個消費領域；從信貸工具看，已出現信用卡、存單質押、國庫券質押等多種信貸方式；從開辦消費信貸業務的機構看，已由國有商業銀行「一枝獨秀」發展到有條件開辦信貸業務的所有商業銀行和城鄉信用社都在經營此項業務，可見中國消費信貸市場空間仍然很大。[①] 加快中國消費信貸業務的發展，不僅為銀行拓寬了新的信貸領域，有助於分散信貸風險，提高資金使用效益，而且作為銀行給居民提供的金融服務，消費信貸有助於降低居民消費的流動性約束，對中國消費水平的提高有著拉動作用，有利於擴大內需，從根本上解決流動性過剩的問題。

近幾年來，中國房地產市場獲得快速發展，個人住房貸款一直是消費信貸的主體。隨著中國住房制度改革的逐步深入，個人住房貸款成為消費信貸發展的重點。為了支持和鼓勵居民購買住房，國家通過重點支持經濟適用房建設、對住房貸款實行優惠利率等多種措施，發展住房貸款。2000—2005 年，個人住房貸款占消費信貸總額的比重基本穩定在 80% 左右。截至 2006 年 4 月末，個人住房貸款餘額已達 19,069 億元，占全部消費信貸餘額的 84%。

近幾年來，中國信用卡市場也獲得了快速發展，截至 2007 年年底，

---

① 羅延楓. 推動消費信貸發展的政策建議 [J]. 中國金融，2006 (17).

信用卡累計發行8,750萬張，比2003年年底增長了242%。2007年全年，信用卡在跨行銷售終端（POS，下同）消費交易筆數中占比為44.53%，在POS消費交易金額中占比為23.56%。有關調查發現，中國信用卡目標持卡人僅有14%申領並使用銀行卡，同時僅有6%的持卡人偶爾或者經常使用循環貸款，信用卡的忠誠度還偏低。這些數據表明，在繼續重視卡量增長的同時，發卡機構應重視增加盈利能力，通過特色服務提高持卡人的忠誠度。隨著中國居民收入水平的提高和居民用卡意識的增強，商業銀行信用卡業務必將呈現「井噴式」發展的趨勢。目前，信用卡業務已經成為商業銀行擴大消費信貸業務的重要舉措。

三、美國消費信貸快速發展對中國商業銀行的警示

（一）認識和防範消費信貸快速發展過程中可能積聚的金融風險

2007年，美國次級抵押貸款危機爆發，給全球經濟發展、證券市場發展、房地產市場發展蒙上了陰影。次級抵押貸款危機向其他信貸領域，特別是信用卡市場蔓延的可能性正在增加。據統計，美國2007年5月和6月的信用卡透支餘額增長率按年率計達到11%，是5年來的最高增速，但信用卡違約率同比也大幅增加約30%。

同期美國零售金額並沒有出現快速增長，信用卡透支餘額快速上升的原因之一可能是部分陷入困境的次級住房抵押貸款者採用「拆東牆補西牆」的辦法來保住住房。美國信用卡逾期還款的情況上升，季度還款率（反應持卡人還款意願和能力的一項重要指標）出現4年來的首次下降，2007年上半年，美國信用卡公司核銷了4.58%的信用卡透支貸款，比2006年同期增加了30%。

在中國，近幾年全國各地房價持續快速上漲，由於對房地產市場未來的非理性預期，很多機構和居民利用銀行資金瘋狂「炒房」，儘管從2007年開始，一些地方政府出拾了一些抑制房價上漲的政策，一些地方的商業銀行也出拾了一些旨在抑制利用銀行信貸資金「炒房」的信貸政策，但這幾年房地產市場非理性繁榮所積聚的金融風險依然存在，而且還有可能進一步加劇。隨著銀行貸款利率的提高，一旦房價下跌，房地產市場的泡沫破滅，借款人的套利活動就無法獲益，一些房地產商的資金鏈也很容易斷裂，部分借款人可能利用信用卡借款和透支，從而使信用卡逾期還款的情況上升，使處於起步階段的中國信用卡市場遭受

嚴重的打擊，使中國商業銀行快速發展的消費信貸業務遭受雙重打擊且還有可能產生大量的呆壞帳。

（二）要充分認識到消費者的非理性消費將極大地加劇信用卡市場的風險

最近的研究表明，依據消費者對待儲蓄的態度可以將消費者劃分為兩類：理性的消費者與非理性的消費者，後者被形象地稱為「誇張的廉價商店」。「誇張的廉價商店」想在將來的某一時點上開始節省得更多，但是在目前，他們偏好消費勝過儲蓄（Laibson，1997）。「誇張的廉價商店」就是這樣一個人，他總是想在明天開始節省消費，從不是在今天開始節省消費。隨著信用卡貸款已經變得越來越廣泛，借款的機會增加了，理性的消費者與「誇張的廉價商店」的差異變得更加突出。

萊頌、熱培托和托巴曼（Laibson, Repetto & Tobacman, 2003）模擬研究發現「誇張的廉價商店」借款超過理性的消費者 3 倍多，不考慮兩種類型的借款者是否支付同樣的利息或者「誇張的廉價商店」支付更高的利息。把這些結果應用到信用卡定價中，理性的消費者可能使用信用卡純粹為了交易，而「誇張的廉價商店」更可能使用信用卡來借款。允許消費者選擇每月利用信用卡支付多少就相當於使「誇張的廉價商店」將累積多高的信用卡負債，因為他們每月決心開始償還他們的債務，但是當下一次帳單到來時，他們因為消費得太多，不得不推遲償還另外一個月的債務。「誇張的廉價商店」比理性的消費者利用信用卡借款更多，他們也可能支付更高的利息和罰金。因此，「誇張的廉價商店」比理性的消費者持續累計更多的信用卡借款。

格羅斯和蘇勒斯（Gross & Souleles, 2002b）提供的證據支持了信用卡市場上「誇張的廉價商店」模型，特別是他們發現信用卡持卡人隨著利率的降低增加其信用卡透支要多於隨著利率大幅度提高減少其信用卡透支。這表明為什麼信用卡發卡機構提供低的初始信用卡利率去吸引新的客戶，然後向已存在的信用卡持卡人按高利率收取利息。這些結果表明在金融困境中更多的債務人更可能是「誇張的廉價商店」而不是理性的消費者。從韓國等地信用卡市場發展的歷史來看，這種消費者的非理性也曾使信用卡市場遭遇巨大的風險，出現了信用卡危機。中國信用卡市場的發展尚處於起步階段，隨著信用卡市場競爭的日益激烈，一些相對低端客戶也將逐步進入發卡機構的發卡視野，發卡銀行要充分

認識到信用卡市場這種非理性的消費者的存在將極大地加劇信用卡市場的風險。因此，要提高風險防範意識，建立科學的風險控制手段，完善信用卡風險控制機制和手段。

（三）加強對消費信貸申請者進行事前的甄別和事後的審核，對不同的信用風險等級的借款人實施差異化貸款是防範消費信貸風險的重要手段

在中國的消費信貸市場上，商業銀行在房地產消費信貸上對不同信用風險等級的借款人實施不同的風險定價、借貸標準，包括自有資本金、首付比例、利率、貸款期限等。信用卡作為一種個人金融服務也是有一定的價格的，其價格既包括循環信貸的利息率，又包括年費、遲付費、提現費、轉帳費、超額透支費等各項收費。信用卡的價格也應該是差異化的，應該根據風險水平定價，風險越高，價格應該越高，以彌補其風險。總之，中國商業銀行要從服務風險定價向客戶風險定價轉變，從粗放式經營向精細化、個性化經營轉變，提高自身抵禦風險的能力。

第二節　全球金融危機與新凱恩斯主義經濟學

一、關於新凱恩斯主義經濟學

凱恩斯主義將經濟學一分為二，即微觀經濟學和宏觀經濟學。經濟學的教學也劃分為微觀課程和宏觀課程。學生先學習亞當·斯密（Adam Smith）「看不見的手」和福利經濟學的基本定理；在接下來的宏觀課程中，學生則被告知各種市場失靈以及政府在糾正這些失靈中所扮演的角色。微觀經濟學家批評宏觀經濟學家，認為宏觀經濟學家缺乏嚴格的理論基礎；而宏觀經濟學家則譴責微觀經濟學家沉迷於不現實和不適應的理論之中。凱恩斯主義經濟學之所以不完全令人滿意，也正是因為人們希望對該理論某些核心假設做進一步解釋，尤其是價格和工資的黏性。通過兩種方法可以把微觀經濟學和宏觀經濟學重新連接起來。宏觀經濟學可以引入微觀經濟學，反之亦然。新古典經濟學選擇了第一種方法。這種方法的支持者試圖從理性、企業和消費者的最大化行為等

基本原則出發，來推導經濟加總的動態行為。這個學派意識到了經濟動態在理解宏觀經濟運行中的重要作用，以及預期在形成經濟動態中的核心地位。第二種方法則嘗試將微觀經濟理論引入宏觀經濟理論。為表述方便，學術界將其稱為新凱恩斯主義經濟學。新凱恩斯主義經濟學的出現主要是應對20世紀70年代凱恩斯主義經濟學面臨的理論危機。在新凱恩斯主義經濟學中，曼昆和羅默參考某一特定理論對下面一組問題的回答來判別其是否為新凱恩斯主義經濟學。問題1：此理論是否違反了古典二分法，即貨幣是否是非中性的。問題2：此理論是否認為經濟中的實際市場不完全性是理解經濟波動的關鍵。在主流經濟學派中，只有新凱恩斯主義經濟學派對這兩個問題的回答都是肯定的。失業、信貸配給和商業週期等經濟現象與標準微觀理論的結論並不一致，新凱恩斯主義的目標就是發展能夠解釋這些現象的微觀理論。如果考慮其最寬泛的內涵，新凱恩斯主義經濟學有很多分支，其中的一個主要方面就是對不完美信息和不完備市場的研究。[①]

新凱恩斯主義經濟學是基於凱恩斯主義基本思想的，但新凱恩主義者意識到應該更為徹底地遠離新古典主義的分析框架，並且應該對由信息成本引起的資本市場的不完美性及其後果做更深入的研究。效率工資模型、資本市場的不完備、信貸配給以及對貨幣政策作用的修正觀點是新凱恩斯主義的幾個重要組成部分。

（一）效率工資模型

效率工資是指勞動生產率依賴於工資水平。效率工資模型的基本假設是工人特徵的相關信息不完美。工人的行為不能夠被企業完全地觀察到，企業無法制定有效的合約來保證工人承擔其行為的後果。因此，勞動質量和生產效率（企業的利潤）就有可能因為企業支付更多的工資而上升。同樣，人員更替也會因為工資上升而減緩。正是因為意識到降低工資可能會降低生產效率，增加人員更替，從而減少利潤，所以企業面臨大量失業時，並不一定降低工資。在這種理論中，市場上也有很多企業，企業之間是存在競爭的，但是至少在一定範圍之內，企業是工資的制定者。如果瓦爾拉斯工資（出清勞動力市場的工資）水平太低，

---

① 斯蒂格利茨. 斯蒂格利茨經濟學文集：第4卷 [M]. 紀沫，陳工文，李飛躍，譯. 北京：中國金融出版社，2007.

那麼企業可以選擇提高工資來增加利潤。當然，效率工資，也就是最大化企業利潤的工資，會因為經濟狀況的變化而變化，因此效率工資並不意味著工資水平一成不變，但是說明了工資水平為何不一定會降低到出清市場的水平。[①]

效率工資理論解釋了為什麼工資不能出清勞動力市場。類似的模型也可以解釋利率不能促使信貸的供給和需求相等的原因。更一般地，阿克洛夫和耶倫（1985）指出，即使應該改變工資，企業也願意支付額外的費用來保持工資不變。他們證明這種近似理性的行為給企業帶來的利潤損失很小，但是社會成本卻可能非常高昂。事實上，如果企業是風險厭惡型的，並且改變工資的後果存在某種不確定性，保持工資不變是完全理性的。

（二）資本市場的不完備

資本市場不完備起源於信息不完美。在企業經理人和潛在的投資者之間存在信息不對稱時，這種不對稱會導致所謂的「股權配給」（Equity Rationing）。股權配給之所以重要，是因為股權配給意味著如果企業希望獲得更多的資本用以投資或者增加生產，企業必須借入資金。即便企業有能力做到這一點，也會面臨不可忽略的風險，包括破產風險。要分析企業的行為，就必須關注企業是否願意承擔這些風險。企業生產資本不可預期的改變（比如存貨價格的變化）可能會對企業承擔風險的意願有顯著的影響。

（三）信貸配給

儘管有時企業對潛在風險的考慮降低了企業願意生產的數量，但是在其他時候，企業獲得資本會受到限制，市場上存在信貸配給。資本供給者在面臨過度資本需求時不提高利率的考慮和企業在面臨過度勞動供給時不降低工資是相似的。原因在於選擇效應（申請者的構成發生反向變化）或激勵效應（借款者從事風險更大的項目），提高利率可能反而會降低資本供給者的期望回報。

[①] 正因為此，效率工資理論的政策含義與傳統的固定工資模型有顯著的不同。後者假定經濟政策不能改變工資水平，而效率工資理論則認為某些政策，比如失業保障，就有可能影響均衡工資水平，所以對此類政策的影響需要認真地考察。（斯蒂格利茨. 斯蒂格利茨經濟學文集：第 4 卷 [M]. 紀沫，陳工文，李飛躍，譯. 北京：中國金融出版社，2007：155.）

(四) 對貨幣政策作用的修正觀點

貨幣政策起作用時，並不是通過調整個體持有的貨幣餘額，而是通過影響信貸的可獲得性來影響經濟活動的。信貸市場上的信息不對稱意味著如果某一家銀行決定減少提供貸款，那麼市場上一定不會存在其他的潛在貸款提供者可以對這筆貸款進行完全的替代。貨幣政策當局可以採取某些措施來影響銀行的貸款意願（或者影響銀行願意貸款的條件）。當然在某些條件下，其他的貸款提供者可能會採取某些行為來抵消貨幣政策的影響，但總體而言，貨幣政策的作用不會被完全抵消。

二、當前金融危機產生原因的新凱恩斯主義經濟學分析

資本市場的不完備是解釋這次金融危機產生的原因的一個重要視角。新金融市場的自由化是新自由主義體制的一個顯著特點。在 20 世紀 30 年代，鑒於 1929—1933 年大危機的教訓，羅斯福政府要求美國國會通過「證券交易法」，阻礙了金融機構與實體經濟的聯繫，使美國經濟的金融化進展受到阻止。在新自由主義體制下，美國經濟的金融化過程明顯加快，這也加劇了這次金融危機的產生和傳遞。新凱恩斯主義經濟學關注資本市場的不完備性，是觀察和分析美國次貸危機產生和傳遞的重要視角。從美國的次貸市場和次級債市場以及金融衍生產品來看，都存在嚴重的信息不對稱。首先，發放次級貸款的銀行或公司與次級貸款借款人之間存在較嚴重的信息不對稱，發放次級貸款的銀行或公司不如借款人自己對其個人信用和還款能力清楚。其次，次級貸款被證券化後變成了次級債產品，次級債券投資者與出售次級債券的投資銀行之間在次級債風險水平上存在較嚴重的信息不對稱。最後，次級債券衍生產品的投資者與出售次級債衍生產品的投資銀行之間也存在嚴重的信息不對稱。可見美國資本市場信息不對稱的存在是這次金融危機產生的重要原因。

資本市場的信息不對稱就會產生道德風險問題。在這次次貸危機中我們可以看到，這種道德風險問題不僅僅集中在大型金融機構的高管人員身上，實際上幾乎處處都是，包括借次貸的老百姓、向老百姓發放貸款的銀行、從銀行手裡購買次貸證券的金融機構，乃至最大的金融機構，都存在著道德風險。換句話說，從最底層的次貸借款者，層層往上，所有的債務人和債權人都顯示了特別強的道德風險問題，大家都不

顧一切地舉債，每一層金融機構都有特別高的槓桿率，債務槓桿率空前提高，這也是這次金融危機產生的一個重要原因。

美國政府為促進房地產行業的發展，以拉動美國經濟增長。在連續多年房地產信貸需求不斷增長的情況下，並不提高房地產信貸的利率，導致美國家庭負債大幅度提高。從 2000 年到 2005 年，美國家庭債務與可支配收入的比率從 91.0% 上升到 120.0%，家庭負債與家庭資產的比率從 13.3% 升為 16.9%，債務實際支付比率從 12.6% 升至 13.7%（David M. Kotz，2006）。[①] 過高的家庭負債對這次次貸危機產生了推波助瀾的作用。

三、金融危機中若干經濟現象的新凱恩斯主義經濟學分析

（一）在金融危機到來後，大部分企業都選擇推遲投資

在資本市場不完備的股權限制模型中，投資的波動要大於產出的波動。原因在於金融危機來臨後，企業的財務狀況惡化，在這種情況下，企業推遲投資是企業在財務狀況惡化時，能夠採用的所有降低風險的決策中成本最小的一個。如果由於需求衝擊，企業財務狀況惡化，那麼此時增加新的投資的邊際成本，以及由此帶來的邊際風險會顯著地上升。企業能夠隨時間累積資本，意味著平均而言，此種風險會隨著時間減少。因此，在金融危機到來後，企業的財務狀況惡化時，推遲投資對企業會有好處。這與我們觀察到的現實是基本一致的。危機到來以後，很多企業的老板都選擇了推遲投資。

（二）在金融危機到來後，企業選擇「減少雇傭員工的數量，但不減薪或小幅減薪」的策略

在新凱恩斯主義經濟學的模型中，實際工資的確像現實中一樣呈現出順週期變動，原因在於企業財務狀況惡化會降低勞動的邊際產出（考慮到增加產出所帶來的風險）。效率工資理論認為勞動生產率往往因為實際工資的上升而上升，結果削減工資對企業而言反而是不利的。高工資能夠通過吸引高質量的勞動力，或者通過激勵出更多的努力程度，或者通過降低勞動替換率（從而降低培訓和雇傭成本）來增加勞動生產率。效率工資的存在又使得工人在面臨勞動需求變化時離開勞動力供給

---

① 丁為民. 新自由主義體制下經濟增長的矛盾和危機 [J]. 經濟學動態，2009（3）.

曲線。這導致就業水平較大的變動，而同時實際工資變動較小，對短期調整而言尤其是如此。這就是我們看到的，從 2008 年金融危機到來以來，廣東、江浙等省份的企業大量裁員，造成大量的農民工提前返鄉的現象。由於這些在崗的工人的工資水平本身就不高，所以在崗的工人並沒有被大幅降薪。因為這些企業的老板認為調整勞動力使用數量產生的後果比調整工資（由於效率工資的原因）產生的後果更加確定，那麼企業進行的調整就更多地採用調整雇傭數量來實現，這是新凱恩斯主義經濟學可以解釋的。

通過效率工資的方法引入的工資剛性能夠像凱恩斯主義模型中假設名義工資剛性一樣，在勞動力需求發生變動時產生出就業波動和非自願失業。勞動力邊際產出的持續性波動來自於企業資產負債表的持續性變化，新凱恩斯主義預測失業是一個持續性的現象。與傳統的隱性合同理論不同，效率工資理論至少部分地揭示了為什麼勞動力需求的減少，企業採取解雇而不是減少工作時間的形式。

（三）全球金融危機對實體經濟的影響

在新凱恩斯主義經濟學內部，不同的流派一般採用兩種不同的分析方法。一些新凱恩斯主義經濟學家強調現實市場經濟與阿羅—德布魯（Arrow—Debreu）理想狀況的最重要的區別是名義價格剛性（Nominal Price Rigidity）。他們認為，如果不存在名義價格剛性，那麼經濟就能夠迅速地對其受到的衝擊進行調整，並通過這種調整來保證充分就業和市場效率。這方面的早期研究主要在於建立包含名義價格剛性的一般均衡模型。另一些新凱恩斯主義經濟學家則重視凱恩斯的另外一個思想，即價格和工資靈活性的增加反而有可能加劇經濟的衰退。這意味著工資和價格的剛性可能不是唯一或者是最重要的導致對標準的競爭均衡模型偏離的因素，也不是唯一與經濟波動性相關的因素。很顯然，新凱恩斯主義的上述兩個分支對宏觀經濟的運行有著不同的看法。第二類凱恩斯主義經濟學派的模型包含三個基本要素，都是以信息不完全和不完全合同為基礎。這三個基本要素分別是風險厭惡的企業、風險厭惡的銀行通過信貸配給（Credit Rationing）給予配置信貸資源的機制，以及包括效率工資理論和內部人—外部人模型的新勞動力市場理論。這些基本要素有助於解釋為何靈活的價格反而會增大經濟波動幅度並導致非自願失業的存在。特別地，前兩個因素能夠解釋為什麼小的經濟衝擊會引起大的產

出波動，而新勞動力市場理論則可以解釋產出的波動是如何導致失業的（通過引起勞動力需求的變動）。風險厭惡的企業將會對任何與風險有關的行動都小心翼翼。

1. 風險厭惡的企業

企業在一些不確定狀況之下所表現出的風險厭惡特性是企業「資產組合理論」（Portfolio Theory）的基礎。在此理論中，在考慮到各種行動的風險（以及它們的方差和協方差）和期望回報的同時，企業選擇合意的行動組合，這些組合包括定價、制定工資、雇傭工人、生產等。經濟環境的變化總會導致企業採取某些行動。如果企業面臨的需求曲線向左移動，那麼企業一定會改變其商品的售價，或者改變生產的數量，或者增加存貨的持有。如果其售價不變，那麼就一定會有數量調整，反之亦然。

企業的行為會因為「手段不確定」和各種資產價值的不確定的原因，而受到其自身對風險感知的影響。至少有三個因素可以影響企業面臨風險及其承擔風險的意願。第一個因素是經濟的總體狀況。當這次金融危機到來後，全球經濟陷入衰退，企業對未來的發展前景很悲觀，或者企業變得更加擔心風險對實體經濟產生影響。第二個因素是企業的現金流狀況。企業的流動性決定了為保持正常生產活動企業必須從外界借入資金的數量。企業的流動性還受其利潤的影響，因為利潤是生產剩餘，所以小的價格變動就有可能導致利潤及企業流動性的較大變化，在槓桿率高的行業尤其如此。隨著全球金融危機的到來，金融機構出於規避風險的考慮，緊縮信貸，而資本市場投資者缺乏信心，因此企業的流動性會受到影響。同時，由於金融危機的影響，導致一些產品價格下跌，影響企業的利潤，從而也會進一步影響企業的流動性。第三個因素是價格水平的變動。因為幾乎所有的債務合同都以名義量來計價，價格水平的變化將會極大地影響企業的流動性和實際淨價值。這樣關於風險厭惡的企業理論就可以用以解釋為何企業的供給曲線，以及社會總供給曲線（每個價格水平上所有企業願意生產的產品數量）在衰退時期劇烈地移動。因為在衰退期，生產的風險增大，企業承擔風險的意願和能力下降。

2. 信貸市場和風險厭惡的銀行

經濟學的最新進展揭示了在信貸市場上，信貸資源並非是按照新古

典經濟學的拍賣過程來配置的（出價最高的人獲得貸款）。事實上，貸款提供者必須考慮貸款無法歸還的風險。相應的機構，比如銀行，必須對貸款申請者的資格進行審查，並監督貸款的使用。新凱恩斯主義者研究了信貸市場不完整性的後果，這種不完整性使得厭惡風險的貸款人通過將資產組合轉向比較安全的項目來應對經濟衰退。格林瓦爾德和斯蒂格利茨（1990）引入風險厭惡的貸款提供者的分析框架。正如我們剛才提到過的受到股權限制的企業一樣，受到破產風險威脅的銀行同樣會表現出風險厭惡的行為特徵。銀行的這種風險厭惡的行為會放大經濟最初受到的逆向衝擊，導致衰退程度更深、時間更久。本次金融危機起源於次級貸款和次級債，當銀行認識到次級貸款的風險後，就會減少或停止這項業務的貸款；當銀行認識到次級債風險嚴重後，就會減少對次級債的投資。當經濟狀況較差時，銀行會認為提供貸款的風險增加，因為企業淨價值減少，拖欠貸款的概率增加，企業承擔風險的意願也減少。這樣企業要獲得貸款變得越來越困難，企業的流動性受到影響，最終企業的生產經營活動受到影響，金融危機最終影響了實體經濟。

某種衝擊影響了企業的生產資本，即使是企業能夠自由進入信貸市場，企業願意借貸的數量也會因為其承擔風險的意願而受到限制。借貸合同的約束力意味著隨著可以獲得的生產資本數量減少，在任何借款水平上的風險（破產概率）都會增加。因此，如果企業的生產資本數量減少，那麼企業意願的生產水平也會減少（假設企業並沒有承諾銷售固定數量的商品），而且生產資本恢復到正常水平需要一定的時間。這個理論不僅解釋了為什麼無論是總量衝擊（如由於貨幣政策導致的不可預期的價格水平下降）還是部門衝擊（如不可預期的需求減少或石油卡特爾組織的突然成立）都會產生總量效應，最終使實體經濟陷入長時間的衰退。

四、各國政府應對策略的新凱恩斯主義經濟學分析

（一）應對全球金融危機需不需要政府干預？

2008年金融危機爆發伊始，對於政府應不應該採取行動應對這次金融危機成為學術界和政界頗有爭議的一個問題。新凱恩斯主義經濟學是如何看待這個問題的呢？因為新凱恩斯模型認為波動是無規則的和難以預料的，所以新凱恩斯主義者不會積極支持政府試圖「精確微調」

的宏觀經濟行為。許多新凱恩斯主義者（如曼昆）既接受貨幣主義者的批評，又接受新古典主義經濟學家提出的有關動態一致性的一些批評。政府為應對經濟總量波動在多大程度上可以採取自由裁定的財政和貨幣行動，在這一點上並沒有形成統一的新凱恩斯主義觀點。然而由於市場的失靈，尤其是深度衰退的時候，絕大多數新凱恩斯主義者承認需要行動主義的政府採取某種形式的干預。例如，泰勒認為，雖然財政政策通常應該應用於長期目標如經濟增長，但是「在特殊情況下，比如當名義利率降為零時」就有充分理由去明確地使用財政擴張政策。由於經濟將來可能遇到的問題的不確定性，新凱恩斯主義者不支持貨幣政策的固定規則方式，這種方式是由弗里德曼及20世紀70年代的新古典主義均衡理論家（如盧卡斯、薩金特、華萊士、巴羅等）所倡導的。新凱恩斯主義分析為政策干預提供了理論支持，特別是在持續的巨大衝擊下，因為市場經濟調整過程運作緩慢，政策干預成為必要。

這次危機開始時，以美國財政部為代表的美國政府的政策在政策方向上一直搖擺不定，力度也相當欠缺，還有很大的隨機性，但最終選擇了政府干預主義。危機開始時，美國財政部置身其外，協調行業超級基金計劃、救助貝爾斯登公司、放任雷曼兄弟銀行破產、設立7,000億美元的不良資產救助計劃。為避免經濟衰退加劇和金融危機進一步惡化，美國政府相繼又推出兩大救市方案。美國財長蓋特納於2009年2月10日宣布了總額高達2萬億美元，核心為拯救深陷困境的銀行的「金融穩定計劃」。與此同時，經過多輪的辯論與協商後，美國國會於2009年2月13日終於通過7,870億美元經濟刺激計劃。可見美國政府通過財政政策干預經濟週期變化的力度是史無前例的。

這種新干預主義和傳統凱恩斯主義本質相同，那就是在市場失靈時由政府出面，幫助市場恢復信心，恢復市場正常運作。但與傳統凱恩斯主義不同的是，新干預主義的干預建立在對市場經濟深刻理解的基礎上，旨在幫助市場經濟更好地發揮作用，其手段也遠遠超出了凱恩斯當年的設想。例如，在危機衝擊下，對若干主流金融機構實行部分國有化；在工會、債權人、企業管理層等各方之間斡旋，在企業重組破產這一微觀層面上進行干預；通過印鈔或發債等方式購買低質量的金融資產，以支持金融業的運行，從而降低社會的貸款成本。這種擴大到金融刺激以及部分國有化的做法，遠遠超出了傳統凱恩斯主義的財政干預，

這就是新凱恩斯主義的方法。

（二）財政、貨幣政策在應對全球金融危機中有效嗎？

新凱恩斯主義經濟學也基本上認為增加政府開支會改變經濟運行的結果，在經濟蕭條時期，貨幣政策的作用是有限的，工資削減也不是有效的，利用財政政策，增加政府開支應該是應對金融危機，增加就業，減緩經濟衰退的有效舉措。2008年11月5日召開的中國國務院常務會議確定了進一步擴大內需、促進經濟增長的十項措施。初步匡算，到2010年年底約需投資4萬億元。國務院常務會議提出要實行積極的財政政策和適度寬鬆的貨幣政策，出抬更加有力地擴大國內需求措施，加快民生工程、基礎設施、生態環境建設和災後重建。這是中國政府應對金融危機，促進經濟增長的重要舉措，與新凱斯主義經濟學的思路比較一致。

在貨幣政策方面，新凱恩斯主義經濟學認為，投資依賴於利率的程度，要小於對獲得貸款能力的依賴，獲得信貸能力的變化可能比利率的變化要顯著得多。中央銀行通過兩種手段影響獲得信貸的能力，一種手段是通過銀行發放貸款的意願，另一種手段是銀行發放貸款的能力。當銀行沒有儲備，則貨幣政策通過影響銀行發放貸款的能力起作用，即改變限制條件。新凱恩斯主義經濟學支持貨幣主義者的如下觀點：貨幣政策並不是主要通過利率機制發揮作用，利率並不是貨幣政策的良好目標。因此，通過調整利率應對金融危機的效果應該是非常有限的。例如，日本20世紀90年代經濟泡沫破滅之後，不斷降息至「零利率」的水平，仍無法誘發企業接受貸款進行投資，史稱「空白十年」。利率太低時，人們寧願持有現金，最後擴張性貨幣政策失去了作用。2008年年底以來，美國的聯邦基準利率水平已經接近於零，雖然我們還很難斷言美國會陷入「流動性陷阱」，但通過零利率的貨幣政策不太可能讓美國擺脫經濟衰退。中國的貨幣政策仍有不少空間，政府促使銀行擴大信貸的能力要大於西方國家。

新凱恩斯主義讚同凱恩斯主義者關於貨幣政策起作用的主要途徑是其對投資和企業生產的意願、能力所產生的效應。關於貨幣政策如何影響經濟的具體方式，新凱恩斯主義經濟學和貨幣主義者、凱恩斯主義者以及新古典經濟學家的觀點不同，新凱恩斯主義經濟學認為，貨幣政策不是通過交易機制，而是通過信貸機制發揮作用。從2008年各國政府

所採取的對策來看，貨幣政策主要是通過讓商業銀行迅速擴大信貸規模，提高銀行發放貸款的能力來實現的，提高企業生產意願和生產能力。從中國的情況來看，這次金融危機到來以後，政府也是通過擴大信貸規模來刺激經濟，產生了比較積極的效果。

五、結論

我們研究認為，新凱恩斯主義經濟學對這次金融危機產生的原因具有較強的解釋力。新凱恩斯主義經濟學關注資本市場的不完備性，是觀察和分析美國次貸危機產生和傳遞的重要視角。對於在金融危機到來後，大部分企業都選擇推遲投資，企業選擇「減少雇傭員工的數量，但不減薪或小幅減薪」的策略以及金融危機對實體經濟的影響等方面，新凱恩斯主義經濟學都能進行較合理的解釋。對於各國政府該不該干預以及財政政策、貨幣政策是否有效等問題，新凱恩斯主義經濟學都提供了理論分析，而各國政府的應對政策也基本符合新凱恩斯主義經濟學的分析框架。

第三節　全球金融危機與奧地利學派經濟學

一、關於奧地利學派經濟學

美國經濟學家馬克·史庫森（Mark Skousen）把西方經濟學界對市場經濟的信仰劃分為四個層次。第一個層次是對市場經濟沒有任何信仰，不相信市場經濟，這是傳統的馬克思主義經濟學；第二個層次是懷疑主義，搖擺不定，有時候信，有時候不信，這是凱恩斯主義經濟學，也就是主張政府干預主義經濟學；第三個層次是對市場經濟非常信仰，但是也認為必要的時候，政府應該介入市場，這是芝加哥學派，如芝加哥學派的領軍人物弗里德曼就認為經濟蕭條時期政府應採取積極的貨幣政策讓經濟走出低谷；第四個層次是對市場堅信不疑，完全信仰，這是

以米塞斯和哈耶克為代表的奧地利學派。①

奧地利學派對市場經濟的堅定信念源於他們對市場本質的深刻理解。在奧地利學派看來，市場是一個無數個經濟個體在不確定的環境下不斷收集、加工分散信息並做出有目的的行動決策的動態過程，市場總是處於不均衡狀態，企業家是市場過程的主要驅動力量，而不像新古典經濟學假設的市場總是一種均衡狀態，決策者有完全的信息。正是不確定性和不完全信息使得自由市場不僅是必需的，而且是唯一有效率的體制，政府對市場過程的任何人為干預都會扭曲價格信號，導致無效率。

奧地利學派的創立者是卡爾·門格爾（Carl Menger，1840—1921），他在19世紀後期任教於維也納大學，講授經濟學。路德維希·馮·米塞斯（Ludwig Van Mises，1881—1973）是奧地利學派第三代的代表人物，他把奧地利學派經濟學帶入20世紀，被認為是「現代奧地利學派之父」。米塞斯是自由放任市場經濟的堅定捍衛者，早在20世紀20年代，他就因對計劃經濟不可調和的攻擊而聞名於世。他認為離開了自由價格和市場競爭，一個中央集權的計劃經濟不可能是一個有效率的經濟，最後必然崩潰。現代奧地利學派的另一位代表人物是弗里德希·哈耶克（Friedrich A. Hayek，1899—1992），他是米塞斯最有名的學生。當哈耶克於1929年2月對即將發生的大危機做出預測時，引起了世界的關注，後被聘請為倫敦經濟學院教授。哈耶克被認為是20世紀最偉大的自由主義經濟學家和思想家之一。他對經濟學最重要的貢獻是其1931年出版的《價格與生產》一書。基於米塞斯的早期理論，哈耶克在這本書中解釋了大蕭條，完成了奧地利學派的商業週期理論。該理論認為，貨幣對經濟活動和價格的影響是非中性的，因為經濟活動由不同生產階段組成而不是單一產品的生產，貨幣由不同的人持有；當中央銀行人為地增加貨幣供給，或者人為地使貨幣利率低於市場自然利率時，必然誘導企業家將資源錯誤地分配於資本品的生產，人為地擾亂經濟自身的結構，引起繁榮，但這種繁榮是不可持續的。當貨幣停止增長或利率迴歸到自然利率水平時，經濟活動中的錯誤就成群結隊地出現，繁榮破滅，蕭條開始。1974年，哈耶克因這一理論而獲得諾貝爾經濟學獎。

---

① 馬克·史庫森. 朋友還是對手：奧地利學派與芝加哥學派之爭［M］. 楊培雷，譯. 上海：上海人民出版社，2007.

儘管奧地利學派的經濟學思想對現代經濟的發展產生了重要影響，他們在20世紀經濟學中三個方面的突出貢獻（資本理論和商業週期理論、企業家精神和動態市場調整理論、社會經濟理論）卻被主流經濟學丟失了。二戰之後，奧地利學派被邊緣化了。

雖然奧地利學派遊離於當今主流經濟學之外，但是自1974年哈耶克獲得諾貝爾經濟學獎以來，特別是從20世紀80年代以來，隨著蘇聯及東歐社會主義國家計劃經濟體制的崩潰，奧地利學派的自由市場經濟學理論、企業家理論和反對政府干預經濟的主張受到越來越多的關注，對政府經濟政策的制定發生了重要影響。一些流行的教科書也開始介紹奧地利學派的觀點。同芝加哥學派一起，奧地利學派對20世紀後半期自由市場理念在全世界的復活起到了舉足輕重的作用。

二、全球金融危機產生的原因：奧地利學派經濟學分析視角

奧地利學派經濟學傾向於反對任何形式的政府干預，包括對整體經濟進行調整的任何企圖。米塞斯和他的學生哈耶克是堅持這種哲學的領軍人物。哈耶克有大量的著述對米塞斯的理論進行了詳細的闡釋。在奧地利學派經濟學看來，在一個純粹自由而沒有干預的市場中，是不會出現一連串的錯誤的，因為訓練有素的企業家不可能同時做出錯誤的判斷。問題的根源在於金融部門對於貨幣需求增長的反應，金融部門提供了更多的信貸，而不是保持貨幣供給的穩定和提高利率。對市場進行貨幣干預造成了繁榮—衰退的週期模式，特別是銀行對商業信貸的擴張。一些貨幣被花費在消費領域，剩下的貨幣可以被儲蓄起來，也可以被用來投資到高級的資本生產和其他不同級別的生產之中。

弗里德曼與施瓦茲花了7年的時間整理資料，追蹤長達一個世紀的美國貨幣政策，認為美國聯邦儲備委員會應該為1929—1933年大蕭條負起全部責任，人類應該記取的真正教訓是政府讓他們失望。貨幣體系的管理不當才是引發大蕭條的元凶，而不是市場制度的失敗。另外，正如《資本主義與自由》所述，引起大蕭條不是民間創業體制天生不穩定的信號，而是少數人錯誤地對貨幣體系行使巨大力量而形成龐大傷害的證據。

在奧地利學派看來，全球金融危機產生的原因不是因為市場自由放任，而正是因為政府對市場進行了不恰當的干預。我們可以利用奧地利

學派經濟學對這次全球金融危機產生的原因進行分析。

從1929年世界經濟大蕭條爆發以來，西方國家，尤其是美國，實行的都是擴大信貸和貨幣供給的政策。世界銀行和國際貨幣基金組織不顧其在世界上，尤其是發展中國家的聲譽，對這種政策基本上給予了完全的支持。正是由於這種草率的貨幣政策使得全世界都面臨著流動性剩餘的問題。在過去的30年裡，全球貨幣總量增長了40多倍，而商品總量卻只增長了4倍。1982年以來，美股道瓊斯指數增長為原來的12倍，相比之下，美國的國內生產總值只增長了4倍。[1]

這次金融危機產生的原因，首先是因為美國的信貸擴張。過去的十年被稱為「黃金十年」，美國是世界上安全和有投資價值的地方，大量的資金流入。同時，美國長期實行低利率政策，美國人很容易獲得貸款。為阻止美國經濟陷入衰退，美國聯邦儲備委員會（以下簡稱美聯儲）一度長期實行擴張性的貨幣政策。2001年1月至2003年6月，美聯儲連續13次下調聯邦基金利率，使利率從6.5%降至1%的歷史低水平。寬鬆的貨幣政策降低了借貸成本，促使美國民眾紛紛進入房地產領域。對未來房價持續上升的樂觀預期，又促使銀行擴大向信用度極低的借款者推銷住房貸款，也就是發放次級抵押貸款，以賺取更高的利息收入。因此，美國的次級抵押貸款市場迅速發展，規模不斷擴大，房地產市場泡沫日益膨脹。2003—2004年，美國聯邦儲備利率維持在1.0%~2.3%，許多銀行推出利率為1%的貸款計劃。這些低利率政策的背後，有美國政府干預的影子。2001年網絡泡沫破滅後，美國政府為了刺激美國的經濟增長，採取了低利率政策。美國政府把房地產業作為拉動美國經濟增長的新的引擎，鼓勵商業銀行大量發放次級貸款，對投資銀行發行的所謂的金融衍生產品不進行嚴格的監管。美國聯邦儲備銀行大量發行新的貨幣，並將其投向商業領域，這會發生什麼情況呢？新的貨幣流入信貸市場並降低了信貸利率，用於投資的資金增加了。當信貸資金容易獲得時，商人（企業）就會對「更為長期的生產過程」進行投資，特別是那些「高級生產領域」，如房地產業。總之，商人（企業）受到銀行信貸膨脹的誤導，對高級的資本商品進行過度投資，形成了表面的

---

[1] 馬克斯·奧特. 崩潰已經來臨[M]. 何夢舒, 等, 譯. 天津：天津教育出版社, 2009.

過度繁榮，而這類商品的生產要得以順利維持，必須伴隨著大量的儲蓄與投資。作為居民，由於能方便地獲得信貸資金，因此會選擇過度消費和利用信貸資金進行投資。在信貸擴張的過程中，經濟穩定增長，到處是欣欣向榮的景象，房地產價格更是一路高漲。我們應該清醒地看到，美國房地產市場的繁榮是得到合理的商業模式和唾手可得的融資鼓勵。

這裡有一個關鍵人物就是美聯儲主席格林斯潘，他所犯的錯誤就是降息的幅度過大，而且維持過低利率的時間太長。利率太低，使得金融市場上流動性過剩。格林斯潘成功地使得美國「嬰兒潮一代」瘋狂地將自己的儲蓄取出來，投向股票市場，以彌補因降息而縮水的收益。他還不斷地為「新經濟」搖旗吶喊，認為通貨膨脹被高估，而生產率被低估了，因此美國需要擔心的不是通貨膨脹，因為股票市場並沒有什麼泡沫。經常被人們提及的「格林斯潘對策」是說當資產價格下跌的時候，格林斯潘就會立即出手控制局面，但是當資產價格上漲的時候，他卻坐視不管。例如，1998年長期資本管理公司危機之後，美聯儲在1998年9月份已經降了一次息，市場也較為穩定，但到1998年10月15日，格林斯潘就又匆忙召開臨時會議，再次降低利率。這是美聯儲歷史上最不負責任的舉動之一。當市場形成預期，投資者相信只要市場低迷，政府一定會救市之後，投機行為成了一場全民娛樂，而這也直接觸發了1999年之後網絡股的瘋狂上漲。

是泡沫總是會破滅的。當網絡泡沫破滅之後，格林斯潘故技重施，仍然希望通過降低利率刺激美國經濟。在降低利率的同時，美國的住房貸款機構不斷放寬房貸標準，尤其是針對收入較低、信用等級較低的客戶，開發出各種新型貸款，比如可調整利率貸款。這種貸款在最初兩三年的利率非常優惠，但之後就會重新設定利率，大部分借款者到時其實是很難償還貸款的。這種所謂的創新，使得沒有足夠金融知識和風險意識的貸款人盲目貸款，而這些貸款後來就成了隱蔽的定時炸彈，到期就會「爆炸」，讓貸款人無力還款，陷入困境。格林斯潘當時對這種非固定利率貸款非常支持，他認為在降息的背景下，這種貸款方式能夠讓貸款人省很多錢。他似乎認為，只要他還能掌舵，美國經濟就會一直欣欣向榮。但房地產價格從2006年之後開始下跌，很多貸款買房者這才驚奇地發現，其所要償還的貸款，已經遠遠超過房產本身的價值。

總之，對於那些可以自願表達其想法的消費者來說，自由市場以最

大的功效滿足他們的要求，這裡也包括公眾對現在消費和在將來消費之間進行取捨後的消費要求。通貨膨脹下的繁榮降低了這種功效，並扭曲了生產結構。由於公眾的消費和投資沒有儲蓄作為支持，因此是不可持續的。這就是這次全球金融危機產生的原因。

三、政府應對金融危機的政策：自由放任主義

在奧地利學派經濟學看來，如果政府希望金融危機盡快結束，經濟重新走上正常的繁榮之路，應該採取什麼措施呢？首先的也是最徹底的措施是不要干預市場調整的過程。政府對市場的干預會耽擱調整的過程，干預的程度越大，金融危機持續的時間越長，其程度也越可怕，同時想重新走上完全恢復之路也越難。政府干預會加劇金融危機，並使之無限期地繼續下去。這時政府的金融危機政策起到了適得其反的作用。實際上，政府可能採取多種方法阻礙市場調整，如果將之一一羅列，奧地利學派經濟學派發現以下這些方法好像是政府「反金融危機」的有力武器。這些方法是：第一，阻止和拖延清償行為。向瀕臨破產的商業機構提供信貸，並要求銀行進一步向這些機構提供貸款等。第二，進一步的通貨膨脹。進一步的通貨膨脹阻止了必要的價格下跌，這樣耽擱了調整的同時延長了蕭條的進程。進一步的信貸擴張產生了更多的不當投資，在金融危機的後期，這些投資仍然需要被清算。第三，保持較高的工資率。在蕭條時期，人為地保持工資率會引起長期的大規模失業。第四，阻止物價下跌。使價格高於市場應有的水平，會造成商品滯銷，並帶來更大的剩餘，這就阻止了經濟向繁榮迴歸。第五，刺激消費並勸阻儲蓄。第六，救助失業。任何救助失業的行為（通過失業「保險」、救濟金等形式）都將無限期地耽擱失業問題的解決，同時阻礙工人向可提供就業機會的行業轉移。這些措施拖延了恢復金融危機的進程，加重了蕭條。然而這正是政府政策中最著名的措施。回顧1929—1933年大蕭條時期，美國政府正是採用了這些政策。而這次從美國開始的全球金融危機爆發以後，以美國政府為代表的西方各國也是採取類似的政策。從各國政府已經採取的對策來看，大致可以劃分為以下幾類：一是註資。例如，美國、英國、法國、荷蘭、比利時和盧森堡等國政府都採取了一些向商業銀行註資的策略。二是政府利用財政資金收購一些金融機構的股權。例如，美國、英國等國政府採取了一些收購商業銀行等金融機構

部分股權的策略。三是債務擔保。例如，美國、歐元區國家政府的舉措。四是採取減稅、增加項目投資，尤其是基礎設施投資等刺激經濟措施。例如，澳大利亞、日本和歐盟的舉措。五是刺激消費。例如，美國、英國等西方各國的舉措。六是救助就業。在奧地利學派看來，中國政府為應對金融危機所採取的增加政府投資，擴大信貸規模等措施也是錯誤的。但是哪個國家的政府敢冒險來嘗試奧地利學派的理論，不採取任何措施來應對這場金融危機呢？

在奧地利學派經濟學看來，在 1929—1933 年的經濟危機中，正是因為美國政府採取了上述措施，拖延了經濟恢復的過程，加重了蕭條。許多歷史學家卻認為那時的美國政府奉行的是「自由放任主義」，這是與歷史事實不符的。

在蕭條時期，健康的政府政策最重要的原則就是不要對調整過程進行干預。那麼政府能做一些實際的工作有助於縮短蕭條的時間嗎？一些經濟學家提出政府應下調工資率以刺激就業，但是自由市場的調整會對任何全面的政策起到反向的作用。並不是所有的工資都需要削減，各種價格和工資需要進行調整的程度也各不相同，這只能由自由和不受干預的市場決定。政府干預只會進一步扭曲市場。

政府唯一可以做的就是應該大幅降低其對經濟的影響力，削減其開支和稅收，因為政府干預了儲蓄和投資。降低政府的稅收開支水平會自動使社會結構中的儲蓄—投資—消費比例偏向儲蓄和投資，這樣就使經濟重歸繁榮的時間大幅縮短了。進一步而言，蕭條時期經濟緊張，政府削減稅收，或者在管理上減少對自由市場的干預，都會刺激健康的經濟行為；政府增加稅收，或者加大政府干預將進一步使經濟陷入蕭條。

奧地利學派經濟學家默里·羅斯巴德認為，蕭條時期正確的政府政策就是嚴守自由放任的信條，包括大幅削減預算，並積極鼓勵信貸緊縮。[1] 如果在蕭條時期，政府的正確政策就是自由放任，那麼從蕭條開始政府應該做些什麼呢？默里·羅斯巴德認為，因為信貸擴張必然導致隨後的蕭條，所以政府採取的正確做法應該是從一開始就阻止任何可以導致通貨膨脹的信貸擴張。[2] 在默里·羅斯巴德看來，這不是一條非常

---

[1] 默里·羅斯巴德. 美國大蕭條 [M]. 謝華育, 譯. 上海：上海人民出版社, 2009.
[2] 默里·羅斯巴德. 美國大蕭條 [M]. 謝華育, 譯. 上海：上海人民出版社, 2009.

難懂的訓誡，因為政府最重要的任務就是防止自身成為導致通貨膨脹的原因。因為政府天生是一個引起通貨膨脹的機構，所以政府幾乎總是逐步地誘發、助長和引導通過通貨膨脹而使經濟繁榮。政府天生存在導致通貨膨脹的因素，這是因為幾個世紀以來，政府需要控制貨幣系統。

因此，這次危機爆發以來，美國應該採取自由放任政策，通過健康的清算過程達到貨幣的穩定。美國採取的大規模對金融機構的救助行動是錯誤的，這樣做反而使金融機構的不良資產狀況更加嚴重。

中國是這次金融危機裡受影響相對較弱的國家，之所以如此，是因為中國的金融體系與國際金融市場還有很大程度的隔離。但是中國的對外貿易對國內生產總值增長的貢獻率超過 1/3，因此全球經濟衰退一定會非常嚴重地影響中國經濟。正因如此，中國作為一個負責任的大國，從危機爆發伊始，就在積極採取措施，應對這次全球金融危機。到目前為止，中國政府採取的主要的應對金融危機的措施包括以下幾個方面：一是中國政府出抬了引人矚目的「4 萬億元」經濟刺激計劃。二是貨幣政策由「從緊」轉向「適度寬鬆」，財政政策由「穩健」轉向「積極」。三是一些地方政府出抬一些對當地企業的扶持政策，如協調當地銀行為一些瀕臨破產的企業提供信貸支持，對一些困難企業實行稅收優惠政策等。四是救助失業，設法增加就業。在奧地利學派經濟學家看來，中國政府這些應對金融危機的舉措同樣是多餘的，或者說是錯誤的，不但不能緩解金融危機對中國經濟的影響，還有可能使中國經濟陷入更長時間的蕭條。從 2009 年 1 月開始，超額貨幣供給又變成了正數，而且呈現迅猛上升之勢。2009 年第 1 季度銀行新增信貸資金達到 4.58 萬億元，但 3 月份全國的發電量卻是負增長，居民消費價格指數也仍是負數，說明這些錢流向實體經濟的似乎不多，流向私人部門的或許更少。可以解釋的可能流向是，從短期來看，一是變為銀行的定期儲蓄、購買債券；二是流向股市；三是投資「準金融資產」，如房地產、貴金屬等。

四、「看不見的手」與「看得見的手」之爭

從西方經濟學的理論邏輯看，之所以需要政府干預經濟，是因為市場具有相當程度的盲目性，完全的自由放任使市場由理性走向非理性，引來市場的無序和瘋狂，導致經濟危機，這便是學界常說的「市場失

靈」。政府這只「看得見的手」適時、適當地干預，便可以糾正「市場失靈」，促使市場理性迴歸，實現市場運行正常。那麼「看得見的手」（政府干預）會不會「失靈」？失靈了又由什麼來挽救？是回到自由放任上去，還是繼續用「看得見的手」來對付以往帶來的問題和災難？

歷史上的許多金融危機和經濟危機的確是由自由放任的市場造成的。查爾斯·P.金德爾伯格的《瘋狂、驚恐和崩潰——金融危機史》的每個危機故事裡，都可以看到「看不見的手」導致危機的直接作用。但也有一些金融危機卻源於政府的不當干預。

十多年前的亞洲金融危機，起源於泰國，政府這只「看得見的手」掌控著泰國貨幣泰銖的價格，沒有讓市場的力量通過供求的自我調節來達到某種價格均衡，結果加大了泰銖的「官價」與市場價格的差距，給投機者帶來了巨大的謀利空間。投機者與政府這只「看得見的手」較量的結果，是大量外匯外流，整個金融體系迅速陷入困境，泰銖貶成準廢紙一張。當時的一個新興市場國家——韓國，雖然受到危機的影響，但是並不是危機的中心，也存在某種規避危機的可能機會。就在韓國外匯資金有所外流之時，國際貨幣基金組織的「積極介入」改變了這個國家在危機中的位置，韓國迅速從危機的邊緣走到了中心，輕微的危機一下子變成了嚴重的災難。人們也許還記得這樣的過程，在危機初期，韓國政府這只「看得見的手」不知所措，被國際貨幣基金組織操縱，採取緊縮型的財政政府和貨幣政策，把韓國進一步推向危機，韓元的價值一夜之間從天空墜落到地面，外匯儲備被一掏而空，以至於韓國人不得不動員起來捐金獻銀填補危機的黑洞。直到今天，那場危機帶來的後遺症尚沒有完全消除，韓國人幾乎完全失去了對於銀行等金融機構的控制權。

一些金融危機到底是由自由放任的市場造成的，還是由政府不恰當的干預造成的，目前還是見仁見智的。對於20世紀30年代的大蕭條，以凱恩斯為首的一些著名經濟學家都認為是由自由放任的市場造成的，但是默里·羅斯巴德在其重要的代表作《美國大蕭條》中，用奧地利學派的商業週期理論對20世紀30年代的大蕭條做出了全新的解釋。作者用一系列歷史事實證明，凱恩斯主義經濟學對大蕭條的解釋是錯誤的，奧地利學派的商業週期理論才是最有說服力的。危機不是源於自由市場經濟本身，也不是如貨幣主義學者主張的源於1929年後的信貸緊

縮政策，而是源於20世紀20年代美聯儲持續的信貸擴張政策，過度繁榮必然帶來經濟衰退。從胡佛總統開始的一系列政府干預政策不僅沒有緩解危機，而是使衰退持續了更長的時間，使衰退變成持續的大蕭條，因為政府干預破壞了市場自身的調整；如果沒有政府的干預，市場調整將很快地結束危機。

對於2007年開始爆發的這場全球金融危機，很多學術界和政界的權威人士認為是美國監管部門對金融機構和金融衍生產品的監管不嚴造成了這次災難，市場缺少了那只「看得見的手」，於是展開了對自由放任的市場經濟的批判。但從奧地利學派經濟學的視角進行分析，就會發現其根本原因在於美聯儲這只「看得見的手」的作用，從20世紀80年代開始就一直在美國市場注入了巨大的貨幣量，在20世紀90年代導致了網絡泡沫之後，又導致了房地產泡沫。按照美國人提供的數據，從1980年到2005年，美國的貨幣供應量（M_3）增長了近20倍[①]，以至於從2006年開始，美聯儲不再公布貨幣供應量（M_3）指標，以免引起外界對於貨幣量增長過度的擔憂。再來看這次金融危機的抵押信貸制度和機構（如「房利美」和「房地美」）、金融衍生產品制度、資產證券化制度等，可以看到許多這樣的金融制度和金融機構，不是政府這只「看得見的手」親自安排的，就是政府這只「看得見的手」高舉起來認同了的。例如，「房利美」和「房地美」就是準政府機構，它們部分地代表著政府的意願進行「金融創新」。

五、結論性評論

我們認為，完全的自由市場制度可能是導致金融危機的根源，政府不當的作用同樣也可能是導致金融危機的根源。從歷次金融危機產生的原因來看，有的是自由市場制度造成的，有的是政府不當干預造成的，有的則可能兩者兼而有之。對於本次全球金融危機，我們認為既存在市場失靈的地方，也存在政府不當干預的因素。奧地利學派經濟學家看到的只是政府的不當干預，而忽視了市場本身也有盲目性。凱恩斯主義經濟學看到了市場本身的缺陷，但又有點盲目相信政府的作用。許多人認

[①] 彼得·D.希夫，約翰·唐斯. 美元大崩潰［M］. 陳召強，譯. 北京：中信出版社，2008.

為，美國 2008 年發生的金融危機表現出了市場經濟壞的一面，因此中國不應該再向市場經濟發展。這是從這次金融危機中得出的錯誤結論。我們知道，從信息經濟學的視角來看，市場存在信息不完全，而政府也同樣存在信息不對稱。但有一點是肯定的，市場應該發揮決定性作用和主導作用，市場仍然是激發企業用最低的成本交付最好的產品的最好工具，政府只能彌補市場的不足，政府比市場的信息不對稱程度更高。因此，政府也有可能比市場犯更大的錯誤，這已經被實踐所證明。然而市場要正常運轉，也需要監管。例如，需要有食品安全標準，確保行業正常發展，對金融產品創新要進行監管，以確保金融安全和維護投資者利益。監管的主要目的應該是使市場更有效率地運轉，而不是取代市場。一些經濟體，像美國、英國，十多年前過多地放鬆了管制，為當前的金融危機埋下了隱患。

政府如何彌補市場的不足，在市場失靈時有效地對市場進行矯正，既要矯正市場的缺陷，又不至於矯枉過正，如何把握好這個「度」，這恐怕是經濟學中的一個永恆的難題。

第四節　後危機時期中國通貨膨脹產生的原因、危害及對策

通貨膨脹的基本定義不論在馬克思主義經濟學中還是在西方經濟學中，指的都是因貨幣發行過多所引致的物價普遍且持續地增長。人們對於高通貨膨脹對經濟和人們生活的危害認識已久。經歷高通貨膨脹的國家常常呈現較差的經濟運行情況。人們普遍認為高通貨膨脹具有以下危害：一是金融體系的擴張，因為個人和企業花費越來越多的資源以便避免通貨膨脹對其所持現金的影響；二是越來越容易受到金融危機的衝擊，因為對高通貨膨脹做出調整的難度使金融體系越來越脆弱；三是將使產品和勞動力市場的運作不佳；四是頻繁地重新定價的成本，伴隨著監控供應商和競爭者價格的成本；五是分配效應，將使有錢人的存款變得不值錢等。費希爾（Fischer，1993）和其他學者已提供證據表明，宏觀經濟穩定，包括控制通貨膨脹，是經濟增長的重要前提。2008 年肇

始於美國的全球金融危機對中國經濟也產生了一定的衝擊，中國政府也採取了一些應對措施。在後危機時期中國是否會面臨通貨膨脹，尤其是高通貨膨脹的威脅？其產生的原因是什麼？應該採取什麼對策？這是中國社會各界當前普遍關心的問題，本書試圖對這一問題進行探討。

一、後危機時期中國通貨膨脹產生的原因

（一）對一個簡單的市場經濟體的分析

在這個簡單的市場經濟體中，我們不考慮政府的作用和對外貿易對通貨膨脹產生的作用。首先，我們建立一個簡化的市場經濟模型，我們將 P_C 記作價格，Q_C 記作某種（有代表性的）消費品的數量，那麼所有商品的 $P_C Q_C$ 相加就得出了社會消費總量。我們將 W_C 記作消費品生產中的貨幣工資率，W_I 記作投資品生產中的貨幣工資率。從事消費品生產的就業總量為 N_C，從事投資品生產的就業總量為 N_I。$W_C N_C$ 是從事消費品生產的勞動者的工資總額，$W_I N_I$ 是從事投資品生產的勞動者的工資總額。我們假設經濟中只有工人和賺取利潤者（資本所有者），工人的勞動與消費品和投資品的生產直接相關。更進一步地，我們進行一個極端的假設，即工人將所有的收入都用於消費品支出，而賺取利潤者（資本所有者）則完全不支出。因此，消費品需求就等於工資總額；利潤收入不產生對消費品的需求。

如果只生產消費品，則工資總額為 $W_C N_C$，有：

$$P_C Q_C = W_C N_C \quad (1.1)$$

那麼總資本收入意義上的利潤為：

$$\pi_C = P_C Q_C - W_C N_C = 0 \quad (1.2)$$

如果 $W_I N_I$ 是生產投資品的工資總額，有：

$$P_C Q_C = W_C N_C + W_I N_I \quad (1.3)$$

則消費品中的利潤為：

$$\pi_C = P_C Q_C - W_C N_C = W_I N_I \quad (1.4)$$

因此，消費品中的利潤等於投資品中的工資。

把（1.3）式經過簡單的代數變形，可得出：

$$P_C = \frac{W_C N_C}{Q_C}\left(1 + \frac{W_I N_I}{W_C N_C}\right) \quad (1.5)$$

令消費品中勞動力的平均生產率為 A_C，則 $A_C = \dfrac{Q_C}{N_C}$，由此我們可以得出：

$$P_C = \frac{W_C}{A_C}\left(1 + \frac{W_I N_I}{W_C N_C}\right) \qquad (1.6)$$

假設 $W_C = W_I$，（1.6）式就變成：

$$P_C = \frac{W_C}{A_C}\left(1 + \frac{N_I}{N_C}\right) \qquad (1.7)$$

我們看到消費品價格水平與貨幣工資率 W_C，以及生產投資品中雇用的勞動力和生產消費品中雇用的勞動力之比 $\dfrac{N_I}{N_C}$ 正相關，與生產消費品的平均勞動生產率 A_C 負相關。因此，如果工資以及投資品產業中的就業相對於消費品產業中的就業上升，那麼價格水平就上升；同時，隨著生產消費品的勞動生產率提高，價格水平就會下降。因此，我們認為工資的增長如果超過生產消費品的平均勞動生產率的增長過快，將導致通貨膨脹。生產投資品的勞動力數量增長超過生產消費品的勞動力數量增長過快將導致通貨膨脹。

（二）引入政府作用的分析

為應對這次全球金融危機，中國政府發揮了很大的作用，並還將繼續發揮作用。因此，我們研究後危機時期中國通貨膨脹產生的原因及治理對策，必須引入政府作用進行分析。政府主要通過擴大財政支出和稅收以及其他宏觀經濟政策影響經濟。如果引入政府的因素，並且工人和政府財政轉移支付的受益者將所有收入用於消費品支出，賺取利潤者不消費這個極端假設仍然成立，那麼消費需求就等於賺取工資的人與轉移支付受益者的稅後收入，見（1.8）式：

$$P_C Q_C = W_C N_C + W_I N_I + W_G N_G + T_r - T_w(W_C N_C + W_I N_I + W_G N_G) \qquad (1.8)$$

其中，$W_G N_G$ 為政府部門支出的工資總額，T_r 為政府轉移支付，T_w 為工資收入的稅率。

假設 $W_C = W_I = W_G$，$A_C = \dfrac{Q_C}{N_C}$，（1.8）式就變成了：

$$P_C = \frac{W_C}{A_C}\left[1 + \frac{W_I N_I}{W_C N_C} + \frac{W_G N_G}{W_C N_C} + \frac{T_r}{W_C N_C} - \frac{T_w}{W_C N_C}(W_C N_C + W_I N_I + W_G N_G)\right]$$

$$= \frac{W_C}{A_C}\left[1 + \frac{N_I}{N_C} + \frac{N_G}{N_C} + \frac{T_r}{W_C N_C} - T_w\left(1 + \frac{N_I}{N_C} + \frac{N_G}{N_C}\right)\right]$$

$$= \frac{W_C}{A_C}\left[(1-T_w)\left(1 + \frac{N_I}{N_C} + \frac{N_G}{N_C}\right) + \frac{T_r}{W_C N_C}\right] \quad (1.9)$$

從（1.9）式可以看出，消費品價格水平與貨幣工資率 W_C 及生產投資品中雇用的勞動力和生產消費品雇用的勞動力之比 $\frac{N_I}{N_C}$ 正相關，與政府雇用的勞動力和生產消費品雇用的勞動力之比 $\frac{N_G}{N_C}$ 正相關，與政府的轉移支付正相關，與生產消費品的平均勞動生產率 A_C 負相關。

（三）引入對外貿易的分析

我們假設出口為 $P_X Q_X$，進口為 $P_M Q_M$，以及貿易盈餘為 $BTEf$。

貿易盈餘 $BTEf$ 為：

$$BTEf = P_X Q_X - P_M Q_M \quad (1.10)$$

因為 $P_X Q_X = W_X N_X + \pi_X$。

這裡 $W_X N_X$ 為出口品生產的工資總額。

所以可以得出：

$$P_C Q_C = W_C N_C + W_I N_I + W_G N_G + W_X N_X + T_r -$$
$$T_w(W_C N_C + W_I N_I + W_G N_G + W_X N_X) - W_X N_X - \pi_X + BTEf \quad (1.11)$$

那麼消費品的價格水平為：

$$P_C = \frac{W_C}{A_C}\left[\begin{array}{l}1 + \frac{W_I N_I}{W_C N_C} + \frac{W_G N_G}{W_C N_C} + \frac{T_r}{W_C N_C} \\ - \frac{T_w}{W_C N_C}(W_C N_C + W_I N_I + W_G N_G + W_X N_X) - \frac{\pi_X}{W_C N_C} + \frac{BTEf}{W_C N_C}\end{array}\right] \quad (1.12)$$

可見貿易盈餘將會提高國內已生產消費品的價格水平。

（四）資本所有者擴大消費和工人增加儲蓄對產生通貨膨脹的影響

在（一）部分的分析中，我們得出的結論是基於一個極端的假設，即所有工人的工資收入都用於消費支出，而所有的資本所有者的資本收入（利潤）都不用於消費支出。很明顯，工人可能會儲蓄，而獲得資

本收入的階層也會消費。我們假設來自工人工資收入的儲蓄為 $s\dot{W}$，來自資本所有者利潤的消費為 $C\dot{\pi}$，那麼對消費品國內經濟需求就變成：

$$P_C Q_C = W_C N_C + W_I N_I + W_G N_G - T_W(W) + C\dot{\pi} - s\dot{W} \quad (1.13)$$

$$P_C = \frac{W_C}{A_C}\left(1 + \frac{W_I N_I}{W_C N_C} + \frac{W_G N_G}{W_C N_C} - \frac{T_W(W)}{W_C N_C} + \frac{C\dot{\pi}}{W_C N_C} - s\dot{W}\right) \quad (1.14)$$

這裡 $T_W(W)$ 是所有工資收入必須支付的稅收。

可見消費品價格水平隨著利潤中消費比例的上升而增加，隨著工資中儲蓄比例的上升而下降。即使是 $C\dot{\pi}$ 和 $s\dot{W}$ 都等於零，投資的增加也會導致消費品價格水平的上升。

（五）後危機時期中國發生通貨膨脹的原因分析

從（一）～（四）部分的分析可以知道，以下一些因素是後危機時期產生通貨膨脹的重要原因：

第一，貨幣工資率提高，將加劇通貨膨脹；生產投資品的就業人數和生產消費品的就業人數的比例提高，將加劇通貨膨脹，也就是說生產投資品的勞動力數量增長超過生產消費品的勞動力數量增長過快將導致通貨膨脹；工資的增長如果超過生產消費品的平均勞動生產率的增長過快，將導致通貨膨脹。後危機時期，中國如果普遍提高工資水平，且工資的增長超過生產消費品的平均勞動生產率的增長，也會導致通貨膨脹。

第二，政府轉移支付增加，將加劇通貨膨脹；政府雇用的勞動力和生產消費品雇用的勞動力之比 $\frac{N_G}{N_C}$ 提高，將加劇通貨膨脹，也就是說政府雇用的勞動力數量增長超過生產消費品雇用的勞動力數量增長過快，將加劇通貨膨脹。2008 年，全球金融危機爆發，占中國出口總額約35%的家電和電子信息產業，在危機下度日艱難，作為應急之舉，「家電下鄉」於 2008 年 12 月 1 日拓寬到 14 個省區。國務院辦公廳隨後發布《關於搞活流通擴大消費的意見》。2009 年 2 月 1 日，「家電下鄉」逐步在全國推廣。這一惠民工程背負多重期許——惠農、促進消費擴大內需、培育農村市場、挽救受創的家電企業。2009 年，中央財政拿出 150 億元補貼「家電下鄉」，幾乎是 2008 年的 90 億元的兩倍，這種做法其實也是一種財政轉移支付的方式，如果持續時間過長、力度過大，將加劇通貨膨脹。

2008年年底，中國政府為應對全球金融危機，中央財政拿出4萬億元刺激經濟。這些資金很大部分投資於基礎設施建設，這將在一定程度導致政府雇用的勞動力和生產消費品雇用的勞動力之比$\frac{N_G}{N_C}$提高，將加劇通貨膨脹。

第三，對外貿易盈餘過大，增長過快，將導致通貨膨脹。根據對歷史數據的分析，1999—2009年消費、出口、投資與居民消費價格指數相關係數分別為0.71、0.45和0.32，由於消費波動遠小於出口和投資，因此居民消費價格指數波動在相當程度上與出口波動有關。[1] 事實上，2001年以來出口與居民消費價格指數走勢的一致性明顯上升，無論是1997年亞洲金融危機、2001年互聯網泡沫破滅以及這次2008年9月以後國際金融危機的全面爆發，這三次外部衝擊均對中國出口產生重大影響，居民消費價格指數也呈通縮狀態。同樣，2004—2005年和2007—2008年上半年兩次居民消費價格指數較高時，也有較好的出口形勢相伴。後危機時代，中國對外貿易盈餘增長可能放緩，這將有利於抑制通貨膨脹。

第四，企業利潤中用於消費的比例提高，也會導致通貨膨脹，勞動者工資中儲蓄比例的上升將有利於遏制通貨膨脹。從中國的實際情況來看，企業類型主要包括國有企業、股份有限公司（包括上市公司等）、民營企業等。民營企業的利潤，企業老板（所有者）可以用於擴大消費，也可以用於增加投資。這個群體擴大消費主要包括購買奢侈品、出國旅遊等。購買奢侈品對普通商品的價格不會產生影響，基本上與通貨膨脹沒有關係。勞動者工資中儲蓄比例上升，那麼消費占的比例必然下降，從而有利於抑制通貨膨脹。但是後危機時期，政府為保持一定的經濟增長速度，需要擴大消費，拉動經濟增長，因此消費在工資中占的比例可能會有所上升，從而引起物價上漲。擴大消費有可能成為後危機時期產生通貨膨脹的一個重要因素。尤其是後危機時期，政府為擴大內需，提高部分低收入人群的工資或收入水平，這都可能導致物價的上漲，成為產生通貨膨脹的一個因素。後危機時期，如果繼續增加投資，也會導致通貨膨脹。

---

[1] 張健華. 關於當前價格形勢的幾點分析 [J]. 中國金融，2010（8）.

二、後危機時期通貨膨脹的危害

(一) 通貨膨脹對中國經濟增長的危害

幾乎沒有證據證明溫和的通貨膨脹對經濟增長具有重大的負面影響。根據一些國家的經驗，高通貨膨脹甚至惡性通貨膨脹一般與低增長或開放性的經濟衰退相伴隨；相反，溫和的通貨膨脹經常伴隨著快速的經濟增長。費希爾（Fischer, 1993）發現，通貨膨脹平均每上升 1 個百分點，經濟增長率就會損失 0.1 個百分點。根據實證分析，通貨膨脹對經濟增長率的影響通常隨著通貨膨脹率的變化而發生很大的變化。薩勒爾（Sarel, 1996）發現，當通貨膨脹處於較高水平時，通貨膨脹的負面影響就急遽增加。通貨膨脹對一國經濟增長的具體影響還要具體情況具體分析。例如，在企業進行大量融資和借貸的經濟中，高度不穩定的利率與反覆多變的通貨膨脹相結合，可能給經濟帶來嚴重的問題。這一點在亞洲經濟危機中表現得非常明顯。由於企業負有大量的短期債務，必須按極高的利率再融資，因此達到高利貸水平的利率飆升導致了企業大面積的破產。2010 年 1 月份中國居民消費價格指數同比增長 1.5%，2 月份中國居民消費價格指數為 2.7%，3 月份中國居民消費價格指數為 2.4%。一季度，居民消費價格指數同比上漲 2.2%，這樣的居民消費價格指數增長水平應該算是非常溫和的通貨膨脹或者說還稱不上通貨膨脹，對中國經濟增長是不會有什麼負面影響的。但是如果發生嚴重的通貨膨脹，比如說居民消費價格指數在 8% 以上，那樣必定會影響中國的經濟增長。

(二) 通貨膨脹對中國勞動力就業的影響

治理通貨膨脹，就業機會幾乎總是犧牲品。也就是說，治理通貨膨脹往往會引起更多的失業，至少在短期內如此，這就是菲利普斯曲線所描述的失業與通貨膨脹的替代關係。[①] 2008 年以來，中國政府為應對全球金融危機採取的 4 萬億元財政刺激政策和寬鬆的貨幣政策都是有利於促進就業的，但同時也是引發後危機時期通貨膨脹的原因。對外貿易盈餘過大、增長過快，將導致通貨膨脹。全球金融危機爆發後，中國的外

---

① 有些人認為，從長期看，通貨膨脹與失業不存在替代關係。對這種假定的有說服力的經驗性支持很少，即便它是正確的，也不能排除短期內通貨膨脹與失業存在替代關係。

貿出口受到影響，從而使勞動力就業受到影響，這抑制了外貿盈餘增長過快，也對抑制通貨膨脹起到一定的作用。後危機時期，如果中國對外出口增長迅速恢復，這有利於中國勞動力就業，對外貿易盈餘也會快速增長，但這將成為中國後危機時期產生通貨膨脹的一個因素。

（三）通貨膨脹對中國社會平等問題的影響

從更廣泛的意義上講，對於通貨膨脹到底更影響貧困的人還是富裕的人實際上沒有明確的證據。通貨膨脹對不平等的影響取決於社會和市場的制度，以及經濟的指數化程度。在 2009 年，由於中國政府為應對金融危機，大幅度擴大了商業銀行的信貸規模；到後危機時期，商業銀行的信貸規模還是很大，作為債權人的商業銀行顯然會因為未預料的通貨膨脹率的上升而受到損害。富裕的人傾向於持有金融資產（如股票、債券、銀行存款等），因此從這個角度來說，通貨膨脹對富裕的人的影響是負面的。但是富裕的人往往是淨借款者（Net Borrowers），通貨膨脹令他們的負債實質上減少，對他們有利。前些年，中國房地產市場非常繁榮，很多富裕的人和中等收入的人都購買了房產，除了用於居住外，還有很大一部分用於投資，這些人群因為購買了房產從而從未預料到的通貨膨脹中獲益。在中國，由於社會保障制度還不健全，社會保險也沒有指數化，因此依靠社會保險為生的退休人員和那些根本沒有享受社會保險的廣大農村地區的農民將會因通貨膨脹受到更大的衝擊。通貨膨脹對工人的影響取決於他們的工資是否可以調整。在那些通貨膨脹成為問題的地方，長期合同經常都有生活費調整的條款。

通貨膨脹如何對社會的不同人群產生不同的影響還取決於通貨膨脹打擊到的經濟部門。如果通貨膨脹在食品或生活必需品領域中最嚴重，則通貨膨脹對城市的貧困的人會產生更大的影響（假定他們的收入沒有調整）。較高的食品和農產品價格會增加農民的收入。此外，如果通貨膨脹主要影響進口奢侈品，則通貨膨脹對普通百姓的影響會很小。2010年一季度對居民消費價格指數影響較大的是食品價格，在民消費價格指數主要構成中，食品價格一季度同比上漲 5.1%，拉動民消費價格指數上漲 1.7 個百分點。其中，糧食價格同比上漲 9.5%，拉動民消費價格指數上漲 0.3 個百分點。[1] 因此，從這個角度來看，2010 年一季度發生

---

[1] 李鵬. 央行再擊流動性 [J]. 財經國家周刊, 2010 (10).

的溫和通貨膨脹對城市的低收入階層的生活產生了一定的不良影響。但食品和農產品價格的提高增加了從事農產品和食品生產的農民的收入，這部分農民的生活不會受到不良影響。

三、對後危機時期通貨膨脹預期的管理

後危機時期中國產生較嚴重的通貨膨脹的可能性比較大，原因也比較複雜，既有國際經濟的影響，也有國內經濟發展因素的影響，還有前幾年中國政府為應對全球金融危機所採取政策措施留下的「後遺症」的影響。

通貨膨脹的風險在於導致長期通貨膨脹預期的上升。如果現時的實際通貨膨脹導致了長期通貨膨脹預期的上升，那麼通貨膨脹將真正具有風險。因為一般性的通貨膨脹預期是具有高度自我實現性（Self-fulfilling）的，一旦形成了長期高通貨膨脹的預期，中央銀行將需要花很多的功夫和很長的時間去改變這種預期。目前社會公眾對物價上漲的心理預期增大了通貨膨脹的風險和控制通貨膨脹的難度。因為在貨幣存量已過量累積的背景下，由外生性衝擊造成的輕微通貨膨脹是否會一發不可收拾，關鍵取決於人們對物價前景的預期。人們對於未來物價上漲的預期將增加人們的當期需求，從而成為不斷推動實際物價水平螺旋式攀升的內在動力。社會調查資料顯示，當前社會公眾對未來發生通貨膨脹的預期相當明顯，不斷上漲的房價和金價正是這一預期的明確反應。[①]

2010年5月2日，中國人民銀行宣布，從5月10日開始，上調存款類金融機構存款準備金率0.5個百分點，農村信用社、村鎮銀行暫不上調，這是2010年以來第三次上調存款準備金率，凍結銀行資金將超過3,000億元。至此，大型金融機構法定存款準備金率達到17%，距歷史最高位的17.5%僅一步之遙。我們認為，中國人民銀行調整準備金率主要是為了回收和控制市場上過於充裕的流動性，從而抑制由過剩的流動性催生的資產泡沫和通貨膨脹。此次調整僅為中國人民銀行管理通貨膨脹預期的一種手段，在當時的物價形式和國際金融背景下，中國人民銀行對加息工具的運用繼續維持謹慎。

---

① 蔡繼明. 避免滯脹 [J]. 財經，2010（9）.

總體上看，2010 年價格上漲更多地呈現出恢復性和結構性特徵。因此，在應對通貨膨脹壓力和管理通貨膨脹預期的政策選擇上，既要著眼於宏觀經濟政策，也要著眼於結構性政策。宏觀經濟政策主要是根據宏觀經濟和價格總水平變化，應考慮綜合運用多種政策工具對貨幣信貸總量、投資總量實施調控。當前，必須更大力度控制貨幣供應量，同時還應適當提高利率。這些具有明確信號意義的工具，可以比較有效地管理私人部門的通貨膨脹預期和資產偏好，進而影響貨幣需求，同時緊縮信貸額度以切實收緊流動性。但是這樣的調控必然會造成國內生產總值增速的犧牲，政府也應該有這種思想準備，適當淡化國內生產總值指標。

四、後危機時期治理通貨膨脹的對策

（一）穩定農產品的價格

農產品價格往往取決於天氣狀況，也經常根據生產週期有其自身的市場變化規律，有週期波動性。眾所周知的有「豬回圈」（Hog Cycle）、「聖誕樹回圈」（Christmas Tree Cycle）等現象，即某一年的豬肉價格高昂會導致下一年豬肉的超額供給及超低價格，從而又導致再後一年豬肉供給的減少及高價。2007—2008 年豬肉價格上漲，導致了 2010 年上半年豬肉價格的大幅下跌。可見單憑市場自由運作，並不一定能降低市場供給與價格的波動性，也不一定能達到供需平衡。為控制農產品價格大幅上漲，政府應該對農產品價格市場進行干預。

儘管目前國內糧食庫存遠超歷史平均水平，且國內糧價略高於國際價格，但是由於 2009 年上游投資品價格大幅上漲推高了生產成本，強化了通貨膨脹和勞動力報酬上漲的預期。在這一背景下，勞動生產率相對較低的農副產品價格漲幅將可能明顯高於一般消費品價格漲幅。隨著通貨膨脹增強、進口價格上漲以及出口復甦對勞動力需求的拉動，農產品價格將繼續領漲一般消費品價格。加之受西南干旱的影響非常大，農產品價格是影響 2010 年居民消費價格指數走勢的主要因素。因此，穩定農產品價格是後危機時期治理通貨膨脹的重要環節。對於如何穩定農產品價格，原香港中文大學校長劉遵義教授的建議是頗有操作性的，他的建議是：一是通過政府「定價限量收購」、庫存（儲備）及銷售行為穩定農產品價格。一個解決農產品價格過高的辦法是適當增加即期供給

（包括進口與釋放庫存），當然前提是政府需要建立和維持庫存（儲備）。當市場價格過低時，政府實施定價限量收購行為；當市場價格過高時，政府可以釋出部分庫存，賣到市場上，平抑市場價格。二是通過長期合同穩定農產品供應。為了保證中國城市居民長期有足夠的農產品以合理的價格供應，政府可以考慮與國內或國外的企業訂立長期供應合同，尤其是在糧食方面。但國際農產品現貨市場供應量嚴重不足，因此中國假如發生農產品短缺時，不能依靠在國際現貨市場上收購進口來填補。一方面，國際農產品現貨市場供應遠遠不足；另一方面，中國的大宗收購也一定會導致國際農產品現貨市場價格大漲。中國可以考慮分別與那些有剩餘農產品產能的國家的農產品供應商簽訂長期（10年或20年）供應合同。進口的糧食在國內市場價格低時，可以存庫；在國內市場價格高時，可以在市場上賣出，平抑市場糧價。①

（二）增加原油、有色金屬、鐵礦石等資源性產品進口，控制國內資源性產品的需求，穩定汽油等能源和資源性產品的價格

2009年，美國能源信息署（EIA）預計，中國2010年原油需求增率上升3.6%。澳大利亞農業資源經濟局預測，由於對煉鋼原料的需求走強，2009年中國鐵礦石進口將達到5.68億噸，增長28%；2010年中國鐵礦石進口將達到6.37億噸，增長12%。2009年，原油期貨價格已經突破80美元，而國際大宗商品期貨價格（CRB指數）已經從最低的200上漲到280，2010年繼續保持上漲勢頭。因此，中國必須充分利用外匯儲備充裕的優勢，增加原油、有色金屬、鐵礦石等資源性產品進口，控制國內資源性產品的需求，穩定汽油等能源和資源性產品的價格。

（三）正確利用貨幣政策工具，有效發揮貨幣政策作用

2008年金融危機以來，中國採取了4萬億元的經濟刺激計劃。2009年，中國實行了極度寬鬆的貨幣政策，採取了大強度的經濟刺激措施。2009年，銀行新增貸款高達9.59萬億元，貸款總規模達到40萬億元，廣義貨幣（M_2）總量達到60萬億元，僅創造了33萬億元的國內生產總值。也就是說，2009年中國政府實施的超寬鬆的貨幣政策和宏大的經濟刺激政策，投放的大量資金並沒有促進經濟結構的優化，靠

① 劉遵義. 治理通貨膨脹的策略 [J]. 比較，2008（37）.

擴大內需拉動經濟增長的效果並不明顯。為防止通貨膨脹和房價過快上漲，寬松的貨幣政策應該及時退出。

中國人民銀行於 2010 年 5 月 2 日宣布，自 5 月 10 日起上調存款類金融機構人民幣存款準備金率 0.5 個百分點，這是中國人民銀行 2010 年第三次上調存款準備金率。此前，中國人民銀行分別於 2010 年 1 月 18 日和 2010 年 2 月 25 日上調存款準備金率。此次調整後，大中型商業銀行存款準備金率達到 17%的高點。我們認為，中國人民銀行第三次上調存款準備金率，是中國貨幣政策向常態的進一步迴歸。一方面，2008 年以來，為應對全球金融危機，中國政府採取的刺激經濟的財政政策和適度寬松的貨幣政策導致的流動性過剩已經開始顯現，房地產等資產價格泡沫尤其明顯。因此，中國人民銀行通過上調存款準備金率來回收部分資金，減少流動性過剩。另一方面，中國政府則是為了加強對通貨膨脹風險的管理。但是，僅僅提高存款準備金率的效果是十分有限的。

提高利率只不過是中央政府實行宏觀調控的一個信號，但其本身不太可能降低大多數企業，尤其是國有企業的投資意願或規模。目前國內和國外的利差再加上對人民幣升值的預期，提高利率還可能吸引更多的海外熱錢進入中國。儘管如此，加息的手段在 2010 年還是應該被使用，只是幅度不能太大。最重要的是要控制好信貸規模，確保全年新增信貸規模在 7.5 萬億元以下。

（四）加快調整經濟結構，促進經濟增長模式轉變，避免經濟出現滯脹

中國經濟結構調整問題突出，投資、消費、淨出口「三駕馬車」對經濟增長貢獻分化嚴重。2009 年，投資對國內生產總值增長貢獻度達到 95%，「鐵公基」、房地產、重工業等再次取得較快發展，具有明顯的投資拉動特徵，而消費對經濟增長的貢獻度較小。

目前中國的經濟增長模式太過依賴基礎建設投資、出口和房地產行業，消費占經濟增長的比重還遠不如印度，對於後危機時代促進經濟持續增長十分不利。因此，我們要加快經濟結構調整，促進經濟增長模式轉變，具體來說，一是要由過去過分地依賴出口拉動經濟增長轉變為擴大內需拉動經濟增長，避免經濟出現滯脹。二是要大力扶持中小企業、民營經濟發展，降低中小企業在資源行業的准入門檻，從而增強金融機構與企業之間的市場紐帶，弱化金融機構與大型企業之間的行政紐帶。

三是鼓勵和幫助中小企業積極開拓市場，重點支持中小企業進行技術創新，結構調整和擴大就業，通過加快調整經濟結構，促進經濟增長模式轉變，避免經濟出現滯脹。四是要發揮銀行信貸資金在促進經濟結構調整中的積極作用，對優先發展的戰略性產業、新興產業以及小企業貸款，要進行信貸資金支持，而對那些產能過剩、效率低、能耗高、環境污染嚴重的產業則要限制貸款。

五、結論性評述

本節通過建立簡單的模型分析後危機時期中國可能產生通貨膨脹的原因，然後進一步分析了通貨膨脹對中國經濟社會的危害，提出了加強通貨膨脹預期管理的策略及治理可能出現的通貨膨脹的對策。根據本節對後危機時期中國通貨膨脹產生的原因的分析，我們認為，中國在後危機時期存在產生通貨膨脹甚至惡性通貨膨脹的可能性，產生通貨膨脹的原因多而複雜，且相互交織。因此，在治理後危機時期的通貨膨脹方面，政府必須採取綜合措施，如穩定農產品的價格；增加原油、有色金屬、鐵礦石等資源性產品進口，控制國內資源性產品的需求；及時退出寬鬆的貨幣政策，適時實行適度從緊的貨幣政策；加快調整經濟結構，促進經濟增長模式轉變。

第五節　後危機時期中國商業銀行業務發展戰略

我們可以把這次國際經濟金融危機發生後5年或更長一些時期視為國際金融危機發展的後期，即後危機時期。後危機時期，國際銀行業在業務發展戰略上進行了一些調整。由於受全球金融危機的影響，中國在後危機時期的經濟金融環境、形勢都發生了較大的變化。中國銀行業要適應新的經濟金融環境和形勢，制定既適合自身發展，又能更好地服務中國經濟發展的業務發展戰略。

一、後危機時期商業銀行資產業務仍為主體業務

後危機時期，商業銀行依然是社會投資和消費資金的主要來源之

一，是重要的金融仲介。繼續加大資產業務的發展，既是中國經濟社會發展的需要，也是商業銀行自身發展的需要。

商業銀行的資產業務主要是貸款業務。次貸危機以及美國銀行業發展的歷史均表明：資產業務依然為銀行的重要業務，利息收入依然是銀行業主要收入來源，而且是比非利息收入更為穩定的收入來源。2007年以來的金融市場動盪集中反應出利息收入和非利息收入業務的風險特徵、週期性以及和銀行整體業績的關係。2007—2008年第一季度美國銀行業業績特徵主要表現如下：2007年全年淨收益同比下降27.4%；收入持續增長的部分是淨利息收入，同比增長6.9%；同期非利息收入同比下降2.9%，主要原因是其中交易相關收入從2006年的190億美元大幅下降到41億美元，導致非利息收入同比自20世紀70年代中期以來首次下降。2008年第一季度，銀行業整體收益下降，首要原因是非利息收入同比下降2.8%，而同期淨利息收入同比增長了9.6%。[①] 可見，銀行業在未來業務發展中依然會注重資產業務和利息收入。

在中國，貸款業務產生的利息收入仍是商業銀行最主要的業務收入，儘管隨著中國經濟金融環境的變化、銀行業務結構的優化，非利息收入會不斷增長，但在今後相當長的時期內，貸款業務在商業銀行業務中都處於舉足輕重的地位，利息收入也還是中國商業銀行重要的收入來源。商業銀行必須加快貸款業務的創新，具體可以採取以下措施：

（一）適時進行貸款結構的調整

要由過去只重視企業貸款轉向既重視企業貸款，又重視消費信貸業務的發展。在消費信貸領域，各個階層的消費者在購買住宅、汽車、大型家電、留學、修繕房屋等方面，都有向商業銀行申請一次性償還或分期償還的消費貸款的需求。中國商業銀行發展消費信貸業務的空間很大。

這次金融危機加速了一些傳統行業的產能過剩、週期性敏感等行業的重組，新能源、節能環保、電動汽車、新材料、新醫藥、生物育種和信息產業等新興戰略產業以及一些管理先進、初步具備整合供應鏈能力的企業將會在危機後發展壯大。從長期來看，一大批更具發展潛力的企業和行業的出現使國內商業銀行可以擁有更多的優質客戶基礎和業務拓

---

① 朱民，等. 改變未來的金融危機 [M]. 北京：中國金融出版社，2009.

展空間。商業銀行要抓住機遇，適時調整信貸結構，支持這些新興產業發展。

（二）加快與市場利率密切聯繫的貸款形式的創新

在實際業務操作過程中，商業銀行貸款利率與市場利率緊密聯繫，貸款形式也隨之變動，這有助於商業銀行轉移其資產因市場利率大幅度波動引起的價格風險，是商業銀行貸款業務的一項重要創新。與市場利率密切聯繫的貸款的具體形式有浮動利率貸款、可變利率抵押貸款、可調整抵押貸款等。這些貸款種類的出現，使貸款形式更加靈活，利率更能適應市場變化。

（三）發展貿易金融業務，支持對外貿易的發展

中國經濟對外貿依存度很高，外貿增長與中國經濟增長高度相關。2008年下半年以來，受國際金融危機的影響，中國對外貿易多年來持續高速發展的形勢發生了巨大轉折。面對國際金融危機，商業銀行作為引導社會資源配置、推動經濟發展的重要部門，有責任和義務通過加大貿易金融支持的力度、調整貿易金融支持的重點行業和領域、創新貿易金融產品和服務來推動外貿產業結構優化升級，促進外貿增長方式轉變，改善外貿發展不平衡的狀況，推動中國外貿持續健康發展。後危機時期，中國商業銀行應該採取以下措施：一是加大信貸投放力度。2008年，中國出口占全球出口總額的比重僅為8.86%，在後危機時期，中國提升出口在國際貿易中的比重仍有可能。商業銀行應對出口前景樹立信心，加大信貸投放，尤其是加大對出口信貸方面貿易融資的支持力度，穩定外需，幫助外貿企業走出困境。同時，抓住機遇，擴大貿易金融的市場份額，最終實現銀企雙贏。二是突出支持重點出口企業，積極支持「走出去」戰略。外貿發展的主體是企業，著力點是項目。後危機時期，要促進中國外貿止跌回升，必須突出服務重點企業和重大項目。三是加強產品和服務創新。商業銀行應在總結國際貿易與融資實踐的基礎上，借鑑國外同業的先進經驗，對國際支付方式、外匯市場進行深入研究，推出有利於優化企業財務結構、降低財務成本、規避匯率和利率風險的創新產品和服務，拓寬外貿企業的融資渠道，降低融資成本。

（四）加大對中小企業的信貸支持力度

由於中小企業具有規模小、抗擊市場風險能力弱以及經營管理相對落後等先天因素，一旦宏觀經濟狀況發生大的波動，企業生產經營就會

受到市場的直接衝擊出現財務風險甚至危及生存。目前，中小企業普遍存在財務制度不健全、管理不規範、信息不透明的現象，有的企業存在「多套帳」，有的企業甚至採取突然失蹤、抽逃資金等方式逃避銀行債務。在信息不對稱的情況下，開展中小企業信貸業務面臨較高的道德風險，因此商業銀行對中小企業的貸款一直保持十分謹慎的態度。但是中小企業在中國經濟發展中越來越重要的地位，決定了加大對中小企業的信貸支持力度，既是中國經濟發展的必然要求，也是商業銀行加快自身業務發展和提升自身盈利能力的必然選擇。因此，商業銀行要從促進中國經濟可持續發展和提高自身業務競爭力的戰略高度，完善對中小企業的信貸管理制度，開展對中小企業信貸業務的創新，提高對中小企業的信貸支持力度。

二、要注重採用逆向週期模式

銀行的順週期模式是指銀行在經濟繁榮的時期往往是多放貸款，資本要求也比較低；在經濟衰退時期，資本要求比較高，銀行也相對削減信貸規模。因此，銀行在危機時出現了對實體經濟進一步的破壞性作用。在本次金融危機中，順週期問題引起了國際組織和各國監管當局的高度重視。金融體系的順週期性主要有兩個方面的來源：一是新資本協議、貸款損失準備計提和公允價值會計準則等適用於金融業的外部規則所具有的順週期特徵，在一定程度上強化了經濟波動，助推了危機的發展；二是金融機構的內部因素，包括風險計量方法和模型採用過短的時間跨度、鼓勵追求短期利益的激勵機制和金融機構在發展戰略、風險管理模型與風險暴露方面的趨同性等，也在一定程度上加劇了經濟波動。在後危機時期，商業銀行在長期資產發展上，要更注重採用逆向週期模式。實踐不斷證明，銀行所處的經濟環境具有明顯的週期性，而銀行經營模式長期都採用順週期發展模式，扭曲了長期資產週期發展和經濟週期的關係，從而不僅強化了經濟週期波動性及其對銀行業的影響，也增加了銀行業在系統性中的脆弱性。在後危機時代，中國商業銀行在長期資產業務發展上，要更注重採用逆向週期模式。商業銀行採用逆向週期模式具有以下作用：一是在市場上升期避免過度擴張長期資產和過度承當風險，保證長期資產質量。在經濟下行期，則又能繼續維持業務和利潤增長。二是在市場下行期，利用其他銀行因損失上升普遍縮減業務的

機會擴大市場份額。三是從管理成本上看，逆向週期發展是一種具有內在自然對沖機制的模式，可使銀行用最低的成本投入獲得最大的穩定收益。

新資本協議和會計準則具有的內在順週期性只能緩解而不能完全消除。因此，還需要引入逆向週期的政策工具，在經濟上行週期限制銀行過度擴張，並促使其建立逆向週期的資本和撥備緩衝，用於在經濟下行期吸收損失，防止信貸過度緊縮。具體採取的逆向週期政策工具包括：一是逆向週期資本要求。這次金融危機以來，各方面已基本達成共識，即應當通過引入針對宏觀系統性風險的逆向週期資本要求，促使銀行在經濟下行階段增加資本，以應對在經濟下行時期的損失，也就是從宏觀審慎監管的視角針對系統性風險提出資本要求。二是逆向週期撥備要求。現行的國際會計準則採用已發生損失模型計提撥備，使其具有明顯的滯後性和順週期性。代表銀行監管機構觀點的金融穩定理事會認為，在經濟上行期，金融機構應當多提取撥備，以應對下行週期吸收信貸損失的需要。三是逆向週期信貸政策。逆向週期監管還可以通過信貸政策調整來實現，如可以對某些信貸指標設置限額並隨宏觀經濟金融形勢變化進行調整，以此實現宏觀審慎監管的目標。目前國際上正在廣泛討論是否應對個人住房抵押貸款規定貸款成數和貸款收入比上限，並隨經濟週期變動進行適當調整，以防止按揭貸款增減變化進一步放大經濟週期。

三、加快中間業務發展，不斷擴大中間業務規模

要改變以資本消耗為主的經營模式，加快發展中間業務是重要的業務發展戰略之一。所謂中間業務，是指不構成商業銀行資產負債表表內資產、表內負債，形成非利差收入的業務。作為一種資產負債之外並且占用銀行資產較少的業務，中間業務一般不運用或較少運用銀行資金。中間業務是銀行在辦理資產負債業務中衍生出來的，在銀行的資產負債表上一般不直接反應出來。中國人民銀行根據中國商業銀行中間業務的經營範圍和業務性質，將中間業務分為支付結算類業務、銀行卡業務、代理類業務、擔保類業務、承諾類業務、交易類業務、諮詢顧問類業務和其他中間業務等。商業銀行中間業務的創新，徹底改變了商業銀行傳統的業務結構，極大地增強了商業銀行的競爭力，為商業銀行的發展找

到了巨大的、新的利潤增長點。後危機時期，中國商業銀行應重點加快以下幾個方面中間業務的發展與創新：

(一) 繼續加快支付結算業務和銀行卡業務的發展

過去的20多年時間，尤其是20世紀90年代以來，經濟金融的全球化趨勢以前所未有的速度發展，極大地改變了世界經濟和金融的運行狀況。各國經濟相互依賴程度加深，跨國公司迅猛發展，世界市場體系加速擴大，金融和信息全球化的影響更加深遠，全球銀行業呈現出綜合化經營、信息化生存、資本化運作和國際化發展四大發展趨勢。這四大發展趨勢決定了商業銀行必須加快金融業務轉型，加速多元化電子服務模式的建立，以適應全球經濟金融一體化、不斷提高的客戶需求以及日趨激烈的市場競爭。因此，必須加快支付結算電子化和銀行卡業務的發展。支付結算日益電子化，即資金劃轉或結算不再使用現金、支票、匯票、報單等票據或憑證，而是通過電子計算機及其網絡及使用銀行卡。

提升國際結算服務質量，創新貿易融資業務品種，抓住後危機時期中國進出口總量企穩回升的有利時機，進一步擴展國際業務收入來源。中國作為國際貿易大國，各家銀行都將貿易金融業務置於重要地位，如貿易融通業務（商業信用證、銀行承兌匯票等）。全球金融危機發生後，中國銀行業應利用各種機會在有關國際組織、國際會議中表達我們的意願，阻止不利於世界經濟復甦、阻礙貿易發展、損害廣大企業和利益的條款付諸實施。我們要全面分析《新巴塞爾協議》（Basel II）及其改革對中國銀行、企業乃至國家經濟發展的影響。充分借助《新巴塞爾協議》改革的機會，推動改變制約貿易金融業務發展的有關規定。例如，貿易相關表外資產業務通常是為貨物和服務活動提供流動性和安全保證，但是在《新巴塞爾協議》的改革方案中，卻被納入槓桿率監管範圍，將其與此輪金融危機的真正「始作俑者」──造成銀行體系槓桿化水平過高的金融衍生品「同等論處」，我們必須明確予以反對。

(二) 進行現金管理業務的創新

商業銀行通過電子計算機的應用為客戶處理現金管理業務，其內容不僅限於協助客戶減少閒置資金餘額並進行短期投資，還包括為企業（客戶）提供電子轉帳服務、有關帳戶的信息服務、決策支援服務等多項內容。該業務既可以增加商業銀行的手續費收入，還可以密切銀企關係，有利於吸引更多客戶。

（三）充分利用中國資本市場快速發展的良好契機，逐步推進商業銀行與投資銀行的混業經營

　　2008年爆發的全球金融危機表明，混業經營模式比單一分業經營應對危機風險的能力更強，具有更強的抗週期性，以及更穩定、持續的利潤增長能力。由於銀行、證券、保險等業務具有不同的週期，混業經營能熨平收益的波動，有利於其保持穩定的經營業績和持續經營。在這次金融危機中，那些損失最慘重的是獨立的投資銀行以及固守基礎銀行業務、規模較小的銀行，它們沒有足夠的規模和多樣化的業務來消化抵押貸款和公司債券違約不斷增加所帶來的損失。

　　混業經營代表了國際銀行業的發展方向，也是中國商業銀行業務發展的戰略選擇。中國商業銀行要適應在新形勢下客戶日益多元化、綜合化的金融服務需求，進一步拓展混業經營的深度和廣度，實現由傳統銀行業務向銀行、證券、保險、信託等業務綜合發展轉型。通過實現混業經營構建以銀行為主導的現代金融服務企業。

　　（四）結合市場需求，推出適應不同風險偏好的理財產品，增加理財業務收入

　　隨著金融監管的放鬆和金融自由化的發展，商業銀行信託業務與傳統的存貸業務、投資業務等逐步融為一體，並大力拓展市場潛力巨大的私人銀行業務。例如，生前信託、共同信託基金等，通過向客戶提供特別設計的、全方位的、多品種的金融服務，極大地改善了商業銀行的盈利結構，拓展了業務範圍，爭奪了「黃金客戶」，極大地提高了商業銀行的競爭力。

　　在本次金融危機中，保持穩健發展的國際銀行，普遍採取以傳統的存、貸款等為業務主導，兼顧證券、保險、資產管理等業務的綜合化業務發展模式，並採取審慎的資本充足管理。在這次金融危機中，一些銀行的財富管理業務因出現巨額虧損而失去了客戶的信任。中國商業銀行要學習一些穩健經營的銀行的經驗，吸收那些虧損銀行的教訓。

　　據不完全統計，中國增長最快的富裕階層的資產超過500萬美元的個人和資產超過3,000萬美元的超富裕人士占整個亞太地區的29.1%。財富的快速增長，催生了中國的新型財富管理市場，越來越多的銀行儲

蓄存款將被各類理財產品所取代。① 這一變化要求中國商業銀行必須及時調整業務發展戰略，推出不同風險偏好的理財產品，為高端客戶提供全方位的理財服務。

四、創新零售業務發展模式，加快零售業務發展

國際銀行業的經驗表明，零售銀行業務由於受政策層面和外部影響小，素來享有銀行利潤「穩定器」的稱號。零售銀行業務是花旗集團的傳統業務之一，其歷史可以追溯到20世紀20年代。目前，花旗集團的零售業務主要集中於全球消費金融業務和全球財富管理業務。2005年，零售業務對花旗集團淨利潤的貢獻率為49.4%；2006年，零售業務對花旗集團淨利潤的貢獻率上升至62.7%；2007年金融危機爆發，零售業務對花旗集團淨利潤的貢獻率大幅躍升至272.1%。其中，財富管理業務2007年的淨利潤貢獻率高達54.6%，比2006年提升47.9個百分點，其受經濟週期影響較小的優勢得到顯著體現。另據波士頓諮詢公司對全球五大類銀行股東總回報的考察，2003—2007年資產管理類銀行年均股東總回報最高。在2007年，則只有資產管理類的股東總回報為正，其他類型銀行均為負。由此可見，在非金融危機時期，零售業務具有促進集團盈利能力穩步增長的作用；而在金融危機時期，零售業務則能起到防止利潤急遽下滑的「穩定器」作用。如果說資本市場和投資銀行業務在經濟平穩時期是獲得高收益的重要渠道，那麼發展零售業務則應是銀行立足於長期可持續發展所做出的最佳選擇。

改革開放以來，隨著中國居民財富的日益增長、拉動內需政策的持續推出以及民營經濟的快速發展，居民財富管理、消費信貸、中小企業融資等需求以較高的速度持續增長，為中國零售銀行業務提供了廣闊的市場機會和發展空間。零售銀行業務是吸收存款並向個人和小企業發放貸款的服務形式。此類交易一般單筆金額比較小，但是筆數眾多。相對於對公業務而言，零售銀行業務有兩個特點：一是客戶分佈廣泛，風險比較分散，零售銀行的資產質量明顯好於傳統的批發業務；二是資本佔用較少，同樣的資本消耗可以推動更大規模的零售業務發展。因此，零

---

① 徐寶林. 後危機時代的發展形勢和中型銀行的發展思路 [J]. 當代銀行家，2010 (4).

售業務能在風險較低的情況下為商業銀行提供長期穩定的收入來源，有利於銀行整體的可持續發展，創新零售銀行業務成為國內商業銀行戰略轉型的共同選擇。

五、積極穩妥地推進銀行資產業務向表外轉移

中國商業銀行可以通過各種資產轉讓過程中的結構性設計，將信貸資產轉移到表外，並且使相關資產的風險和回報發生符合監管要求的實質性轉移，從而得到資本監管方面的優惠。在實際操作中，將信貸資產從表內轉移到表外也是國外商業銀行降低風險資產額、提高資本利用率的重要手段之一。銀行把資產從資產負債表中分離出去，降低了資本監管的壓力。根據巴塞爾銀行監管委員會（Basel Committee on Banking Supervision）達成的協議形成的監管要求，銀行持有的資本數額必須不低於風險資產的 8%。在相關的風險加權中，商業貸款的權重為 100%，而不論借款人的信用如何。因此，既然資本要求嚴格限定於銀行的權益資本，這顯然比擬證券化的貸款要低得多，將這些貸款分離出資產負債表就會緩解銀行的資本壓力，使銀行可以騰出資源從事更賺錢的業務活動。發行資產支持證券（Asset-backed Securities，ABS）相當於額外籌集資金。銀行是否決定發行資產支持證券取決於以此籌資的成本要低於吸收存款和發行債券的成本。支持資產支持證券的基本上是高質量的貸款，高質量貸款和低質量貸款面臨一樣的資本監管要求，但低質量貸款的收益較高，銀行通過資產支持證券過程可以把收益偏低的高質量貸款以證券化方式剝離而保留收益較高的低質量貸款，從而提高收益水平。此外，證券化為銀行提供了一種風險管理方式。如果銀行覺得貸款對某一個或一群借款人、一個地區或一個行業過於集中，就可以通過發行資產支持證券將一些貸款從其資產組合中分離以實現高程度的分散化。

貸款證券化作為商業銀行貸款業務與資本市場緊密結合的產物，是商業銀行貸款業務創新的一個重要表現，極大地增強了商業銀行資產的流動性和變現能力。如果資產證券化能穩健推進，理財市場會得到很好的發展，也能降低銀行的資本需求。要制定和完善相關的政策法規，以降低交易成本。資產證券化產品的設計要簡明，必須要能清晰地看到原始的支持資產，以避免投資者信息不對稱而導致風險。金融機構對基礎資產要加強管理，及時披露，可以參考美國金融監管改革草案中提出的

銀行要把5%的資產證券化產品留在表內，以利於監控表外形成的「影子銀行」，也能一定程度上解決投資者擔心的道德風險問題。

任何事物的發展都是一分為二的，商業銀行資產向表外轉移也是一樣。商業銀行資產向表外轉移導致了信貸機制擴張，當經濟快速發展時可助推發展，但當經濟下滑時，可能加劇經濟不振，增加經濟的波動性。最近20年來，美國等西方發達的市場經濟國家金融創新的一個重要方面是銀行和整個金融行業表外業務的高速擴張，結果是非銀行金融機構依附於銀行業信用資產發展衍生業務，在銀行體系之外形成了龐大的影子銀行系統（Shadow Banking System）或虛擬銀行系統。這一系統的過度發展以及整個金融體系在次貸危機發生後的迅速去槓桿化過程，是導致次貸危機發展成全面金融危機和經濟衰退的重要原因之一。但是中國銀行業在業務發展戰略上，不能因為這次全球金融危機就否定資產向表外轉移這一業務創新手段，而是要認識到資產從表內向表外轉移對提高中國商業銀行資本利用率的重要作用以及可能產生的風險，積極穩妥地推進資產業務向表外轉移。

第六節　美元霸權、全球金融危機與中國的金融戰略

在此次國際金融危機中，世界各國的金融專家已經基本達成了共識，那就是以美元作為世界儲備貨幣的美元本位貨幣體系已經嚴重威脅了世界經濟的發展，並且加劇了世界經濟的不平衡。美元本位的國際貨幣體系是導致目前國際經濟不平衡的罪魁禍首。通過這次全球金融危機，美元霸權的地位已經被撼動，國際貨幣體系的格局將發生深刻變化。隨著中國在全球經濟中地位的不斷上升和人民幣國際化步伐的加快，作為正在迅速崛起的經濟大國，中國應該制定與經濟大國相匹配的金融大國戰略。

一、美元霸權的興起

第二次世界大戰後，英國經濟在戰爭中遭到重創，實力大為削弱；

相反，美國的經濟實力卻急遽增長，並成為世界最大的債權國。1944年7月通過了《布雷頓森林協定》，該協定規定以黃金為基礎，以美元作為最主要的國際儲備貨幣。美元直接與黃金掛鉤，各國貨幣與美元掛鉤，並可按1盎司（1盎司約等於28.35克，下同）35美元的官價向美國兌換黃金。布雷頓森林體系的建立標誌著以美元為中心的世界貨幣體系的形成，從此確立了美元的霸主地位。

布雷頓森林體系的建立，在二戰後相當長一段時間內帶來了國際貿易空前發展和全球經濟緊密相依。但布雷頓森林體系存在著無法克服的缺陷，即以一國貨幣（美元）作為主要儲備資產，具有內在的不穩定性。只有靠美國的長期貿易逆差才能使美元流散到世界各地，使其他國家獲得美元供應。從20世紀50年代後期開始，隨著美國經濟競爭力逐漸被削弱，其國際收支開始惡化，出現了全球性「美元過剩」的情況，各國紛紛拋出美元兌換黃金，美國黃金開始大量外流。1971年，美國的黃金儲備無法支撐日益泛濫的美元，美國政府被迫宣布放棄按1盎司35美元的官價兌換黃金的美元「金本位制」，實現黃金與美元比價的自由浮動。這標誌著布雷頓森林體系的完全崩潰。

布雷頓森林體系崩潰後，國際社會及各方人士紛紛探討建立一種新的國際金融體系，但均未能取得實質性進展。直至1976年1月，國際貨幣基金組織理事會的國際貨幣制度臨時委員會在牙買加首都金斯敦達成了《牙買加協議》，同年4月通過了《國際貨幣組織協定第二修正案》，從而形成了新的國際貨幣體系。《牙買加協議》廢除了黃金本位，提出加強特別提款權的作用，首次提出了浮動匯率制度，確認了浮動匯率制度的合法化，承認固定匯率制與浮動匯率制並存的局面，成員方可自由選擇匯率制度。牙買加體系的運行使多元化的儲備結構擺脫了布雷頓森林體系下各國貨幣間的僵硬關係，為國際經濟提供了多種清償貨幣。但當時美國的國內生產總值占世界三分之一多，並作為世界技術的主要來源地和全球最主要的國際金融市場，美元作為全球儲備貨幣的地位難以動搖，因此牙買加體系實質是美元霸權的延續。

二、美元霸權與全球金融危機

美元霸權的建立是由於地緣政治建構的特徵，也就是關鍵性商品，尤其是石油，都是以美元標價的。每個國家都接受美元，因為美元能買

到石油。1973年以後，美國容忍石油輸出國組織（OPEC）對石油進行壟斷，而美國向產油國索取的籌碼是石油的美元標價和「石油美元」的循環。這種美元循環是維持美國國際霸主地位的基礎。

憑著美元霸權，美國可以依靠發行紙幣來統治全球金融經濟。2002年，當伯南克還是美聯儲的一名主管人員時曾說過：美國政府擁有一種名為「印刷機」的技術，可以不計成本地生產所希望得到的美元。後來，伯南克又將其概括為著名的「直升機理論」，指美聯儲可以任意地從直升機上向全球各地散發美元。在金融危機爆發後，美國政府幾番動用巨額資金救市，想盡各種辦法刺激經濟。這意味著美聯儲更有理由肆無忌憚地「生產」更多的美元了。

儘管美國憑藉美元霸權可以大發美元，但自20世紀60年代以來，美國家庭和美國聯邦政府國際借款受到越來越「軟」的約束，最終導致美國儲蓄率降到極低的水平。互聯網泡沫在2001年破裂之後，對於用「凱恩斯主義」的反週期財政政策來防止經濟衰退的迫切需要，使得美國的財政赤字不斷擴大。來自於所謂「供應學派」的魯莽和不顧財政後果的減稅政治壓力，只有在美國可以持續這麼長時間，因為實際上只有美國才能夠無限制地從國際上借到以自己貨幣定值的貸款，來彌補減稅造成的財政赤字。

從1870年以來，尤其是二戰後美元成為世界貨幣後，美元主要承載著兩大功能：一大功能是從全球經濟週期角度講的本位貨幣功能；另一大功能是從全球資產週期角度講的現金避險和投機功能。從本位貨幣功能上講，美元與全球經濟週期形成互動。本位貨幣的穩定性往往面臨「特里芬兩難」選擇，即一方面，隨著其他各國持有的國際貨幣增加，要求美國通過國際收支逆差來實現，這就必然會帶來該貨幣的貶值；另一方面，作為國際貨幣又必須要求貨幣幣值比較穩定，而不能持續逆差。

全球失衡並不是什麼新鮮事物。伯恩斯坦（2005）在論及全球失衡時指出，二戰以後，至少是第五次出現類似情形，美元的急遽升值導致經常項目嚴重惡化，反過來又產生國內貿易保護主義的壓力以及越來越深的對美元暴跌的擔憂，然後又通過或多或少無序的匯率調整和主要國家臨時性措施解決了問題。

在20世紀70年代，美國經歷了兩次比較溫和的逆差，對應於德國

和日本的順差。20世紀80年代中期，美國的經常帳戶出現嚴重赤字，日本和德國則出現了明顯的順差。20世紀90年代初期，美國的經常帳戶有所改善。亞洲金融危機後到金融21世紀，除了日本和德國外，中國及亞洲新興市場成為支撐美國經常帳戶赤字的一支主要力量，致使美國出現了史無前例的巨額赤字。全球失衡問題在新世紀以來變得日益突出。一方面，美國經常帳戶持續惡化，對外淨債務不斷累積；另一方面，包括中國在內的新興市場國家和一些石油輸出國則持續順差，累積了大量美元儲備。從絕對量上看，中國2007年經常帳戶盈餘為3,718億美元，美國2007年經常帳戶赤字為7,312億美元，中國的盈餘大體是美國赤字的一半。從相對量上看，中國2007年盈餘占國內生產總值的11.3%，美國2007年經常帳戶赤字占其國內生產總值的5.3%。另外，中國的盈餘在2003年前後變得顯著起來，美國的赤字從1997年前後便開始迅速惡化。麥金農（McKinnon, 2005）的研究為我們思考美元霸權與這次全球金融危機的關係提供了非常有價值的參考。他將全球失衡歸咎於國際美元本位，即美元霸權。由於歷史的原因，國際的產品貿易和資本流動主要以美元計價，這使得美國成為唯一可以有本國貨幣巨額負債的國家，美國不易遭受債務以外幣定值的其他國家一般會遭到的風險。在這種情形下，美國國際借款面臨的是「軟約束」，這最終造成了美國的低儲蓄率。因此，與其說美國可以提供「硬資產」，不如說由於美元的特殊地位，美國面臨的是國際借款的「軟約束」。

美元霸權對美國乃至全球經濟主要產生了以下幾個方面的影響：第一，美元霸權使美國居民成為馬克思在《資本論》裡面講的食利階層。大致從1971年布雷頓森林體系崩潰，美元發行擺脫黃金約束後，作為一種信用貨幣的美元，由於不受實物的約束，可以更加容易地以低成本吸收資金，然後投入到收益比較高的領域，從此美國的金融體系已經變成全球的銀行業。第二，美元霸權及其發達的金融體系也促成了美國獨特的經濟金融增長模式的形成。2001年，美國在互聯網泡沫破滅後，為促進經濟增長，美國政府採取過於寬鬆的貨幣政策和過於低的信貸門檻刺激房地產業和金融業的發展，導致資金由於貿易盈餘國家持有越來越多的美元，為了投資保值，這些美元又通過購買美國的金融資產重新流回美國。隨著美國貿易赤字越來越大，流入美國資本帳戶的美元也就越來越多。2007年，流入美國資本帳戶的金額就高達7,678億美元，

導致資產價格持續上漲。資產價格上漲會產生兩個效應，一個效應是財富效應，另一個效應是金融機構資產負債表的改善。這兩個效應使得美元的創造信貸便利性增強，美國居民更容易借到錢，因此儲蓄率下降，消費率提高。消費提高，進一步拉動美國的經濟增長，而後金融機構的資產負債表進一步改善，同時資產價格上漲。如此往復，使美國經濟出現一片繁榮景象。這種靠美元霸權引發的財富效應和信用擴張助長了美國消費經濟和負債經濟過度發展。第三，由於美元霸權以及美國在全球的經濟地位，美國的經濟增長會帶動全球的經濟增長。全球經濟增長就意味著需要有更多能夠在全球使用的儲備貨幣，進而使美元需求增加。第四，美國的貿易失衡是造成信用擴張和全球流動性過剩的重要原因。美國自 1968 年出現 12.87 億美元的貿易逆差以來，就出現了貿易逆差持續擴大的局面。2007 年，美國的貿易逆差達 7,380 億美元；2008 年，美國的貿易逆差達 6,959 億美元；2009 年，美國的貿易逆差下降到 3,807 億美元。只要美元霸權存在，貿易盈餘國願意持有美元，美國就可以用這種純粹的信用貨幣不斷為貿易失衡進行融資，貿易持續失衡的現象就可以持續下去。由於美元本位是一種純粹的信用本位體系，僅僅付一張「紙」就能換取各國的產品和服務，因此通過印鈔維繫經濟增長的內在推動力是巨大的，美國的財政赤字和貿易赤字都顯著增加，全球範圍內的流動性過剩開始顯現。

總之，美元霸權使得美國居民能夠無限制地負債，其他國家則沒有這種特權。全球經濟的發展需要有足夠的交易和儲備貨幣，儲備貨幣發行國必須具有一個彈性的、可持續的赤字創造機制。這種可持續性取決於美國的經濟和居民的收入水平，而美國的經濟是財政和貿易雙赤字，居民又是過度負債消費，這就形成了一個悖論，即信用貨幣體系下的「特里芬兩難」（Triffin Dilemma）。可見美元霸權不僅導致全球經濟失衡，也導致了 2008 年肇始於美國的全球金融危機。

三、美元霸權的動搖與人民幣國際地位的提升

長期以來，以美元為核心的國際貨幣體系存在諸多問題，包括美國貨幣政策內視性與外延性的矛盾、缺乏監管約束、美元實際匯率與均衡匯率長期失調等。次貸危機的爆發使這些問題浮出水面。

美國是這次全球金融危機的中心，其根本問題在於經濟體系中消費

者過度消費和借貸；美國政府巨額財政赤字和國家的貿易赤字；金融機構過度地承擔風險，以致很多金融機構紛紛破產。隨著這次金融危機的影響逐步向美國實體經濟擴散，支撐美元的根基也開始動搖，美元的國際信心逐漸受到挫傷。這些因素都將在未來中長期內動搖美元霸權地位。主要原因如下：

（一）美國貨幣政策對國內經濟和國際經濟的作用方面存在無法調和的矛盾

美元在國際貨幣體系中的核心地位使得美國的貨幣政策具有足以影響其他經濟體的外延效力。美聯儲作為美國中央銀行而非世界中央銀行的身分決定了其在政策制定過程中考慮的絕非全世界經濟體的「集體利益」，而是旨在實現美國「個體利益最大化」的貨幣政策。

（二）美國不斷擴大的財政赤字規模正在削弱著美元信用並暴露全球經濟供需失衡

長期以來，美國依靠其世界政治經濟中的霸主地位和美元霸權地位所擁有的強大的消費特權，在很大程度上消化全世界的產品。幾十年來，全世界都熱衷於向美國出口，換回的大量美元再以投資或購買美國國債的方式借給美國，美國再用這些錢購買更多的外國產品和資源，促進全世界的生產能力不斷提高，進而進一步地刺激對美出口。

（三）美元中長期均衡匯率一直高於美元實際匯率，這意味著美元幣值低估長期存在

造成這一現象的原因主要包括：一是「廣場協議」的矯枉過正，1985年美元匯率貶值的共識給美元加速下滑和大幅低估創造了條件；二是弱勢美元的債務減免效應，美國自20世紀80年代變為債務國以來一直存在通過美元低估縮小債務實際價值的潛在激勵；三是美元資產的財富虹吸效應，美元低估可以讓美國以較低的成本獲取外部資本助力，加速美國財富累積。

（四）美國經濟受次貸危機拖累，挫傷美元信心

20世紀70年代，美元與黃金脫鉤以後，支撐美元的深層要素由貴金屬變成了美國經濟實力和增長貢獻，美國的經濟增長奠定了美元在國際貨幣體系中的核心地位，從而也成為以美元為核心的國際貨幣體系得以維繫的基石。2001年，互聯網泡沫破滅之後，美國透支性的財政貨幣政策將美國經濟增長推高至均衡增長路徑之上。次貸危機的爆發引發

了增長週期的滯後性迴歸。美國經濟增長的下滑和市場對其未來經濟發展的暗淡預期無疑對美元的國際貨幣地位形成衝擊，進而動搖以美元為核心的國際貨幣體系的根基。

（五）國際社會對當前國際貨幣體系的認同感下降

次貸危機後，美國經濟前景暗淡、美元匯率失衡以及國際貨幣體系紊亂使國際社會對以美元為核心的國際貨幣體系的認同感下降，重建國際貨幣體系的呼聲日益高漲。諾貝爾經濟學獎得主、著名經濟學家蒙代爾指出，本次金融危機的產生有更深層次的原因，即目前的國際貨幣體系存在著重大的缺陷。蒙代爾認為，必須要找到一個更好的國際貨幣體系，中國在其中扮演一個很重要的角色，而且是比較領先的角色。

改革開放30多年來，中國經濟發生了巨大的變化。目前中國經濟總量已躍居全球第二。中國對世界經濟增長的貢獻率已名列全球第一，超過20%，中國正日益成為全球經濟增長最重要動力。中國進出口貿易總額占世界貿易總額的比重已達16%以上，2009年的排名已超過德國，成為世界第一，已經是名副其實的對外貿易大國。中國經濟崛起深刻改變著全球經濟格局。同時，到2009年年底，中國的外匯儲備已達2.4萬多億美元，居全球第一。中國不僅成為全球最大的商品輸出國，而且成為全球最大的資本輸出國。當然中國資本輸出的是美元，而不是人民幣。作為國際貨幣儲備最多的國家，其貨幣沒有國際化，這在世界貨幣史上也是沒有的。隨著中國經濟持續增長，中國對世界的影響力還在不斷加大，國際社會對中國的關注程度也越來越高。本次全球金融危機既極大地強化了人民幣國際化的呼聲與要求，也為推進人民幣國際化提供了良好的時機。在當前的形勢下，中國應積極參與國際經濟金融新秩序建設，參與國際經濟協調，參與國際貨幣體系改革，加速人民幣國際化，提高人民幣在國際金融體系中的地位與作用。

綜上所述，次貸危機暴露了以美元為核心的國際貨幣體系長期存在的缺陷，並通過危機的蔓延和深化使之展現得更加具體和透澈。由於這些問題在很大程度上源於以美元單一貨幣為核心的國際貨幣體系，因此這次金融危機不僅僅在短期內對國際貨幣體系形成衝擊，還會在中長期內動搖美元的霸權地位。隨著中國經濟的不斷發展，人民幣的國際地位在不斷提升。

四、後危機時期中國的金融戰略

在後危機時期，美元的霸權地位已經動搖，美元的國際地位將呈逐步下降趨勢。中國的經濟實力在不斷提升，人民幣的地位也在不斷提高。在後危機時期，中國應該以新興大國思維抓住這次金融危機給中國提供的機遇，通過加快推進人民幣國際化、加快多層次資本市場發展、加快上海國際金融中心建設、逐步實現混業經營的金融發展模式等途徑，促進中國金融業的快速發展，使中國的金融業在中國經濟社會發展中發揮更大作用，成為全球金融強國。

(一) 加快推進人民幣國際化

為挽救這次全球金融危機，美聯儲通過濫發美元在全球範圍內分攤危機的成本，引起了其他國家的不滿，這些國家紛紛要求改革國際金融及貨幣體系。美元遭遇到了前所未有的信任危機，而且這種信任危機已經不可能通過美元自身得到改變。從中長期看，美元貶值將是一種常態。為防止美元危機擴散，各國政府正在積極謀求多元化的儲備貨幣，而人民幣正是可供選擇的關鍵儲備工具。實際上，中國經濟持續高速增長和經濟實力快速增強，也使得人民幣國際信譽大大提高。中國與一些國家進行貨幣互換，周邊國家和地區逐漸認可並接受人民幣作為清算貨幣和交易貨幣，有的甚至已經將人民幣列為儲備貨幣，這些都表明人民幣國際化具有現實性。

無論從國家金融戰略層面，還是從中國經濟金融現實基礎及發展前景等方面來考慮，人民幣國際化對中國都有著巨大的經濟利益與國家利益。

一是可以獲取「鑄幣稅」收入或零利率貸款。國際貨幣可以享有來自他國的鑄幣稅收入。二是有利於降低匯率風險與成本。人民幣國際化有利於金融機構、企業乃至整個經濟體規避匯率風險，解決債務與收益貨幣不匹配的問題，提高交易效率，降低交易成本。三是有利於中國適度降低外匯儲備規模和促進國際收支平衡。四是有利於減少國際貨幣體系不完善對中國及周邊國家的影響。人民幣國際化對於降低中國在對外貿易、外匯儲備等方面對美元的過度依賴，保持中國經濟金融的穩定具有十分重要的意義。五是有利於促進中國對外貿易和海外投資的發展。六是有助於提升中國的國際地位，增強中國對世界經濟的影響力。

七是可以改變中國貨幣政策處於被動和被支配的地位。八是有利於促進中國金融體制改革和制度建設。

總之，中國應結合中國貿易與投資金融活動，結合中國優勢產品與服務，將人民幣國際化作為國家重要戰略，全力加以推進。

（二）發展多層次資本市場，逐步建立證券金融發揮重要作用的現代金融體系

發展中國特色社會主義市場經濟，基礎在於建立現代企業制度；建立現代企業制度，基礎在於擴大資本形成能力，提高資本收益率。發展多層次資本市場、擴大直接融資、提高社會資本形成能力，不只是擴大企業資金來源，還是發展中國特色社會主義的物質基礎，是中國金融崛起的基本條件，是中國的重要金融戰略。

擴大社會資本形成能力，就是要開闢投資來源，培育壯大資產管理機構，大力發展資本市場。

一是要大力發展股票市場。經驗表明，現代金融體系必須依靠銀行體系和資本市場「雙輪驅動」，而中國金融體系最大的問題就是「一個輪子大、一個輪子小」，已嚴重影響中國金融體系的正常運行。中國企業融資結構中仍有90%左右依靠商業銀行，只有10%來自於資本市場，而且融資結構還有惡化的趨勢，這已成為中國系統性金融風險積聚的重要根源。中國股票市場目前從上市公司的數量和交易規模來看都還遠遠不夠，發展的空間和潛力還十分巨大，必須加快發展。

二是要大力發展創業板市場。中國的創業板市場將有可能成為引領中國經濟轉型的「資本推手」。過去幾十年間全球大型經濟體的轉型和產業升級均取決於社會資源配置效率，美國納斯達克市場就是通過資本市場配置資源更好地帶動國家實現經濟轉型和產業升級的成功案例。中國創業板為數量眾多的自主創新和成長型創業企業提供資本市場服務，發揮拉動民間投資、推動產業結構升級、以創業促就業的重要作用。2009年9月25日開始，創業板第一批28家上市公司擬募集資金70.77億元，實際募集資金154.78億元。截至2009年年末，創業板市場共有36家上市公司，累計籌資204億元，占同期股票市場全部融資額的3.3%，市價總值為1,610億元，占全部股票市場總市值的0.7%。創業板市場的推出標誌著中國多層次資本市場體系已初步形成，對進一步發展和完善中國資本市場，擴大中小企業融資渠道並為風險投資提供退出

渠道發揮了非常積極的作用，但目前創業板市場市盈率整體偏高以及投資者對創業板股票非理性追捧，均不利於這一市場長期健康發展。2009年年末創業板市場平均市盈率為105.6倍，而同期深圳A股主板和中小板市盈率分別為45.2倍和49.2倍。

三是要擴大產權交易，在重組和整合現有區域性產權交易市場的基礎上建立區域性產權交易市場。依託中國1998年以來建立的9個地區性中央銀行分支機構、銀行支付體系和金融監管體系，選擇北京、上海、天津、西安、武漢、重慶、廣州、濟南、瀋陽9個地理條件優越、證券交易方便、基礎設施先進、中小企業發展快和投資者素質高的典型地區，優先發展區域性產權交易市場。

四是要大力發展債券市場，特別是發展各類企業債券。到2009年年底，全國債券託管量為17.5萬億元；企業債為1.1萬億元，短期融資券和中期票據為1.3萬億元，合計2.4萬億元，僅占全部債券的13.7%。應制定統一的債券管理法規，擴大企業（公司）債的發行。

（三）加快上海國際金融中心建設和中國金融對外開放的步伐

國務院關於上海「兩個中心」建設的政策文件是在2009年全國積極應對國際金融危機挑戰，努力實現經濟平穩較快增長背景下制定的一項重大決策。2009年，國務院明文確定要在2020年將上海建設成國際金融中心之後，關於建設上海國際金融中心的討論更加熱烈。

當前全球範圍內國際金融中心各具特色，有綜合實力型金融中心，如倫敦、紐約，也有特殊優勢型金融中心，如芝加哥是全球最大的金融衍生產品交易中心，澤西島、格恩西島和都柏林是國際資產管理行業的中心。這些具有特殊優勢的金融中心往往不依託自身經濟體的發達程度而重點突出單項的金融服務優勢領域。中國建成的上海國際金融中心應以綜合實力型為發展方向，強調經濟與金融發展之間的互動互進，建成一個適應中國經濟發展需要的綜合型的國際金融中心。

我們認為，建設上海國際金融中心的目的應該立足於中國金融體系的現代化。通過上海國際金融中心的建設將中國的金融體系由銀行主導轉變為資本市場主導，由行政管制的體制轉變為基於合理監管基礎上的市場化體制，由此推動中國經濟發展方式的徹底轉變和中國國際地位的提高。基於這樣的認識，在未來建設國際金融中心的過程中，應該明確把握兩個基本方向：第一，推動包括股票、債券和衍生品在內的金融市

場的發展；第二，推動行政管制的放鬆和整個金融體系的市場化進程。

上海國際金融中心建設與貨幣自由兌換可以同時推進，這是因為適度的外匯管制不會妨礙國際金融中心建設，上海國際金融中心建設可以為實現貨幣自由兌換創造有利條件。同時，通過上海國際金融中心的建設可以為人民幣國際化提供良好的外部環境。

上海國際金融中心建設與中國金融對外開放之間存在密切的聯繫，我們應該在加快上海國際金融中心建設的同時，促進中國金融的對外開放。

(四) 在以商業銀行為核心和主體的金融發展過程中，逐步建立混業經營的金融發展模式

中國要實現金融大國戰略，必須走向混業經營。混業經營對於中國金融業的發展具有重大的現實意義。一是混業經營能改善收益結構，提高利潤邊際。作為中國金融業主體的商業銀行，其收入結構在總體上是建立在利息收入基礎上的，收入的提高高度依賴各種形式的利息收入，其比例長期占總收入的90%左右。與國外商業銀行相比，中國商業銀行的非利息收入不僅比例小，而且在結構層次上也存在明顯差距。目前，在中國商業銀行的非利息收入業務中，起主導作用的仍是那些籌資功能較強、操作較為簡單的結算類、代理類收付業務，以及與貿易相關的跟單信用證、銀行承兌匯票等業務，而層次較高的諮詢、理財、風險管理等業務卻很少，有的甚至為空白。二是降低風險邊際，提高抗風險能力。中國商業銀行經營收入的提高高度依賴各種形式的利息收入，這種單一、失衡的經營收入結構，導致成本—收入比長期居高不下。收入結構反應業務結構和風險結構。利率市場化將縮小商業銀行過分依賴的淨利差，進而導致經營收入減少。不僅如此，單一的利息收入結構更容易受到宏觀經濟波動及產業景氣變化的影響，導致收入波動幅度增大。相比之下，混業經營能夠同時獲得來自傳統銀行、證券和保險三大子行業的收入，混業金融機構能夠獲得更為穩定的收入，相應的抗風險能力也會增強。三是混業金融能促進金融創新，提高金融機構的競爭能力。從主要國家混業經營發展的歷史來看，混業經營的產生和發展全過程都與金融創新密切相關。在分業經營體制下，金融創新使金融機構能夠繞開管制間接地實現混業經營；在混業經營體制下，服務於混業經營的金融創新更是層出不窮，推動混業經營不斷深入和深化。四是能構建穩定高

效的金融體系，促進經濟發展。從宏觀層面上看，任何金融機構都是作為金融體系的一部分發揮功能，並且總是受到特定經濟和金融環境的影響。從金融體系的比較來看，中國金融體系具有獨有的特點。從根本上來說，在中國的金融體系中，銀行佔有絕對的優勢地位，鑒於中國歷史演變和文化信仰等方面的原因以及當前資本市場的相對落後，可以預見這種「銀行主導」特徵在相當長一段時間內不會有根本改變。這就意味著，從當前中國金融體系現狀出發，構建穩定高效的金融體系需要以商業銀行為核心和出發點，並在此基礎上實現商業銀行和資本市場的互動、協調發展。在以商業銀行為核心和主體的金融業改革和發展過程中，通過混業經營的實踐，在商業銀行與資本市場的聯動中推動中國金融體系的自然發展，並在此基礎上「內生」出最適合中國國情的金融體系結構。

第七節　以科學發展觀應對當前全球金融危機

一、科學發展觀的精神實質

為切實解決中國經濟發展過程中存在的經濟結構不合理、分配關係不順暢、農民收入增長緩慢、就業矛盾突出、資源環境壓力加大、經濟整體競爭力不強等問題，以及長期形成的城鄉發展不協調、區域發展不協調、經濟社會發展不協調、人與自然不和諧等制約中國經濟發展的突出矛盾，2003年召開的黨的十六屆三中全會做出了《中共中央關於完善社會主義市場經濟體制若干問題的決定》，首次提出了「五個統籌」，強調要堅持統籌兼顧，堅持以人為本，樹立全面、協調、可持續的發展觀，促進經濟社會和人的全面發展，初步確立了科學發展觀在深化經濟體制改革，發展社會主義市場經濟實踐中的指導地位。

2005年10月召開的黨的十六屆五中全會做出了《中共中央關於制定國民經濟和社會發展第十一個五年規劃的建議》（以下簡稱《建議》）。《建議》強調發展必須是科學發展，要堅持以人為本，要轉變發展觀念、創新發展模式、提高發展質量，落實「五個統籌」，把經濟社

會發展切實轉入全面協調可持續發展的軌道。① 黨的十七大報告以「高舉中國特色社會主義偉大旗幟，為奪取全面建設小康社會新勝利而奮鬥」為主題，以深入貫徹落實科學發展觀為核心，對經濟、政治、文化、社會、軍事、外交和黨建等領域全面貫徹科學發展觀做出了具體的部署。報告明確提出，科學發展觀是中國經濟社會發展的重要指導方針，是發展中國特色社會主義必須堅持和貫徹的重大戰略思想，並將其寫入了《中國共產黨章程》。從而全面確立了科學發展觀在發展中國特色社會主義實踐中的指導地位。②

科學發展觀的精神實質是科學發展觀中起著主導和決定作用的因素，科學發展觀的精神實質反應了科學發展觀的精華和最本質的東西。準確把握科學發展觀的精神實質，直接牽動著貫徹科學發展觀的實踐準則，影響著科學發展觀指導中國特色社會主義道路走向未來的廣度與深度。深入研究科學發展觀的精神實質，有助於探討科學發展觀所蘊含的追求歷史進步的價值取向；有助於實現科學發展觀理論向中國特色社會主義實踐的自覺轉化。

科學發展觀的精神實質應有著多角度、多層面的把握。從理論層面上透視，科學發展觀的精神實質追求的是人與自然、人與人、人與社會之間關係的和諧；從政治層面上透視，科學發展觀的精神實質追求的是黨的全心全意為人民服務根本宗旨的完整實現；從實踐層面上透視，科學發展觀的精神實質追求的是經濟社會又好又快發展的理性效果。當前，中國正遭遇全球金融危機的後續不利影響，我們如何以科學發展觀為指導，有效地應對當前的金融危機，是我們必須認真研究和探討的重大問題。

二、中國經濟發展存在的主要問題

（一）產能過剩的結構失衡是當前中國經濟存在的突出問題

中國經濟結構的核心問題是產能嚴重過剩。從20世紀90年代中期起，中國經濟歷史性地從多年短缺的「賣方市場」逐漸轉變為相對過

---

① 中共中央文獻研究室. 十六大以來重要文獻選編（中）[M]. 北京：中央文獻出版社，2006.
② 中國共產黨第十七次全國代表大會文件匯編 [M]. 北京：人民出版社，2007.

剩的「買方市場」，產能過剩問題就開始成為制約中國經濟發展的「瓶頸」。隨著中國2001年年底加入世界貿易組織，突然井噴式爆發的出口增長使國內產能過剩的矛盾有所緩解。2003年中國進出口增長37.1%，2004年增長35.7%，2005年增長23.2%，2006年增長23.8%，2007年增長23.5%。①

在「中國製造」走遍世界每一個角落的同時，更大規模的固定資產投資使中國成為「世界工廠」。在過去的幾年裡，在拉動經濟增長的「三駕馬車」中，出口成為最強勁的拉動力，並累積了近2萬億美元這一歷史上最龐大的外匯儲備。隨著美國次貸危機愈演愈烈，終於引發了美國、歐盟、日本等發達經濟體的全面衰退，中國出口市場也因此空前受阻。從國內市場來看，以鋼鐵為例，據國際鋼鐵協會2008年1月公布的數據顯示，2007年全世界67個主要產鋼國家和地區的粗鋼產量為13.435億噸，其中中國為4,896.6億噸，占全球的36.4%，比排名為第2到第8位的7國的總和還要多。2007年，中國淨出口鋼材5,488萬噸，相當於印度一年的鋼材總產量。據專家介紹，目前中國已形成6億噸粗鋼產能，而國內消費的上限是4.6億噸。2007年，中國水泥產量為13.6億噸，占世界總產量的50.37%。中國擁有1,000萬輛汽車的生產能力，還有100多個行業的產能居世界第一。② 很顯然，中國這種高投資、高出口、高儲蓄導致經濟內部結構失衡的程度已經到了難以為繼的地步。

（二）過分依賴出口的經濟發展模式是不可持續的

經濟發展過多依賴外需，內需相對不足，以及內需中投資與消費的比例不合理，是中國經濟發展中存在的結構矛盾。近年來，隨著中國經濟的快速增長和對外貿易規模的不斷擴大，這個問題變得越來越突出，對中國經濟持續穩定增長的制約作用和不利影響也在加大。

中國的外貿對國內生產總值增長的貢獻率超過1/3，因此全球經濟衰退一定會非常嚴重地影響中國經濟。有一種說法認為，中國貿易是面對全球的，雖然北美和西歐受到嚴重影響，中國仍可以把貿易轉移到這兩個地區之外的其他國家和地區。然而由這次金融危機導致的經濟衰退

---

① 姜波. 中國經濟迅速下滑成因 [J]. 中國經濟觀察，2009，1.
② 姜波. 中國經濟迅速下滑成因 [J]. 中國經濟觀察，2009，1.

是全球性的，所有其他地區的經濟都和北美、西歐緊密相關，當整個北美、西歐乃至日本經濟大幅衰退時，全球經濟都會跟著衰退，因此中國的外貿一定會受到嚴重打擊。統計數據表明，中國的國內生產總值增長已經連續多個季度下降，中國 2008 年上半年就有 6.7 萬家中小企業倒閉，這已經清楚地表明過分依賴出口的經濟發展模式是不可持續的。

（三）粗放式的經濟增長方式導致資源和環境被嚴重透支

30 多年來，中國經濟增長主要還是依賴加大勞動和資本的投入的粗放式增長方式。這種粗放式增長方式同時帶來了原材料浪費和環境污染，顯然是不可持續的。中國單位產出消耗的能源和其他資源極大，遠遠超過國際先進水平。中國工業萬元產值用水量 10 倍於國際水平，單位國內生產總值排放的二氧化硫和氮氧化物是發達國家的 8~9 倍。造成這種情況的主要原因是中國生產技術水平相對落後，缺乏能夠高效利用和妥善保護相結合的技術。環境問題是當今世界的一個普遍問題，中國作為一個正在崛起的發展中大國，經濟處於高速發展階段，環境問題尤其突出。中國目前環境污染物排放量位居世界前列，污染物的年排放量達 4,300 餘萬噸。中國自然生態環境也遭到了嚴重的破壞，僅以水土流失為例，中國水土流失面積目前是 150 萬平方千米，而且水土流失、土地沙化以及天然草原退化仍然在不斷繼續，森林的生態功能逐步退化，北方一些河流被過度開發，流域生態功能嚴重失調，地下水位嚴重下降，出現漏斗現象，華北平原出現的地下水位下降漏斗是世界上最大的。全球變暖和空氣污染正成為 21 世紀人類必須嚴肅對待的重大問題之一。目前，全世界有 10 億多城市人口的健康受到空氣污染的威脅。世界衛生組織 2006 年公布的全球空氣污染最嚴重的城市排行榜中，中國有 16 個城市位列前 20 名。2007 年 7 月，中國超越美國成為全球最大的溫室氣體排放國。經濟發展帶來環境污染，而環境污染和破壞又反過來造成驚人的經濟損失。目前，環境和資源問題已經成為制約中國經濟進一步發展的瓶頸。

三、應對當前全球金融危機可能出現的問題

（一）政府投資拉動經濟增長要謹防出現高能耗、高污染、低水平重複建設等問題

始於 2007 年的美國次級債危機，在 2008 年演變成席捲全球的金融

風暴。大量金融機構陷入困境，金融市場出現短期的流動性緊縮，美國和歐盟及其成員國政府均採取了大規模註資的「救市」方式，

2008年11月5日，中國國務院常務會議「進一步擴大內需的十項措施」所匡算的「4萬億元經濟刺激計劃」，顯示了中國政府應對全球金融危機表現出的果斷與力度。在中國政府出抬「4萬億元」刺激經濟方案之後不到兩週的時間裡，一些地方政府迅速推出了本省（市、區）的刺激經濟措施。地方政府規劃中的龐大投資，遠超出了中央規劃的未來兩年「4萬億元」的擴張規模，充分體現了政策放鬆的乘數效應。中央政府和各級地方政府刺激經濟的措施一方面將拉動中國經濟增長，另一方面也可能產生以下一些負面作用，即有可能出現高能耗、高污染、低水平重複建設，還有可能出現低質量工程、形象工程和脫離實際的政績工程。以投資為主的擴大內需政策，將使中國的經濟結構更加扭曲，量的增長很可能是以質的下降為代價的。

（二）地方政府對企業的救助措施可能使一些本該淘汰的企業繼續生存下去

目前，一些地方政府也在實行護盤，督促銀行為企業貸款，以拯救瀕臨破產的企業。一些地方政府對企業的支持和保護政策不是視不同的企業區別對待，而是「一視同仁」。政府要保護的應該是那些技術和管理先進、主業突出、有自主知識產權、在行業內有影響力的企業，但事實上，一些地方政府為應對金融危機，對那些盲目擴張、管理混亂、技術落後、高能耗、對環境污染嚴重的企業也採取了同樣的優惠和扶持政策。這無疑沒有讓金融危機轉化為中國產業結構調整和優化的契機，不利於扶持一批先進企業，淘汰一批落後企業，優化產業結構，反而會使商業銀行形成大量的呆壞帳損失，增大了商業銀行的經營風險。

（三）把國內生產總值的增長速度作為評判應對金融危機是否取得良好成效的首要標準，將進一步影響中國經濟發展和勞動就業

新中國成立60多年來，經濟增長始終是政府的首要目標。我們現在判斷這次應對金融危機的效果，首先談到的還是國內生產總值這個指標。過去30多年，中國國內生產總值以平均9.8%的增長率增長，但國民的人均收入水平卻增長緩慢，至2008年還不足美國人均收入的5%。日本在經濟高速增長26年之後，人均收入卻超過了美國。雖然中國原有的收入基數太低是一個原因，但並不是全部原因，如日本和美國勞動

者的薪酬總額占國內生產總值的比重一般都在60%~70%，中國的這一比例則低至40%左右，並且據研究這一比例還呈下降趨勢。中國居民的收入增長水平也明顯落後於經濟增長水平，而城鄉之間、東部和中西部地區之間的收入差距則更大。① 我們判斷當前應對金融危機的主要標準如果還是國內生產總值的增長速度，將產生以下不利後果：一是將導致資源的浪費，高能耗、高污染、低水平重複建設等問題更加突出。如果把國內生產總值的增長速度作為首要目標，就不可避免地走粗放式發展道路，這將在應對金融危機的過程中造成更大的資源浪費和環境污染，使中國的經濟結構更加扭曲。二是不利於《中華人民共和國勞動法》的貫徹實施，勞動者的利益難以得到保證。2008年頒布的《中華人民共和國勞動法》應該是為維護勞動者利益提供了法律保障，但同時也遇到了很大爭議，尤其是中小企業和部分外資企業都以稅收等因素要挾地方政府，而政府往往出於保增長、保稅收的壓力，在企業老板和員工之間，更容易偏向前者。因此，不利於營造一個讓勞動者的收入在國民經濟中的占比不斷提高的外部環境，反而容易拉大收入差距，導致社會經濟結構的不平衡。三是不利於解決當前的勞動就業問題。有關研究表明，中國的國內生產總值增長一向主要靠投資拉動。② 就國內生產總值、投資與就業的關係而言，從2004年開始，私營和個體部門已經成為吸納新增勞動力主體，到了2007年，幾乎新增的勞動力都靠個體和私營部門吸納。然而政府4萬億元的投資卻主要流向公共部門。再從國內生產總值每增長一個百分點所能帶動的新增就業人數看，也是遞減的。面對2009年嚴酷的就業壓力，靠投資拉動的國內生產總值估計最多也只能新增100萬個就業職位，不足全年新增勞動力的1/10。③ 可見，把國內生產總值的增長速度作為評判應對金融危機是否取得良好成效的首要標準，是不利於有效應對這次全球金融危機的。

四、以科學發展觀為指導，應對全球金融危機

(一) 調整出口戰略，優化出口結構，減少對出口的過度依賴

科學發展觀要求我們對傳統商業模式進行反思，實現商業模式的創

---

① 李訊雷. 不把GDP作為經濟發展首要目標又如何 [J]. 新財富, 2009 (4).
② 李訊雷. 不把GDP作為經濟發展首要目標又如何 [J]. 新財富, 2009 (4).
③ 李訊雷. 不把GDP作為經濟發展首要目標又如何 [J]. 新財富, 2009 (4).

新。創新的商業模式要致力於環境保護和資源的節約。斯圖爾特·L.哈特（Stuart L.Hart）認為，在現實當中，全球經濟是由三種不同但又互有重疊的形式構成的，那就是貨幣經濟、傳統經濟和自然經濟。貨幣經濟是指我們所熟悉的涵蓋了發達國家和新興工業化國家工商業的經濟形態。全球目前大約有20億人生活在這種經濟形態中，其中有大約8億人生活在最富裕的發達國家中，而正是這8億人消費了全世界75%以上的能源和資源，同時製造了大多數的工業垃圾、有毒物質和生活垃圾。工業化創造了巨大的經濟利益，但也造成了可怕的污染，而且還在加速消耗原材料、資源和化石燃料。事實上，在新興工業化國家，工業行為對全球環境（包括氣候、生物多樣性和生態系統的功能）已經造成不可挽救的後果。貨幣經濟造成了這樣的結果，即用大量的土地和資源來滿足一些特定消費者的需要。例如，美國是世界上最大的貨幣經濟體，其人口不到世界人口總數的4%，卻消費了全球25%以上的能源和原材料。[①]傳統經濟和自然經濟的國家，市場潛力很大，且需要的產品主要是相對低資源消耗、高附加值的產品。此次金融危機以來，這些貨幣經濟形態的富裕國家的消費大幅下降，這意味著對能源和資源的消費也大幅下降。因此，我們要創新商業模式，發揮傳統經濟和自然經濟在中國經濟發展中的積極作用，減少對這些貨幣經濟形態富裕國家出口的依賴，擴大對傳統經濟和自然經濟國家的出口比重。

此次金融危機對中國宏觀經濟增長的最重要的衝擊是外需下降，不僅來自於美國的需求下降，來自於其他發達國家或地區對中國出口產品的需求也普遍下降。如果歐盟與美國這兩個中國最重要的出口市場同時出現衰退，則中國出口行業的發展前景將十分黯淡。這正是中國政府調整出口戰略的大好時機。一是中國的出口戰略要逐步由美國、歐盟等發達國家和地區向一些發展中國家和地區調整，比如說拉美市場、非洲國家市場等。二是中國的出口產品要由能源、原材料等低附加值產品向原材料、能源消耗低的高附加值產品轉變，逐步減少對環境污染大的產品出口，在出口產品結構上向資源節約型和環境友好型產品調整。

此外，我們還要減少對出口的過度依賴。中國出口導向的製造業的

[①] 斯圖爾特·L.哈特. 資本之惑［M］. 戰穎, 白晶, 譯. 北京：中國人民大學出版社, 2008.

成功，一方面，解決了很大一部分勞動力就業問題，支持了國內生產總值的增長；另一方面，我們也發現，持有大量美元外匯隱藏著不小風險。事實上，財富已經體現為一張張紙幣，它們可以在一夜之間大幅貶值，但我們為出口創匯卻砍伐森林、破壞環境、污染河流。顯然，我們付出的代價是很大的，這種過度依賴出口的增長是不可持續的。

(二) 開拓中低端消費者市場，服務中低端消費群體

科學發展觀要求我們重視中低端消費群體生活質量的提高，當前應對全球金融危機同樣需要我們發揮中低端消費群體在擴大內需中的積極作用。從擴大內需的角度來看，富裕的消費群體的基本生活需求已經得到滿足，家電、汽車等消費品對他們來說已經是很平常的東西。但是由大多數人組成的中低端消費者市場還沒有被有效開發和服務過，為這些低收入階層提供產品和服務既是科學發展觀的要求，也是擴大內需和應對當前金融危機的有效舉措。現有的發達地區，高收入消費者市場不是尋求新的經濟增長最理想的地方。我們認為，在經濟金字塔底層巨大的、未被開發過的市場是孵化創新性和可持續發展技術的理想場所。在中國，西部地區等經濟不發達地區、廣大的農村市場的商機無限。在這個市場裡，彩電、冰箱、農用汽車等有巨大的潛在需求，這個市場的消費者對教育、科技、職業技術培訓等充滿渴望。因此，我們必須注重開拓這個市場。2008年年底開始，一些地方政府對農村地區消費者購買家電實行補貼的措施，就是一項擴大內需的有效舉措，已經產生了比較好的效果，政府在這方面類似的政策還可以多一些。

開拓中低端消費者市場，服務中低端消費群體以擴大內需的一個重要方面，也是最被關注的方面就是廉租房改革大業。對中國這樣的大國，任何有效提升內需的政策，必須同絕大多數人的需求和利益聯繫在一起。因此，我們當前擴大內需政策的直接目標一定要把絕大多數民眾的需求和利益放在最重要的位置。推進廉租房建設，正是為了滿足絕大多數民眾的需求，改善他們的生活質量的重要舉措，更是當前擴大內需的有效舉措。

(三) 建立符合科學發展觀的現代化模式

改革開放30多年來，中國沿著市場化、制度化、多元化、國際化的方向穩步推進並形成上述力量之間的良性互動，使其成為改革開放後中國現代化的持久動力。國際上一些主流經濟學家，如哈佛大學的帕金

斯教授認為，中國奇跡的發生，從原因的角度不是一個奇跡，因為中國所做的都是經濟學標準教科書所教的內容。標準教科書說市場是配置資源的最好工具。中國過去30多年的改革本質上就是一個市場化過程，是國家部分退出和市場獲得地位的過程。為什麼那麼多國家沒有採用好的經濟政策，只有中國採用好了？毫無疑問，中國共產黨的堅強領導和執政能力以及一個強有力的政府權威體系，發揮了至關重要的作用。在改革的過程中，我們堅定不移地選擇了社會主義市場經濟的發展道路，在中國現代化的關鍵時刻，中國共產黨及時提出了科學發展觀，這為中國現代化模式進一步明確了方向。我們認為，符合科學發展觀的現代化模式必須注重以下幾個方面：一是必須繼續堅持市場化的改革方向。世界的經驗表明，市場經濟是促進發展的最強大動力，市場機制是配置資源最有效的手段。二是在現代化過程中，必須注重各個領域現代化的協調推進，各部門之間協調發展。三是以經濟發展優先，通過經濟發展拉動政治、社會和文化發展，從而達成現代化整體有序的結果。四是現代化模式必須以可持續發展為前提和基礎，沒有可持續發展就沒有真正的現代化。因此，我們認為，只有這樣的現代化模式才能有效地應對當前的金融危機，使中國最終實現現代化目標。

（四）逐步轉換經濟發展方式，優化產業結構

中國的基本國情是人口眾多、資源相對稀缺、環境容量小。過去那種粗放式的經濟增長方式和這種現實情況完全不能適應，必然會導致資源難以為繼，環境不堪重負。面對如此嚴峻的資源問題、環境問題，我們應該採取何種對策呢？我們應該以科學發展觀為指導，在以下幾個方面抓緊落實：第一，中央政府應該逐步淡化國內生產總值的增長速度，應採用一套更全面、科學地衡量一個地區經濟發展水平的指標體系。中國的行政機構都有下級仿效上級的特點，這使得國內生產總值的增長從中央到縣鄉無一例外都是首要目標。因此，只有中央調整施政目標和職能，地方才會回應。第二，要提高全民環境保護與可持續發展意識。在對幹部進行考核的時候，應該把環境問題作為一項重要內容。另外，在國民經濟核算方法上應該綜合考慮環境因素，要建立一個能把經濟發展過程中的資源消耗、環境損失和環境效益納入評價的體系，以此來衡量我們的經濟建設成果。第三，大力推廣有利於環境保護的產品、設備和設施。這種做法在國際上早有先例，一些國家採用價格補貼、優先購買

等手段，通過強有力的利益刺激來扶持此類產品、設備和設施。美國法律就規定，聯邦政府採購車輛時，如採用新技術的低噪音車輛的價格不高於舊款車輛價格的125%，應當優先購買。第四，對人口、資源、環境和發展四個方面要進行統籌規劃。環境保護不能各自為政，必須打破行政區劃的分割，從全國的角度進行戰略規劃。同時，要根據各地的具體情況，如人口規模、資源禀賦、環境容量和社會經濟發展水平等，區別對待，確定各區域的發展方向、發展重點和與之相適應的經濟增長方式，從而對區域生產力佈局進行優化。

中國的經濟是一個以製造業為主的經濟，因此對資源的消耗大、環境污染嚴重。相對製造業而言，服務業屬於勞動密集型和知識密集型產業，不僅能創造更多的就業機會，而且資源消耗較低，帶來的環境污染也較小。目前，發達國家服務業對國內生產總值的貢獻率達到了60%～75%，中等收入發展中國家也達到了45%～60%，而中國的這一比例僅為30%。發達國家的經濟對自然資源的需求實際上沒有我們高。因此，我們必須加快服務業的發展，逐步提高服務業在中國經濟發展中的貢獻度，以優化中國的產業結構，促進勞動就業。這是科學發展觀的要求，也是中國經濟社會發展的需要，更是應對當前金融危機、增加勞動就業、保證社會穩定的重要舉措。

（五）應對金融危機的所有對策都必須讓所有居民獲益，體現以人為本

讓所有居民獲益是實現有效擴大內需和促進經濟健康發展的關鍵，也是科學發展觀的內在要求。科學發展觀的提出和實施是中國人民在新世紀對以往發展道路反思和經濟自覺的結果。20世紀50、60年代，許多發展中國家片面追求經濟增長，力求在國民生產總值方面趕上發達國家，忽略了社會、政治、文化等方面的發展及其與經濟之間的密切聯繫，結果導致了非常嚴重的經濟問題、社會問題和政治問題。從中，人們開始認識到，單純的經濟增長不等於發展，要想發展得更快更好些，不僅要注意經濟增長，而且要注意解決人口、就業、保健、教育、道德觀念、分配制度、政治制度等方面的問題。1981年，聯合國大會通過了經濟和社會平衡發展決議，提出在注重經濟發展的同時，要注意文化、教育、社會福利、住房和生活環境等方面的協調發展。

應對當前的金融危機，從科學發展觀出發，必須注意以下幾個

方面：

　　第一，有效擴大內需必須以人的全面發展為核心，滿足人本身的多方面需要。經濟增長是實現人的全面發展的手段，人的全面發展的前提應當是經濟社會的全面發展，但是經濟社會的全面發展又必須通過人的全面發展來體現。人的發展是發展的最終目標，其他的發展都為人的發展創造條件或機會。人是發展的動力，沒有人的參加，發展是不可能的。但是人的全面發展不是指少數人的發展，而是指所有社會成員都應當在發展中獲益。人的全面發展還包括滿足人民的物質生活、社會生活、精神生活、政治生活等各方面的需要，使人的體力和智力等各種潛能得到充分體現。因此，我們在擴大內需的具體政策上要特別注意關注低收入階層的利益，要注意關注廣大農村市場的需求。把擴大內需與滿足最廣大人民群眾的基本生活需求結合起來、與縮短貧富差距結合起來、與改善廣大農民朋友的物質和精神生活結合起來。無論是補貼農民消費，還是對城鎮居民減稅讓利，這些都是中短期之舉。長期來看，最現實和最有效的舉措就是致力於建立一個完善的社會保障體系，才是促進消費，進而拉動經濟增長的基礎。建立一個完善的社會保障體系，其意義不僅在於改善民生、維護社會公正、保持社會穩定等社會意義，對於應對當前金融危機、促進經濟增長的意義同樣重大。歐美發達國家和日本等的經驗已經對此予以證實。對中國經濟而言，社會保障制度最直接的影響在於社會保障給了人們足夠的安全預期之後，百姓不再需要用高儲蓄來應對生老病死等不時之需，可以將更多收入用於當下的消費。

　　第二，注重協調發展是讓所有居民獲益的重要方面，也是以科學發展觀應對全球金融危機的重要舉措。協調發展的內涵非常豐富，協調發展不僅要求發展的各個要素適應經濟發展的需求，而且要求經濟發展滿足社會要素發展的需求，滿足廣大人民群眾的需要。這就包括自然資源與經濟發展要保持協調，環境保護與經濟發展要保持協調，第一、二、三產業發展之間要保持協調，經濟發展與人的發展的協調等。

　　第三，可持續發展是體現國家和地區長遠發展的最終需求，這在當前尤為重要。2008年11月5日召開的國務院常務會議確定了當前進一步擴大內需、促進經濟增長的十項措施。初步匡算，到2010年年底約需投資4萬億元。緊接著各級地方政府也紛紛提出未來擴大內需的投資計劃，規模之大、項目之多，使我們對未來發展充滿信心。但是這裡一

定要處理好環境問題與生態問題。發展不僅要滿足當代人的需要，也要考慮到下代人以及未來人們的需要的滿足。可持續發展觀非常強調經濟發展、社會發展與自然界的和諧關係，認為經濟發展與社會發展應該建立在生態可持續的基礎上。中國正處在工業化快速發展時期，經濟社會發展的特點是能源、礦產資源消耗大量增加，對環境的影響越來越大，可持續發展正成為日益緊迫的問題，即便是在面臨嚴峻挑戰之際，我們也不能對環境問題和生態問題掉以輕心。也就是說，即便在應對金融危機的緊要關頭，我們也必須以人為本，注意保護我們生存的環境，不能以犧牲環境和資源為代價，這是人類共同的利益。

（六）在應對金融危機的過程中，造就一批有自生能力的企業

我們認為，科學發展觀的一個重要內涵就是要尊重市場經濟的基本規律。市場經濟的一個基本要求就是要讓市場機制在資源配置中發揮基礎性作用。之所以要讓市場機制在資源配置中發揮基礎性作用，主要就是市場機制可以提高資源配置的效率。無論是發達國家還是中國的實踐都已經證明市場機制是目前為止最有效率的資源配置方式。

按照林毅夫教授對近現代世界各國發展道路的理解，許多發展中國家和原計劃經濟國家的政府領導人，迫於大國生存競爭，均把趕超西方工業化國家作為自己的政治導向和經濟目標。然而由於長期以來缺乏對人類社會運行基本法則的認識，這些國家政府的領導人在制定本國的發展戰略時，違背了經濟學意義上的比較優勢原則，導致了一些優先發展產業中的企業並不符合一國要素結構所決定的比較優勢。結果這些企業生產成本相對而言更高，沒有政府補貼和優惠政策的保護就無法在開放、競爭的市場經濟環境中生存。林毅夫把這種企業稱為缺乏自生能力的企業。

按照這個標準定義，如果一個國家中存在大量缺乏自生能力的企業，就說明一國政府的長期經濟發展戰略是違反比較優勢理論的，因而這樣的國家不可能從本國的「後發優勢」中獲益。若政府決策者對市場經濟運行的基本法則沒有正確的認識，僅憑趕超發達市場經濟國家的良好願望和長官意志任意制定本國的發展戰略，有違比較優勢原則，強行並持續扶持大量沒有自生能力的企業，即便是沒有金融危機的影響，經濟發展同樣是不可持續的。從分析問題的思路來看，林毅夫教授提出

「自生能力」這個概念是合宜的，既有廣泛的解釋力，也有重要的理論和現實意義。要確保企業有自生能力，關鍵並不在於說服政府決策者按照比較優勢的要求而憑自己的自由意志指定一國的正確發展戰略來設立企業，而在於把主要的決策由政府還給市場，交給市場中競爭博弈的企業家，並設立一定的法律和政治制度，使政府決策者只能按照經濟運行的內在法則行事。

當前我們為了應對全球金融危機，政府投資拉動經濟增長，但是政府更應該做的是鼓勵民間資本投資，把投資企業的決策權交給市場、交給市場競爭中的企業家。企業必須具有一種「創造性毀滅」的精神，我們得讓人們去嘗試各種事物。一個企業家該干些什麼事情呢？他要去找許多不同的投資銀行或風險投資公司或其他融資渠道，介紹自己的創意。大多數人都難以辨識出重要的新創意，但有些人卻能慧眼識珠。這一過程是一種自由市場的流程，是經濟增長的一種真實而重要的源泉。因此，政府不能插手接管這一流程。這是我們應該牢牢記住的一點。

政府要做的是進行基礎設施投資，加快法律、金融和社會制度的發展，如資本市場發展中的相關法律制度，企業破產、個人破產的相關的法律和制度，提供產業、技術、市場等方面的公共信息服務，為企業營造一個公平競爭、健康有效的市場環境。只有這樣，我們才能造就一批具有自生能力的企業，才能更有效地應對金融危機，才能真正實現經濟的持續發展。

五、結語

我們研究認為，科學發展觀對於應對當前全球金融危機具有重要的指導作用。我們在應對當前金融危機中，必須堅持以人為本，必須正視中國經濟發展過程中長期存在的問題，尤其是要防止在應對當前金融危機中由於盲目追求國內生產總值的增長而出現高能耗、高污染、低水平重複建設的問題，更要關注經濟增長對拉動勞動力就業及勞動者收入水平的促進作用。要改變過去經濟增長對出口的過分依賴，要開拓中低端消費者市場以擴大內需，同時提高低端消費群體的生活品質。要轉變經濟增長方式，優化產業結構，提高服務業在中國經濟發展中的貢獻度，建立符合科學發展觀的現代化模式。應對金融危機的措施要符合最廣大

人民群眾的利益，讓絕大多數人獲益。要充分尊重市場規律，充分發揮民間資本在拉動經濟增長、應對金融危機的積極作用，在應對金融危機的過程中造就一批有自生能力的企業，以促進中國經濟可持續發展。總之，我們要在應對金融危機中消除中國經濟中已經存在的有可能產生危機的隱憂，而不能在應對金融危機中留下將來產生危機的隱患。

第二章　金融與中國經濟轉型

第一節　國際貨幣體系改革的政治經濟學

一、國際貨幣體系的歷史回顧

　　國際貨幣體系是指國際貨幣制度、國際貨幣金融機構以及由習慣和歷史沿革形成的國際貨幣秩序的總和。國際貨幣體系問題並非僅僅是經濟問題，還涉及根本的大國政治和戰略問題。要研究和分析當前的國際貨幣體系改革必須從布雷頓森林體系開始回顧。1944年的《布雷頓森林協議》是歷史上主權國家所達成的最具野心也最富有深遠意義的貨幣協議。在1944年布雷頓森林會議的最後一天，梅納德‧凱恩斯在閉幕演說中慨嘆：「我們已經表明，44個國家聯合起來能夠以和睦與團結一致的精神共同完成一項建設任務。」此後，美元與黃金掛勾，各國貨幣以美元為中心的國際貨幣體系逐步建立起來。在布雷頓森林體系30年生涯的早期，國際貨幣體系的命運被掌控在少數集團國家手中。布雷頓森林體系中，海外的中央銀行可以隨時將其持有的過量美元兌換成黃金。但是有時候，美元債務與美國所持有的黃金之間的比率會上升到某個水平，以致外國對美元和美國財政部黃金兌換窗口的運行失去了信心，這一體系也就注定會解體。但最終導致布雷頓森林體系解體的不僅僅是純經濟因素，還包括美國深陷越戰泥潭、西德對美國安全承諾失去信心、法國退出北約、英國再次被歐洲共同市場拒之門外等一連串政治誘因。

要研究國際貨幣體系改革，還必須瞭解國際貨幣基金組織的歷史和作用。《國際貨幣基金組織協定》經 1944 年磋商，於 1945 年簽署生效，為國際貨幣體系奠定了法律基礎。國際貨幣基金組織嚴格執行該協定，而且對其修訂必須符合標準，即所提出的修訂案必須獲得全部投票權的 85%（根據對國際貨幣基金組織的出資進行加權計算）才能通過。國際貨幣基金組織被認為是為臨時性國際收支失衡提供流動性的來源，同時也是凱恩斯和懷德的國際貨幣規則的執行者。國際貨幣基金組織在 20 世紀 40 年代和 50 年代是被弱化的，在國際經濟方面很少有權威或者聲音。只有在蘇伊士運河危機（The Suez Crisis）後，美國借助國際貨幣基金組織讓其作為向英國提供巨額貸款的仲介，國際貨幣基金組織才開始成為世界貨幣關係中的參與者。

1973 年，布雷頓森林國際貨幣體系消亡，成為國際貨幣體系演進的一個分水嶺。就在這一年，美國在加緊落實保護主義的貿易和投資政策的同時，繼續向世界經濟輸出過量的美元，使之通貨膨脹，其他工業化國家忍無可忍地提出建立國際經濟新秩序的要求。對此，美國採取了三重外交聯盟戰略挫敗了其他工業化國家和第三世界國家的要求，成功地維持了美元在國際金融和貿易領域中的地位。

在布雷頓森林體系崩潰之後，美元經歷了一個從相對衰落到重新興起的過程。布雷頓森林體系崩潰打破了美元與黃金的直接掛鉤，削弱了美元的國際信用基礎。20 世紀 70 年代末 80 年代初，隨著國際經濟新秩序運動的逐漸衰落，美元霸權作為一種結構性因素嵌入世界資本主義經濟體系。直到冷戰結束之後，隨著全球市場猛然向美國公司和金融機構開放，跨國界的資金流動由於金融市場的解除管制而成為慣例，美元霸權才得以完全形成。東歐劇變帶來了經濟互助委員會的瓦解，在經濟互助委員會體系（CMEA）下，東歐各國與各蘇聯加盟國不需要以硬通貨為仲介進行貿易，並且由於其與西方國家的往來比較少，也不需要硬通貨作為外匯儲備。在經濟互助委員會體系崩潰之後，東歐各國與從蘇聯分裂出的各國都急於參與國際貿易，取得經濟發展。在這種情況下，各國對美元的需求迅速上升，導致了美元外匯儲備的大幅增加。經濟全球化、金融全球化強化了美元的霸權地位。

二、現行國際貨幣體系的主要問題

(一) 國際貨幣發行者的激勵不相容

所謂國際貨幣發行者的激勵不相容，指的是當前國際貨幣體系中占主導地位的是以美元為主的發達國家的貨幣，發達國家的貨幣政策主要是根據本國的利益和宏觀經濟的狀態進行調節的。但是從客觀上講，發達國家的貨幣政策又會作用於其他國家宏觀經濟，而其他國家的經濟狀況乃至於其他國家的經濟利益不可能百分之百反應到發達國家的貨幣政策中來。因此，這就造成了一個貨幣政策制定的主體與貨幣政策效果接受者之間的不對稱性，貨幣政策制定的主體是發達國家貨幣當局，而貨幣政策效果的接受者不只是發達國家，也就是貨幣政策制定者通過激勵來自調節本國經濟的變化，而並不考慮其他國家的經濟情況。[1]

現存的以美元為主導的牙買加國際貨幣體系的內生性矛盾已經無法調和。美國實際履行了全球中央銀行的職責，但其貨幣政策卻只關注美國自身，在全球與美國的經濟週期相背時，美國貨幣政策對全球經濟的「逆向效應」只會破壞全球經濟發展的內在規律。

(二) 導致全球經濟失衡

美國實際上有生產和出口流動性金融資產的相對優勢，中國則在生產和出口製造業產品方面具有比較優勢。美國樂於消費大於產出，中國則偏好儲蓄，通過出口促進經濟繁榮。中國僅家庭部門的儲蓄占國內生產總值的比重就接近25%，中國企業儲蓄與國內生產總值的之比也達到了25%，因此國民儲蓄與國內生產總值之比接近50%。雖然中國的投資率特別高，但中國還是持續地保持了經常項目的順差。所有這些過量儲蓄都必須找到出路。若所有過量儲蓄國家出現了經常帳戶順差，那麼一定有其他國家出現了逆差，其中之一就是美國。美國經常帳戶逆差在持續不斷增長，逆差與國內生產總值之比從4%（這是經濟學家們習慣性上認為的安全上限）多一點，增長到2003年的5%、2005年的6%和2006年的6.47%。正如硬幣的正反面一樣，美國持續大量的逆差，只是因為其他國家願意保持大量的順差，美國儲蓄之所以能夠比其投資

---

[1] 李稻葵，尹興中. 國際貨幣體系新架構：後金融危機時代的研究 [J]. 金融研究，2010 (2).

少，是因為其他國家儲蓄得更多。美聯儲主席伯南克（Ben Bernanke）認為，全球失衡反應了全球儲蓄缺口，然而全球儲蓄缺口與美國儲蓄不足不過是同一回事罷了。這就是全球經濟失衡的內在機理。

美元霸權是全球經濟失衡的根源。所謂美元霸權，實質上是美國政府通過沒有任何實物支撐、沒有任何紀律約束的美元在全球金融體系和貿易體系中維持首要儲備貨幣地位，引導和塑造一系列有利於其領導和支配全球的制度安排。美元霸權導致全球經濟失衡問題源於著名的特里芬難題。美元霸權使得美國居民能夠無限制負債，而其他國家沒有這種特權。全球經濟的發展需要有足夠的交易和儲備貨幣，儲備貨幣發行國必須具有一個彈性的、可持續的赤字創造機制。這種可持續性取決於美國的經濟和居民的收入水平，而美國的經濟是財政和貿易雙赤字，居民又是過度負債消費，這就形成了一個悖論，即信用貨幣體系下的「特里芬兩難」（Triffin Dilemma）。可見美元霸權不僅導致全球經濟失衡，也導致了2008年肇始於美國的全球金融危機。

2008年肇始於美國的全球金融危機的根源在於全球經濟失衡。當美國深陷危機時，美聯儲開動印鈔機大量增加貨幣供應，利用美元的國際儲備貨幣地位製造通貨膨脹，通過美元貶值迫使持有美元的世界各國分擔美國人的金融救援成本和財政刺激成本。

(三) 現行國際貨幣體系不可持續

美元的信用基礎已進入了一個長期的下滑和動搖的通道。第一，美國的經濟總量占全球的比重不斷下降。以購買力平價計算，美國占全球國內生產總值的比重從1999年的23.74%下降到2009年的不足20%，這一過程可能還會持續。第二，美國連續多年的財政和貿易雙赤字。2010年美國財政赤字占國內生產總值的比重達到8.9%，在未來若干年還會維持在比較高的水平，美國聯邦赤字的不斷攀升和累積一定會帶來美國國家信用和美元信用基礎的動搖。美元信用基礎的動搖還表現在美國經濟對外資產負債表的惡化。從20世紀90年代初以來，美國對外債務淨額不斷攀升。

三、以人民幣國際化為契機，推動國際貨幣體系改革

自全球金融危機以後，尤其是2010年歐洲債務危機爆發以來，全球避險資金仍然青睞美國和美元市場。從短期來看，美國模式仍然可以

維持，美國在國際上的政治和軍事優勢仍使其有能力維持這一模式。這就意味著，美國將繼續享有貨幣壟斷霸權地位。但是以美元等主權貨幣主導的國際貨幣體系的不穩定性特徵正越來越多地表現出來，改革現行國際貨幣體系是促進國際金融穩定的關鍵。中國要適應和推動國際貨幣體系改革必須推進人民幣國際化。維持美元的霸權地位，符合美國的國家戰略，這同時意味著美國有充足的動力遏制其他貨幣的崛起。美國已經把中國鎖定為新的戰略競爭者，採取遏制人民幣國際化戰略符合其利益需求。對於中國來說，應該努力擺脫美國的掣肘，努力推進人民幣國際化，並以人民幣國際化為契機，推動國際貨幣體系改革。

人民幣國際化是參與全球資源配置、提升金融服務水平、保障中國在全球經濟中的利益和成為金融強國的需要。人民幣國際化，就是要使人民幣逐步成為貿易和資本項下的結算貨幣、金融交易項下的計價貨幣、國際儲備項下的核心貨幣。人民幣國際化是一個過程，是中國綜合實力逐步提高的過程。能夠做到人民幣基本自由兌換，就是在向國際化邁進。國際貨幣的幾個職能做到了，應該說人民幣就基本國際化了。人民幣國際化體現了中國經濟體系與金融體系的穩健，人民幣國際化的最終目標就是要成為國際儲備貨幣，實現國際貨幣的多元化，從而推進國際貨幣體系改革。為加快推進人民幣國際化的進程，中國必須採取以下對策：

(一) 加快推進中國金融改革與開放

利率市場化、匯率形成機制改革、資本帳戶開放和人民幣國際化是中國當前金融改革與開放的四個重要問題。利率市場化和匯率形成機制改革是中國金融改革的重要內容；資本帳戶開放和人民幣國際化是中國金融開放的重要組成部分。人民幣要走出去、要國際化，前提是人民幣可以自由兌換。而人民幣自由兌換，意味著資本帳戶要開放。在資本項目開放的情況下，國際資本流動的變化將可能導致國內資本市場和宏觀經濟的較大波動。此外，國內債券市場發展滯後還可能導致資本項目開放後國內企業傾向於在海外發債融資，增加了債務的貨幣和期限錯配的可能性。資本市場開放需要利率市場化的配套改革，如果利率沒有由市場決定，則有可能大幅偏離市場均衡水平，最終誘發大規模的跨境資本流動，衝擊經濟與金融的穩定。

利率管制與人民幣國際化的方向是不匹配的，人民幣國際化要求利

率必須市場化。在人民幣國際化、資本項目開放的情況下，要求提高匯率的靈活性，以防止大量的資金流入、通貨膨脹壓力和資產泡沫，最終逼迫人民幣匯率大幅升值，導致對實體經濟和金融業的巨大衝擊。因此，要加快人民幣國際化的進程，必須積極推進利率市場化、匯率形成機制改革和資本帳戶開放。與此同時，中國還需要在以下幾個方面加快金融改革和開放的步伐：一是應該加快深化金融體系的市場化改革，推進金融機構的市場化營運，減少或取消對金融機構和企業的隱性擔保。二是要發展現代化的金融基礎設施。修改和完善金融立法框架，完善金融監管框架，建立宏觀審慎監管體系，以應對系統性風險。三是推動金融市場的發展以降低經濟體系對銀行的過度依賴，打破行業壟斷，促進競爭。中國金融改革與開放的每一個方面既不能單兵突進，也不能過分強調簡單的先後順序，更不能期盼一蹴而就，而應該是在條件基本成熟的情況下，協調、漸進地推進。

(二) 保持人民幣幣值穩定是人民幣國際化的基礎

幣值穩定的含義有兩層，一是對外幣值穩定，即實際匯率穩定，人民幣實際匯率不能有明顯的升值或者貶值趨勢；二是對內幣值穩定，即穩定且較低的通貨膨脹率。對外與對內兩方面的幣值穩定是聯繫在一起的，會相互影響，對外幣值不穩會導致國內物價不穩。人民幣國際化的最終目標是成為國際儲備貨幣，推動國際貨幣體系改革。人們對現有國際貨幣的信心逐漸喪失源於其幣值不穩，而任何一種替代貨幣都必須具有幣值穩定的特徵，人民幣也不例外。近年來，人民幣對外、對內幣值都不穩定，對外升值預期強烈，對內通貨膨脹率高企且波動很大，而且對外、對內幣值相互影響。沒有幣值穩定，人民幣很容易淪為投機套利的工具。加快匯率形成機制改革，尋求長期穩定通貨膨脹的政策機制，才能夯實人民幣幣值穩定和國際化的基礎。

(三) 繼續長期保持適度的經常帳戶順差，為人民幣國際化奠定比較堅實的基礎

從歷史的角度看，經常項目順差能夠幫助一個國家在國際貨幣的競爭和博弈中占據有利地位。從美元成為國際貨幣的歷史來看，美國直到1976年之前都保持了貿易順差國的地位，而在此前，美元的國際儲備貨幣地位基本確立。人民幣國際化尚處於剛剛起步階段，中國保持長期貿易順差，有利於保持人民幣幣值穩定，有利於保持外國居民對人民幣

的信心。人民幣的信用在國際上的體現是經常帳戶或資本帳戶順差以及由此帶來的高額外匯儲備。經常帳戶差額等於儲蓄與投資之差，保持適度的經常帳戶順差，意味著儲蓄與投資之差保持在適度的水平。中國有比較長期的經常帳戶順差，累積一定的外匯儲備，可以滿足更大規模經濟發展的需要，因為比較大的經濟規模是人民幣國際化的基礎。人民幣國際化的初期應該通過適度的貿易順差和資本項目逆差的組合保持國際收支的基本平衡。從長遠來說，繼續保持適度的經常帳戶順差，可為人民幣國際化奠定比較堅實的基礎。

（四）推進人民幣國際化和國際貨幣多元化，促進國際貨幣體系改革

雖然一個以不受約束的美元為主導的國際貨幣體系成為 2008 年肇始於美國的全球金融危機的體制根源，但是目前要找到一個可以取代美元成為國際儲備基礎的本位幣的確很困難。因為美元成為國際儲備貨幣既有歷史淵源，也有現實原因；既有很強的經濟實力作為支撐，也有強大的國際政治、軍事實力作為後盾。事實上，二戰結束前夕的布雷頓森林會議的本質是在確認了美國的霸主地位之後確立了美元的基準貨幣地位。目前指望人民幣替代美元成為國際儲備貨幣是不現實的，甚至在比較長的時間內（如 20 年）都是不現實的。當前國際貨幣體系改革比較現實的選擇就是推進國際貨幣多元化。目前，除了美元、歐元、英鎊、日元外，俄、印也在推進盧布、盧比國際化。人民幣國際化也在積極推進。

2012 年 2 月，伊朗石油部長訪問中國，目的就是推進人民幣來結算中伊石油貿易。採用人民幣結算伊朗對華石油出口，可以大大緩解伊朗面臨的金融壓力。從 2011 年簽訂的最新的進口協定來看，中國已成為伊朗石油出口的最大買家，中國進口了伊朗石油出口 20% 的份額。這意味著人民幣開始打破美元和歐元在石油貿易中的聯合壟斷局面，是人民幣成為國際大宗商品結算貨幣的開始，給人民幣崛起提供了重要契機。

由於英鎊的衰落和日元國際化的不成功，當今的全球貨幣體系呈現高度失衡的狀態，即美元的國際地位處於壓倒性優勢，這給美國濫用貨幣特權，對外傳導金融危機提供了機會。歐元是目前唯一有能力衝擊美元霸權的貨幣，歐元的失敗將進一步加劇全球貨幣體系的失衡，而經濟

快速增長的「金磚四國」，即中國、印度、俄羅斯、巴西都會成為這一全球貨幣格局的最大受害者。「金磚四國」應做好準備出手穩定歐元，這既是推進國際貨幣多元化的重要手段，也是維護自身利益的重要舉措。形成美元、歐元、人民幣、日元、盧布、盧比等多基準貨幣體系並在這一體系下美元、歐元、人民幣成為三足鼎立的最重要的基準貨幣是當前國際貨幣體系改革的現實選擇，也體現了廣大新興市場國家快速發展對世界經濟格局產生的深刻影響。中國今後應該把加快人民幣國際化、加強區域金融合作與推進國際貨幣體系改革有機結合起來。

第二節　中國金融體系轉型

一、問題的提出

隨著經濟和金融體系的發展，一方面，金融活動本身在經濟體系中的地位越來越重要；另一方面，金融體系變化與經濟發展之間的互動關係也逐漸引起理論界和實務部門的關注。尤其是20世紀70年代以來，伴隨著頻發的金融危機，世界範圍的金融體系面臨著急遽的變革和重構。

從一般意義上說，金融體系發展至今，已經形成了一個複雜的系統，既包括內部的金融工具、仲介和市場，也包括外部的監管以及與不同經濟主體的往來關係。

究竟是什麼決定了一個國家金融體系的現實選擇呢？對於這一問題，很多學者進行過深入的研究。富蘭克林·艾倫（Franklin Allen，2006）系統地考察了實體經濟的發展與金融體系結構之間的關係，研究表明金融體系機構隨著企業的金融需要而發生變化，因而金融體系結構的變遷是由實體經濟特徵內在決定的。冉江和鐘加勒（Rajan and Zingale，2004）指出，金融體系本身會朝著最優的結構發展，但這一進程會受到勢力龐大的政治團體的影響，而金融體系的結構會在政治多數派試圖改變法律框架時發生大的倒轉。以拉波塔、洛配茲·西拉內斯、安德烈·施萊弗、羅伯特·維什尼（La Porta, Lopez‑de‑Silanes,

Shleifer and Vishny，LLSV，下同）為代表的法律金融理論的研究者將法律淵源劃分為英國普通法、法國民法、德國民法和斯堪的納維亞民法等不同的體系，借以解釋不同法律體系對金融體系結構的影響及其機理。LLSV明確指出，在保護投資者方面，法律體系以英國判例法為起源的國家表現得最強，以法國成文法為起源的國家表現最弱，以德國、北歐各國法律體系為起源的國家表現居中；此外，以法國法為起源的國家，其資本市場發展的速度最慢。對投資者進行保護等法律制度的完善以及市場的發展，是要依賴於該國整個經濟的發展。運用法律特徵解釋金融體系結構的形成原因，主要代表人物除了LLSV外，還包括勒維納（Levine，1997）和艾剛果（Ergungor，2004）等。[1] 這些研究傾向於表明普通法國家能更有效地促進法律的貫徹實施，從而能比民法系國家更為靈活有效地保護股東和債權人的權利。因此，普通法系國家的金融體系結構偏向「市場主導」，而民法系的金融體系結構則偏向「銀行主導」。還有學者研究認為，社會信用文化和金融體系及其效率可能存在直接的聯繫。似乎每一種理論在其研究路徑和框架範圍內都具備一定的解釋力，但似乎每一種理論又無法概括全部事實。實踐中金融體系的決定可能是多種因素共同作用的結果。

改革開放30多年來，中國已經基本建立現代金融體系。後金融危機時代，隨著國際經濟環境的變化、中國經濟的發展、企業金融需求的變化、政治體制改革的深入、法律體系的不斷完善以及社會信用文化的逐步形成，中國金融體系也面臨需要轉型的挑戰，那麼中國的金融體系應該如何轉型呢？本書試圖對這一問題進行探討。

二、現代金融體系的作用和功能

現代金融體系的作用和功能是什麼？在現代金融體系下，無論是宏觀上的經濟調控，還是微觀上的資金引導與配置，都離不開金融體系這個媒介。但是現代金融體系的作用和功能並不限於媒介這一基本功能，往往還涉及風險配置與管理、公司治理以及財富分配等諸多方面。具體包括：第一，提供零售和批發支付服務。第二，提供純保險服務。保險

---

[1] 陳雨露，馬勇. 現代金融體系下的中國金融業混業經營：路徑、風險與監管體系[M]. 北京：中國人民大學出版社，2009.

服務使個人或企業能夠與他人共擔風險。第三，創造現貨或短期期貨工具的交易市場，如外匯和商品的現貨與短期期貨交易。第四，資金提供者和使用者、儲蓄者和借款者、投資者和企業之間的金融仲介，對經濟體中的資金配置起到至關重要的作用。金融體系的各組成部分發揮的功能之一就是在特定的資金提供者和使用者之間牽線搭橋，以便讓資金的需求者得到資金，讓資金的擁有者找到資金的出路，獲得投資回報。金融體系的核心功能是在不匹配（Non-matching）的資金提供者和使用者之間充當仲介，使提供者的資產構成不同於使用者的負債組合。這種金融仲介的功能包括四個方面：第一，將風險打包（Pooling），存款人對銀行發放的所有的抵押、商業貸款或信用卡應收款擁有間接債權，而不是只對特定的抵押或貸款擁有債權。第二，通過資產負債表進行期限轉換（Maturity Transformation）。通常銀行貸款的平均期限要比借款長。防範期限轉換的內在風險有多種方法，如銀行股本作緩衝、持有一部分高流動性資產儲備、其他銀行提供的流動性保險、中央銀行最後貸款人功能。期限轉換功能可以使存款人的短期存款轉換為借款人的長期抵押貸款。第三，通過提供市場流動性進行期限轉換，長期資產持有者可以選擇何時在流動市場出售資產。第四，風險與收益轉換，資金盈餘者可以選擇不同的債務和股權投資組合，而非直接借款給資金需求者。這四種轉換功能可以通過以下三種不同的方式為實體經濟創造增加值：第一，「打包」，即產生了將資金配置給最終項目的金融仲介作用。當金融體系通過資產管理或將銀行的債權債務打包而履行打包功能時，金融體系就在資金配置中發揮了更加積極的作用。第二，對居民而言，上述功能二和功能三使個人能夠持有滿足其需要的不同期限的資產和負債，如存款人可以持有短期存款，而借款人可以獲得長期抵押貸款。第三，上述四個功能結合在一起，使居民部門的單個存款人持有的資產組合不同於借款企業所欠的負債組合。[1]目前，中國金融體系的功能主要還是體現在為資金提供者和使用者、儲蓄者和借款者、投資者和企業之間充當媒介作用，在經濟體中的資金配置中發揮至關重要的作用。

---

[1] 阿代爾·特納. 銀行在做什麼，應該做什麼？公共政策如何確保銀行對實體經濟的最佳結果？[J]. 比較，2010（3）.

三、中國金融體系存在的主要問題

（一）金融體系的效率很低

金融體系效率可分為運行效率和功能效率兩類。運行效率由整個金融業在國民經濟中正常發揮功能時所消耗的社會資源多少來體現。按照國家標準，銀行體系運行效率通常由銀行體系的存貸利差水平來衡量，利差小，運行效率就高；利差大，運行效率就低。國際貨幣基金組織和世界銀行都使用這個指標來衡量銀行體系的運行效率。

證券市場運行效率也十分低下，資本市場的資源配置功能沒有有效發揮出來。由於中國證券市場一開始就是在政府主導下發展起來的，無論是企業上市的審批，還是債券發行的額度確定都有行政力量干預。因此，證券市場優化資源配置功能沒有得到很好地發揮。

中國目前的金融體系仍然是銀行主導的，金融體系的低效率首先表現為銀行體系的低效率。從金融體系的核心功能，即把國民儲蓄分配到投資活動的效率角度考量，中國金融體系的融資功能處於低效率狀態，主要特徵是國內儲蓄沒有充分地轉化為民間投資。銀行體系融資功能的衡量指標是商業銀行的存貸比，即貸款占存款的比例。2010年1季度，中國部分商業銀行的存貸比超過75%的監管紅線，如民生銀行達到了83.3%，深圳發展銀行達到了79.5%，但比國際銀行仍要低得多。衡量銀行體系融資功能的第二個指標是存差，即銀行體系存款減去貸款的數額。如果銀行大規模吸收存款但又不貸款，就可能導致經濟增長速度延緩和通貨緊縮。金融體系的低效率必然會帶來高風險，因為低效率意味著產生壞帳的可能性或必然性，低效率的結果必然是風險的上升。

（二）金融體系中證券市場融資占的比例太低

2010年，中國證券市場直接融資勢頭良好。統計顯示，證券市場全年直接融資金額達2.76萬億元，同比出現大幅增加。其中，股票市場全年直接融資金額達9,434億元，債券市場直接融資金額達1.8萬億元。若以全年實際新增信貸規模8萬億元進行簡單估算，2010年中國證券市場直接融資本比重突破30%，較2009年出現大幅提高，但還是沒有改變銀行占主導地位的局面。

有學者研究表明，證券市場越發達的國家，其銀行越安全，盈利性越好；證券市場越不發達的國家，其銀行風險越大，盈利性越差。因為

證券市場不發達，企業負債率高達70%~80%，銀行風險必然很大。負債率過高，銀行就無法再投放貸款，最後銀行業務也會衰退。反之，證券市場發達國家，企業負債率低，經營風險主要由股權持有人承擔，由證券市場分散了風險，銀行就相對安全。[①]可見中國金融體系中證券市場融資占的比例太低，增大了中國金融體系的風險。

（三）中國金融機構治理結構還很不完善

中國商業銀行、證券公司、基金管理公司、信託投資公司、保險公司等金融機構的治理結構還不完善，主要表現在三個方面：一是中國大部分大型金融機構的國有股權高度集中，雖然進行了公司化改造，但是難以形成現代企業的治理機構。二是管理權高度集中，表現為一人身兼多職，如有的金融機構一人身兼三職，既是董事長，又是總經理，還是黨委書記。公司大權一人獨攬，一個人說了算，公司的分權制衡機制形同虛設。三是監督制約乏力。現代公司治理機構的一項重要原則就是分權制衡，主要通過股東大會和監事會實現對董事會的監督和制約。中國金融機構的股東難以行使對公司的監督權，「內部人控制」現象十分嚴重，因此公司高級管理人員損害公司權益的現象也十分普遍。

（四）中國金融體系市場化程度還較低

中國過去的金融體系基本上是政府主導的，主要表現在兩個方面：一個方面是商業銀行體系中國有資本佔有絕對控制地位，國有商業銀行治理結構上呈現出顯著的政府背景和濃厚的行政色彩，政府行政權力對銀行貸款項目風險篩選機制進行滲透和破壞，政銀不分，在銀行日常的經營過程中仍然面臨不少行政干預。另一個方面是證券市場發展初期呈現出明顯的政府主導，包括「為國有企業解困」的指導思想和上市的額度控制和分配等。儘管後來逐步進行了市場化改革，但中國證券市場基本上是在政府主導下發展和運行的，市場基礎性制度建設滯後、對投資者利益保護不力、上市公司行為不規範、治理結構不完善，這些都影響了證券市場資源配置功能的發揮。

（五）中國金融體系開放程度還較低

目前中國的金融體系還處於相對封閉的狀態，開放程度還較低，主要表現在四個方面：一是中國資本項目帳戶還沒有實現自由兌換。近年

[①] 東方講壇辦公室. 中國經濟新問題十六講 [M]. 上海：上海辭書出版社, 2006.

來，中國資本項目可兌換程度有很大提高。根據有關部門評估，截至 2010 年年底，按照國際貨幣基金組織《匯兌安排與匯兌限制年報 (2008 年)》中資本項目交易的分類標準（共 7 大類 40 個子項），人民幣資本項目實現部分可兌換及以上的項目（合計 30 項）占全部資本項目交易的 75%。此外，部分資本項目的實際開放程度甚至超過了基於法律框架的可兌換評估程度。儘管中國在推進人民幣資本項目可兌換方面取得了很大成績，但離實現資本項目可兌換還有相當大差距，特別是證券投資、居民個人投資等重要領域的開放還遠遠不夠。二是中國銀行業對內對外開放的程度還較低，國有商業銀行在引進戰略投資者方面對國內民營資本和境外投資者的開放程度還遠遠不夠。三是人民幣國際化程度還很低。一國貨幣國際化是指該國貨幣在國際經濟交往中發揮計價、結算和價值儲藏等職能，是貨幣的國內職能向國外的拓展。目前人民幣在周邊國家和地區提供了部分實現國際貨幣職能的條件，或者說已在逐步形成這一趨勢，但人民幣國際化還處於初始階段。四是中國的資本市場還基本沒有對外開放。貨幣的國際化往往與資本市場的對外開放（資本帳戶開放）聯繫在一起，但兩者並不完全一致。資本市場是貨幣功能的展現，只有當外國居民認為人民幣有用，才會選擇這種貨幣，這需要以中國資本市場的對外開放為前提。目前中國的 A 股市場還沒有對外開放。境外企業也還不能到中國的上海證券交易所和深圳證券交易所上市交易。

四、中國金融體系轉型的方向和路徑

（一）由銀行主導型金融體系向市場主導型金融體系轉型

在典型的銀行主導的金融體系中，居民通過投資商業銀行的股票、儲蓄存款或通過養老基金、共同基金、人壽保險公司等金融機構，直接或間接地成為最終貸款人。有的貸款能夠直接由貸款人提供給借款人，貸款人也能直接向借款人主張權利，國庫券和市政債券就是這種直接貸款最好的例子。但是家庭部門規模較大的借款，如抵押貸款和消費貸款，往往以銀行系統為仲介來實現，企業往往也是通過銀行獲得貸款。

進入 21 世紀以來，全球金融體系變化的突出特點是金融體系正在由銀行主導轉向市場主導。銀行在金融仲介中仍舊扮演非常重要卻與原來日益不同的角色。對於大型銀行機構來說，收益更多來自於貸款的發

起（Loan Originations）和信用風險管理活動，而不是在資產負債表內持有貸款以獲得利息收入。大型商業銀行資產組合中的貸款比重不斷下降，投資銀行、交易、做市以及風險管理業務活動增加。

金融體系產生如此顯著的變化，其中一個重要原因是機構投資者（如養老基金和共同基金）管理的資產數量快速上升。此外，信息處理和通信技術的創新及其廣泛運用極大地加快了投資者和機構及時獲取相關信息的速度，降低了數據的收集和處理成本，使得信息能夠在全球範圍內無障礙地傳遞。

2008 年肇始於美國的金融危機爆發以後，一些學者對美國市場主導的金融體系生產了質疑。實際上，美國金融危機的爆發應歸咎於西方監管當局過度迷信創新對金融市場發展的推動力與市場的自我調節力，歸咎於美國過度消費的經濟發展模式以及華爾街金融高管的貪婪，其本身並不能否定市場主導的金融體系。從長遠來看，中國應該由銀行主導的金融體系向市場主導的金融體系轉型。實際上，與發達國家相比，中國金融市場化進程仍顯滯後。因此，中國應加快股票市場、企業債券市場等直接融資市場體系建設，應積極推進金融創新，加快多層次資本市場發展，逐步形成市場主導型金融體系。

（二）由相對封閉的金融體系到更加開放的金融體系轉型

未來中國經濟有可能繼續維持較高的增長速度，但是相對於 21 世紀第一個 10 年，平均增速將會放緩，一個重要原因就是未來中國經濟增長面臨多方面的壓力，包括較高的儲蓄率和危機後全球經濟的調整壓力、環境資源壓力、國內經濟結構調整壓力、勞動力成本上升的壓力等。這一系列壓力要求中國必須著眼於在境內境外兩個金融市場配置資源，謀取更多的境外淨資產收益和自然資源配置的控制力。這決定了中國再也不能埋頭於國內金融發展，必須以更加積極、開放的心態參與國際經濟、金融事務，爭取在國際金融平臺上更大的話語權。

一是逐步推進中國資本項目帳戶的自由兌換。我們認為，在經濟全球化的背景下，努力推進並實現人民幣資本項目可兌換對中國利大於弊。人民幣資本項目可兌換有利於更好地應對通貨膨脹、促進貿易投資便利化、提高經濟運行和資源配置效率、增強中國的國際話語權。人民幣資本項目可兌換也是中國更深層次融入全球化的制度基礎，也是中國建立上海國際金融中心和資本市場對外開放的基礎。通常認為實現資本

項目可兌換需要具備四大條件，即宏觀經濟穩定、金融監管完善、外匯儲備較充足、金融機構穩健。目前這些條件在中國已基本具備。因此，中國應該積極穩妥地加快推進人民幣資本項目可兌換。

二是要加快中國銀行業對外開放的步伐。中國銀行業對外開放包括中國銀行業「走出去」和國際銀行業「走進來」兩個方面。中國必須適時審慎地推進銀行業走出去。改革開放30多年來，中國對外開放不斷深化，經濟實力不斷增強，企業「走出去」步伐加快，銀行業穩步推進「走出去」戰略，是形勢發展的內在需要。2008年肇始於美國的國際金融危機爆發後，全球金融格局和國際監管環境發生了深刻變化，企業「走出去」和人民幣國際化進程加快，為中國銀行業「走出去」提供了難得的機遇。經過股份制改造及上市後的中國大部分商業銀行的管理水平持續改進，治理結構不斷完善，自身實力不斷提升。中國「走出去」企業和個人越來越多，海外業務發展的客戶基礎不斷擴大，這些都為中國商業銀行加快拓展海外業務創造了條件。在「走進來」方面，迄今為止，外資銀行進入中國已經有近30年的歷史，早期主要以外資銀行在華設立分行的形式為主。此外，還有中資銀行引進境外戰略投資者的形式。一些研究表明，外資進入中國銀行業有助於促進中國商業銀行股權多元化、完善中國銀行公司治理結構、改進中國商業銀行的營運模式、改進風險管理及促進金融創新。因此，中國銀行業可以加大引進境外戰略投資者的力度。

三是要加快人民幣國際化的步伐。在經濟全球化的過程中，維護世界和中國經濟的穩定增長需要人民幣國際化，人民幣國際化還有助於提升中國金融體系的效率。人民幣國際化可以實現保障中國金融安全和國家利益的目的，實質性地改變嚴重的美元依賴狀態，在國家和全球層面緩解和消除貨幣與金融體系的不平衡，提升中國貨幣與金融領域的軟實力，更有效地在全球配置貨幣與金融資源，履行中國在全球貨幣與金融領域的大國責任。推進人民幣國際化是今後5~10年中國金融體系開放和金融發展的基本任務。這次全球金融危機削弱了美國等發達經濟體的全球影響力，加速了國際金融格局的調整進程，為推進人民幣國際化提供了千載難逢的機遇。

四是逐步推進中國資本市場的對外開放。隨著中國經濟規模持續增長和外匯儲備大幅上升，人民幣區域化、國際化進程明顯加快，中國資

本市場的國際化是大勢所趨。一方面，要啓動國際板建設，適時啓動符合條件的境外企業在中國證券交易所上市，推進紅籌企業在上海證券市場發行 A 股。所謂國際板，是指境外公司股票在境內證券交易所上市並以本幣計價交易形成的市場板塊。要設立國際板，就是要吸引優秀的外國企業到中國境內市場發行股票並上市掛牌交易，推進中國資本市場的國際化。一個成功的國際板市場應該是一個能夠匯聚大批世界一流企業，具有全球影響力的國際股票交易市場，並將成為上海國際金融中心的重要組成部分。另一方面，要逐步對境外投資者開放中國的 A 股市場，讓中國境內上市企業能更好地吸引境外投資者，利用境外資本加快發展。

（三）由政府主導的金融體系向市場主導的金融體系轉型

金融體系服務於經濟發展。服務於中國長期以來的高投入、高產出的增長模式的是市場化程度還比較低的金融體系。中國過去的經濟增長模式需要轉變，同樣中國的金融體系也必須轉型，必須加快市場化。金融是配置各類要素的核心環節，因此貫徹金融市場化導向原則、有效配置資源、改善經濟結構、轉變經濟發展方式，必須從中國的金融體系入手。因此，中國必須盡快放鬆對國內金融業的管制，加快充分市場化、自由化改革。

一是基本確立各類金融機構能夠依市場規則自由進入和退出的機制，基本形成金融產品創新的合理生成機制，基本完成金融市場的機構框架，使中國的金融體系能基本滿足不同的企業主體、不同的投資主體，能以不同的期限、不同的形式，實現各種籌資與投資的需求。

二是要穩步推進利率市場化。利率市場化是一個國家走向金融市場化過程中的關鍵一步，這一過程充滿荊棘、試錯和風險。從發達國家利率市場化歷程來看，美國的利率市場化花費了 13 年，日本的利率市場化改革則持續了近 20 年。可見利率市場化改革是一個長期的漸進過程。目前中國的金融體系還比較脆弱，金融變革潛在的風險較大。因此，利率市場化改革必須漸進推進。在推進利率市場化的同時，政府也需要注重金融體系的建設，既包括微觀層面的，比如銀行體系的會計準則和內部審計；也包括宏觀層面的監管，比如資本充足率、槓桿率等。

三是要穩步推進匯率形成機制和外匯管理體制的市場化改革。匯率作為一種市場價格，是市場資源配置的基本信號。自人民幣匯率形成機

制改革以來，人民幣匯率波動幅度逐步加大，較好地體現了市場供求和預期。但隨著國內外經濟形勢的變化，中國經濟融入全球化程度的不斷加深，人民幣匯率作為調節內外平衡主要工具的作用仍需進一步提高，一個更市場化的匯率價格機制，有利於優化資源配置，轉變經濟發展方式。因此，必須進一步完善有管理的浮動匯率制度。中國現行的強制結售匯制度雖然有利於國家對外匯收支進行統一管理，但同時也加大了中央銀行外匯衝銷干預壓力和操作成本，把應由企業和銀行承擔的風險集中轉嫁到國家身上。因此，中國要逐步推進意願結匯制，讓企業和居民更方便地持有和使用外匯。

四是要鼓勵金融機構的金融創新行為。儘管金融創新充滿風險，但創新是金融業保持活力，不斷發展的原動力。從中國的實際情況來看，制約金融發展的一個重要原因恰恰是金融創新不足。因此，中國金融機構要在努力控制風險的潛力下，推進資產證券化、金融衍生品等金融業務和產品的發展，提高中國金融體系的效率。

(四) 由增長型金融體系向綠色金融體系轉型

改革開放 30 多年來，中國經濟增長保持 10% 左右的年均增長速度，中國的金融體系也是在這個過程中建立和發展起來的。金融服務於經濟，中國的金融體系也一直在服務中國經濟的快速增長。因此，筆者把這種金融體系稱為增長型金融體系。在中國經濟快速發展的同時，經濟發展中的高能耗、高排放、高污染，給資源、環境帶來了越來越大的壓力。這樣的經濟結構和發展方式明顯不可持續，迫切需要調整和轉變。因此，以低能耗、低排放、低污染、高效率為特徵的低碳經濟、綠色經濟，已經成為中國經濟發展的必然方向和趨勢。中國「十二五」規劃已經明確，堅持把建設資源節約型、環境友好型社會作為加快轉變經濟發展方式的著力點。因此，必須實施綠色發展戰略，中國的金融體系也必須由增長型金融體系向綠色金融體系轉型。為構建綠色金融體系，必須採取以下三個方面的有效對策：一是商業銀行必須把握經濟金融發展趨勢，加大綠色金融發展力度。商業銀行要將綠色金融從理念轉化為公司治理、公司戰略。綠色金融的具體執行需要一整套全面合理的制度安排，還需要構建系統全面的綠色金融組織架構和業務流程，要創新經營機制，加強能力建設，提升專業水平。二是發揮資本市場的作用，推動綠色經濟的發展。中國證監會在對企業發行股票、債券進行核准時，應

該把高能耗、高排放、高污染的企業排除出資本市場，讓那些節能環保的企業優先上市。在上市公司進行資本市場再融資時，要對其投資項目進行嚴格把關，對高能耗、高排放、高污染的項目，不能批准其再融資，要通過資本市場把更多的資源配置到低碳產業上。三是金融機構應發揮在碳交易中的媒介作用，包括為碳交易各方牽線搭橋，提供代理服務，獲取中間業務收入，開放金融衍生工具（比如期權期貨等）。此外，在碳交易實施過程中，金融機構可以利用低碳金融市場的價格，開發理財產品和標準的金融工具，甚至金融衍生工具，使低碳經濟成為市場經濟框架下解決氣候、能源、污染等綜合問題的最有效率的方式。

（五）由傳統金融監管向立足於整個金融體系監管轉型

傳統的監管理念認為資本要求是銀行監管的根基。人們採用資本要求的根本原因是維護被監管機構的償付能力，保護債權人（特別是小額存款人）的利益。從資本要求的傳統依據——確保銀行的償付能力以保護存款人中，我們可以很自然地得出結論，即資產的風險決定了起緩衝作用的資本要求的規模。這是因為償付能力的保障程度取決於銀行資產的變現價值低於債權人要求獲得的名義價值的可能性。1988年的《巴塞爾資本協議》（巴塞爾協議Ⅰ）引入了相當粗陋的銀行資產風險分類法。2008年開始執行的《新巴塞爾協議》（巴塞爾協議Ⅱ）進一步深化了這一方法，完善了銀行資產的風險等級，並根據銀行所持資產的風險程度調整了緩衝資本的規模。然而由2008年金融危機引發的金融體系動盪對傳統的監管理念提出了挑戰。這次金融危機表明以金融機構的償付能力為基礎，將償付能力等同於資本的傳統金融監管無法保證金融體系的穩定。

後危機時代我們應該從整個金融體系而不是單個金融機構的角度來看待金融穩定。安德魯·克羅克特主張將金融穩定劃分為微觀審慎（Micro-prudential）穩定和宏觀審慎（Macro-prudential）穩定。微觀審慎穩定是單個金融機構的穩定，而宏觀審慎穩定是指整個金融體系的穩定。不言而喻，單個金融機構的健康穩定可以保證整個金融體系正常運行。克羅克特卻認為這個觀點根本不實用，因為這個觀點沒有說明怎樣使所有金融機構都健康發展。能夠使某個機構健康發展的措施不一定適用於其他機構。除非有很好的理由來證明推動某個金融機構健康發展的政策也能夠推動整個金融體系的穩定，否則這個觀點就空洞無物，沒有

任何實際意義。①

如今中國已經成為全球經濟體中不可分割的一部分，國際金融體系的任何風吹草動都不可避免地給中國帶來或大或小的衝擊。雖然中國銀行體系經受住了本輪金融危機的考驗，表現出較強的抗風險能力，但是這並不表明中國銀行監管完美無瑕（王兆星，2010）。在中國金融體系由銀行主導型金融體系向市場主導型金融體系轉型，由相對封閉的金融體系向更加開放的金融體系轉型，由政府主導的金融體系向市場主導的金融體系轉型的同時，中國的金融監管也必須由傳統金融監管向立足於整個金融體系監管轉型。事實上，中國已經在宏觀審慎監管方面做出了有益的探索，如中國中央銀行和銀監會、證監會、保監會已經基本上建立了「一行三會」的信息共享和政策協調機制。銀監會還於 2007 年 12 月發布了《商業銀行壓力測試指引》的報告，並在部分銀行中進行了壓力測試的試驗。今後中國要著眼於宏觀金融體系，著手於微觀金融機構，充分發揮宏觀審慎監管的優勢，不斷完善中國的金融監管，提高中國的金融監管水平。

五、結論

中國過去 30 多年尤其是近 10 餘年的改革開放經驗告訴我們，作為世界第二大經濟體，要追求大國經濟進一步發展的理想，必須順應世界潮流。由於國際、國內的經濟環境和條件發生了顯著的變化，中國的金融體系也必須轉型。中國金融體系轉型是一個系統工程，這標誌著中國經濟、金融模式的根本改變。因此，中國的金融體系的改革、開放及轉型必須把握好節奏、次序和政策的銜接配合。中國金融體系各方面的轉型存在密切的聯繫，有些方面互為前提，如資本市場對外放與資本項目帳戶的自由兌換就存在緊密的聯繫。金融體系的市場化和開放又是一把「雙刃劍」，既能為中國經濟增長帶來利益，也可能帶來災難。同時，良好的社會信用文化建設和社會信用體系建設也是現代金融體系必不可少的組成部分。因此，中國金融體系轉型只有在風險可控的前提下逐步推進，只有這樣金融體系轉型才能更好地服務中國的實體經濟，也才能更好地促進中國經濟持續穩定發展。

---

① 斯蒂芬·莫里斯，申鉉松. 立足於整個金融體系的金融監管［J］. 比較，2009（2）.

第三節　警惕中國後危機時期經濟出現滯脹

一、中國通貨膨脹問題分析

中國經濟是否會出現滯脹呢？首先，我們來分析當前的通貨膨脹問題。中國目前通貨膨脹的出現是在人們的預料之中的。在貨幣學派的創始人，芝加哥學派主要代表人物之一的弗里德曼看來，通貨膨脹是一種貨幣現象。他明確指出，在當今世上，通貨膨脹是印鈔機引發的現象。[1] 就是說貨幣過多或者說流動性泛濫是出現比較嚴重通貨膨脹的主要原因。

那麼政府為什麼要超發貨幣呢？這是為了保增長和保就業。中國政府對於就業問題是有政策傾向的，在政府看來，凡是有助於提高就業率的，就是可取的政策；凡是可能導致失業率增加的，就是不可取的政策。結果是政府形成了固定的思維模式，以是否有助於實現不切實際的充分就業目標作為制定政策的大方向。為應對2008年肇始於美國的全球金融危機，中國政府採取了積極的財政政策和適度寬鬆的貨幣政策，中國在2009年、2010年兩年共投放貸款18.9萬億元，加上外匯占款、「熱錢」流入等其他因素，2009年、2010年兩年中國貨幣供應量（M_2，下同）增加了25萬億元，中國M_2口徑的貨幣供應量已經一舉位居全球第一。中國國內生產總值只相當於美國的三分之一，但M_2總量卻相當於美國的120%。

政府對經濟的干預歷來就是一把「雙刃劍」，當金融危機來臨時，為防止經濟深度衰退，政府適當的經濟刺激政策可能是一種福音，但是政府過度的經濟刺激和擴張政策又會引發通貨膨脹，甚至惡性通貨膨脹。因此，政府的過度干預又會成為禍水。這樣的事實在經濟史上屢見不鮮。自從20世紀30年代中期以來，美國經濟避免了大蕭條，主要因為當收入和就業下降時，大政府模式維持了總需求和利潤，並且把安全

---

[1] 米爾頓·弗里德曼，羅絲·弗里德曼. 自由選擇 [M]. 張琦，譯. 北京：機械工業出版社，2008.

資產注入投資組合中。然而正是大政府避免大蕭條的過程導致了通貨膨脹。在衰退時期，政府對經濟不斷進行融資，這意味著不斷積蓄了在後續擴張期為投資提供融資的能力。通貨膨脹作為不穩定性的一個方面，恰恰產生於為避免不穩定性轉變為大蕭條而採取的措施之中。

以通貨膨脹為代價換取更多的就業機會在理論上是說不通的，在實踐中也不可行的。產權經濟學認為，通貨膨脹在無形之中剝奪人們的財產，引起預期的普遍混亂，加劇交易費用。米爾頓·弗里德曼則認為，通貨膨脹具有極大破壞性的原因之一，是一部分人獲得巨大利益的代價是另一部分人失去了相應的利益，從而出現了得利者和失利者的社會分級。[①] 可見通貨膨脹的危害是很大的，足以抵消以通貨膨脹為代價增加就業所帶來的社會福祉。筆者認為，通貨膨脹對窮人的傷害比對富人的傷害更大。一是通貨膨脹不會影響富人的基本生活，但會使窮人的基本生活失去保障；二是富人一般都有多套房產等財產，可以享受房價上漲所帶來的資產增值收益，而窮人則沒有。富人中很多都是企業老板，他們更樂於看到自己要賣的東西在漲價，無論是生產的商品，還是可提供的勞務。

我們分析可以發現，中國目前的通貨膨脹很大程度上是由於近幾年來政府的宏觀經濟政策造成的。政府對經濟的過度干預是導致目前通貨膨脹的主要原因。

政府部門的決策者，甚至很多經濟學者都一直認為通貨膨脹與失業率存在負相關關係，即通貨膨脹率越高，失業率就越低，其理論基礎就是所謂的菲利普斯曲線。為了保持較高的經濟增長率，防止失業的增加，就必須增加貨幣供應量，從而帶來後續的通貨膨脹，也就是以通貨膨脹為代價贏得高的經濟增長率和勞動就業率、維持暫時的經濟繁榮。菲利普斯似乎用英國在 1862—1957 年的數據驗證了通貨膨脹與失業率存在負相關關係的假設，但二戰後美國的數據與該假設又有明顯的矛盾。一些國家歷史事實也證明，有的時候經濟增長速度放慢了，平均失業率上升了，但通貨膨脹卻越來越嚴重，出現了所謂的滯脹現象。

---

① 米爾頓·弗里德曼，羅絲·弗里德曼. 自由選擇 [M]. 張琦，譯. 北京：機械工業出版社，2008.

二、政府干預與滯脹

我們認為，滯脹的出現很多時候與政府對經濟的不當干預有很大的關係，但分析中國是否會出現滯脹，除了從當前政府的宏觀經濟政策上去找原因外，還要去尋找更深層次的原因。

我們要警惕出現所謂的滯脹，不只是因為當前政府為控制通貨膨脹採取的緊縮宏觀經濟政策導致經濟增長放緩與通貨膨脹同時存在的狀況，更是因為中國經濟的深層次原因及 2008 年以來的政府宏觀經濟政策而可能導致的滯脹。在筆者看來，泛泛地談中國經濟增長放緩或出現停滯是沒有意義的，因為這裡省去了太多的限定語。抽象地講，只要不顧一切代價，要繼續維持較高的經濟增長速度是可以的。筆者要說的是由於生產成本大幅上升、政府主導的投資不可持續、出口增長放緩、生態環境被嚴重破壞、缺乏有國際競爭力的企業等深層次的原因，將使中國未來可能出現滯脹。中國政府要警惕的不是當前的經濟增長放緩或者短時間經濟增長放緩，而是要警惕出現較長時間的經濟增長停滯甚至同時伴隨通貨膨脹的狀況。

三、日本經濟停滯的原因

日本經濟經歷了將近 20 年的停滯期。在 21 世紀頭 10 年的中期，日本經濟似乎出現了復甦，但是隨著 2008 年全球金融危機的爆發，日本經濟再次滑入了衰退與通貨膨脹並存的滯脹狀態。一些學者研究認為，日本經濟滑入滯脹的主要原因，一是出口導向經濟模式與國內需求不旺；二是人口老齡化；三是「僵屍借貸」，重組受阻；四是政府的管制型限制；五是宏觀經濟政策失誤。這裡要特別強調和重點分析的是卡瓦列羅、星岳雄和卡什亞普（2008）提出的所謂「僵屍企業」的增加。「僵屍企業」可以定義為沒有生產力、沒有盈利能力本該退出市場的企業，但是由於得到了債權人或政府的幫助，這些企業仍然在繼續營運。「僵屍企業」的繼續營運，阻礙了勞動力轉移到更高生產效率的企業，影響了經濟效率。另外一個阻礙經濟增長的因素是政府在一些部門的嚴格管制。企業保護往往會抑制競爭，同時會催生「僵屍企業」的出現。例如，進入壁壘提高了市場中既有企業的收益，但是由於阻礙了新企業的進入而降低了總體的生產率增長。在宏觀經濟政策方面，日本政府也

存在失誤，首先是在金融監管和管制方面。「僵屍借貸」問題主要是由於對銀行系統的寬鬆甚至誤導性的監管。在經濟停滯階段，財政政策不當使用進一步擴大。政府支出增加而相對應的是私人部門投資的減少。1992—2007 年（在全球金融危機爆發之前），日本政府淨債務占國內生產總值的比重從 20% 上升到 80%，2007 年之後債務更是飆升到國內生產總值的 120% 以上。政府支出占國內生產總值比重和私人投資占國內生產總值的比重之間表現出了顯著的負相關關係。貨幣政策方面也存在失誤，很多學者認為，日本在 20 世紀 90 年代早期實行緊縮的貨幣政策是不明智的。

四、中國經濟也存在類似於日本出現滯脹的原因

中國經濟目前也存在類似於日本出現滯脹的原因，主要包括以下幾個方面：

一是出口拉動乏力與國內需求不旺。中國依靠出口貿易來提升國民經濟的增長速度，是沿著第二次世界大戰後以日本為代表的「東亞模式」的道路脫貧致富。中國的出口貿易在過去十幾年間發展越來越快，靠的是全球市場特別是發達國家的經濟高漲、需求旺盛。同時，中國過去廉價的勞動力成本以及脫貧致富的強烈願望也契合了這一歷史性機遇。如今全球市場景氣不再，美債危機、歐洲債務危機攪得美國和歐洲各國人心惶惶。因此，絕大多數發達國家的居民在未來的多年裡，將不得不增加儲蓄、減少消費，這就必然導致對進口商品的需求量減少，同時大幅度增加貿易保護主義的力量。中國以出口拉動經濟增長的模式面臨嚴酷的挑戰。國內需求不旺在中國尤為突出。國內需求包括投資需求和消費需求。在投資方面主要表現在投資的低效率上。縱觀中國的經濟史，以投資拉動國內生產總值增長是各級政府使用最多和力度最大的法寶。從 1980 年到 2008 年，全國固定資產投資占國內生產總值的比例從 25% 上升到 43% 左右，為應對 2008 年肇始於美國的全球金融危機，中國中央政府又啟動了 4 萬億元人民幣的經濟刺激計劃，則把固定資產投資占國內生產總值的比重提升到 47% 左右。這種「投資饑渴症」造成重複建設、產能過剩、銀行壞帳快速增加，歸根究柢是社會資源的巨大浪費。這種「投資饑渴症」的產生源於政府部門和國有企業控制了大量的資源，源於政企不分的體制性缺陷，這是很難在短時間內改變的。

在消費需求方面主要表現在居民消費增長乏力。從 1978 年到 2009 年，中國國內家庭私人消費占國內生產總值的比重由 49% 下降到 37%，這 30 餘年是中國經濟高速增長的時期，而老百姓的消費占比卻是下降的。2008—2009 年為應對全球金融危機，中國政府反覆強調要擴大內需，最重要的就是要擴大國內消費需求，但中國國內家庭私人消費占國內生產總值的比重卻下降到 37%，不但低於同期的日本（56%）和韓國（55%），也低於馬來西亞（50%）、印度尼西亞（61%）和印度（59%）。可見中國居民消費增長乏力是顯而易見的。在居民消費長期增長乏力的情況下，中國經濟持續增長的動力是會大打折扣的。

二是人口老齡化問題凸現。中國 2000 年 65 歲及以上人口占全部人口比重為 6.8%，2010 年提高到了 8.2%；而同期其他發展中國家平均分別為 4.4% 和 5.0%。中國人口老齡化現象已經十分明顯。勞動年齡人口增量減少與高速經濟增長，共同導致普通勞動力的短缺及工資上漲。數據顯示，農民工工資在多年徘徊不變之後，2003 年以來提高明顯加速，2003—2008 年保持實際年增長率 10.2%。即使在 2008—2009 年金融危機期間，農民工遭遇了短暫的就業衝擊，由於經濟復甦較快，加大了對勞動力的需求，工資增長幅度仍然較高。勞動力成本提高這種生產要素稟賦結構的變化，必然反應為勞動密集型產業的比較優勢相對弱化。如果中國產業結構不能及時由勞動密集型向資本和技術密集型升級，經濟增長轉變到全要素生產率驅動的模式上來，中國的經濟增長將不可持續。

三是「僵屍借貸」在中國也大量存在，企業重組也受到種種阻礙，尤其是在國有企業中表現得更為嚴重。商業銀行往往受到地方政府的干預，為一些經濟效益欠佳的企業提供融資服務。相反，民營中小企業和微型企業融資難問題又尤為突出。

四是政府的管制性限制在一些部門和行業表現得非常突出。例如，銀行金融系統、土地資源系統、能源系統、信息產業系統、鐵路運輸系統、航空系統、公路運輸系統、文化傳媒系統等，關鍵的戰略性產業和戰略性資源在很大程度上是被政府壟斷的。正是因為政府對一些關鍵部門和行業的有力控制，中央一級的大型和超大型的公司，才可能做得越來越大，不論其實際經營效益是好是壞，也不論中國和世界的經濟景氣狀況是低迷還是亢奮，因為最重要的資源、最寶貴的機會、最優惠的政

策都由國家機器通過直接或間接的渠道用來扶持它們。行業壁壘讓很多高生產率的私營企業無法進入市場與低效率的國有企業進行競爭，從而影響了這些行業效率的提高。而在中國，政府與市場的關係尚未厘清，政府越位、缺位、錯位廣泛存在，政府往往是以所有者或經營者的身分，為自己直接或間接經營的商品和服務定價。「自然壟斷」的籠統界定和「政府定價」的規則極易使行政壟斷逃離法律約束之外。

五是中國近幾年的宏觀經濟政策也存在一些失誤，特別是全球金融危機爆發以來，中國的宏觀經濟政策在一定程度上存在反應過度的問題等。

第四節　發揮金融在促進中國經濟發展模式轉變中的重要作用

一、金融發展與經濟發展方式轉變的關係

在這次全球金融危機爆發以後，中國學術界和金融部門對這次金融危機進行了研究和反思，有一種觀點認為金融的發展應該跟隨實體經濟的發展，金融應該是實體經濟的奴僕，但這種觀點有失偏頗。美國學者帕屈克（Patrick）在1996年將金融發展歸結於兩種模式：一種模式是供給導向的金融發展模式，在這種模式下，金融體系主動地向經濟體提供金融服務，金融發展帶動了經濟發展；另一種模式是需求導向的金融發展模式，在這種模式下，金融體系被動地接受經濟體對金融服務的需求，金融發展滯後於經濟發展。美國金融體系的結構性演變，實際上是一種供給導向的金融發展模式。

美國的供給導向的金融發展模式主要體現在以下兩個方面：一是銀行業面臨脫媒的挑戰，資本市場崛起，逐步走向商業銀行與投資銀行的混業經營。二是銀行業本身的經營模式發生轉變。一方面體現在銀行業務對象的轉變，即由以企業客戶為主轉向以居民客戶為主，其中對居民的貸款以按揭貸款為主。另一方面，銀行業從「貸款並持有」轉變為「貸款然後分配」，即通過證券化的這種模式，很好地解決了銀行面臨

脆弱性的根源——承擔信用風險以及資產、負債的不匹配的問題。

金融在現代經濟發展過程中是最重要的一個環節和部門。特別是從長期發展的角度來看，一個國家經濟發展的可持續性最重要的就是看其技術創新能否源源不斷地發生。技術創新的潛力有多大，要看其能否轉變經濟發展方式。要轉變經濟發展方式，就需要資本投入，也就是說需要發揮金融的作用。中國要推動經濟結構調整和經濟發展模式轉變，必須充分發揮金融的作用。中國的金融市場發展緩慢，導致僅能有限地獲取信用，因此家庭一般不得不儲蓄以便購買大額商品。除了將錢儲蓄在國有銀行也沒有太多選擇，家庭的投資組合多樣化的機會有限，家庭的金融資產的回報率也很低。因此，金融市場的改革與發展是一項首要任務，中國政府也承認這一點（Dunaway & Prasad, 2006）。

金融體系有三個基本功能：首先是動員資金。經濟中的剩餘資源都分散在社會個體中，一個好的金融體系需要能夠把這些資源很好地集中起來。其次是配置資金，即把這些集中起來的資金有效地配置到經濟的各個部門中去，實現生產效率的最大化。最後是分散風險。在整個經濟和金融體系中，無論對資金的供給者還是資金的需求者都存在著各種風險，一個好的金融體系應該能夠很好地降低個體所面臨的風險。在現代經濟中，金融是企業融資和風險分擔的重要手段，因此在一個經濟體中，如果金融部門沒有效率，那麼技術創新就無法順利進行，經濟發展必然遭遇瓶頸，經濟發展方式也無法轉變。我們要更好地發揮金融在轉變中國經濟發展模式中的作用，就應該加快金融市場的改革與發展，採用供給導向的金融發展模式促進中國經濟發展模式轉變。

二、發展多層次資本市場，促進中國經濟發展模式轉變

（一）發展多層次資本市場，促進中國粗放型經濟增長方式向集約型經濟增長方式轉變

資本市場的一個重要功能就是對資本這一要素進行合理配置。長期以來，中國經濟增長方式具有粗放型特徵，資源和能源消耗指標一直居高不下。表面上的原因是企業技術水平不高和技術創新能力不足，本質上則是企業制度落後。經驗表明，一個發達的資本市場體系，不僅能夠滿足企業多層次融資需求，實現大規模組織社會資金和引導資本有序流動。更重要的是，資本市場能夠優化上市公司治理和股權機構，形成對

企業的有效激勵與約束機制，通過促進技術進步、降低經營成本和提高經濟效益，推動經濟增長方式轉變。

（二）發展多層次資本市場，可以實現中國經濟增長由過分依靠外需向依賴內需拉動轉變

近年來，中國經濟增長對進出口的依存度越來越高。在經濟全球化的背景下，當一個處於發展中的大國經濟增長長期受制於外部需求時，將必然造成國民福利大量流失，使得本國居民不能分享經濟發展成果；而且也使得本國經濟發展長期依賴主要貿易國的經濟景氣狀況，極可能導致本國經濟發展主導權喪失，不利於國家經濟安全和穩健發展。發展多層次資本市場，為擴大內需和滿足國內需求的產業發展提供更加廣泛的融資渠道，無疑可以實現中國經濟增長由過分依靠外需向依賴內需拉動轉變。

（三）發展多層次資本市場，可實現由投資驅動型經濟增長向消費引導型經濟增長轉變

資本市場的財富效應能夠促進居民消費。目前由於中國基本完成了上市公司股權分置改革，使得資本市場功能和投資者信心得以恢復，也為資本市場發展提供了難得的工具。2008年金融危機以來，中國為應對全球金融危機，通過增加財政投入的方式來拉動經濟增長，這從短期來看，產生了一定的效果，但從長期來看，是不可持續的。我們必須實現由投資驅動型經濟增長向消費引導型經濟增長轉變，這也是轉變經濟發展模式的重要內容。因此，我們必須發展多層次資本市場。

（四）發揮多層次資本市場，可以實現由政府主導資源配置向發揮市場的基礎性作用轉變

在計劃經濟體制下，政府幾乎主導了一切經濟活動。隨著中國國有經濟結構的戰略性調整和資本市場的蓬勃發展，投資主體日益多元化，企業資本的來源日益社會化，政府參與經濟活動的形式也隨之改變。儘管如此，各級政府的「投資饑渴症」依然存在，強化了投資對經濟的驅動作用，這既不利於提高投資效率，也不利於增加勞動者的收入和促進合理消費。發展資本市場，無疑有利於轉變政府職能和擴大市場對資源的配置作用。

我們必須看到，發展產權交易市場和鼓勵購並，能建立正確的市場激勵和優化產業組織。一個被普遍接受的原則是，寡頭市場比完全競爭

和完全壟斷的市場更有利於創新。這是因為完全競爭會由於溢出問題而降低創新型企業的專有性（Appropriability），即獲取其創新的全部利益的能力，而壟斷則使得企業沒有動力對創新進行投資（Baumol, 2002）。中國目前的產業組織結構受制於兩個極端的問題。一方面，少數大型國有企業享受政府賦予的壟斷優勢；另一方面，由於小企業分佈零散，裝備技術簡單低效，中國的多數產業集中度都不夠。過去30餘年，隨著中國的改革開放和非公有制經濟的快速發展，中小企業的數量迅速增加。在這個過程中，由於中小企業融資困難以及發展的時間還比較短，所以很多中小企業都沒有達到有效規模。因此，我們必須制定相應的政策鼓勵併購，能夠加速產業組織結構優化的進程，從而強化對創新的激勵。

我們必須看到，加大發展企業債券市場和加快推出金融衍生市場是對信貸市場、拆借市場、外匯市場與股票市場的補充，是完善市場化投融資體系、推動中國經濟發展轉型的重大舉措。中國創業板市場歷經10年籌備，終於誕生。作為中國多層次資本市場的重要組成部分，創業板市場的推出豐富和完善了資本市場功能，有利於國家調整產業結構，有利於創新型企業借助融資平臺提高技術創新能力，促進中國經濟增長模式轉變。納斯達克市場的經驗告訴我們，創業板的成功需要優質上市企業的成功來實現。

我們將會看到，更多中小企業、外資企業、民營企業參與上市融資、債券發行、衍生交易、重組併購等，不僅大大提升了資本市場融資的比重，豐富了金融交易體系和金融投資體系，而且降低了銀行業信貸的制度性風險和系統性風險，有助於推動銀行業金融機構更進一步推動金融創新、更高水平服務於經濟發展轉型。

三、發揮商業銀行在支持中國產業升級和企業自主創新方面的積極作用

產業升級和企業自主創新有賴於銀行服務支持。為確保重點產業的發展，除依賴資本市場的發展外，還應借助銀行業金融機構的支持。一是銀行通過調整信貸結構影響產業結構的變化。不少學者已經驗證了信貸投放與經濟結構調整之間的對應關係：一方面，商業銀行的信貸結構反應了經濟結構調整的結果；另一方面，商業銀行信貸結構的變動又會

引起經濟結構的進一步調整。二是銀行可以通過財務顧問、擔保、結算、對公理財等中間業務為重點產業發展提供便利。

當前，商業銀行支持中國產業優化升級和企業自主創新的主要措施如下：

一是基於國家產業政策優化貸款投向。商業銀行的信貸結構與產業結構之間存在相互作用的關係，通過對信貸投放提前佈局促進產業結構調整，是商業銀行支持產業升級的主要途徑。在這一點上，日本的經驗最有參考價值。在日本經濟高速增長時期，日本銀行業貸款的產業模式與政府的產業優先順序基本一致，即便是大企業，其能否得到貸款資金支持與其所處的產業是否屬於政府優先發展的產業也密切相關。中國銀行業也應在當前轉變經濟發展模式上發揮積極作用，要有進有退，優化信貸結構，針對產能過剩、「兩高一資」（高污染、高能耗、資源性）等行業，要實行主動退出策略；對節能環保、新材料、新醫藥、生物育種、電動汽車、信息產業等行業，應積極提供信貸支持，對低碳經濟、循環經濟、民生工程等領域，應積極採取信貸扶持政策。

二是進一步降低國家優先發展產業的融資成本。目前中國新興產業、中小企業的融資成本仍然偏高，這必然制約企業研發投入和產品升級換代。我們應該進一步降低這些產業和企業的融資成本，以促進這些產業發展。

四、區別對待，有保有控，為加快經濟發展模式轉變提供有力的金融支持

充分發揮金融在資源配置中的重要作用，要緊緊圍繞中國經濟結構調整、產業升級戰略，與財稅、產業等相關政策緊密配合，充分運用市場機制，切實加強政策指導，鼓勵和引導金融資源向有利於中國經濟增長模式轉變的產業領域傾斜。與此同時，要堅持區別對待、有保有控，從嚴限制對高耗能、高污染和資源消耗型的企業和項目的融資支持，促進淘汰落後產能，推動企業兼併重組，促進產業轉型升級。

（一）繼續不斷提升農村金融服務水平

要緊密圍繞新農村建設、城鎮化發展和服務「三農」，進一步推動建立多層次、廣覆蓋、可持續的農村金融服務體系。一是要加快推進農村金融產品和服務方式創新，大力發展無抵押擔保的農村小額信用貸款

和農戶聯保貸款。二是要積極支持村鎮銀行、貸款公司、農村資金互助等新型農村金融機構和農村小額貸款組織加快發展，讓更多的農村中低收入人群享受到現代化金融服務。三是進一步鼓勵縣域金融機構將新增存款一定比例用於當地經濟發展。四是進一步做好對農業產業化龍頭企業和農民專業合作社的金融服務。五是支持農村保險業加快發展，全方位改進農村金融服務方式，努力提高農村金融服務質量和服務效率。

（二）進一步提高對中小企業的金融服務水平

從各國情況來看，中小企業普遍在技術創新和增加就業方面發揮著極其重要的作用。中小企業占中國企業總數的99%以上，中小企業使用的是中國經濟中20%的金融資源，卻提供了中國75%左右的城市就業崗位。這意味著如果中小企業裁員10%，全國就會新增3,000萬城市失業人口。除了就業，中小企業還創造了中國60%的國內生產總值和60%的出口，貢獻了60%的稅收，擁有65%的專利。[①] 可見中小企業在中國經濟發展和勞動就業中有著無可替代的關鍵作用。但是中小企業融資難問題卻長期得不到解決。

2009年，中國中小企業新增貸款3.4萬億元，占全部新增貸款的35.1%，占企業新增貸款的59.1%。截至2009年年底，中小企業在銀行間市場通過發行集合票據、短期融資券和資產支持證券融資共計21.4億元，雖然數量不大，但是有效拓寬了中小企業的融資渠道。[②] 今後要進一步加大對中小企業的金融支持力度。一是通過構建多層次銀行體系、試辦社區銀行、發展多層次擔保體系、拓展政策性金融服務、發展與民營中小企業相匹配中小金融機構，完善為中小民營企業服務的間接融資體系。二是商業銀行要加大對中小企業的信貸支持力度，重點是支持有信用、有市場、有效益、環境污染小和科技含量高的中小企業。三是要加強多層次資本市場建設，拓寬中小企業融資渠道。

（三）發揮金融在支持自主創新、環保產業和戰略性新興產業的積極作用

自主創新是經濟結構調整和經濟增長方式轉變的關鍵環節。加強生

[①] 王一江. 促就業，關鍵在中小企業 [J]. 比較, 2009 (1).
[②] 郭慶平. 金融在加快經濟發展方式轉變中應發揮特別作用 [J]. 中國金融, 2010 (6).

態環境保護，既是轉變經濟增長方式的必然要求，也是轉變經濟增長方式的重要著力點，還是擴大內需、拉動經濟增長的重要途徑。戰略性新興產業是新興科技與新興產業的深度融合，既代表著科技創新的方向，也代表著產業發展的方向。金融要在促進自主創新、環保產業和戰略性新興產業發展方面發揮「助推器」作用。一是要加強宏觀信貸政策指導、鼓勵、引導和督促金融機構積極做好技術進步、自主創新、技術改造、環境保護、產業發展等領域的金融服務。二是積極鼓勵發展創業投資、私募股權基金，發揮好創業投資引導基金的導向支持作用，加強配套政策制度建設，完善政策環境。三是進一步發揮政府資金引導作用，建立和完善金融支持環境保護的政策環境，包括為環境保護企業提供優惠借款，對環境保護企業加大信貸政策引導，全面推行「綠色信貸」機制，發揮扶優限劣作用。四是要積極推動金融創新，開拓金融支持環境保護的多元化融資渠道，綜合利用信貸、債券、票據、股權等融資工具，創新引入節能減排項目保理融資方式，推動環境責任保險業務發展。四是加強和改進金融服務，探索在中國建立和發展限額碳排放交易制度。

（四）發揮金融在支持文化、服務產業發展中的作用

金融要在支持文化、服務產業發展中發揮積極作用。一是要積極開發適合文化產業發展的信貸產品，積極探索適合文化產業項目的銀團貸款模式。二是要進一步改進和完善對文化、服務產業的金融服務，為文化、服務消費提供便利的支付結算服務。三是大力發展多層次資本市場，擴大文化、服務企業的直接融資規模，推動符合條件的文化、服務企業上市融資，支持文化、服務企業通過債券市場融資。四是積極培育和發展文化、服務產業保險市場，完善創新適應文化、服務產業特點的保險產品。

五、應該充分發揮貨幣政策在轉變經濟發展方式中的重要作用

2009年年底召開的中央經濟工作會議明確提出要繼續實施適度寬鬆的貨幣政策，其目的就是為了保持政策的連續性和穩定性，保持貨幣投放和貸款增長的合理充裕，滿足經濟社會發展的合理資金需求。要貫徹落實好貨幣政策，推動經濟結構調整和發展模式轉變，商業銀行處在貨幣政策傳導的關鍵環節，商業銀行應該按照中央經濟工作會議的決策

部署，認真貫徹實施適度寬松的貨幣政策，使信貸資金真正用到國民經濟最重要、最關鍵、最具潛力的地方，通過信貸結構的調整促進經濟結構調整和發展模式轉變，不斷提高信貸支持經濟發展的質量。貨幣政策要與產業政策、財政政策協調配合，發揮貨幣政策對經濟結構調整和經濟發展模式轉變的宏觀調控作用。

六、加快金融體制改革，鼓勵金融創新，更好地發揮金融在促進中國經濟發展模式轉變中的積極作用

必須加快金融體制改革，鼓勵金融創新，切實解決民營企業，尤其是中小民營企業融資中存在的「市場失靈」和「政府失靈」問題，通過金融體制改革和金融創新，更好地發揮金融對促進中國經濟發展模式轉變的積極作用。

第一，應積極建立多層次銀行體系，試辦社區銀行，發展與中小民營企業相匹配的中小金融機構。要借鑑村鎮銀行模式，優先在高新技術開發區鼓勵民間資本試辦社區銀行，在民營經濟發達地區，發展由民間資本參與的社區銀行。要將營運良好的小額貸款公司發展成為大中型金融零售機構，或鼓勵其向社區銀行轉變。

第二，通過構建多層次資本市場，鼓勵債券融資、發展風險投資和私募股權投資，完善為中小民營企業服務的直接融資體系。我們應該通過完善創業板市場，不斷壯大創業板規模。要堅守創業板建設的「兩高六新」，即成長性高、科技含量高，新經濟、新服務、新農業、新材料、新能源和新商業模式，定位於高成長性的創新型中小企業。要探索多種形式的債券融資方式，建立多層次的債券交易市場體系。大力發展中小企業債券市場，鼓勵中小企業擴大集合債券和短期債券發行規模。要適當降低中小企業債券發行門檻，強化信用評級和風險管理。加強債券市場制度建設，培育機構投資者，健全債券評級制度，建立多層次債券市場體系。大力發展風險投資和私募集股權基金，鼓勵民間天使投資發展，構建完整的中小企業創投產業鏈。

第三，應該加快金融產品和服務創新。過度金融創新是美國次貸危機的罪魁禍首之一。因此，國內不少人認為應該控制金融創新，不搞資產證券化、不搞金融衍生產品。我們認為，在批評過度金融創新導致風險積聚和擴散的同時，也不能忘記創新是金融業保持活力，不斷發展的

重要原動力。從中國的實際情況來看，制約金融發展的一個重要原因恰恰就是金融創新不足。在這種情況下，中國應在風險可控、成本可算、信息可得的前提下，積極鼓勵金融機構通過創新開發出更多更好的金融產品和服務。資本市場應當在調結構、促轉型、服務國民經濟中發揮更大作用。2010年，股指期貨交易業務的正式推出標誌著中國金融投資方式已經開始了一場新的革命，其重要意義不亞於20世紀90年代初期推出證券交易。作為一種非信貸融資，融資融券不是對傳統信貸的排斥，而是一個發展與補充，是金融市場內生的一種制度創新，其革命性意義在於提供了一種完善的交易機制、穩定市場運行、降低金融市場系統性風險的新模式。

第五節　中國商業銀行戰略轉型

一、中國商業銀行戰略轉型的動因

（一）監管約束的強化加大了轉型的壓力

隨著全球經濟步入後金融危機時代，監管約束的強化加大了轉型的壓力。在2010年11月的二十國集團（G20）首爾峰會上，以《巴塞爾協議Ⅲ》為核心的新國際金融監管方案已經正式通過。《巴塞爾協議Ⅲ》大幅度提高了銀行資本要求，淨化資本成分，提出了槓桿率等新的監管指標和逆週期監管理念並增加資本要求等。全球範圍內的銀行在一定期限內將普通股比例和一級資本充足率由目前的2%和4%分別提高到4.5%和6%，同時還要求建立2.5%的資本留存和0~2.5%的逆週期資本緩衝。中國銀監會借鑑國際金融監管改革成果，結合國內銀行業改革發展和監管實際，也於2011年4月末推出了《關於中國銀行業實施新監管標準的指導意見》。《商業銀行資本管理辦法》也於2011年8月15日開始徵求意見，該辦法計劃於2012年1月1日起實施。這些監管約束的強化增加了中國商業銀行轉型的壓力。

（二）經濟發展方式轉變要求商業銀行戰略轉型

中國經濟發展方式轉變和經濟結構調整，將給國內銀行業發展帶來

非常深遠而重大影響。中國經濟將由過去的過度依賴投資和出口到更注重拉動國內消費轉變；由過去過多依賴第二產業，向三次產業協調發展轉變；由過去過度注重國內生產總值增長，向更加注重國民經濟發展的質量、效益、安全轉變；由注重傳統產業發展，向更加注重發展戰略性新興產業轉變。這就要求商業銀行調整金融服務的重點，適應經濟發展方式轉變。

(三) 金融環境的變化激化了商業銀行戰略轉型的活力

我們認為，銀行業轉型是伴隨著金融業市場條件的變化、金融產品和服務需求升級以及金融業賴以運行的技術和社會環境變革而做出的適應性調整。隨著中國市場化取向改革的縱深推進，中國金融市場環境發生了很大變化。這突出體現在以下幾個方面：

一是利率市場化將加速推進。目前，中國除了中央銀行法定與超額存款準備金利率以及存款利率設定上限，大部分利率已經實現市場化。加快推進利率市場化改革，將對銀行構成很大的利潤與風險壓力。美國在 1980—1985 年存貸款平均利差為 2.17%，而在完成利率市場化改革之後的 1986—1990 年存貸款平均利差則降為 1.63%，減少了 54 個基點。利率市場化不僅意味著利差縮小，而且使商業銀行面臨逆向選擇、儲蓄分流、債券資產縮小等諸多風險，甚至引發銀行倒閉現象。例如，美國在 1982—1986 年用大約 5 年時間完成利率市場化改革後，1987—1991 年平均有 200 家左右的銀行倒閉，而在 1980 年以前則平均每年倒閉的銀行不到 10 家。

二是金融脫媒態勢將愈演愈烈。近年來中國直接融資市場快速發展。截至 2010 年年末，滬、深兩市共有上市公司 2,063 家，比 2009 年年末增加 345 家，增長 20.1%；上海證券交易所總股本為 2.70 萬億股，同比增長 31.2%，增幅同比提高 22.1 個百分點；流通股本為 1.94 萬億股，占全部股本的 72.0%，占比比 2009 年年末提高 3.1 個百分點。2010 年年末，股票市場流通市值達到 19.31 萬億元，比 2009 年年末增加 4.19 萬億元，增長 27.7%。創業板市場呈穩定發展態勢，2010 年年末創業板上市公司合計 153 家，市價總值合計達 7,365 億元，比 2009 年年末淨增 5,755 億元，增長 3.6 倍。據初步統計，2010 年非金融企業和金融機構在境內外股票市場上通過發行、增發、配股以及權證累計籌資 1.19 萬億元，為 2009 年同期的 2 倍多，增長很快，籌資額創歷史最

高水平。其中，A 股融資 9,522 億元，同比增加 4,679 億元，增長 96.6%；H 股籌資 353.8 億美元，同比增長 1.1 倍。債券市場規模繼續穩步擴大，國債、國家開發銀行及政策性金融債和企業債券融資活躍。2010 年全年累計發行債券（不含央行票據）5.18 萬億元，同比增加 2,751 億元，增長 5.6%。其中，累計發行國債 1.98 萬億元，同比增加 1,851 億元，增長 10.3%；發行國家開發銀行和政策性金融債 1.32 萬億元，同比增加 1,515 億元，增長 13%；發行企業債券（包括企業中長期債券、短期融資券、中期票據、中小企業集合票據、公司債券和可轉債）1.68 萬億元，同比增加 212 億元，其中發行短期融資券 6,892 億元，同比增長 49.4%。2010 年為進一步加大金融對中小企業支持力度，拓寬企業融資渠道，滿足投資者多元化投資需求，2010 年 12 月份創新推出超短期融資券，累計成功發行 150 億元。[①]

此外，技術性脫媒也正在加速，如阿里巴巴、淘寶網、中國移動的手機支付等都在蠶食著銀行在支付領域的壟斷地位。隨著科學技術的發展，第三方支付服務的業務運用領域越來越寬泛，其交易渠道已從單純的網絡支付延伸至移動支付、電視支付、電話支付以及銷售終端（POS）支付，支付帳戶從銀行帳戶擴大到了行業性的儲值帳戶，支付介質從傳統的磁條卡拓展到了智能（IC）芯片卡，經營模式、營運方式的創新也方興未艾。中國第三方支付經過 10 年的發展，2009 年交易規模已經達到 5,550 億元人民幣，2011 年其交易規模有望突破萬億元，成為中國金融支付體系中重要的組成部分。金融脫媒時代的到來，使得銀行作為社會融資仲介和支付仲介的地位面臨嚴峻挑戰。

二、中國商業銀行經營戰略普遍存在的主要問題

（一）盲目追求資本擴張，風險資產增長過快

近年來，銀行業對資本管理提及不多，更多看到的是經濟發展迅速，追求貸款規模的擴張。但是我們應該看到，銀行資產規模後面是資本問題，資本後面則是風險問題。2000—2004 年，中國銀行業貸款餘額平均增長 17.37%；2005—2009 年，中國銀行業貸款餘額平均增長 19.77%。風險資產過快攀升，大量消耗了經濟資本。2009 年，為應對

---

① 金術. 2010 年金融市場評述 [J]. 中國金融，2011（3）.

全球金融危機,各商業銀行增加信貸投放,也增大了經營風險。商業銀行之所以會面臨越發趨緊的資本約束和流動性約束,其根本原因在於存貸款利差收入仍是商業銀行最主要的盈利模式。基於這樣的盈利模式,銀行只能依靠擴張規模獲取利潤的增長,迫於盈利壓力和嚴酷競爭態勢的商業銀行很難有主動調整盈利模式和控制資產規模的內在動力。

(二) 對外源融資過於依賴

一般而言,國際大銀行在上市融資後,一般5~10年時間會通過自身的累積支持發展,而不是頻繁融資,或者只有當遇到重大收購、重大發展機遇時,才進行大規模融資。在中國,目前的金融體系還沒有改變由銀行主導的局面,加之經濟的快速發展,市場對資金的需求很大,尤其是在2009年全球金融危機期間,政府為應對全球金融危機,更是鼓勵銀行高速放款,這必定消耗銀行大量資本。目前中國大中型銀行基本都已上市,資本市場成為這些銀行增加資本金的重要來源,股東如果不能取得好的回報,繼續從資本市場融資就很困難。目前中國一些上市銀行都經歷過在第一年大規模首次公開募股(IPO)後,第二年發次債,第三年再發股票融資的過程,出現了「融資饑渴症」,究其原因,就是資本跟不上發展的速度。

(三) 結構不合理問題還很突出

第一,從業務結構上來看,2010年,中國國內商業銀行零售貸款占全部貸款的比重為20%左右,而歐美主要銀行的零售貸款占比普遍較高。例如,2008年美國銀行、花旗銀行、摩根大通銀行的零售貸款占比就分別達到62.8%、75.0%和64.8%。

第二,從收入結構來看,中國商業銀行主要收入還是利息收入,占了80%以上,非利息收入占的比例還很低。但國際先進銀行的非利息收入已經占到40%以上。

第三,從客戶結構上來看,中國商業銀行還是偏愛大企業,中小企業貸款難的問題還遠沒有解決。一些地方中小銀行與國有和股份制商業銀行存在客戶結構同質化趨勢,盲目爭奪大項目、大企業,而中小企業貸款難的問題卻長期得不到解決。

(四) 創新業務還很滯後

目前中國商業銀行的主要業務還是存貸款業務,創新業務還很滯後。創新是金融業的生命,也是中國商業銀行業務發展的生命。金融創

新能給投資者提供更多的風險、收益和流動性組合。

創新業務滯後制約了商業銀行的發展。

三、中國商業銀行戰略轉型的機遇

（一）中國經濟發展方式的轉變和經濟結構調整，將為國內商業銀行戰略轉型提供難得的機遇

2011年是「十二五」規劃的開局之年，隨著中國經濟結構戰略性調整政策的不斷落實和深化，中國的經濟結構將進一步優化，經濟增長質量會不斷提高，尤其是在需求結構、收入分配結構、城鄉結構、區域結構及產業結構等方面的調整將實現突破，從而使中國經濟發展方式的轉變取得實質性進展。中國經濟發展方式將從依靠外需向建立在擴大內需的基礎上轉變，由投資主導向消費主導轉變，由粗放型向集約型轉變，由政府主導型向市場主導型轉變。這都將為中國商業銀行戰略轉型提供難得的機遇。

（二）後危機時代全球經濟格局的調整將助推中國商業銀行戰略轉型

中國是一個發展中國家，目前對外貿易依存度已超過50%，尤其是遍布全國的外貿進料加工企業和數以千萬計的勞動就業完全依賴外貿出口，國際貿易上的風吹草動都會影響到國內的就業形勢與社會的穩定。後危機時代全球經濟格局必定會進行調整，中國經濟將由過去過度依賴投資出口，向投資出口和國內消費同時拉動轉變，而且更注重擴大內需來支持經濟的可持續發展。在經濟轉型的過程中，必須推進產業升級。中國經濟正在從依賴資源粗放投入的傳統製造產業轉向集約發展的三次產業協調均衡的產業結構，普遍特徵是從重資產轉向輕重資產並存，從有形資產轉向無形資產和有形資產並存。經濟領域的這些動向產生多樣化的資金需求，這就要求商業銀行必須進行戰略轉型。

（三）社會需求變化為中國商業銀行戰略轉型創造了良好的條件

一是居民財富快速增長，對財富管理的需求越來越大。麥肯錫的研究報告估計，2001年中國年收入介於4,000～6,500美元的大眾富裕家庭為1,600萬戶，到2010年這一數據達到6,100萬戶。消費信貸需求大，根據波士頓諮詢公司分析，中國消費市場將以每年18%的速度快速增長。根據波士頓諮詢公司預計，未來幾年中國家庭財富總額將保持

17%左右的平均增長速度，到2013年達到7.6萬億美元。在人口結構變遷情況下，勞動力成本上升也意味著居民收入在國內生產總值增長中占比的提升，這為居民財富持續增長提供了新的驅動力。由於中國已經逐步進入老齡化社會，管理好存量財富的重要性也漸漸超過累積新的財富的重要性。

二是中小企業快速發展，對融資的需求越來越旺。中國中小企業數量龐大，根據第二次經濟普查的數據可知，2008年全國企業法人共495.5萬家，按照工信部的標準，其中中型企業12.7萬家，小型企業157萬家，微型企業324萬家。從銀行信貸的企業覆蓋率來看，大型企業為100%，中型企業在80%以上，小企業在1%以下，甚至更低。目前，中型企業融資難的問題有了很大的改善。小企業融資需求巨大，但能獲得的實際貸款量很小。這為商業銀行拓展中小企業信貸業務提供了廣闊的空間。

四、中國商業銀行戰略轉型的難點

（一）政府對商業銀行經營行為的干預依舊存在

由於中國商業銀行基本上是國有的，因此與政府有著千絲萬縷的聯繫。政府通過各種途徑影響和干預商業銀行的經營行為。例如，地方政府要求商業銀行為當地的大型國有企業提供信貸支持，為政府的某個重大投資項目進行融資，鼓勵商業銀行把資金投放到一些地方政府的建設項目，而不是投放到一些盈利前景好的民營企業的項目等。效率較低的國有企業獲得了較低融資成本的信貸資金，而效率較高的民營企業只能以較高的成本從民間借貸市場獲得資金，資金配置是扭曲的。民營企業貸款難、中小企業貸款難都與政府對商業銀行經營行為的干預有較大的關係。因此，商業銀行的戰略轉型依賴中國市場化改革的推進，尤其是國有企業改革的進一步推進。

（二）商業銀行經營的市場化需要進一步加強

當前銀行體系的業務領域、產品嚴重趨同，趨同的背後是趨利，趨利的背後是去責。因此，商業銀行的經營要更加市場化，要有不同的風險偏好、不同的經營模型、不同的盈利模式。這樣商業銀行才會有積極性去從事小企業貸款業務，才會有積極性進行產品和服務創新。

(三）商業銀行業務範圍受到較大的限制

商業銀行發展中間業務面臨著經營範圍的限制，這成為商業銀行借道中間業務轉型的掣肘。從根本上講，中間業務收入占比的高低與銀行業務範圍大小有關。目前中國金融業分業監管的框架對銀行業務有著較為嚴格的限制，這在很大程度上制約了銀行提供多元化中間服務的能力。從目前來看，西方國家的大型銀行基本上都實現了混業經營，這些銀行的業務範圍不僅涉及傳統商業銀行業務，還可以進入到證券、保險、基金以及其他一些金融服務領域。

（四）員工素質隊伍有待提高

從國際銀行業的發展趨勢來看，客戶服務逐漸向優質化、精細化發展。一是超前研究客戶需求和消費心理。例如，花旗銀行專門組織開展「顧客活動週期」模式研究。二是注重提供差異化服務。針對不同客戶的不同需求及其對銀行利潤的貢獻度分別開發和提供不同的金融產品和服務。三是強化客戶關係管理。例如，瑞銀集團自開展零售業務特別是網上銀行服務後，就要求客戶提供所有相關信息，然後輸入電腦，建立一個能不斷更新的客戶主控文檔。這就對銀行員工的綜合素質提出了更高的要求。目前國際上那些優秀的零售銀行大都是擁有一支由金融、財務、稅收和不動產策劃、投資、法律以及會計等不同領域的專家組成的理財隊伍，理財經理具有很強的專業技能，並且大都具有國際金融理財師（CFP）、註冊金融分析師（CEA）、認證財務顧問師（RFC）等國際通用的理財職業資格。中國商業銀行要加快零售銀行業務發展，員工素質隊伍有待提高。

五、中國商業銀行戰略轉型的路徑

（一）顛覆傳統觀念，培育新的經營理念

國內銀行加快轉型首先要變革觀念，必須確定「以客戶為中心，以價值為導向，以可持續發展為核心內容」的經營管理理念。具體到客戶管理層面，就是要以價值為標準來評價客戶、選擇客戶、經營客戶，把客戶管理和銀行經營緊密結合起來。這具體包括以下幾個方面：一是以客戶價值衡量為基礎，構建客戶綜合貢獻度評價體系，其重點是解決資源有限的條件下如何理性地選擇最有價值的客戶；二是在目標客戶選擇的基礎上，對客戶進行分層管理，其重點是運用客戶分析結果，掌握不

同類別客戶的行為特徵和業務偏好，科學地構建客戶分類營銷服務機制、資源配置機制和產品定價機制，實施差異化的營銷服務策略；三是在服務滿足客戶需求的同時，引導客戶需求，創新業務產品、優化客戶結構。此外，還特別應樹立管理風險、經營風險的理念，切實變控制風險為管理風險，不以犧牲效益為代價來盲目、片面、單一地追求低風險甚至零風險，致力於實現風險與收益平衡匹配和銀行價值的長期穩定提升。

（二）由「外延粗放」發展模式向「內涵集約」發展模式轉型

中國商業銀行現在採取的仍然是以資產擴張、貸款增長為主導，依賴存貸利差為主要利潤來源的發展模式。在資本約束、流動性約束和市場約束條件下，這種簡單、粗放、外延性的發展方式是絕對不可持續的，這就要求商業銀行實現由「外延粗放」發展模式向「內涵集約」發展模式轉型。具體應在以下幾個方面下功夫：一是要加強資本約束，完善風險資產預算和配置機制，建立以「風險資本回報率」為核心的經營績效評價體系；二是加大對中間業務收入的考核權重，重視對中間業務的推動，切實改善業務結構、客戶結構和盈利結構，以實現可持續發展；三是加大對創新業務考核力度，鼓勵根據市場和客戶需求進行產品和服務創新，使創新成為新的利潤增長點；四是要優化資源配置，要根據客戶價值匹配相應資源，引導經營單位向節約資本使用、發展中間業務、提高綜合收益等方向轉變，實現資源配置效益的最大化。

（三）由注重發展公司銀行業務向更多注重發展零售銀行業務轉型

從國際銀行業的經驗看，最具盈利性的業務是面向個人和家庭的零售銀行業務，這是中國未來銀行業務發展的重點。發達國家的貸款重心已經轉移到消費者這邊，原因是一國經濟進入買方市場的發展階段，供大於求成為常態，對經濟增長而言，鼓勵消費已經比鼓勵生產更為重要了。刺激消費的零售銀行業務也就成為銀行最具盈利性的重要業務。

「十二五」時期，中國經濟發展方式發生重大轉變，其中一個重要方面就是要更多地發揮消費在拉動經濟增長中的促進作用。因此，中國商業銀行業務發展必須由注重發展公司銀行業務向更多注重發展零售銀行業務轉型。

（四）由主要服務於大型企業向更多服務於中小企業轉型

中小企業貸款難是困擾中國經濟發展的一個長期問題。中國近年來

的儲蓄率超過 50%，而國內投資率只有 42% 左右，因此每年有相當於國內生產總值近 10% 的儲蓄沒有得到利用。在這種情況下，中小企業仍然面臨貸款難的問題，不是一個正常現象。問題的關鍵在於中國的商業銀行，尤其是大銀行都偏愛給大企業貸款，對發展中小企業信貸業務積極性不夠。其實，中小企業吸納就業的能力強，相同數量的資金，投到中小企業比投到大企業更能增加就業。就業多了，勞動者報酬占國民收入的比重就會提高，這將從根本上改變中國的收入分配格局，實現擴大國內消費和減少出口的目的。因此，商業銀行更多服務中小企業，是服務中國經濟發展方式轉變的需要，也是商業銀行自身戰略轉型的需要。

（五）由注重向國有企業提供金融服務向更多注重為民營企業提供金融服務轉型

中國經濟未來發展的有效途徑在於及時調整經濟結構，實現從投資到消費、從國營到民營、從壟斷到自由競爭的三大轉變。其中的關鍵在於加快民營經濟和民營企業的發展。民營企業是中國未來經濟真正的增長點，民營經濟是中國未來經濟的希望之所在。隨著民營經濟在中國國民經濟中的比重不斷提高，對金融服務的需求越來越迫切。2011 年溫州中小企業困局及民間金融恐慌，凸顯了民營經濟發展與金融服務缺失的矛盾，這對商業銀行既是機遇又是挑戰。因此，商業銀行必須由注重向國有企業提供金融服務向更多注重為民營企業提供金融服務轉型。

（六）由注重國內市場向更多關注海外市場轉型

當前中國商業銀行在海外業務的拓展能力方面已經明顯落後於實體經濟的步伐，而且阻礙了中國經濟全球擴張的步伐。中國企業在海外併購和直接投資中扮演著日益重要的角色，其中最為引人注目的一個部分就是巨額外匯儲備在國際金融市場的投資運用。中國的海外經濟利益日益擴大，但是在這些對外投資業務中，國內金融機構參與程度非常低。根據勒維納（Levine, 1996）的「投資引導理論」，國際直接投資的擴大和跨國公司的發展直接刺激了跨國銀行業務的發展，而且銀行國際化還能夠反過來引導跨國公司的國際化經營，即銀行的功能是雙重的，既能夠發揮「跟隨者」的作用，又能夠發揮「領導者」的作用。因此，中國商業銀行應該由注重國內市場向更多關注海外市場轉型。中國經濟海外拓展的一大趨勢體現為人民幣自由兌換與人民幣在跨境貿易和投資中的應用，這一進程將會對中國的金融機構，特別是銀行業在新業務開

展、銀行境外機構擴張、銀行商業模式等多個方面產生重要影響。人民幣在跨境貿易和投資活動中日益廣泛的應用會增加人民幣離岸存貸款業務。中間業務也通過國際結算、國際銀行卡、基金託管、貨幣類金融衍生品等業務得到發展。在參與國際業務的過程中，中資銀行有機會在不同市場之間博取利率差和匯率差，有助於提升銀行利潤水平。[1]

（七）由穩步推進綜合經營向多功能銀行轉型

2008年爆發的全球金融危機表明，綜合經營模式比單一分業經營應對危機風險的能力更強，具有更強的抗週期性，以及更穩定、持續的利潤增長能力。由於銀行、證券、保險等業務具有不同的週期，綜合化經營能熨平收益波動，有利於其保持穩定的經營業績和持續經營。在這次金融危機中，那些損失最慘重的銀行往往是獨立的投資銀行以及固守基礎銀行業務、規模較小的銀行。這類銀行沒有足夠的規模和多樣化的業務來消化抵押貸款和公司債券違約不斷增加所帶來的損失。

綜合經營代表了國際銀行業的發展方向，也是中國商業銀行戰略轉型的方向。根據有關部門透露，國務院已經批准信貸資產證券化繼續擴大試點，中國人民銀行正會同相關部門積極研究進一步擴大中小企業信貸資產證券化實施方案。從這個角度來看，證券化業務可謂開啓了銀行經營的新時代。在新形勢下，銀行可以通過綜合經營，依託保險、信託、金融租賃等業務進行資本集約型發展，滿足客戶日益多元化、綜合化的金融服務需求。

第六節 走中國特色銀行卡產業發展道路

從2008年開始的全球金融危機正在對世界經濟的走向和經濟理論創新產生深刻的影響。這次金融危機與1929—1933年的世界經濟危機以及1997—1998年的亞洲金融危機的影響範圍顯著不同。1929—1933年的世界經濟危機的影響範圍主要是資本主義發達國家，包括美國、英國、日本及西歐；1997—1998年的亞洲金融危機的影響範圍主要是東

---

[1] 巴曙松. 經濟轉型需要金融轉型［J］. 新財富，2011（10）.

南亞國家；2008 年的全球金融危機的影響範圍主要是包括美國在內的全世界大部分國家。這次金融危機對中國經濟特別是金融業帶來了重大挑戰。我們一方面要以強有力的措施來應對這次金融危機，另一方面也要認真思考中國金融業的發展模式和發展道路。在發展銀行卡產業方面，要認真思考中國銀行卡產業發展道路，是照搬發達國家的發展模式，還是從中國實際出發，走中國特色銀行卡產業發展道路，這是我們必須做出的抉擇。

一、中國銀行卡產業發展的現狀和特點

（一）中國銀行卡產業發展現狀

2009 年，在黨和政府的高度重視下，在各成員銀行的共同努力下，中國銀行卡產業獲得了快速發展，主要體現在以下幾個方面：一是受理市場進一步發展和規範。截至 2009 年年底，共有聯網商戶 156.65 萬戶、銷售終端（POS）機 240.83 萬臺、自動櫃員機（ATM）19.71 萬臺，分別比 2008 年增長 32.75%、30.18%和 24.75%。二是銀聯標準卡市場份額穩步提高。新增銀聯標準卡 3.93 億張，累計 13 億張，占國內發卡總量近 59.09%，同比提高 27.09 個百分點。新增銀聯標準信用卡 3,604 萬張，占國內新增信用卡發卡量的 58.76%，累計 8,056 萬張，占國內市場份額的 58.76%，同比提高 26.76 個百分點。三是跨行交易規模進一步擴大。2009 年全年實現跨行成功交易 69.4 億筆，交易金額 7.67 萬億元，同比增長 21.7%和 66.8%。四是銀行卡風險管理水平進一步提高。2009 年，中國銀聯及其各成員銀行都把風險管理擺在重要位置，進一步加大風險管理力度，解決突出風險，努力防範和化解銀行卡風險，成效卓著。五是銀聯卡境外業務取得重大進展。截至 2009 年年底，銀聯卡在近 71 個國家和地區的自動櫃員機（ATM）網絡，47 個國家和地區的銷售終端（POS）網絡上實現受理，全球化受理網絡雛形初現。境外受理商戶達 55.66 萬戶，銷售終端（POS）機 69.82 萬臺，自動櫃員機（ATM）71.74 萬臺，同比均有大幅增長。境外發卡不斷出現新亮點，共有 10 個國家和地區的 51 家機構發行當地貨幣銀聯卡，新增發卡量 292.42 萬張，累計超過 693.45 萬張。

（二）中國銀行卡產業發展的特點

一是中國銀行卡產業發展很不平衡。在北京、上海等大城市，中國

銀行卡產業已經具備一定的規模；在各省會城市，銀行卡產業發展已經初具規模；在各二級地市，銀行卡產業發展已經開始起步；而在縣域及以下地區，銀行卡產業還很落後；在廣大農村地區，銀行卡產業發展幾乎還是一片空白。東、中、西部區域銀行卡產業發展不平衡。在廣東、江蘇、浙江等中國東部沿海地區，中國銀行卡產業獲得了快速發展，已經達到比較大的規模；在中部地區，中國銀行卡產業發展的速度相對較慢、規模相對較小；在西部地區，中國銀行卡產業發展速度更慢、規模更小。

二是銀行卡市場發展的潛力很大，主要表現在各省（市、區）的二級地市，尤其是縣域銀行卡市場增長的潛力很大。在二級地市和縣域，消費者用卡、商戶受卡具有很大的可塑性。他們當中的大部分在潛意識中有用卡的意願和需求，關鍵需要宣傳、引導。一旦宣傳、引導得當，各省二級地市、縣域銀行卡市場發展的巨大潛力就會變為美好的現實。

三是各省（市、區）縣域消費者對使用銀行卡、商戶對受理銀行卡的費用較敏感，卻對銀行卡產品個性化和差異化服務的需求比較高。中國很多縣域由於經濟發展水平低、居民收入水平偏低、商家營業收入和盈利水平相對較低，因此對銀行卡的使用和受理費用較為敏感。縣域銀行卡服務對象分佈範圍廣而散，農牧民、種養專業戶經營行為具有即時性，就地交易、結算金額小、一手交錢、一手交貨，交易範圍廣，交易對象流動性強、季節性強等特點。因此，對銀行卡產品的個性化和差異化服務的需求比較高。

二、中國特色銀行卡產業發展道路是中國特色金融發展道路的重要組成部分

黨的十七大強調，高舉中國特色社會主義偉大旗幟，最根本的就是要堅持中國特色的社會主義道路和中國特色社會主義理論體系。黨的十七大報告在對中國特色社會主義道路進行系統闡述的同時，還在中國特色社會主義事業總體佈局的各項任務中，分別提出了中國特色自主創新道路、中國特色新型工業化道路、中國特色農業現代化道路、中國特色城鎮化道路和中國特色社會主義政治發展道路等具體道路。中國特色社會主義道路在經濟體制上的具體體現就是要建設中國特色的社會主義市

場經濟經濟體制。經濟是金融的基礎，經濟體制決定金融體制，建設中國特色社會主義市場經濟體制必然要求走中國特色的金融發展道路，而走中國特色銀行卡產業發展道路又是中國特色金融發展道路的重要組成部分。這次金融危機的爆發給了我們重要的啟示，沒有一成不變的經濟理論範式，也沒有固定的金融發展模式，更沒有可以照搬的銀行卡產業發展道路。銀行卡產業發展道路必須依據各國具體國情來自主選擇。

三、中國特色銀行卡產業發展道路是中國銀行卡產業發展的必然選擇

（一）中國的經濟特徵決定了中國的金融特色，也決定了必須走中國特色銀行卡產業發展道路

目前，中國經濟仍處於社會主義初級階段，二元經濟特徵明顯，這表現為一系列的不平衡，主要是城鄉發展不平衡，東、中、西部區域發展不平衡，一、二、三產業發展不平衡，拉動經濟發展的出口、投資、消費「三駕馬車」不平衡，發展與資源消耗、環境保護不平衡，發展總量與質量效益不平衡，經濟發展與社會發展不平衡等。

中國的經濟特徵決定了中國的金融特色。中國改革開放30多年來，金融業取得了快速發展，主要表現在金融資產規模不斷擴大、金融機構不斷增多、業務種類不斷增加、金融從業人員不斷增多、金融占國內生產總值比重快速提高、金融資產質量不斷改善、金融宏觀調控體系不斷完善、金融市場越來越發達等方面。但同時也要清醒地看到，中國目前基本上仍處於「二元金融」狀況，其主要表現是城鄉金融發展不平衡，東、中、西部區域金融發展不平衡，大、中、小金融機構發展不平衡，直接金融與間接金融發展不平衡，金融創新水平與經濟發展要求不平衡，金融監管水平與防範風險要求不平衡，金融業的發展速度與金融人才的供應不平衡，金融業的發展速度與管理水平、體制機制、金融文化建設不平衡等。中國的經濟、金融特色決定了必須走中國特色銀行卡產業發展道路。

（二）必須走中國特色的銀行卡產業發展道路才能實現中國銀行卡產業的可持續發展

走中國特色銀行卡產業發展道路，就必須加快縣域銀行卡市場發展。作為國民經濟的基本單元，中國現在有2,070個縣，國土面積95%

在縣和農村，縣及縣以下的人口占全國人口的74%、國內生產總值占全國的60%、財政收入占24%；縣域經濟吸收了農村剩餘勞動力的65%，農村剩餘勞動力到大城市的只占35%；縣域經濟又是城鄉經濟結合部，是工業和農業經濟的交匯點，如果農村問題和縣域經濟發展問題處理好了，做大做強縣域經濟、解決農村問題，不但是擴大內需、應對當前國際金融危機的客觀要求，而且對下一步中央、國務院提出的統籌城鄉經濟發展和社會發展有著重要的意義。

經過這些年的發展，中國銀行卡產業發展已初具規模。在各省會城市，銀行卡市場競爭已經非常激烈。各二級地市所在地銀行卡市場業務競爭也已經拉開序幕。只有縣域銀行卡市場才處於萌芽狀態。縣下面的集鎮，銀行卡業務還是一片空白。現階段，縣域銀行市場發展的重點在縣城和下面的集鎮，儘管這些地方銀行卡市場依然處於培育期，但蘊涵著巨大的盈利潛力。發卡機構、收單機構、中國銀聯及第三方服務機構應從培育市場，形成新的利潤增長點的戰略高度出發，加快推進縣域銀行卡市場發展，也只有這樣才能實現中國銀行卡產業可持續發展。

（三）必須走中國特色的銀行卡產業發展道路，才能進一步鞏固中國銀行卡產業的市場基礎，提高中國銀行卡產業的核心競爭力

縣域金融始終是中國金融改革和發展的薄弱環節。中國的縣和農村金融問題不能和發達國家相比。發達國家的農村和田間地頭看不到人，而中國大多數人生活在農村，農民經營的基礎在農村，縣域地區還存在大量的中小企業。縣域金融和農村金融問題不解決，中國的金融發展、金融改革難以取得全面成功。銀行卡作為商業銀行提供金融服務的平臺和媒介，對改善縣域的支付環境，提升縣域的金融服務水平，服務新農村建設具有舉足輕重的作用。縣域銀行卡市場具有很大的發展潛力，縣域銀行卡市場沒有發展起來，中國的銀行卡產業發展就難以取得全面成功。因此，必須走中國特色銀行卡產業發展道路，加快中國縣域銀行卡市場發展，才能進一步鞏固中國銀行卡產業發展的市場基礎，提高中國銀行卡產業的核心競爭力。

四、走中國特色銀行卡產業發展道路，推進中國銀行卡產業發展的對策

（一）提高對當前國際金融形勢和中國國內經濟、金融形勢的認識，有效地推進中國銀行卡產業協調、健康發展

要解決中國銀行卡產業發展不平衡問題，關鍵是要充分認識中國二元經濟結構存在的長期性、源於二元經濟結構的複雜性和加速解決二元經濟結構的緊迫性；要充分認識到以銀行卡為代表的現代支付工具在提升金融服務水平方面的重要性；充分認識銀行卡風險的破壞性、信用卡風險的潛在性和加強銀行卡業務監管和風險防範的重要性；充分認識到銀行卡產業的特殊性、國家經濟信息安全的重要性、建立自主銀行卡品牌的必要性；要充分認識到經濟全球化、金融全球化的大趨勢，中國進一步融入國際金融體系的緊迫性、真正融入的艱鉅性和融入過程的漸進性；要充分認識到中國銀行卡產業自主品牌建設與銀行卡產業國際化的內在的、密切的聯繫，推進中國銀行卡產業國際化的緊迫性和漸進性。總之，只有具備國際視野，正視國內現實，統籌規劃、區別對待、分類指導、長期努力，我們才能有效地推進中國銀行卡產業協調、健康發展。

（二）努力創建自主銀行卡品牌，推進中國銀行卡產業發展

創建銀行卡自主品牌是為了確保中國個人支付體系主權和國家金融信息安全，有利於中國銀行卡產業各參與主體應對國際競爭，提升核心競爭力。銀聯品牌是中國銀行卡產業的自主品牌。銀聯自主品牌的內核是銀聯卡的發卡規則、業務規範和技術標準，創建銀聯自主品牌最重要的環節就是國內各發卡銀行聯合起來發行符合國際標準的銀聯標準卡。

為創建銀行卡自主品牌，提高自主品牌市場競爭力，中國銀聯應與各地方金融機構攜手合作，繼續推進銀聯標準卡的發行。中國銀聯應提高對各成員機構的服務質量和效率，深化與各成員機構的戰略合作。中國銀聯應加快銀聯網絡境外拓展的進程，同時要加快銀聯網絡向縣鄉延伸的步伐，讓更多的消費者知道銀聯卡，使用銀聯卡，認同銀聯品牌。

（三）順應國內和國際銀行業發展趨勢，推進銀行卡產品和服務創新

黨的十七大報告明確提出要提高自主創新能力，建設創新型國家。

黨的十七大報告指出這是國家發展戰略的核心，是提高綜合國力的關鍵。要堅持走中國特色自主創新道路，把增強自主創新能力貫徹到現代化建設各個方面。結合中國銀行卡產業發展的實踐，我們認為，加快推進中國銀行卡業務創新是創建銀行卡自主品牌的內在要求，是滿足廣大社會公眾需求，提高地方金融機構銀行卡業務競爭力的重要舉措，更是推進中國銀行卡產業持續、快速、健康發展的正確抉擇。

放松管制、金融創新和全球化是國內、國際銀行業的發展趨勢。銀行業的放松管制是20世紀後25年發達國家金融部門發展的一股持續的推動力。放松管制的一項重要內容就是對銀行和其他金融仲介機構專營業務管制的放松，允許雙方進入對方的市場彼此開展競爭，直接結果就是金融業的混業經營。分業經營規定的最初動因在於降低銀行的經營風險，然而在事實上，面對世界一體化的經濟發展趨勢，分業經營反而加劇了銀行業的風險，使其生存能力受到限制。正因為如此，面對激烈的市場競爭，商業銀行逐漸突破了與其他金融機構之間分工的界限，走上了業務經營全能化的道路。20世紀70、80年代以來，西方商業銀行不斷推出新的業務品種，從專業化逐步走向多樣化、全能化，從分業走向混業，這是與西方經濟金融發展密切相關的。引起這種現象的原因主要有：一是銀行盈利能力下降促使商業銀行尋求更多的盈利渠道；二是金融理論的深入發展，資產負債綜合管理理論的發展適應了當前的金融形勢，為西方商業銀行業務不斷走向全能化、綜合化提供了理論基礎，從而極大地促進了他們綜合業務的開展；三是國際銀行業在20世紀後25年所經歷的放松管制、金融創新和全球化也加快了混業經營的開展，使混業經營成為金融業發展的一種趨勢。

1999年12月，美國頒布《金融服務現代化法》，正式廢除了已實施66年的關於金融業分業經營的法規。這一法案的頒布無疑將會對美國乃至世界的金融業發展產生深遠的影響。2003年12月27日，中國新修訂的《中華人民共和國商業銀行法》把商業銀行「不得從事信託投資和股票業務，不得投資於非自用不動產」「不得向非銀行金融機構和企業投資」的條款，修改為「商業銀行不得向非銀行金融機構和企業投資，但是國務院另有規定的除外」，從而給中資銀行混業經營預留了空間。混業經營的發展趨勢，將使中國銀行卡產品和服務創新的空間進一步擴大。

(四）加快縣域地區銀行卡市場發展，提升縣域金融服務水平

　　金融機構這幾年在縣域地區設立的分支機構總體上是增加的，特別是幾年中央「一號文件」的出抬，國有商業銀行、農村信用社類機構、小額貸款公司等創新性機構，包括一些發達地區的法人金融機構、國際金融組織都在探索在縣域地區增加網點或者辦事處，這為我們縣域銀行卡市場發展創造了條件，我們應該充分利用這個契機，採取以下對策：

　　一是加強在縣域地區進行銀行卡業務的宣傳、培訓和營銷活動。首先，應充分發揮地方政府本土宣傳優勢，結合新農村建設工作的推進，利用地方的各種主流宣傳媒體宣傳使用銀行卡的意義，傳播銀行卡知識，輔導教育消費者使用銀行卡。其次，應充分發揮人民銀行和商業銀行設在縣域分支行的作用，制訂切實可行的培訓宣傳計劃，加強對縣域金融機構人員進行逐級、逐層培訓，以提高他們對開展銀行卡業務的認識。最後，在宣傳方面，隨著國家關於家電下鄉、村村通電視措施的落實以及手機的普及，中國銀聯各省分公司應聯合當地金融機構，協調新聞宣傳部門，充分利用電視、廣播、電臺、報紙等媒介，製作形式多樣的、農民喜聞樂見的宣傳品，在各集鎮、旅遊景點、農貿市場、養殖種植基地、中小企業等人員密集場所，並利用好農民工返鄉時機，向廣大消費者宣傳普及銀行卡知識，傳播銀行卡支付理念，為加快縣域銀行卡市場發展和改善縣域支付環境提供輿論支持。

　　二是發揮地方政府的作用，採取激勵措施，加快縣域地區受理市場的建設，構建切實可行的政策支持機制。建議把縣域銀行卡支付服務環境建設納入地方公共管理的範疇，建立農村銀行卡支付服務財政補貼機制，協調相關部門給予政策傾斜，通過稅收減免優惠、財政撥補等方式，對收單機構在集鎮及以下地區投放自動櫃員機（ATM）自助終端和安裝銷售終端（POS）給予一定的財政補貼。財稅部門制定「商戶手續費稅前列支」等促進縣域銀行受理的稅收優惠政策。

　　三是對商戶受理銀行卡在手續費、通信費等方面實行優惠政策。為提高縣域商戶受理銀行卡的積極性，我們建議對縣域商戶受理銀行卡實行手續費和通信費優惠政策。

　　四是推進銀行卡產品和服務創新，以滿足縣域消費者的需求。在縣域銀行卡市場，我們各市場參與主體，包括發卡機構、收單機構、中國銀聯、第三方服務機構，共同的目的就是創造顧客——把廣大的縣域的

消費者變成持卡人，並讓他們使用銀行卡。因此，我們必須推進銀行卡產品和服務創新。

五是在重點市場上實現銀行卡受理市場的重點突破，建立多種類型的用卡商圈。在商戶選擇上，可優先發展賓館、旅遊景點、超市、農貿市場等交易量大、用卡頻繁、風險較小的商戶。在行業客戶合作方面，爭取與供電、供銷、郵政、電信等行業開展合作，資源共享、信息共享。積極開展水、電、煤氣繳費等各類銀行卡支付受理服務。在惠農工程上，重點突破農機、種子、農藥、化肥等三農商戶、「萬村千鄉」工程、「雙百」市場工程等農業生產資料、農副產品市場的銀行卡使用。在涉農貸款方面，可探索結合農戶生產經營貸款、農戶消費貸款、縣域中小企業貸款、各類組織貸款等建立定向用卡環境。

六是努力規範商戶和收單機構行為，提高縣域銀行卡業務的風險控制水平。在加快縣域地區銀行卡市場發展的同時，要積極有效地防範可能出現的風險。縣域銀行卡市場的發展還處於初級階段，必須堅持統籌規劃、規模擴張為主線，同時嚴格規範商戶、收單機構的行為。防止商戶詐欺、套現；杜絕收單機構盲目競爭，產生新的「一櫃多機」和違規套用現象；要推廣發行和受理智能（IC）卡，以減少縣域銀行卡市場風險，把客戶的損失降到最低；完善風險管理制度，加大風險管理投入，提升風險控制水平。

第七節　在轉型中打造中國自主銀行卡品牌

一、如何理解中國自主銀行卡品牌

國際品牌價值協會主席拉里・萊特曾經說過：擁有市場比擁有工廠更重要，而擁有市場的唯一途徑是擁有占統治地位的品牌。在國際化競爭日益白熱化時代，對於中國銀行卡產業來說，只有著眼於打造中國自主銀行卡品牌，形成品牌效應，才能更好地服務海內外客戶，也只有打造中國自主銀行卡品牌，中國的銀行卡產業才能做大做強。那麼什麼是中國自主銀行卡品牌呢？所謂中國自主銀行卡品牌，就是銀聯品牌，即

卡面帶有「銀聯」標示，其卡號前六位採用銀聯國際標準 6 字頭銀行卡發行代碼（BIN）的銀行卡。該卡符合中國統一的銀行卡業務規範和技術標準，是中國具有自主知識產權的高品質、國際化自主品牌的銀行卡。

臺灣宏碁集團的董事長施振榮先生曾經說過，品牌的價值等於定位乘以知名度。企業戰略的核心命題在於選定一個企業可以據為己有的位置，而定位是戰略的核心，同時也是構建一個優秀企業的起點。按照這個思路來理解中國自主銀行卡品牌——銀聯品牌，首先必須理解銀聯品牌的定位。定位需要回答的問題主要有三個：企業的業務是什麼？目標客戶是誰？應該向其提供什麼樣的特徵的產品或服務？

定位的關鍵是要選擇能夠提供給我們長期利潤的那些客戶群。我們要讓客戶留在自己這邊，鎖定他不會離開。也就是說，讓他們長期使用銀聯卡，而不是其他品牌的銀行卡。

定位需要解決的第一個問題是對企業的業務進行定義。這是創造一個傑出定位的最重要一步，因為業務定義會對企業收集到的信息起過濾作用，將告訴企業的決策層哪些機會應該抓住、哪些應該放棄。因此，要對銀聯品牌進行定位，首先必須對中國銀聯的業務進行定義。中國銀聯的基礎性作用在於建設和營運銀行卡跨行交易清算系統這一基礎設施，推廣統一的銀行卡標準規範，提供高效的跨行信息交換、清算數據處理、風險防範等基礎服務。同時，聯合商業銀行，建設銀行卡自主品牌，推動銀行卡產業自主科學發展，維護國家經濟、金融安全。這些應該說就是對中國銀聯業務的定義。

定位需要解決的第二個問題是鎖定目標客戶。識別和確定企業的目標客戶意味著企業必須考慮服務於哪個地理區域和客戶細分。中國銀聯鎖定的目標客戶是商業銀行、商戶和持卡人。中國銀聯成立之初，主要是向國內的商業銀行、商戶和持卡人提供服務。目前隨著中國銀聯國際化經營和銀聯品牌的國際化，中國銀聯將逐步向更多的境外商業銀行、商戶和持卡人提供服務。

定位需要解決的第三個問題是企業應該向目標客戶提供什麼樣特徵的產品或服務。中國銀聯向商業銀行主要提供集清算數據處理、技術支持、風險控制、數據分析、產品創新於一體的綜合服務方案。中國銀聯以銀商合作共贏為出發點，為商戶提供配套的綜合服務，努力為商戶提

供各種多樣的支付解決方案,幫助商戶解決支付應用方面的實際問題。中國銀聯不斷建立健全持卡人服務體系,探索建立了形式多樣的持卡人服務平臺,滿足持卡人多樣化的增值服務需求。中國銀聯帶頭並推動相關各方,為各類市場主體提供專業化服務支持,推動形成銀行卡專業化服務體系,對銀行卡產業快速、健康發展起到了積極的促進作用。

中國銀聯作為銀行卡組織的性質以及銀行卡市場具有雙邊市場的特徵決定了要打造中國自主銀行卡品牌——銀聯品牌,必須要與商業銀行進行合作並得到商業銀行的支持。只要定位準確,並採取有效的措施不斷提高銀聯品牌的知名度,銀聯品牌的價值就會不斷提升。

二、轉型為打造中國自主銀行卡品牌提供了良好的機遇

(一)強化消費拉動經濟增長有利於促進銀聯卡的使用

當前中國經濟轉型的方向已經十分清晰,即促進經濟增長由主要依靠投資和出口拉動向消費與投資、內需與外需協調拉動轉變。強化消費拉動經濟增長有利於促進銀聯卡的使用。從1978年到2009年,中國國內家庭私人消費占國內生產總值的比重由49%下降到37%,而這30來年是中國經濟高速增長的時期,老百姓的消費占比卻是下降的。2008—2009年為應對全球金融危機,中國政府反覆強調要擴大內需,最重要的就是要擴大國內消費需求,但中國國內家庭私人消費占國內生產總值的比重卻下降到37%,不但低於同期的日本(56%)和韓國(55%),也低於馬來西亞(50%)、印度尼西亞(61%)和印度(59%)。可見中國居民消費增長乏力是顯而易見的。「十二五」時期,中國將加快經濟轉型,強化消費拉動經濟增長,而銀聯卡又是消費結算的支付工具,這必然有利於促進銀聯卡的使用。

(二)城市化不但可以促進消費增長,而且能促進銀聯卡的受理和使用

中國的城市化與經濟轉型結伴而行。城市化是提高國內消費水平的一條重要途徑,也有利於促進銀行卡的受理和使用。一個農村居民進入城市後,不用很多的培訓或學習,其收入就會提高,這是因為在農村其收入增長受到土地這個固定要素的制約,到了城市則主要使用資本進行生產,而資本是可以增長的。2009年,中國城市人均消費額是農村人均消費額的3.6倍,因此城市化將帶動全國消費水平的提高。同時,城

市化使大量的農村人口進入城市和集鎮居住，城市和集鎮較好的銀行卡受理環境將為其使用銀行卡創造良好的條件，這將促進其使用銀行卡，從而加快銀行卡市場的發展。

官方城市化統計顯示，截至 2010 年年末，居住在城鎮範圍的全部常住人口（包括沒有戶籍但常住城市的人口）比例為 46.6%。根據李稻葵等學者的研究，這一比例與其他大國相應發展階段的平均水平相比整整低了 12%。更重要的是，中國接近 47% 的城市化率已經包括了那些在城市中打工的外來居民，他們大多數還沒有和城市完全融合，他們的家庭還在異地，往往還在農村。他們的消費行為、收入水平都與真正的城市居民還有很大差距，也就是說，中國已經非常低的城市化率也還只是淺層次城市化。中國的城市化水平遠遠落後於整體經濟發展水平，未來城市化還蘊藏著巨大的潛力。可見中國未來的城市化將為中國銀行卡產業發展提供巨大的空間，也為打造中國自主銀行卡品牌創造良好的機遇。

(三) 商業銀行轉型需要更好地發揮銀聯卡的作用

中國商業銀行必須轉型，其中一個重要方面就是由注重發展公司銀行業務到更多注重發展零售銀行業務轉型。從國際銀行業的經驗來看，最具盈利性的業務是面向個人和家庭的零售銀行業務，這是中國未來銀行業務發展的重點。發達國家的貸款重心已經轉移到消費者這邊，原因是一國經濟進入買方市場的發展階段，供大於求成為常態。對經濟增長而言，鼓勵消費已經比鼓勵生產更為重要了。刺激消費的零售銀行業務也就成為銀行最具盈利性、最重要的業務。「十二五」時期，中國經濟發展方式將要發生重大轉變，其中一個重要方面就是要更多地發揮消費在拉動經濟增長中的促進作用。因此，中國商業銀行業務發展必須由注重發展公司銀行業務向更多注重發展零售銀行業務轉型。商業銀行零售銀行業務與銀行卡業務是緊密聯繫在一起的，銀行卡業務的發展能提升商業銀行的渠道服務水平，信用卡業務的發展能促進消費信貸業務的發展，加快零售銀行業務發展為銀行卡業務發展提供了良好的機遇，也為打造銀聯品牌創造了良好的機遇。

(四) 國內企業轉型為銀聯品牌的國際化提供了千載難逢的機遇

中國過去 30 多年的對外開放，主要是對外資開放國內市場，利用國內廉價勞動力、豐富的資源和優惠的政策換取參與國際貿易、促進本

土製造業發展的機會。如今隨著國內人口結構轉變，原有的低成本優勢已經逐步減弱，即使是國內傳統產業領域的企業也需要進行產業轉移，大量國內企業紛紛在海外尋找投資機會。因此，國內企業轉型的一個重要方面就是加強海外業務的拓展，主要加大對外投資和貿易的力度。國內金融機構也將積極拓展海外業務，以滿足實體經濟發展的需要。人民幣自由兌換的推進和人民幣在跨境貿易和投資中的應用，將對中國的金融機構，特別是銀行業，在新業務開展、銀行境外機構擴張、銀行商業模式等多個方面產生重要影響。人民幣在跨境貿易和投資活動中日益廣泛的應用會增加大量人民幣離岸存貸業務，中間業務也會通過國際結算、國際銀行卡、基金託管、貨幣類金融衍生品等業務得到發展，國際業務的擴張將會帶動銀行境外分支機構的建立，這將促進銀聯品牌卡在境外的發行和受理，提高銀聯品牌的國際影響力。

三、打造中國自主銀行卡品牌的具體策略

（一）中國銀聯應該進一步提高資源整合能力，為各商業銀行、商戶、持卡人提供更優質的服務

中國銀聯是銀行卡組織，更是一家股份有限公司。在新制度經濟學派看來，企業和市場一樣，是利益相關者合約關係的總和，是解決利益衝突的合約結構安排。中國銀聯的管理者將打破傳統的企業理念，從合約的角度把中國銀聯理解為利益相關者的合約集，而且是動態合約集，唯有如此，才有可能加快自身轉型的步伐，以更加開放的心態與利益相關者動態競合。

銀行卡市場是一個典型的雙邊市場。雙邊市場（多邊市場）是指通過某個（多個）交易平臺，使得終端用戶形成互動，並通過適當的定價，使市場的每一端都能夠參與的一類市場。也就是說，交易平臺既要吸引每一端的用戶，同時總體上保持盈利或者至少保持盈虧平衡。在銀行卡市場，必須制定出一個合理的價格水平和價格結構，使之既能吸引消費者增加對銀行卡的需求，又能使商戶在這個價格結構下會接受銀行卡支付方式。如果市場上有大量的消費者需要銀行卡，那麼商戶將有更大的動機去接受銀行卡支付；相反，當銀行卡支付方式被商戶廣泛接受時，消費者也將更具有持卡消費的動機和需求。因此，商戶和消費者對銀行卡的需求是相互依賴、相互影響的。中國銀聯作為銀行卡組織，

在中國銀行卡產業中處於核心和樞紐地位，只有不斷提高自身的資源整合能力，才能發揮跨行交易平臺的優勢，吸引更多的消費者和特約商戶到這個平臺上來進行交易，也才能打造出具有國際競爭力的中國自主銀行卡品牌。中國銀聯應該整合的資源包括國內外優質的商戶資源、高端持卡人資源、優秀的發卡機構和收單機構等。

中國銀聯還應該利用自身在電子支付方面的資源優勢，針對各商業銀行尤其是中小商業銀行在系統建設、銀行卡產品研發、銀行卡產業數據分析方面的需求，提供系統建設、銀行卡產品研發、銀行卡產業數據分析、電子支付產業研究、綜合培訓等方面的服務，從而提高對商業銀行的吸引力。

(二) 創新中國銀聯的商業模式，提高銀聯品牌的核心競爭力

著名企業管理大師彼得・德魯克曾說：「當今企業之間的競爭，不是產品之間的競爭，而是商業模式之間的競爭。」商業模式是企業與其利益相關者的交易結構。對於中國銀聯來說，其商業模式應該是中國銀聯與各商業銀行、特約商戶、廣大銀聯卡持卡人等利益相關者的交易結構。一個完整的商業模式包括六個要素，分別為定位、業務系統、盈利模式、關鍵資源能力、現金流結構和企業價值。要創新中國銀聯的商業模式，也必須從定位、業務系統、盈利模式、關鍵資源能力、現金流結構、企業價值等方面入手。從定位來看，中國銀聯應該在滿足客戶需求的方式上進行創新。中國銀聯的成立解決了銀行卡的聯網通用問題，原來我們只是在傳統的自動櫃員機（ATM）和銷售終端（POS）交易上解決了跨行交易問題，現在我們可以解決在網上支付、手機支付等新興支付渠道上銀行卡的跨行交易問題，這就是定位上進行了創新，當然也是商業模式創新。業務系統是指企業選擇哪些行為主體作為其內部或外部的利益相關者，各合作夥伴扮演的角色以及利益相關者合作與交易的方式和內容。從業務系統來看，中國銀聯成立初期主要是選擇與國內商業銀行、商戶和持卡人作為利益相關者，2004年開始進行國際市場的拓展，逐步開始與境外商業銀行、商戶及持卡人進行合作，成為利益相關者，這就是在業務系統上進行創新，也是商業模式的創新。盈利模式是指企業如何獲得收入、分配成本、賺取利潤，是以利益相關者劃分的收入結構、成本結構以及相應的收支結構。對於中國銀聯來說，銷售終端（POS）刷卡交易的盈利模式主要是參與商戶回傭的分潤，按照「7：2：1」的

比例，發卡行得 7 成、收單行得 2 成、中國銀聯得 1 成；商戶回佣是按照《中國銀聯入網機構銀行卡跨行交易收益分配辦法》（人民銀行 126 號文件）執行。筆者認為，無論是商戶回佣的收取比例，還是分潤的比例和方式將來都還有很大的創新空間，這是中國銀行卡產業發展需要研究的一個大課題，值得深入研究。至於自動櫃員機（ATM）取現業務、其他銀行卡創新業務的盈利模式則更需要進行創新，而判斷銀行卡盈利模式創新是否成功的主要標準就是看能否迅速調動各方的積極性，提高該業務的交易量和各參與主體的財務收入。從品牌的角度來說，就是看是否有利於更快提高銀聯品牌的影響力。關鍵資源能力是讓業務系統運轉所需要的重要的資源和能力。任何一種商業模式構建的重點工作之一就是明確企業商業模式有效運作所需的資源能力，如何才能獲取和建立這些資源和能力。從關鍵資源能力來看，中國銀聯與威薩（VISA）和萬事達（Mastercard）相比，我們有本土優勢，在國內有眾多的區域分公司，有龐大的員工隊伍。這樣我們既可以抓住高端客戶，也可以很好地為中、低端客戶提供服務，既可以把銀聯網絡拓展到國外，也可以把銀聯網絡延伸到鄉鎮，把服務提供到田間地頭，這就是我們的關鍵資源能力之一。這樣我們既承擔了社會責任，也培育了市場，擴大了銀聯品牌的影響力。承擔一定的社會責任也是創建中國自主銀行卡品牌的重要途徑。

（三）積極推進銀聯卡產品和服務創新，滿足社會公眾日益多元化的支付需求

一是各發卡機構應該與中國銀聯合作，推進銀聯卡產品、服務和業務發展模式創新。我們除了要繼續推進銀聯卡產品在傳統的自動櫃員機（ATM）和銷售終端（POS）等受理終端上的受理以外，還要通過銀聯卡產品和服務創新來提升商業銀行渠道服務水平。「銀聯在線支付」於 2011 年 6 月推出，是中國銀聯為滿足各方對網上支付服務的需求而與商業銀行共同打造的集成化、綜合性、開放性網上支付平臺，涵蓋普通支付、認證支付、快捷支付和網銀支付等多種支付方式，為用戶網上繳費、慈善捐款、商旅預定、信用卡還款、境內外網上購物等提供支付服務。手機支付服務是中國銀聯在各商業銀行的支持下，與移動營運商聯合為持卡人提供的，通過手機對銀行卡帳戶進行操作以完成支付交易的一種新型服務。該業務將移動通信營運商的無線通信網絡和銀行金融系

統相連，使手機變成隨時、隨地、隨身的個人金融支付終端，持卡人可以足不出戶，隨時隨地享受金融支付服務。中國銀聯固定電話支付業務是中國銀聯基於廣泛分佈的固話網絡，採用安全、先進的固網通信技術，通過刷卡式電話支付終端為個人、行業商戶和批發市場商戶提供的一種低成本、多應用、安全便捷的銀行卡支付服務。電話支付業務具體包括「小業主收款業務」「便民支付業務」「電話支付進家庭業務」三類業務。中國銀聯聯合商業銀行、第三方專業化服務機構，在批發市場布放電話支付終端，為商戶提供收款、付款、轉帳等業務，自業務開展以來，緩解了銀行網點營運壓力，彌補了中小銀行網點不足的問題，提升了批發市場商戶的資金使用效率。

二是要加快縣域和農村地區銀聯卡產品和服務創新。縣域地區銀行卡服務對象分佈範圍廣而散，農牧民、種養專業戶經營行為具有即時性，就地交易、結算金額小，「一手交錢、一手交貨」，交易範圍廣，交易對象流動性強、季節性強等特點。因此，對銀聯卡產品的個性化和差異化服務的需求比較高。農民工銀行卡特色服務業務就是一種銀行卡服務創新，深受廣大農民朋友的歡迎。目前，在一些短時間內確實無法安裝自動櫃員機（ATM）的鄉鎮，中國銀聯在一些地區協同農行、農信社、郵政儲蓄銀行等涉農金融機構進行銷售終端（POS）小額取現業務的試點和在指定地區的推廣。在有效防範風險的前提下，引導涉農收單機構在農村無銀行網點的村鎮選擇具備條件的特約商戶試點銷售終端（POS）小額取現業務，這些都是在縣域和農村地區進行銀聯卡產品和服務創新的有益嘗試。

（四）延伸銀聯卡服務區域、深化銀聯卡服務內涵、拓寬銀聯卡服務領域，實現中國銀行卡產業可持續發展

一是要加快縣域銀行卡市場的發展，提升銀聯品牌在縣域和廣大農村地區的影響力。作為國民經濟的基本單元，全國現在有 2,070 個縣，占中國國土面積的 95%，縣及縣以下的人口占全國人口的 74%，國內生產總值占全國的 60%，財政收入占全國的 24%；縣域經濟吸收了農村剩餘勞動力的 65%；縣域經濟又是城鄉經濟結合部，是工業和農業經濟的交匯點。加快縣域銀行卡市場發展，有利於改善縣域的支付環境，提升縣域的金融服務水平，提升銀聯品牌在縣域和廣大農村地區的影響力。各級政府和有關部門要積極支持銀聯卡宣傳工作，充分利用當地公

共宣傳媒體結合新農村建設廣泛宣傳銀聯卡知識等方面的內容，利用「行政力量+市場機制」推動縣域銀行卡市場發展。中國銀聯及各商業銀行應加強在縣域進行銀行卡宣傳營銷活動和銀行卡業務培訓。

二是要深化銀聯卡的服務內涵。中國銀聯已經會同各商業銀行把自動櫃員機（ATM）跨行轉帳、櫃面通業務作為銀聯卡重點創新業務進行推廣，還正在積極穩妥推進轉帳電話、網上銀行、手機支付等新型電子支付方式的應用。中國銀聯還在加快金融智能（IC）卡的推廣和使用，這些都有利於深化銀聯卡的服務內涵。

三是努力創建服務「三農」的用卡商圈。在惠農工程上，重點突破農機、種子、農藥、化肥、糧食加工、棉花收購與加工等三農商戶、「萬村千鄉」工程、「雙百」市場工程等農業生產資料、農副產品市場的銀聯卡使用。例如，江西省目前正在創建多個「刷卡無障礙」用卡商圈，如吉水縣八都鎮糧食加工用卡商圈、彭澤縣馬垱鎮棉花加工用卡商圈，星子縣的溫泉鎮休閒度假用卡商圈等。

四是加強與非金融支付企業的合作，延伸銀聯網絡的服務領域。對於商業銀行來說，技術性脫媒正在加速，如阿里巴巴、淘寶網、中國移動的手機支付等都在蠶食銀行在支付領域的壟斷地位。據有關數據顯示，中國第三方支付產業連續四年增長率超過100%。2009年，第三方支付總額已達5,550億元，同比增長135%。金融脫媒時代的到來，使得銀行作為社會融資仲介和支付仲介的地位面臨嚴峻挑戰。因此，中國銀聯要致力於打造中國自主銀行卡品牌，還必須尋求與非金融支付企業的合作，延伸銀聯網絡的服務領域。

（五）堅持國際化戰略，提高銀聯品牌的國際知名度

中國銀聯國際化進程加快，目前銀聯卡已經可以在110多個國家和地區使用，為商業銀行銀聯卡業務國際化經營和銀聯品牌的國際化創造了良好條件。商業銀行國際化經營也為銀聯品牌的國際化提供了很好的機遇。這些都將促進國內商業銀行在境外發行銀聯卡、境外發卡機構發行銀聯卡以及銀聯卡在境外的廣泛受理。商業銀行的國際化經營與銀聯自主品牌的國際化相互促進、相得益彰。

（六）加強企業文化建設，形成和豐富中國自主銀行卡品牌的文化內涵

中國自主銀行卡品牌建設需要中國銀行卡產業參與各方的共同努

力，尤其是中國銀聯和各商業銀行的共同努力。中國銀聯和各商業銀行的企業文化建設對打造中國自主銀行卡品牌的影響十分巨大。小型企業發展靠機遇，中型企業發展靠制度，大型企業發展靠文化。在中國銀行卡產業鏈中，中國銀聯、工、農、中、建、交及一些全國性股份制商業銀行以及一些與中國銀聯合作的境外發卡機構都可以說是大型企業。大型企業一定要有其先進的企業文化。中國銀聯和各商業銀行只有加強自身的文化建設，才能不斷形成和豐富中國自主銀行卡品牌的文化內涵，形成和諧、包容、不斷創新、追求卓越的銀聯品牌文化。

第八節　關於中國銀行卡產業發展的幾個戰略問題

一、可持續發展戰略

近20年，特別是近10年來，中國銀行卡產業幾乎是從無到有，市場培育迅速、產業擴張迅猛、發展前景廣闊。但相對於許多發達國家而言，中國的銀行卡產業發展起步較晚，時間不長、區域差異大、產品和服務創新跟不上社會公眾的支付需求，也是顯而易見的事實。我們要堅持可持續發展戰略，就必須不斷拓展銀行卡的使用區域、應用範圍和服務內涵。因此，必須採取以下策略：一是必須加快縣域銀行卡市場的發展。通過不斷拓展縣域銀行卡受理市場，改善縣域用卡環境，提高縣域消費者的用卡意識和商戶的受卡積極性，促進銀行卡在縣域的廣泛使用。二是要深化銀聯卡的服務內涵。中國銀聯已經會同各商業銀行把自動櫃員機（ATM）跨行轉帳、櫃面通業務作為銀聯卡重點創新業務進行推廣，還正在積極穩妥推進電話支付、互聯網支付和手機支付等新型電子支付方式的應用。中國銀聯還在加快金融智能（IC）卡的推廣和使用，這些都有利於深化銀聯卡的服務內涵。三是努力創建服務「三農」的用卡商圈。在惠農工程上，重點突破農機、種子、農藥、化肥、糧食加工、棉花收購與加工等「三農」商戶，「萬村千鄉」工程、「雙百」市場工程等農業生產資料、農副產品市場的銀聯卡使用。四是加強與商業銀行、第三方專業化服務機構、非金融支付企業的合作，不斷延

伸銀聯網絡的服務領域。中國銀聯是銀行卡組織，更是一家股份有限公司。在新制度經濟學派看來，企業和市場一樣，是利益相關者合約關係的總和，是解決利益衝突的合約結構安排。中國銀聯的管理者應打破傳統的企業理念，從合約的角度把中國銀聯理解為利益相關者的合約集，而且是動態合約集，唯有如此，才有可能加快自身轉型的步伐，以更加開放的心態與利益相關者動態競合。例如，中國銀聯與非金融支付企業既存在競爭關係，更應該是合作關係，中國銀聯必須正確處理好與非金融支付企業的關係。

二、均衡發展戰略

中國銀行卡產業發展很不均衡。在北京、上海、天津等大城市，中國銀行卡產業已經具備一定的規模，在各省會城市，銀行卡產業發展已經初具規模；在二級地市，銀行卡產業發展已經開始起步；在縣域及以下地區，銀行卡產業還很落後；在廣大農村地區，銀行卡產業發展還幾乎是一片空白。東、中、西部區域銀行卡產業發展不平衡。在廣東、江蘇、浙江等中國東部沿海地區，中國銀行卡產業獲得了快速發展，已經達到比較大的規模；在中部地區，中國銀行卡產業發展的速度相對較慢，規模相對較小；在西部地區，中國銀行卡產業發展更慢，規模更小。因此，中國銀行卡產業必須實施均衡發展戰略，使中國銀行卡產業由不均衡發展逐步轉變為均衡發展。因此，必須採取的策略是中國銀聯應聯合各商業銀行和第三方專業化服務機構加大在西部地區、全國縣域和農村地區的投入力度，通過加大營銷宣傳，提高西部地區、全國縣域和農村地區消費者的用卡意識。同時，通過加大投入，改善西部地區、全國縣域和農村地區銀行卡用卡環境，從而提高西部地區、全國縣域和農村地區銀行卡市場發展水平。

三、特色發展戰略

特色發展戰略更主要的是一個區域銀行卡產業或一個銀行卡產業鏈中的企業的戰略。特色發展戰略講究的是利用自己獨特的資源、條件和獨具特色的經營理念，創造出別人沒有的產品或服務的類型、品牌、質量以及形式。目前，中國商業銀行存在一個既普遍又突出的問題就是業務的同質化現象嚴重，主要表現在：一是業務結構雷同，各業務細分市

場過度競爭；二是各銀行的特色戰略被大而全戰略所淹沒，從而不再具有明顯特色；三是大而全的戰略下，中小銀行面臨削足適履的危機。在這樣的大背景下，各家銀行的銀行卡業務特色不突出。我們認為，中國銀行卡產業發展必須實施特色戰略，各家銀行應該根據自身的資源優勢和地區特色來發行具有自身特色的銀行卡產品，提供具有自身特色的銀行卡業務服務。在這方面也有一些成功的案例，如招商銀行「一卡通、一網通」風靡2000年前後多年，其在具備集成櫃面服務、自動櫃員機（ATM）取款、銷售終端（POS）消費等傳統功能外，還具備以下創新點：一是引入了理財概念，如「客戶號」下的多卡資金轉帳、提供方便的理財服務，為便於統計個人總資產而提供等級服務。二是最先或盡快把各種功能加載到銀行卡上，如門類齊全的繳費、銀證通、買賣基金、外匯、按揭還款等。

四、創新戰略

創新有多方面的含義，包括經營理念、產品創新、商業模式創新、技術創新、內容創新、形式創新和渠道創新等。信用卡業務要獲得長遠發展，必須要創新經營理念。例如，光大銀行通過多年的市場調研，經過兩年的技術攻關，率先在國內推出了「一卡雙帳戶、交易即時聯動」的「陽光存貸合一卡」，在近年來的市場實踐過程中取得了令人矚目的成就。這一信用卡產品的推出，首先就是創新經營理念的結果。中國個人徵信體系建設起步較晚，很多居民的信用記錄尚為空白，使多數普通民眾的資質達不到信用卡的發卡條件，這給發卡銀行的信用卡核准帶來很大困難。因此，發卡機構紛紛將信用卡目標客戶定位在高端人群，造成客戶定位趨同，競爭激烈，新客戶的引進成本不斷上升，而重複發卡使資源浪費。與此同時，很多真正有用卡需求的大眾客戶不能成為信用卡產品的使用者，發卡機構因此而失去了大量的潛在客戶群。光大銀行正是創新經營理念，推出適合沒有建立信用記錄的客戶的新產品——「陽光存貸合一卡」，降低信用卡的准入門檻，實現從「爭奪優質客戶資源」向「培育潛在客戶資源」的轉變。作為一款面向廣大普通大眾的信用卡產品，「陽光存貸合一卡」通過「低門檻、低額度」引進沒有信用記錄的普通客戶，然後根據客戶的用卡過程進行動態額度調整，幫助客戶逐漸累積良好的信用，最終培育出成熟的客戶資源。這種經營

念與以前完全不同，不僅拓寬了目標市場，實現了錯位競爭的目的，而且很好地控制了信用風險，發卡以來的相關數據證明了這一點。

除了理念創新、產品創新外，中國銀聯、商業銀行和第三方服務機構還應該與時俱進，加快推進銀行卡業務商業模式創新、渠道創新等。

五、人才戰略

中國銀行卡產業發展時間不長，人才累積不足，特別是高端人才和那些既懂銀行卡產業發展的運行機制，又熟悉商業銀行業務尤其是零售銀行業務的複合型人才。中國銀聯、各商業銀行及第三方服務機構應該積極引進國外銀行卡方面的專業人才。中國銀行卡業務管理層國際化經驗非常缺乏，而從國際領先企業的經驗看，企業要有一個長達10年，甚至是數十年的人才培養規劃。埃森哲大中華區副總裁黃百業說：「匯豐銀行早在二三十年前就開始了培養國際化人才的行動。很多成功的全球企業都有幾百甚至數千人的國際化人才儲備，以滿足隨時需要開發的新的國際市場的需要。」企業需要專門的戰略來吸引培養足夠的高管人才、市場營銷人才、技術和產品創新團隊，以實現全球化的發展。

六、國際化戰略

必須堅持國際化戰略，提高銀聯品牌的國際知名度。中國銀聯國際化進程加快，目前銀聯卡已經可以在110多個國家和地區使用，為商業銀行銀聯卡業務國際化經營和銀聯品牌的國際化創造了良好條件。商業銀行國際化經營也為銀聯品牌的國際化提供了很好的機遇。這些都將促進國內商業銀行在境外發行銀聯卡、境外發卡機構發行銀聯卡以及銀聯卡在境外的廣泛受理。商業銀行的國際化經營與銀聯自主品牌的國際化相互促進、相得益彰。

第三章 產業與中國經濟轉型

第一節 經濟分權、產業政策與戰略性新興產業發展

一、經濟分權破解「中國奇跡」之謎

中國的經濟改革從 1978 年開始到現在已經進行了 30 多個年頭，將世界上最大的發展中國家從中央計劃經濟體制初步轉變成一個市場經濟體制。在 30 多年的時間內，中國的國內生產總值從 1978 年的 3,645 億元增加到 2010 年的 397,983 億元，按照可比價格計算，平均年增長率接近 10%。中國已從世界上的貧窮國家一躍成為全球的主要經濟強國。按照購買力平價（PPP）計算，中國目前是僅次於美國的世界第二大經濟體。

經濟學界的普遍共識是良好的制度是經濟發展的先決條件。這些制度包括清晰的產權制度界定和保護、完善的法治以及政府同商業的分離等。中國的改革起始於「文化大革命」剛剛結束的特定時期。在制度建設方面仍然處於發展階段。中國的政府體制、司法體制、金融體制及公司治理等與發達的市場經濟國家相比還有很大的差距。因此，從傳統經濟學的角度來看，中國過去 30 多年的制度環境與其驚人的發展速度形成了不可思議的巨大反差。如此具有悖論的現象疊加在一起，使得經濟學家普遍對中國經濟的增長原因感到迷惑不解，將這一現象稱為「中國奇跡」之謎。

但是也有一些經濟學家從經濟分權的角度破解了「中國奇跡」之

謎。許成鋼（2008）認為，雖然改革初期中國缺乏產權保護、良好的法律和金融環境等公認的可以促進經濟發展的制度條件，但是地方分權的體制卻為經濟發展提供了另外一些可供選擇的現實方法。例如，地方分權的結構在改革的初期極大地促進了制度創新在中國的出現和推廣。很多現在為人所知的措施，最早都是在地方政府的推動下實施的，如家庭聯產承包責任制、非國有企業（特別是鄉鎮企業）的發展和經濟特區的建立等。分權式的改革不僅硬化了中央政府對國有企業的預算約束，而且還促進了地區之間的競爭（Qian & Roland, 1998）。中國的 M 形經濟結構（資源按照「塊」來配置）使得經濟可以在局部進行制度實驗，地區之間的標尺競爭為中央政府提供了反應地方政府績效的有效信息，並且使得經濟體更容易抵抗宏觀衝擊。

為什麼地方經濟分權能促進中國經濟發展呢？因為中國式的地方經濟分權為地方競爭創造了前提條件。中國式的地方經濟分權最重要的特點是每個地方政府手中都有相對完備的經濟資源。因此，地方政府不但有能力組織全面的地區經濟活動，而且地區之間的經濟結構比較相似。這樣地區之間的競爭就具備可比性和目標的可考核性。因此，在這樣的環境中，地方政府大多會使出渾身解數去推動經濟發展，甚至不惜違反當時的主流意識形態和規定而大膽改革。中國通過採取財政分權的辦法，讓地方政府官員的政治升遷和他的經濟發展水平相關聯，從而引入了一個地方與地方之間的競爭。通過地方與地方之間的競爭，導致地方政府官員為了追求政治升遷，不得不通過發展來實現。為了發展，地方政府官員不得不營造一個良好的市場環境。為了營造一個良好的市場環境，地方政府官員不得不推進本地的市場化。

張五常教授認為中國的經濟改革可以分段看，第一階段大約從 1980 年到 1992 年。這階段的發展主要是從以前的等級排列權利轉到以資產界定權利。第二階段是從 1993 年到 2000 年這 7 個年頭。這階段是中國的困難時刻：開始時通貨膨脹如脫韁之馬，貪污廣泛，人民幣崩潰，跟著是嚴厲控制信貸與消費，重擊貪污，再跟著是通貨緊縮與房地產市場兵敗如山倒。然而就是在這些困擾的情況下，長江三角洲地區出現了爆炸性的發展，其效應延伸到中、西部地區。張五常教授認為主要原因是縣的競爭制度剛好在那時形成，開始發揮效應了。而縣的競爭制度也是源於經濟分權。總之，中國經濟分權促進了經濟發展在學術界已

經成為一種共識，或者說經濟分權破解了「中國奇跡」之謎。

二、發展戰略性新興產業是否需要產業政策

　　一個國家經濟發展是否需要產業政策，在經濟學上一直是個有爭議的問題，爭論大多集中在政府應當怎樣扶持高技術產業或新興產業的問題上。支持實施產業政策的經濟學家的理由是因為存在「信息外部性」和「協調外部性」。這兩者的存在使我們相信如果沒有直接的政府干預或者其他的公共行動，產業多樣化是不可能發生的。支持政府幫助新興產業的人認為，這些產業很特殊，它們給經濟中的其他部門帶來重要利益。由於投資於新技術會遇到許多障礙，如果僅僅依靠私營部門的努力，高技術產業的發展就會相當緩慢。產業政策的擁護者宣稱，如果政府不特別扶持，就不能開發新技術，下游產業就不能從新興產業那裡得到必要的激勵，其他國家可能捷足先登搶占這些領地，就會損害本國的經濟增長。

　　生產結構的多樣化需要「發現」一個經濟體的成本構成，即需要發現哪些新的生產活動成本較低，有利可圖。企業家必須對新的產品生產方式進行各種嘗試，同時要對現有的國外市場技術加以改造使其適應國內的條件。這個過程被丹尼·羅德里克和里卡多·豪斯曼稱為「自主發現」。

　　如果我們設身處地站在上述從事成本發現的企業家的角度，就會立即明白其中的關鍵問題：這是一種具有很大的社會效益但短期個人回報相對較低的活動。如果企業家在上述冒險活動中失敗了，他將承擔所有的成本；如果他成功了，他不得不與其他生產者分享他的發現所帶來的收益，因為其他人就可以仿效他，大量湧入到這種新的生產活動中來。在自由進入的條件下，從事此類活動的企業家其成本是私人成本，但收益卻是社會收益。因此，在低收入國家中，將難以湧現出足夠多的從事自主發現活動的企業家。針對那些限制了自主發現活動的信息外部性，最優的政策是實施對新的、非傳統產業的投資進行補貼的產業政策。

　　許多從事新生產活動的投資項目，要想獲得盈利，必須同時進行大規模的投資。一般來說，只要新的產業活動呈現出規模經濟和某些投入品不可交易的特點，協調失靈就有可能會發生。防止協調失靈模型強調了政府協調不同企業家之間的投資和生產決策的能力能夠帶來收益。有

些時候，相關的產業已經高度組織化，而且所需投資的收益能夠很好地被當地獲得，這種協調就可以通過私人企業內部達到，從而無須政府部門在其中扮演特定角色。一般來說，在一個新生產業，相關的私人部門並未有效組織起來，政府部門的作用就不可或缺。可見正是因為存在兩個關鍵的市場失靈，實施產業政策才具有必要性。

產業政策的批評者反擊說，扶持高技術產業或新興產業的政策是有害的。第一，在「擇優」方面，市場遠勝於政治家和官僚們。開發一項商業上成功的技術，需要徹底瞭解這項技術在科學上是否可行、新產品或者升級產品的市場需求狀況，以及準確地把握時機。產業政策的批評者認為，政府的扶持政策往往幫不了新興產業。第二，這些產業的溢出效應被誇大了。高技術企業的產品可能有利於其他產業的發展，但其他產業已為這些利益支付了費用，為高技術企業創造了利潤。儘管政府對基礎研究開發（R&D）的支持可能是明智的，但企業已有足夠的激勵投資於應用研究開發。第三，扶持政策對整個國民經濟的實力和增長貢獻甚微。其實許多目標產業無論怎樣都能發展起來，即使這些政策在扶持某些新興產業方面是成功的，但投資於其他部門可能更有效率。這些批評者認為，高儲蓄率、熟練的技術工人、和諧的勞資關係以及充滿進取精神的企業家等，都比扶持產業的政策對經濟增長更重要。[1]

從一些國家實施產業政策的情況來看，日本應該是比較成功的。日本人已經發現了怎樣利用政府支持來發展新興產業。如果沒有政府的指導和幫助，後來的日本不大可能在半導體、機床、電信設備以及光纖等領域那麼強大。政府產業政策包括與私人企業達成共識、補貼研究開發、稅收優惠、補貼性貸款、政府採購以及進口保護等，無疑都促使日本的資源流向政府扶持的高技術產業，從而加快了高技術產業的發展。相對而言，美國發展新興產業的辦法同日本有很大的區別。多數美國人認為，政府扶持特殊目標產業是不可取的。新技術的商業應用最好留給私營部門。新的投資項目收益率高或高技術企業薪金高和有更快發展的機會，這些都足以吸引資本和勞動流向新興產業。儘管有時風險很大，但報酬也很可觀。政府適當的角色是提供一個能鼓勵私人企業和工人去

---

[1] 保羅·克魯格曼. 戰略性貿易政策與新國際經濟學 [M]. 海聞，等，譯. 北京：中信出版社，2010.

開發高技術產業的環境。這個環境包括受過良好教育的勞動力、能用於開發特定商用產品和流程的基礎知識體系。培育熟練的技術工人、工程師以及科學家等，都需要政府的資助。美國對目標產業政策的態度，可能反應了其與日本、法國等國的資本和勞動市場的差異。法國長期以來就有政府直接介入經濟活動的傳統，特別是在促進新興產業的發展方面。法國人認為，政府廣泛的干預是必要的，一是因為法國的資本市場發育非常不完全，資本不能很容易地流入新興產業；二是因為法國企業非常害怕風險，不敢冒險在新興產業投資；三是相對落後的法國企業無法與技術領先者競爭。儘管有政府的大量幫助與保護，但總體來看，法國的產業政策在提高高技術產業的國際競爭力方面並不是很成功。法國政府沒有像日本政府那樣找到合適的政策，促使本國企業趕上技術領先的美國企業。

那麼中國是否需要實施產業政策支持高技術產業或新興產業的發展呢？這個問題在學術上是有爭議的。經濟學家林毅夫（2008）研究認為，技術和產業升級通常要求經濟中不同企業和部門之間進行協調。例如，新產業和新技術要求的人力資本或技能水平可能不同於舊產業和舊技術。一個企業可能難以將新的人力資本的供給內部化，因而需要依靠外部的幫助。因此，企業的產業和技術升級也依賴於新人力資本的外部供給的存在。除人力資本外，企業在升級時可能還需要新的金融制度、貿易協議、營銷和配送設施以及知識產權保護等方面的支持。因此，在經濟體進行產業和技術升級時，政府可以通過產業政策對不同產業和部門中的企業進行協調。① 林毅夫同時也指出，產業政策的推行必須符合一個國家的比較優勢。在比較優勢戰略下，政府所要推進的產業和技術符合由要素禀賦的變遷所決定的經濟體的比較優勢，而在違背比較優勢的戰略下，政府所要推進的優先產業和技術背離了經濟體的比較優勢。因此，在比較優勢的戰略下，借助政府在信息和協調方面的幫助建立起來的企業具有自生能力，從而有限的小額補貼就足以對相應的外部性進行補償。相反，在違背比較優勢的戰略下建立起來的優先部門的企業缺

---

① 林毅夫. 經濟發展與轉型——思潮、戰略與自生能力 [M]. 北京：北京大學出版社，2008.

乏自生能力，它們的生存依靠於大量的、持續的政府政策支持和補貼。①

在實踐上，中國對高技術產業或新興產業的發展是實施產業政策支持的。筆者認為，在中國現階段，對高技術產業或新興產業實施適度的產業政策支持是有積極作用的。這主要是基於以下理由：一是中國還處於經濟轉型時期，市場經濟體系還不完善，市場力量不能有足夠的激勵使資本、勞動力等資源投向新興產業，完全依賴市場作為資源配置的手段還不能有效地把資本、勞動力等生產要素有效地配置到新興產業或高科技產業。中國資本市場發育還很不完全，尤其是風險資本市場還不發達，資本不能很容易地流入新興產業或高科技產業。二是從比較優勢戰略來看，中國現在已經具備發展戰略新興產業的比較優勢，如發展戰略性新興產業所需要的資金、技術等。三是在當今經濟全球化時代，中國全面實施貿易和投資自由化的情況下，中國要發展戰略性新興產業和實現產業升級，不但受到外資在中國市場直接競爭的壓制，還受到全球化規則體系的嚴格束縛，加之人民幣升值的壓力，中國的新興產業或高技術產業與發達國家相比還有很大的差距，還無法與國外同行業的先進企業進行競爭。四是世界經濟發展的歷史表明，幾乎在每一次大的經濟危機以後，都會出現新的技術革命和產業革命。這一次全球金融危機也不例外，當前各個發達國家正在緊鑼密鼓地推進新一輪技術革命和產業革命，紛紛加大在新能源和節能環保等領域的研發投入，不少新興經濟體也在大力發展新能源、節能環保等綠色產業和運用低碳技術改造提升傳統產業。我們應該把握這次機會，實施科學的產業政策，支持戰略性新興產業的發展。

三、經濟分權與產業政策的實施

市場失靈削弱了低收入國家的企業家進行產業結構升級和產業多樣化的動力，但政府也不是百事通。事實上，對於那些阻礙產業多樣化的市場失靈的信息，如哪裡會產生市場失靈、市場失靈的本質是什麼，政府知道的可能比私人知道的更少，政府部門甚至不知道其對相關信息並

---

① 林毅夫. 經濟發展與轉型——思潮、戰略與自生能力 [M]. 北京：北京大學出版社，2008.

不知曉。但是經濟分權可以在一定程度上解決這些問題。這是因為：一是經濟分權能激勵政府持續不斷地從商業部門中獲取有關信息。出於對當地經濟又好又快發展的需要，地方政府相關職能部門和人員會努力去瞭解如何促進產業結構升級和產業多樣化的信息，努力引進高科技人才和率先引進高新技術。二是經濟分權使地方政府在中央政府的引導下有能力出抬和落實相關的對高技術產業和戰略性新興產業進行支持的產業政策。經濟分權的一個重要方面是財政分權，從邏輯上說，如果分權導致地方政府的支出越來越受制於地方的財政收入，那麼一般而言，地方政府就有更大的激勵去制定和貫徹有利於地方經濟發展的產業政策。

產業政策反過來又有利於經濟分權更好地促進中國經濟發展。驅動中國過去 30 多年改革與發展的核心戰略是在中央人事控制及大政方針引導下的地區競爭。在改革的早期階段，經濟增長是最優先考慮的問題。當時「發展才是硬道理」的中央政策表明了經濟增長在目標制定上的重要性，表明了經濟增長是大政方針的核心，而地方經濟分權的模式使經濟增長目標被強化，同時也產生了一些對經濟長遠發展不利的負面行為。例如，當某場污染環境時，儘管按照當地居民的意願及中央的環保規定，該礦場應該關閉，但地方官員可能顧及國內生產總值增長和財政收入而不願意採取措施。事實上，過去 30 多年出現的很多嚴重的社會經濟問題，如地區保護主義、缺乏規模經濟、重複建設、產能過剩以及近來特別受到關注的環境惡化、地區差距擴大、大量非法侵占農用土地等，均在一定程度上源於地方政府在面對地區競爭時的作為。

對高科技產業或新興產業實施產業政策能在一定程度上克服這些經濟分權模式的負面影響。利用經濟分權的體制優勢，激勵地方政府落實對高技術產業或戰略性新興產業的產業政策支持，克服經濟分權產生的負面影響的關鍵就是要改進地方政府的治理和績效評估機制。不能把國內生產總值的增長作為衡量地方政府績效的關鍵標準，而應該建立符合科學發展觀及產業政策導向的科學的地方政府業績評價體系，更多地引入其他目標的權重。對地方政府及官員政績的評價不僅要考量國內生產總值的增長，更要重視節能、降耗、減排、治污，更加重視生態保護和生態平衡，使中國的地方政府官員不單純去追求國內生產總值，而是要追求經濟發展的質量和效益、結構優化程度、收入分配、社會保障、環境保護等指標，還要看人民群眾的滿意度、幸福指數等指標，通過這些

指標來檢查轉變經濟發展方式取得的成績和存在的不足，來評價地方政府的政績，來決定各級政府官員的個人前途和升遷。這樣地方政府就會有動力去執行國家促進高技術產業和戰略性新興產業發展的產業政策，克服過去經濟分權模式給地方經濟發展帶來的負面影響。

四、如何實施產業支持政策

2010年9月8日，國務院審議並通過了《關於加快培育戰略性新興產業的決定》。其中，新一代信息技術、節能環保、生物、高端裝備製造、新能源、新材料和新能源汽車七大領域被列為戰略性新興產業。戰略性新興產業是新興科技與新興產業的深度融合，既代表著科技創新的方向，也代表著產業發展的方向，是中國政府在應對全球金融危機的過程中做出的關鍵抉擇。過去經濟分權促進了中國經濟發展，現在我們要利用經濟分權來促進中國產業升級、戰略性新興產業發展和經濟發展方式轉變。由於經濟分權，地方政府有動力也有能力執行國家的產業政策，在促進自主創新、環保產業和戰略性新興產業發展方面發揮「助推器」的作用。關鍵是我們必須進一步厘清政府和市場的關係，建立科學的地方政府官員政績評價體系，實施科學的促進戰略性新興產業發展的產業政策，科學地貫徹和執行國家的產業政策。在產業政策的實施方面，具體可以採取以下措施：

第一，中國在發展新興產業的過程中，政府需要對所支持產業的有效性進行一些研究，而不是把錢直接給予自己「認定」的項目或企業。雖然這是目前政府各部門在指定對新興產業或高技術產業的扶持政策時採取的習慣做法。直接的補貼方式難以避免隨意性，助長了不公平競爭，實際效果不一定像預期的那樣好。其結果可能是抑制競爭和創新，還容易滋生腐敗。

第二，政府必須明確其基本職能是提供公共產品，包括提供良好的制度環境，為企業營造良好的經營環境，保證宏觀經濟的穩定，要在生活保障體制、教育體系、科研體系上提供良好的制度支撐。政府應加大財政資金的投入，加大基礎研究的力度，推進研究開發工作和普遍的技術進步，開展工人職業技術培訓等。政府必須認真研究本地的比較優勢和實際情況，而不能一哄而起地上項目，導致新一輪同構化發展。政府對企業技術創新的補貼應該是「競爭前」的，專項補貼應該公開、透

明地招標，公正地評選，而不能採取「肥水不流外人田」的辦法，只讓「內定」的企業中標。節能、環保產品的補貼最好補「需方」，而不是補「供方」等。

第三，把改造傳統產業，加快傳統產業升級與培育戰略性新興產業結合起來。戰略性新興產業和傳統產業是密切聯繫的，發展戰略性新興產業要和傳統產業進行銜接。例如，新材料有功能性材料、結構性材料，但都離不開鋼材、有色金屬、石油化工，我們不可能甩開這些原來的材料工業另搞一套，而應該將其銜接起來。在製造業，產業鏈應盡量向「微笑曲線」的兩端，即前端的研發、設計和後端的品牌營銷、售後服務等業務環節延伸。

第四，要分行業對戰略性新興產業實施產業政策支持，利用財稅政策、土地政策、信貸金融政策等進行扶持。加強宏觀信貸政策指導，鼓勵、引導和督促金融機構積極做好技術進步、自主創新、技術改造及戰略性新興產業發展等領域的金融服務。但是要盡量減少政府行政干預，政府不能保持對土地、信貸等重要稀缺資源的配置權力。要減少政府直接投資，減少市場尋租，合理利用金融工具、法律手段，為企業創造公平競爭的市場環境。

第五，積極鼓勵發展創業投資、私募股權基金，發揮好創業投資引導基金的導向支持作用，加強配套制度建設，完善政策環境，鼓勵向風險產業投資的私人企業的發展以及企業之間激烈的競爭，促進戰略性新興產業發展。

第六，積極推動金融創新，開拓金融支持戰略性新興產業發展的多元化融資渠道，綜合利用信貸、債券、票據、股權等融資工具，創新引入高科技企業或戰略性新興產業企業的融資方式，推動戰略性新興產業發展。

第七，探索在中國建立和發展限額碳排放制度。中國在《哥本哈根協議》上表示自願承擔在2005年到2020年將單位國內生產總值二氧化碳排放量減少40%~45%的任務，並通過制定和執行多個目標與政策去落實行動。發展低碳經濟的緊迫性與加快戰略性新興產業的發展是緊密聯繫在一起的，各地政府必須把單位國內生產總值二氧化碳排放量減少的任務納入「十二五」規劃和「十三五」規劃的內容之中，上級政府也應該把單位國內生產總值二氧化碳排放量作為對下級政府政績考核的

指標體系的內容之一，從而激勵地方政府加快推進戰略性新興產業發展的積極性。

第二節　如何調整中國經濟結構

國際金融危機的衝擊暴露出中國經濟結構的重大缺陷。調整經濟結構、轉變經濟發展方式，已經成為當前的共識。近年來，我們在經濟結構戰略性調整中取得了一些進展，但從目前來看，經濟結構調整的任務還十分艱鉅。

一、中國經濟結構存在的主要問題

中國經濟結構存在的主要問題在於：出口在經濟增長中的貢獻比較大，而內需在經濟增長中的貢獻比較小；投資在經濟增長中的貢獻比較大，而消費在經濟增長中的貢獻比較小；產業結構不合理，製造業比重過高，而服務業比重太低。

出口在經濟增長中的貢獻比較大，而內需在經濟增長中的貢獻比較小表現出來的就是較大的經常帳戶盈餘。較大的經常帳戶盈餘帶來一系列的問題。第一，中國累積了大量的外匯儲備，這意味著作為中低收入國家的中國正在借錢給富裕國家。第二，大量的經常帳戶盈餘表明中國經濟增長大約三分之一依賴國外市場，一旦國外市場發生波動，必然會增加中國宏觀經濟的不穩定性。第三，大量的經常帳戶盈餘還會引起國外許多國家的不滿，並且可能成為其實施保護主義的借口。

雖然中國的確需要靠投資來推動經濟增長，但是中國的投資率已從2001年的36.5%上升到2010年的48.6%，已經超過東盟國家和亞洲新興工業經濟體的投資水平。過高的投資率往往增加了經濟過熱、資產泡沫和產能過剩的風險。雖然東亞經濟體素來以強勁的經濟增長和較高的投資率而聞名，但在過去的50年裡，只有3個亞洲經濟體有超過40%的投資率，並且都沒有像中國持續這麼長的時間。投資占國內生產總值的比重過高，相應地，消費占國內生產總值的比重則過低。中國的消費率從2001年的61.4%下降到2010年的47.4%。沒有經濟可以只依賴投

資而增長，如果持續這樣的趨勢，中國經濟會面臨較大的問題。

二、中國經濟結構調整難的根本原因

一是國內市場開發成本高、難度大。目前中國居民潛在的消費需求非常巨大，關鍵在於如何把這種潛在的消費需求開發出來。中國商業環境還不完善，地方保護主義仍十分盛行，高額的貿易成本、特別是物流成本使得貿易壁壘森嚴，許多企業望而生畏，轉而放棄國內市場，開拓國際市場，從而使國內消費在經濟增長中的貢獻度難以提高。

二是中國的「大政府」促使中國投資率居高不下。縱觀中華人民共和國的經濟史，以投資來拉動經濟增長是各級決策者使用最多和力度最大的法寶。從1980年到2008年，全國固定資產投資占國內生產總值的比例從25%左右上升至43%左右，隨之而來的為應對全球金融危機而增加的特大投資額4萬億元人民幣則把這一比例提升到47%左右。中國如此高的投資率既有歷史淵源，也有制度因素。中國是「大政府」，各級政府控制的資源多、財力大，這為高投資率創造了條件。地方政府官員的國內生產總值中心主義為高投資率提供了動力。

三是中國政府與企業的邊界不清導致製造業過度發達，而服務業發展滯後。中國的政府五年規劃往往重製造業而輕服務業，因為政府沒有足夠的信息制定服務業的規劃。製造業和服務業的區別在於前者多為集中、已知和確定的，而後者多為分散、未知和不確定的。政府導向的資源配置不可避免地向製造業傾斜。中國的製造業與中國的出口導向的經濟增長也有著密切的聯繫。由於中國出口產品很大一部分是來料加工，屬於典型的製造業。外商投資企業也主要是看重中國的廉價勞動力，在中國從事的也主要是製造業，因此把中國變成了「世界工廠」。中國的金融體系國有化程度比較高，與政府又有著千絲萬縷的聯繫，因此金融資源的配置也容易向製造業傾斜。商業銀行過去在信貸支持方面偏愛大企業，忽視中小企業，製造業中往往大企業多，而服務業中往往中小企業多。

三、調整中國經濟結構的對策

一是要進一步深入推進市場化改革，破除地方保護和市場分割，消除地區間的行政壁壘和貿易壁壘，建立和形成全國統一的、暢通無阻的

市場，讓市場真正在資源配置中發揮作用。促進物流行業競爭，降低物流成本，形成高效、統一的國內市場，為擴大內需創造條件。

二是要進一步轉變政府職能，完善政府治理機制。必須從發展型政府向服務型政府轉變。儘管已經經歷 30 多年的改革開放，中國政府還沒有完全由發展型政府向服務型政府轉變，這主要是因為中國的經濟還是一個政府控制了大量資源的經濟。權力和資本必須分開，中國政府長期居於資源配置的主導地位，並且將其控制的經濟資源主要用於經濟建設領域而非公共服務領域，這使政府充當了經濟建設主體和投資主體的角色，形成了政府主導的經濟發展模式。實踐已經證明，這種模式是低效率和不可持續的。政府應該把主要精力用在提供公共服務上，不能擁有太多的資源，這關係到政府職能能否真正轉變，也關係到中國經濟結構能否調整。

三是必須從國有經濟的總體層面來進行改革，降低國有經濟的比重。降低行業門檻，引入競爭機制，改變大型國有企業的行業壟斷地位。

四是發展對外直接投資，促進中國經濟結構調整。以企業「走出去」為主要形式的對外直接投資，是調整中國經濟結構、轉變經濟發展方式、促進中國經濟可持續增長的重要抓手之一。中國應該引導和鼓勵企業重點走向資源豐富的地區投資，加強資源獲取型對外投資，以克服中國長期高速發展的資源障礙，突破產業升級過程中的資源瓶頸。同時，還應該向雖人均收入較高，但並未建立完整工業體系的拉美國家投資；向尚未開發，仍需要大量基礎設施建設的非洲國家投資；向已經和將要與中國簽訂自由貿易協定的國家投資，以充分利用協定創造的有利條件；向周邊國家投資，以降低成本；等等。

五是通過加快城鎮化進程來促進服務業的發展。有統計資料表明，服務業的發展與城市化程度密切相關。用 1965 年 101 個國家和地區的數據與 1980 年 123 個國家和地區的數據計算分析，二者的相關係數分別達 0.74 和 0.80。日本、美國、法國、澳大利亞、韓國、巴西等國的產業比重變化是：第一產業下降較快，第二產業變動緩慢，第三產業上升較快。其中，第三產業發展較快的原因與其城市化進程較快和水平較高有關。因此，我們要繼續加快城市化進程，鼓勵經濟總量大、人口達到規模和交通運輸樞紐等地的縣城和集鎮升級為市，在中國形成「特大

城市—大城市—中等城市—小城市—城鎮—小集鎮」的城鎮體系。

六是推進服務業專業化、社會化改革。加速製造業企業服務與生產環節剝離，鼓勵工商企業實行主輔分離，非核心服務業務外包，實行專業化經營，促進生產性服務向專業化、市場化、社會化發展。

七是要積極推進創新，發展創新型企業，建設創新型國家。創新的內涵非常廣泛，包括技術創新、產品創新、商業模式創新、管理創新、制度創新等。在市場經濟中，產業結構取決於資源稟賦、國民需求偏好、技術水平、國際貿易、制度特徵以及經濟發展的歷史條件。資源稟賦無法創新，但對資源開發和使用的制度可以創新。國民需求偏好可以通過企業產品創新和商業模式創新來引導。技術創新是中國產業升級的關鍵，制度創新則尤為重要。正如諾貝爾經濟學獎得主道格拉斯·諾斯指出的那樣，英國率先建立了產權保護的制度，所以第一個完成了從農業到工業的經濟結構大轉變。以此分析中國的情況，我們可以看出，加強對民營企業家的產權保護具有雙重意義：一是提高研發投資的回報，激勵民營企業家加大研發投資的力度；二是降低產權未來的不確定性，從而引導民營企業家從追逐短期利潤轉變到提高企業的創新能力，從而提高企業長期的核心競爭力。

第三節　中國經濟增長模式轉變的制度因素

勞動力和其他生產要素都不能直接變成產品。因此，廉價勞力的優勢也不能直接轉化為產品的競爭優勢。要把生產要素轉變為產品，非通過經濟組織和經濟制度不可。如果要素成本極其低廉，但生產的組織成本或體制運行成本極其昂貴，那麼再廉價的要素也不可能轉化成有市場競爭力的產品。同樣，要擴大內需拉動經濟增長，內需的增長也是與中國的收入分配、勞動就業和社會保障制度等制度安排緊密相連的。因此，組織成本和制度成本才是理解經濟增長的關鍵，也是理解中國經濟增長模式轉變的關鍵。

什麼是制度？林毅夫和紐金特（Nugent, 1995）從廣義的角度給出了制度的定義，即「一組通過幫助人們瞭解其他人的預期行為來管理和

規範人們之間的相互行為而人為設計的行為規則」。幾十年經濟增長的歷程告訴我們一個最主要的經驗，那就是制度的重要性。經濟增長需要調動人的積極性和實施相應的激勵措施。所有成功發展的先例歸根究柢都來自於眾多企業家們新的風險投資以及嘗試新的生產活動的集體結果。在制度不完善的情況下，激勵不再有效甚至會產生相反的結果。這一點早已被經濟學家們所認識，如貿易政策中的尋租現象以及公共產權的資源問題。標準的阿羅—德布魯（Arrow-Debreu）模型包含一系列完全的、具有一致性的、可以無限延伸的市場，這似乎看起來無須非市場的制度來協助。其實，該標準模型是假設存在一個清晰界定的產權並保障合約的履行。市場之所以需要制度支持，是因為其並不能夠自我創建、自我調節、自我穩定以及自我合法化。因此，我們必須認識到產權制度、監管制度、金融制度、社會保障制度以及制度的差異性和本土化的重要性。

一、產權制度在轉變經濟增長模式中的重要作用

諾斯和托馬斯在 1973 年的研究、諾斯和溫加萊斯在 1989 年的研究以及其他許多研究都指出，建立安全而穩定的產權制度是西方崛起和現代經濟增長的關鍵所在。原因在於企業家只有在其對生產或者改進的資產的回報有足夠的控制權時才會有激勵去累積資產和進行創新。注意這裡用的是「控制權」，而不是「所有權」。如果沒有控制權，形式上的財產權就意義不大。同樣，即使沒有形式上的財產權，擁有足夠的控制權也可以激勵累積資產和進行創新。

中國 30 多年來國內生產總值連續高速增長就與中國經濟體制改革尤其是產權制度改革有著必然的聯繫。中國 20 世紀 80 年代鄉鎮企業的發展為中國經濟增長做出了重要的貢獻，在缺乏明確界定的所有權的情況下，控制權激勵鄉鎮企業家為企業的發展而努力工作。目前中國依靠不斷增加資源、資本和勞動力等生產要素投入的粗放型經濟增長模式越來越難以持續，需要轉變經濟增長模式，由過去依靠增加生產要素投入的粗放型經濟增長模式轉變為依靠生產效率提高的集約型經濟增長模式，這同樣需要進行產權制度改革，以建立安全而穩定的產權制度。因為企業家只有在其對生產或者改進的資產的回報有足夠的控制權時才會去進行創新，以提高生產效率。科技人員只有在知識產權得到很好的保

護的前提下才會有積極性進行創造發明，研究新的生產工藝和開發新產品，從而減少生產要素的投入和提高資源的利用效率。從產權制度來看，傳統國有企業產權制度在很多方面傾向於阻礙創新。國有企業即使關注經濟效率，也是其期望追求的很多目標之一。國有企業的創新經常是「獲獎導向」，而不是市場導向。正因為如此，國有企業的生產效率和技術進步的速度總是比較慢的。達里厄斯·帕里亞和埃德蒙·菲爾普斯的研究表明，一般而言，在其他條件相同時，在私人所有和控制下的產出份額增長將提高國民生產率的增長率，這就提示我們將仍由國有部門把持的大部分商業活動轉交給私人企業進行時，就能打開提高生產率的大門，這也應是實現經濟增長模式轉變的重要途徑。

要轉變經濟增長模式離不開創新，而創新又離不開對知識產權的保護。知識產權在美國及其他發達國家得到了很好的保護，但在許多發展中國家則缺乏相應的保護，這也是發達國家科學技術發達，而發展中國家科學技術落後的一個重要原因。中國要提高科技水平，促進經濟增長模式轉變，一定要加強對知識產權的保護。但是我們也應該認識到，即使對發達國家來說，「幻想專利保護和研發補貼就足以支撐創新和生產率的提高，未免過於天真」（Aghion，2006）。中國必須首先著眼於更根本性的挑戰，即建立追求價值最大化的企業和功能完善的市場，為創新提供微觀制度基礎，推動以企業為主體的創新。

但是即使是法律明文規定的財產權也不是絕對的。每個國家都會決定其正當財產權的範圍以及在實施過程中的必須限制。與發展中國家相比，土地規劃制度和環境立法更大程度上限制了發達國家的居民和企業行使其財產權。所有國家都認可為了獲取「更大的公共利益」，私人產權可以受到限制。在中國，一些企業卻在不受限制地行使其財產權，主要表現在對資源的過度消耗和對環境的破壞上。因此，我們一方面強調產權保護，另一方面在實踐中又不能把產權保護絕對化。我們要求企業依法行使財產權，還要強調企業的社會責任，這是實現中國經濟增長模式轉變的制度基礎。

二、監管制度不可或缺

當市場參與者出現詐欺或者違反競爭行為時，市場就會失靈；當較高的交易成本限制技術或者非貨幣的外部性內部化時，市場也會失靈；

當不完全信息導致道德風險和逆向選擇時，市場還會失靈。正因如此，每一個成功的市場經濟都包含著各種各樣的監管制度，用以規範商品、勞務、勞動力、資產以及金融市場的行為。事實上，市場自由化程度越高，監管制度的責任就越大。美國擁有世界上最自由的市場，同樣美國也是世界上反壟斷法律最嚴的國家。中國還是一個發展中國家，市場失靈的狀況更加普遍，對於市場監管的需求也更廣泛。

要實現經濟增長模式的轉變離不開企業和市場。不斷追求創新的企業和對創新產生正確激勵的市場是實現經濟增長模式轉變的微觀基礎。因此，我們必須大力發展資本市場，並進一步將國有企業推向資本市場。這樣可以使企業更多地接受資本市場規範和公司治理規則的約束。同時，我們還必須建立和完善多層次的資本市場，以滿足不同發展階段的企業融資需求，促進高科技企業的迅速成長。此外，我們還要促進企業併購市場的發展，使一部分技術先進、生產效率高、市場前景好的企業通過併購實現跨越式發展。

除了通過產權制度和公司治理改革來培育追求價值最大化的企業以外，還有就是要建立有效的市場激勵機制，推動以企業為主體的創新，從而促進中國經濟增長模式轉變。建立正確的市場激勵意味著市場價格必須充分反應資源約束和消費者偏好。所有的投資決策都應該是以市場上的投入和產出價格為基礎。扭曲的價格自然會導致經濟計算偏差、誤導投資決策。特別是能源、自然資源、土地、環保質量和勞動力等投入品價格低估有可能抑制企業在技術進步方面投資的積極性，儘管這些投入可能提高能效、節約資源或給勞動者帶來更多福利，有利於實現經濟增長模式的轉變。在很多投資衝動過程中，造成盲目投資的並不是單純的市場行為，實際上是有形的手在背後推動。一些地方政府在鼓勵投資時，給投資者「零價地」或遠低於市價的土地等各種優惠。由於不恰當的引導，使投資者做出不理性的決策，從而造成重複建設和產能過剩，這是不利於實現經濟增長模式轉變的。

世界經濟發展經驗表明，產業結構升級與經濟持續增長具有強相關性。發展中經濟體進入起飛階段，長時期的較快增長都是以經濟結構的快速轉換為基礎的。可以說，工業化過程既是經濟總量不斷增長的過程，也是經濟結構調整升級的過程（羅比良，2007）。經濟發展就是經濟結構的成功轉變（錢納里等，1988）。根據一般工業化國家和地區的

經驗，產業開發的順序大多從農業而至工業，在工業發展達到一定水平後，再通過服務業的擴張以擴大經濟發展的成果。當前我們要促進經濟增長模式轉變，就必須調整產業結構，加快培育服務業，尤其是加快生產性服務業的發展，提高第三產業在中國經濟中的比重，這完全通過市場機制是不可能實現的，必須發揮政府監管和產業政策引導的作用。

企業創新機制的形成離不開產權制度的創新，而企業產權制度的創新又離不開有效的市場機制，尤其是資本市場的作用。產業結構的升級離不開有效的市場競爭，市場機制在推動產業結構調整和產業升級中發揮基礎性作用。但如前所述，市場本身也存在缺陷，因此必須建立有效的監管制度。2008年肇始於美國的全球金融危機就是監管制度缺位的真實寫照。我們絕對不能幻想依靠完全自由的市場就能夠實現中國經濟增長模式轉變，監管制度是不可或缺的。

三、調整收入分配結構，完善社會保障制度

投資、消費、出口是拉動經濟增長的「三駕馬車」。在全球性金融危機來臨之後，我們要從過度依賴出口拉動經濟增長轉變為擴大內需拉動經濟增長。要擴大內需的一個重要方面就是增強居民特別是低收入群眾的消費能力，這就需要加大國民收入的分配調整力度，同時要推進和完善社會保障制度。

「丘也聞有國有家者，不患寡而患不均。」2,000多年前，孔子就將國民對於貧富差距的敏感一語道破。目前中國的收入差距問題已經引起社會各界高度關注，極易引發社會矛盾。具體而言，農民居民收入增長相對於城市居民收入增長仍然偏慢，最富地區與最窮地區收入相差2.68倍；行業收入差距進一步拉大，目前收入最低行業的收入與收入最高行業的收入差距高達15倍，少數企業高管薪酬水平與社會平均工資相差上百倍，甚至極個別的相差上千倍。收入分配不合理有很多制度性原因，而收入分配不合理又是制約中國擴大內需，從而促進經濟增長的一個重要因素。

現代市場經濟變化無常，個人普遍面臨收入和就業的風險。現代經濟增長使得經濟由穩態向動態轉變，人們的收入具有更大的不確定性。公共社會保障體系在20世紀得到大規模擴張，這是發達市場經濟演進的最為顯著的特點之一。在美國，20世紀大蕭條為這一領域的主要制

度創新創造了契機。社會保障使市場經濟同社會穩定和社會凝聚力更相容，從而提高了市場經濟的合法性，也為中國構建和諧社會提供了一定的保障。在中國，社會保障制度還不完善是中國居民儲蓄率居高不下的重要原因，尤其是這次全球金融危機爆發以後，人們在消費支出方面更加謹慎。大多數人是因為對退休之後的生活保障心存不安，要對醫療、教育等可能的巨大支出做出準備，才到銀行存更多的錢。我們要擴大內需以拉動經濟增長，必須消除人們這種不安，那就必須加快建立和完善社會保障制度。

收入分配不合理和社會保障制度不完善制約擴大內需，也成為中國經濟增長模式由出口拉動為主向內需拉動為主轉變的障礙。因此，我們必須調整收入分配結構，完善社會保障制度。

四、為中小企業融資創造更有效的制度環境

為應對這次全球金融危機，2008年年底以來，中國政府採取了積極的財政政策和適度寬鬆的貨幣政策，這些政策雖然對拉動經濟增長發揮了一定的作用，但是與轉變經濟增長模式的目標似乎有些南轅北轍。4萬億元經濟刺激計劃和10億元新增貸款，主要流向國有大企業和各級政府項目。在銀行風險控制意識提高的情況下，甚至出現對中小企業信貸的「擠出效應」。2009年前三季度中國國內生產總值的增長為7.7%，這主要體現在固定資產投資上（已經達到了75%），占到了國內生產總值增長的95%，投資在拉動經濟增長方面仍發揮絕對主導作用。一些地方政府為追求國內生產總值的增長以獲得好的政績，借應對金融危機之名進行盲目投資，這些做法與實現經濟增長模式轉變的目標都是背道而馳的，如不加以重視和控制，必將產生問題。

中小企業的作用未得到有效發揮，這是值得擔憂的。西方國家的技術創新主要是來自於中小企業，大企業主要是借助對小企業的投資、收購小企業等方式保持其在技術上的先進性。在中國，根據國家統計局和工商聯的調查，70%以上的技術創新也是來自於中小企業。國家發展和改革委員會的數據顯示，中國65%的發明專利、80%以上的新產品開發是由中小企業完成的，但是受到資金不足的「瓶頸」制約，專利向現實生產力的轉化不足15%，個人專利的生產轉化率更低，不到8%。事實上，中小企業發展不起來，中國產業升級和經濟增長模式轉變是難以

成功實現的。2009年，中國創業板市場的正式開通為高新技術中小企業提供了一個面向全社會的直接融資渠道，發明創造向現實生產力轉化的「瓶頸」制約大大緩解，發明的經濟價值將得到全社會的認同，這無疑有利於轉變中國經濟增長模式。但是我們也應該認識到，能到創業板上市的中小企業是十分有限的，我們必須為中小企業融資提供更全面、更有效的融資制度安排，為中小企業融資創造良好的制度環境。

五、重視制度的差異性和本土化在促進中國經濟增長模式轉變中的作用

市場經濟的制度基礎並不存在唯一的形式。從形式上講，市場與之所需要的一組非市場的制度之間並不存在單一的對應關係。這一點反應在目前發達國家在監管、穩定、合法性等領域的制度多樣性方面。美國的市場經濟與日本的市場經濟有很大的不同，同歐洲的市場經濟也存在很大差異。與良好運行的市場經濟相匹配的制度安排並非是唯一的。例如，要提高企業自主創新的能力，以提高生產效率，促進經濟增長模式轉變，就需要建立和完善有效的公司治理模式，但不同的市場經濟國家有效的公司治理模式是存在差異的，尤其是中國這樣正處在由傳統計劃經濟向市場經濟轉型過程中的國家，公司治理模式與發達市場經濟國家無疑存在較大的差異性。就算將來中國已經進入發達的市場經濟階段，由於歷史、文化等方面的差異，中國有效的公司治理模式也並非與其他發達市場經濟國家完全相同。中國要擴大內需，促進經濟增長，就必須加快社會保障制度建設，但中國的社會保障制度與美國、歐洲也不可能是完全相同的，中國社會保障制度的建立和完善必須從中國的實際出發。

中國要轉變經濟增長模式，必須完善勞動力市場立法，但是中國的勞動力市場立法也必須從中國的實際出發，而不能照搬西方發達國家的模式。

總之，要轉變經濟增長模式，需要一個良好的制度環境，主要包括安全而穩定的企業產權制度和有效的合同執行制度；具有自我創新能力的公司治理制度；具有對企業創新進行正面激勵的市場制度；公平合理的收入分配制度；既能保護勞動者合法權益，又能激勵勞動者努力工作的勞動力市場立法；地方政府不再把追求國內生產總值增長速度作為自

己唯一政績目標；對地方政府合理有效的激勵制度；等等。

政府應該在建立公平、寬鬆、法治化的市場環境，保持宏觀經濟穩定，建立共用技術平臺和公共服務平臺，提供基本社會保障等方面發揮更大的作用。同時，我們還要重視制度的差異性和本土化，各種有利於促進中國經濟增長模式轉變的制度安排都必須既符合市場經濟的基本原理，又必須從中國的實際出發，符合中國的基本國情。

第四章　經濟增長與中國經濟轉型

第一節　如何理解改革開放以來的中國經濟增長

一、經濟增長的分析框架

經濟增長問題無疑是經濟研究中最激動人心的課題,而理解中國經濟增長又無疑是理解中國經濟問題的關鍵。威廉‧伯恩斯坦在《繁榮的背後:解讀現代世界的經濟大增長》中搭建了一個可以被稱之為「四位一體」的理論框架,即財產權、科學理性主義、資本市場、交通和通信技術改善。在伯恩斯坦看來,一國繁榮的關鍵是制度,其中財產權制度居首。所謂財產權,是指保障個人財產的權利,是所有其他權利的基礎。

二、中國改革開放以來經濟增長的邏輯

在 30 多年的時間內,中國的國內生產總值從 1978 年的 3,645 億元增加到 2010 年的 397,983 億元,按照可比價格計算,平均年增長率接近 10%。中國已從世界上貧窮的國家一躍成為全球的主要經濟強國。按照購買力平價(PPP)計算,中國目前是僅次於美國的世界第二大經濟體。很多學者認為,中國的經濟增長是一個奇跡。如何理解中國經濟增長成為國際經濟學界的研究熱點。

筆者認為,伯恩斯坦的財產權、科學理性主義、資本市場、交通和通信技術改善「四位一體」的理論框架對中國自 1978 年以來 30 多年的

經濟增長是具有較強解釋力的。

第一，從財產權來看，自 1978 年以來的 30 多年，是中國市場化改革的 30 多年，也是中國財產權逐步確立的 30 多年。自 1956 年的社會主義改造完成後，私營企業的發展在中國出現了長達 20 餘年的空白。直到 20 世紀 70 年代後期，中國的私營企業才開始在農村以農村專業戶、在城鎮以個體工商戶的形式緩慢發展起來。即便是到了 20 世紀 80 年代，私營企業在一些地區的發展仍然要通過「戴紅帽子」的方式，以集體企業的名義成立和經營。此時中央和地方政府對私營經濟的發展也一直持謹慎態度，主張不提倡、不宣傳、也不取締。1988 年 4 月，第七屆全國人大一次會議通過《中華人民共和國憲法修正案》，這時才確定了私營經濟的合法地位：「國家允許私營經濟在法律規定的範圍內存在和發展。私營經濟是社會主義公有制經濟的補充。國家保護私營經濟的合法權利和利益，對私營經濟實行引導、監督和管理。」從 1978 年開始，中國首先進行農村經濟體制改革，逐步實行家庭聯產承包責任制，從集體農耕到包產到戶的改革意味著農民不只得到集體生產的微小份額，還對自己額外勞動所得擁有所有權。隨著農村經濟體制改革取得初步成功，緊接著是進行企業改革。企業改革先後經歷了「放權讓利」、承包經營責任制以及建立現代企業制度等階段。20 世紀 90 年代後期，中國政府同意對當時仍然在國民經濟中佔有絕對優勢的國有經濟進行了「有進有退」的調整，為民間進行創業活動提供了機會。從 20 世紀 80 年代中期開始，中國政府逐步鬆動了對私人創業的准入限制，特別是認可「非公有制企業是社會主義市場經濟的重要組成部分」，給予了民營經濟一定的活動空間。隨著中國民間長期被壓抑的企業家精神和創業積極性噴薄而出，到 20 世紀末，中國已經湧現出 3,000 多萬戶的民間企業。無論是農村實行家庭承包責任制，還是允許私營經濟的發展以及建立現代企業制度，從本質上看，都是中國市場化改革和在中國逐步確認財產權的過程。

第二，從科學理性主義來看，中國在 20 世紀下半葉的一大半時期，實行的是高度集中的計劃經濟。直到 20 世紀 70 年代末期以後，中國才逐步走向了一條科學理性的發展道路。科學理性的發展道路是中國經濟進步和發展的關鍵因素，而經濟的進步和發展的具體實現還有賴於創意的開發和商業化。創意的過程需要一個知識框架給予支持，即以理性思

考為基礎。過去 30 多年，中國科技水平之所以能夠得到快速提升，一方面，歸功於政府對科技的重視，包括對知識分子的政策、對科技創新的鼓勵以及一系列的制度創新，逐步形成了實事求是的學術氛圍；另一方面，歸功於政府對財產權的保護，尤其是對知識產權的保護，也為中國科技創新提供了制度保障，而對財產權的保護又是科學理性發展道路的重要內容。

第三，從資本市場來看，過去的 30 多年，中國的資本市場獲得了快速的發展。天才創意轉化為經濟現實之間需要資本推動，需要充滿活力且受投資者信賴的資本市場。中國資本市場快速發展不僅源於中國大量企業的融資需求，也源於中國國有企業改革。有效的資本市場具有三項基本功能，即降低融資成本、分散投資風險以及提供市場信息。目前中國已經基本建立了包括股票市場、債券市場、風險資本市場、中長期信貸市場、產權交易市場、期貨市場以及其他金融衍生品市場在內的多層次資本市場體系。資本市場發展為中國企業生產經營和技術創新提供了資金支持，分散了投資風險，成為中國經濟持續快速增長的發動機。

第四，從交通和通信技術改善來看，過去的 30 多年，應該說是發生了翻天覆地的變化。中國是一個大國，既幅員遼闊，又人口眾多。交通和通信技術改善對這樣一個大國的經濟增長的意義非同小可。無論內地承接沿海的產業還是工業化和城市化伴隨的人口遷移都離不開交通和通信技術的改善。中國在過去 30 多年中的高速增長更多是來自東部，中國對其他發達國家的追趕也主要是東部的追趕。經過 30 多年的發展，中國東部可能因為與發達國家的差距日漸縮小，即將迎來經濟增長速度放慢的時期，中國廣闊的內地可能開始進入承接沿海製造業並且加速追趕的時期。這裡有可能出現兩種同時並存的情況，一方面是大量的製造業向內地遷移，另一方面是大量的內地勞動力向沿海遷移，在沿海地區集聚，這都可能使勞動生產率快速提高，但這兩種情況都依賴交通和通信技術的改善。中國 30 多年的經濟快速增長又是與經濟全球化結伴而行的，也正是因為存在可靠和快捷的通信技術，通過這一技術引導資本流向和宣傳新產品，才吸引了大量國外資本的流入和「中國製造」走向世界，也正是由於現代交通網絡，才能從物理上將這些產品運送到全國乃至全球。此外，中國快速的城鎮化過程也是與交通和通信技術的改善緊密地聯繫在一起的，而交通、通信等基礎設施建設又是拉動經濟增

長的重要力量。

第二節　如何分析和判斷中國未來的經濟增長

一、財產權與中國未來經濟增長

要分析和判斷中國未來的經濟增長能否持續，對個人財產權的保護是關鍵，是重要的制度前提。其實，對財產權的剝奪和確立的歷史反覆不只是發生在中國，西方同樣經歷過對財產權的剝奪和確立的歷史反覆。財產權制度的確立和王權受到抑制經歷了漫長且痛苦的過程。在英國，17世紀就出現了像法學家愛德華·柯克和約翰·洛克那樣為保護財產權而搖旗吶喊的鬥士。1606年，愛德華·柯克被任命為民事訴訟法庭的法官，並且隨後成為王座法院（King's Bench）的法官。他在法庭上的行為增強了他的司法獨立性，並增強了法庭與國王和議會相抗衡的力量。他的決定和主張在很大程度上為現代西方行政、立法和司法的三權分立打下了基礎。他為履行法官的職責，甚至遭遇了被國王詹姆斯一世免去職務的報復。在18世紀，約翰·洛克將司法和國會力量能夠帶來的「福音」傳遍了西方世界的其他地區。約翰·洛克將國家的權利劃分和限制在以下三個分支：行政、立法和司法。這一限制反過來鞏固了個人的自由和財產權。約翰·洛克在其寫的最具影響力的啟蒙著作《政府論》中陳述了關於自然法和財產權理論。當約翰·洛克留在牛津大學的時候，其內心充滿了恐懼，擔心國王會注意到他並對他進行報復。等到英國國會最終在1688年的「光榮革命」中勝利後，約翰·洛克作為英雄凱旋。但是由於他仍然對國王的權力心懷恐懼，導致臨死前都不敢承認是自己是《政府論》的作者。正如威廉·伯恩斯坦在《繁榮的背後：解讀現代世界的經濟大增長》中所說的那樣：「如果說愛德華·柯克是一名主要建設者，為公民自由和財產權打下了基礎，那麼約翰·洛克則是一名裝飾家，他超越了法律的範疇，極富藝術性地向廣闊

世界展示了兩者的基本原理及魅力所在。」①

著名經濟學家楊小凱先生生前就對舉世讚同的中國經濟增長還有一種保留和懷疑。這種保留和懷疑不是一種情緒化的猜疑，而是來自他對社會、經濟長期發展所面臨的問題的思考，也是來自他對學術核心部分的理解，其中最關鍵的就是對財產權的保護。在楊小凱先生看來，產權保護來自司法獨立。為了保證老百姓和公司的財產不受侵犯，要有一部法律為其提供保護，最重要的是要防止政府不同部門將原來合法的東西一夜之間變得不合法。楊小凱先生認為，老百姓的產權受到最大的威脅來自行政部門。一旦我們認識到這個要點，老百姓的產權得到真正保護所需要的制度框架就很好理解了。其重要前提條件之一就是法院必須獨立於行政部門。在老百姓的產權受到威脅、受到侵犯的時候，他們可以到法院起訴，而且法院的公正讓老百姓有信心。楊小凱先生在生命的最後十多年中把相當多的精力投入研究經濟持續增長與憲政制度的關係，從中我們不難理解他的良苦用心。

二、全要素生產率與中國未來經濟增長

要理解中國的經濟增長，有必要理解全要素生產率的決定因素。資本、技術及勞動力是全要素生產率的三個重要決定因素。但資本累積和技術進步離不開對財產權的保護，也離不開資本市場的支持。正如亞當·斯密提出的那樣，產權保護有利於促進資本的累積，這同樣適應於知識的累積。如果產權得不到保護，資本形成、土地開發和研發投資都不可能發生。威廉·伯恩斯坦也指出，倘若沒有學術探索的自由，發明創造者不能獲得專利和財產權保護的回報，或者沒有為發明創造者提供資金的資本市場的支持，那麼偉大的鐵路、電報和電網都不可能建立起來。可見技術進步離不開對財產權的保護，也離不開資本市場的支持。

勞動力是經濟增長的又一個重要因素，因為財富的創造離不開勞動者的勞動和創造。中國過去30多年的經濟快速增長，一個重要原因就是得益於中國豐富的勞動力資源及由此產生的人口紅利。人口紅利在一定時期可以刺激一個國家的經濟增長。但是我們應該看到，中國的人口

---

① 威廉·伯恩斯坦. 繁榮的背後：解讀現代世界的經濟大增長 [M]. 符雲玲，譯. 北京：機械工業出版社，2011.

紅利正在逐步消失。隨著人口增長放緩，中國的勞動年齡人口數量將在2015年左右開始下降。人口專家理查德・傑克遜和尼爾・豪認為，中國可能會成為「第一個未富先老的國家」。

三、創新與中國未來經濟增長

由於資本對一國經濟的作用是有限的，就像喝咖啡，第二杯遠比不上第一杯來得提神。多投資任何一美元所起的作用較之前一美元都會減少，這就是報酬遞減法則。人口紅利對經濟增長的刺激也是一時的。要保持經濟的持續增長，必須依賴創新。創新能夠提高生產效率，可以轉化為現實的生產力。通過重新組合資本和勞動力，我們能夠用更低的成本生產出不同的或更好的產品。正如斯坦福大學經濟學家保羅・羅默所言，推動經濟增長就好像烹飪更美味的菜肴，僅靠增加烹飪練習的次數是不夠的，必須要有更好的食譜。因此，中國要保持未來經濟持續增長，必須要加快技術進步，轉變經濟增長方式，建設創新型國家。

四、政府作用與中國未來經濟增長

經濟增長的微觀基礎是企業（公司）的力量。公司之所以擁有力量是有條件的，而其中最重要的條件就是包括行政、立法、司法在內的廣義政府所提供的法律環境或更一般的制度環境，尤其是對公民財產權的保護。2000年，經濟學家曼瑟・奧爾森的遺著《權力與繁榮》出版。正如其書名所說，該論著的核心觀點是：經濟繁榮取決於政治權力的有效使用。政府對企業的影響首先表現在財產權利的界定，其次表現在公司內部治理上，最後表現在企業間契約的簽訂和執行上。對自然人和法人財產權利的明確界定和保護，構成了一切交易活動的基礎，而能夠提供具有權威性和公正性的產權保護之機構，又非政府莫屬。政府頒布的各種公司法或管理條例，對企業的治理結構、盈利模式和規模大小都會施加形形色色的限制或鼓勵措施。因此，要理解經濟增長，除了理解市場的作用外，還要理解政府的作用，要理解中國的經濟增長尤其如此。中國過去30多年的經濟增長離不開中國的改革開放。沒有改革，就不可能走上科學理性的發展道路，就沒有中國財產權的逐步確立和資本市場的發展，也不可能有交通和通信技術的極大改善，而財產權的逐步確立、科學理性的發展思路、資本市場的發展以及交通和通信技術的極大

改善是中國過去30多年經濟快速增長的重要因素。沒有開放，中國就不可能融入全球化的進程，出口拉動經濟增長的力量就不存在。而中國的改革開放又是政府主導的，這就是為什麼理解中國的經濟增長必須理解政府的作用的原因之所在。

五、經濟轉型與中國未來經濟增長

要理解中國經濟增長，還必須理解中國的經濟增長伴隨著經濟轉型。迄今為止，中國經濟轉型的成功很大程度上要歸功於中國在經濟領域分權式改革。從這種分權式改革中得到的更一般的經驗是對經濟轉型而言，最重要的可能不是「做對價格」（Getting Prices Right），因為在市場不完備的時候，根本就不可能存在正確的價格；更重要的是「做對激勵」（Getting Incentives Right），因為激勵機制是經濟發展中更為深刻的主題，價格機制不過是激勵機制的一種方式而已。要理解中國未來的經濟增長，我們必須清醒地看到，迄今為止，中國的市場化改革還有很長的路要走，中國在20世紀末期初步建立起來的市場經濟體制還是很不完善的。這種不完善性主要表現為某些情況下國家部門仍然在資源配置中起著主導作用。具體表現在以下幾個方面：一是國有企業在石油、電信、鐵道、金融等重要行業中繼續處於壟斷地位；二是各級政府握有支配土地、資金等重要經濟資源流向的巨大權力；三是現代市場經濟不可或缺的法治基礎尚未完全建立，各級政府的官員擁有很大的自由裁量權，他們通過直接審批投資項目、設置市場准入的行政許可、管制價格等手段對企業的微觀經濟活動進行頻繁的干預。這些都為中國未來的經濟增長增加了很大的不確定性。要理解中國經濟增長，必須清醒地認識到中國未來的市場化改革還有很長的路要走。一是大型國有企業的改革必須進一步推進，中央企業的行業壟斷地位必須打破；二是政府職能必須轉變，政府與企業的邊界必須釐清；三是資本市場必須在發展中進一步規範和完善；四是資源及其他生產要素的價格必須市場化；等等。

六、全球經濟發展失衡與中國未來經濟增長

要理解中國經濟增長，還必須正視全球經濟發展失衡以及中國經濟長期依靠出口這樣一個嚴酷的現實。2008年肇始於美國的金融危機的深層次原因在於全球經濟失衡。中國作為全球經濟中富有活力的經濟

體，在此次全球經濟危機中雖然應對及時，但是依然受到明顯的衝擊。長期以來，中國走的是外向型經濟發展道路。中國將近三分之一的國內生產總值來自外需，而主要出口國又是歐美國家。由於全球經濟格局的再平衡進程不斷推進，對中國這樣一個長期依靠外需推動的新興經濟體來說，無疑就相應意味著外部需求的趨勢性減弱，中國出口將面臨長期的壓力。長期以來，中國的出口產品以初級產品和勞動密集型產品為主。隨著勞動力成本優勢的逐步下降，這種產品結構將不可持續，因此應逐漸提高附加值高的出口產品的比例。鑒於中國區域發展不平衡現象嚴重，因此可以通過區域之間的產業轉移和傳遞，實現中西部地區的崛起，進而帶動整個經濟結構的調整和經濟增長。要轉變傳統的經濟增長模式，擴大內需，降低稅收水平，提高居民收入，建立公平的收入分配制度，讓全體社會成員分享經濟發展成果，做到「藏富於民」。同時，鼓勵民營經濟以內需消費為導向，從根本上拉動內需，這樣中國經濟增長的內在動力才能不「受制於人」，在國際金融衝擊中才能保持相對獨立性。

七、城市化與中國未來經濟增長

要理解中國經濟增長，還必須理解城市化在推動中國經濟增長中的作用。諾貝爾經濟學獎得主斯蒂格利茨在世界銀行的一次會議上說，21世紀對世界影響最大的兩件事情，第一件事情是美國的高科技產業，第二件事情是中國的城市化。其實，也可以說，過去30多年全世界最重大的事件就是美國的高科技產業和中國的城市化。中國官方城市化統計數據顯示，截至2010年年末，居住在城鎮範圍的全部常住人口（包括沒有戶籍但常住城市的人口）比例為46.6%。根據李稻葵等學者的研究，這一比例與其他大國相應發展階段的平均水平相比整整低了12%。更重要的是，中國接近47%的城市化率，已經包括那些在城市中打工的外來居民，他們大多數還沒有和城市完全融合，他們的家庭還在異地，往往還在農村。他們的消費行為、收入水平都與真正的城市居民還有很大差距。也就是說，中國已經非常低的城市化率也還只是淺層次城市化。中國的城市化水平遠遠落後於整體經濟發展水平，未來城市化還蘊藏著巨大的潛力。國際經驗表明，城市化比例每提高一個百分點，會拉動兩個百分點的增長速度。假如中國未來十年城市化力度每年能夠提高

1.5%，就將帶來國內生產總值非常可觀的增長速度。同時，我們還應該看到，隨著中國人口結構老齡化、農村剩餘勞動力下降、製造業已經大量向內地遷移等一系列結構變化，中國未來城市化速度必然放緩。城市化與交通和通信技術的改善也是緊密聯繫在一起的。中國在基礎設施方面的投資，從道路、住宅到電力、通信，對城市化的步伐也有影響，在一定程度上決定了人們以何種速度遷移到城市、遷往哪些城市、到達城市後生活條件如何等。

八、區域經濟發展與中國未來經濟增長

要理解中國經濟增長，還必須分析中國的區域經濟發展問題。改革開放以來，中國的勞動和資本都在向沿海地區轉移。勞動力轉移到沿海地區是合乎情理的，因為那裡的工資比較高，但是資本不是應該轉移到工資較低的地區嗎？資本沒有轉移到內地，是因為那裡的基礎設施缺乏，還是因為那裡的金融基礎過於薄弱，抑或是因為內地政府沒有轉變發展觀念和體制性障礙？目前沿海地區經濟發展水平已經較高，如何加快中部地區和西部地區的經濟發展，無疑是觀察和分析未來中國經濟增長的重要視角。

九、政治體制改革與中國未來經濟增長

要理解中國的經濟增長，必須認識到不僅要推進經濟體制改革，還要求政治體制改革配套推進。中國現行體制是從列寧所說的「國家辛迪加」（State Syndicate）演變而來的，擁有龐大的直接管理國民經濟的國家機器和強大的掌握國民經濟命脈的國有經濟。這種體制建立後，就出現了兩種可能的發展前途，即或者是政府逐漸淡出對微觀經濟活動的干預，加強自己在市場失靈的領域進行諸如市場監管和提供公共產品等方面的職能，逐漸成長為在規則基礎上運轉的現代市場經濟（法治的市場經濟）；或者是不斷強化政府對市場的控制和干預，不斷擴大國有部門的壟斷力量，蛻變為政府控制經濟社會發展的國家資本主義經濟。我們應該清楚地看到，21世紀初，國有大企業進一步改革受到阻礙，出現個別以「宏觀調控」的名義加強政府對微觀經濟活動的控制和干預的現象。要保持未來的經濟增長達到一定的速度，就必須避免出現這樣的問題，這就要求在推進經濟體制改革的同時，必須推進政治體制改革。

一些東亞國家的發展歷史告訴我們，一切採取「政府主導型市場經濟」體制國家在發展到一定階段以後，都需要打破特殊既得利益的阻礙和干擾，推進從威權發展模式向民主發展模式的轉型。不進行政治體制改革，市場自由交換秩序就得不到保證，權力的介入就會造成「叢林法則」支配市場，使整個經濟變成了一個尋租場，妨礙中國未來的經濟增長。因此，要推進經濟和政治兩方面的配套改革：一方面，從一個由行政權威控制的計劃經濟轉變為一個自由交換的市場經濟；另一方面，從行政命令支配的經濟、政府機關和黨政官員自由裁量權特別大的命令經濟，轉變為一個規則透明、公正執法的法治經濟。政治改革是中國未來保持經濟增長必不可少的一部分，並且是非常重要的部分。通過政治改革讓人們廣泛分享經濟增長的利益，這將決定中國經濟未來的走向。

　　只有正確理解中國過去 30 多年的經濟增長，才能對中國未來的經濟增長有一個基本正確的判斷。只有具備觀察經濟增長的國際視野，才能高瞻遠矚，充分認識到中國未來經濟增長面臨的挑戰。未來中國經濟增長面臨的挑戰是多方面的，既有人民幣升值的壓力，又有勞動力成本上升的困擾；既有國際經濟形勢不明朗和出口增長不可持續的困惑，又有國內消費不振和投資效率不高的隱憂；既要加快經濟發展，增加勞動就業，為收入分配創造物質基礎，又要建立公平的收入分配制度，防止兩極分化越來越嚴重，最終影響社會穩定；既要面臨城市化和經濟集聚為中國經濟下一步增長注入新的活力，又要面臨過去人口紅利的逐步消失；既要政府繼續發揮作用，又要厘清政府與企業的合理邊界；既要進一步推進經濟體制改革，又要進一步推進政治體制改革。因此，未來中國的經濟增長之路任重而道遠，我們只有多視角、多層面、全方位觀察和思考，才能真正理解中國經濟增長的邏輯。

第五章 政府作用與中國經濟轉型

第一節 政府在應對全球金融危機中的作用

一、歷次金融危機概述及比較

金融危機的發生頻率令人吃驚。在20世紀,每過10年就至少會有一次對主要經濟體金融系統的嚴重衝擊。根據歷史的經驗來判斷,當前的金融動盪可能會成為最嚴重的金融危機之一,而且我們面臨著嚴峻的、令人痛苦的經濟衰退前景。然而將當前的金融危機與20世紀發生的金融危機進行比較,可能會給我們一些安慰:過去的金融危機對實體經濟的影響並非一成不變,而是主要取決於政府為調整銀行系統的資本結構和恢復穩定與信心所採取行動的方式。在發生當前這次金融危機之前的經濟繁榮時期,幾種由槓桿驅動的「泡沫」獨特地交織在一起:一種是住宅抵押貸款的泡沫,一種是與房地產市場相關的泡沫,還有一種是企業盈利的泡沫。到筆者撰寫本書時,美國財政部已經註銷了與信貸危機有關的總值近1萬億美元的壞帳[1]。據麥肯錫公司估計,在基準情形下,美國最終的信貸損失總值可能在1.4萬億~2.2萬億美元之間。如果其他重要的資產領域(如信用違約掉期)發生崩潰,或者因為錯誤的應對政策導致問題進一步惡化(正如日本在20世紀90年代的情形一樣),損失將會更為慘重。這些在基準情形下可能遭受的損失規模會

---

[1] 資料來源:彭博新聞社。所列舉的數字是指總的信貸損失,與債務的權屬無關。

占到美國國內生產總值的 10%~15%。按照歷史的標準來看，這種損失相當慘重。在 20 世紀，只有三次經濟危機的損失超過了這一次經濟危機：一次是發生於 20 世紀 90 年代初期的銀行業危機，它使日本開始陷入「低迷的 10 年」；一次是 20 世紀 90 年代後期的亞洲金融危機；還有一次是美國 1929—1933 年的「大蕭條」。「大蕭條」的損失占到 1929 年美國國內生產總值的 20%左右，但那次經濟危機是發生在與今天截然不同的產業環境之中。由於存款擠兌、銀行槓桿水平較高、經濟槓桿作用日益減弱，以及美聯儲有限的干預能力[①]等因素的綜合作用，迅速演變成了一次曠日持久的經濟低迷期，期間有超過 9,000 家金融機構要麼宣告破產，要麼尋求政府救助，經濟也經歷了嚴重的大規模通貨緊縮。

如果這次美國經濟的走勢與前幾次更嚴重經濟危機的走勢相同，那麼美國國內生產總值總的損失可能會比估計的數額還要大 2~3 倍。日本的資產泡沫破滅以後，在長達 10 年時間裡，日本經濟的實際年增長率還不到 0.5%，最終的國內生產總值比危機爆發前的趨勢線水平下降了大約 18%。在那些受 20 世紀 90 年代爆發的亞洲金融危機衝擊最猛烈的國家，如印度尼西亞、馬來西亞、菲律賓、韓國和泰國，1998 年的國內生產總值平均縮減了 8%（按本國貨幣計算）。由於它們的貨幣按美元計算平均貶值了一半，因此造成了災難性的損害——大量企業破產，並引起了廣泛的社會動亂。在 1929—1933 年的「大蕭條」時期，美國實際國內生產總值的損失高達 28%。截至 2008 年 12 月 5 日，美國的失業率達到 6.7%[②]。這一數字略高於 2001—2002 年美國經濟衰退期間的失業率水平，但仍然低於 20 世紀 70 年代石油危機期間的失業率（8.5%）和存貸（S&L）危機時的失業率（接近 10%），與「大蕭條」時期的失業率相比則更要低得多，據保守的估計，當時的失業率高達 25%左右。

隨著危機的逐步發展，股票市場成為最清晰可見、最引人注目的「風向標」。到 2008 年 10 月底，標準普爾 500 指數已經從一年前的峰頂一路下跌了 46%（2007 年 10 月 9 日~2008 年 10 月 27 日）。到 2008

[①] 在 1929 年，銀行業的監管環境與如今有很大的不同，特別是在儲蓄保險（它是在「大蕭條」後才設立的）、聯邦儲備銀行作為最後救助手段的貸款能力以及美聯儲對銀行資產負債表的監測力度等方面更是如此。

[②] 資料來源：美國勞工部、勞工統計局，2008 年 12 月 5 日發布的「就業情況概要」。

11月末，美國股票市場已經損失了自從2001—2002年互聯網泡沫破滅以來的幾乎所有盈利。儘管沒有人知道美國股票市場是否已經見底，但按照歷史的標準來衡量，迄今為止的跌幅還算不上非同尋常。在日本的銀行業危機期間，日經225指數從峰頂到谷底（1989年12月29日~1990年10月1日）下跌了48%，儘管日本股票市場隨後仍然「跌跌不休」；到2008年10月底，日本股票市場剩餘的市值還不到其在1999年達到的峰值的20%。在亞洲金融危機期間，印度尼西亞、韓國和泰國的股票市場分別下跌了65%、72%和85%（按本國貨幣計算）。當互聯網泡沫破滅以後，2000年3月24日~2002年10月9日，美國股市標準普爾500指數下跌了49%。

按照歷史的標準，房地產市場的泡沫更加令人擔憂，因為房地產對家庭財產的中期影響很大。根據美國聯邦住房監督辦公室發布的住房價格指數，從20世紀70年代中期到20世紀末期，美國的房產價值以平均每年大約5.4%的名義增長率上漲。在此期間，有兩個主要的發展時期，即20世紀70年代後期和20世紀80年代後期。在這兩個時期，美國全國的平均住房價格攀升，最高時比趨勢線水平高出5%~6%。然而2000—2007年，美國房價大幅飆升到比以前的趨勢線水平高出了40%。

在2008年的全球金融危機中，房地產對美國經濟的影響比以往任何時候都大。在存貸（S&L）危機的醞釀時期，美國住宅地產總量的市值大約相當於國內生產總值的104%，而且這類房地產的1/3都是通過抵押貸款的方式購買的。到2001年，美國住宅地產的總市值大約相當於國內生產總值的121%[1]，並且其中40%以上都是通過抵押貸款購買的。2007年年底，據哈佛大學住房聯合研究中心估計，美國住宅地產的總市值為19萬億美元，大約相當於美國國內生產總值的140%，並且其中有一半以上都是通過抵押貸款購買的。如果再將商業地產抵押貸款也包括在內，總的抵押貸款債務達到了14.4萬億美元，相當於美國國內生產總值的100%以上。用Case-Shiller美國住房價格指數來衡量，美國住房價格已經從峰值下跌了20%以上，有趨勢表明，住房價格還將從現在的水平進一步下跌10%以上。如果變現的話，住房和抵押貸款市場

---

[1] 資料來源：美國基金帳戶的流動（Flow of Funds Accounts of the United States），美國聯邦儲備統計公告，2001年12月7日。

的損失可能會大大超過截至 2008 年 12 月初股票市場的損失。面對這樣嚴重的金融危機，政府應不應該發揮作用？發揮作用有哪些利弊？這些正是本書探討的問題。

二、政府在應對全球金融危機中的作用：一個國家資產負債表分析框架

（一）國家資產負債表分析的理論基礎

國家資產負債表分析的基礎是對國家金融資源和國家金融資產的認識。國家資產負債表的分析可以劃分為公共部門、金融部門、企業部門和住戶部門四個部門。由於中央銀行和財政部門承擔宏觀管理的職能，可以進行合併從而構成公共部門。部門資產負債表反應出國家金融資源在部門的分佈狀況，以資產負債表項目的變化可以反應各類衝擊對部門的影響。如表 5-1 所示，當面臨負的衝擊時，資產價值下跌，在低於債務面值時，部門就會出現違約、發生破產。部門資產下降的過程也就是部門信用風險累積的過程。

表 5-1　　　　　　　　　　國家資產負債簡表

總資產	總權益
資產	債務 淨資產

（二）基於國家資產負債表進行宏觀金融風險研究方法的特徵

首先，以國家資產負債表反應的資產和權益狀況作為宏觀金融風險的研究對象。以部門金融資源存量指標作為對象，研究各類衝擊對資產存量價值和波動性的影響，從而為宏觀金融風險的度量和管理提供客觀基礎。

其次，結合金融市場的信息進行宏觀金融風險管理，從而使金融風險管理具有前瞻性。編製國家資產負債表可以反應部門資產負債表的歷史信息，在此基礎上編製或有權益資產負債表，則將市場信息和歷史資產負債表信息結合起來，可以對宏觀金融風險進行前瞻性預測。

最後，構造反應宏觀金融損失的有關指標。借鑑微觀層面金融機構風險管理的有關技術和工具，構造反應宏觀信用風險的有關指標，如違約概率、違約損失等。

(三) 基於資產負債表的部門間風險傳遞機制

部門間風險的傳遞是宏觀金融風險的重要特徵。使用資產負債表矩陣可以將部門間的債權債務關係進行描述，反應風險在部門間的傳遞狀況，如圖 5-1 所示。其中，金融部門是社會信用關係樞紐，公共部門、企業部門和住戶部門的風險都可以通過負債項和金融部門資產項的對應關係傳遞到金融部門。由於公共部門對金融系統有隱性擔保，金融部門風險最終會通過擔保機制傳遞到公共部門。

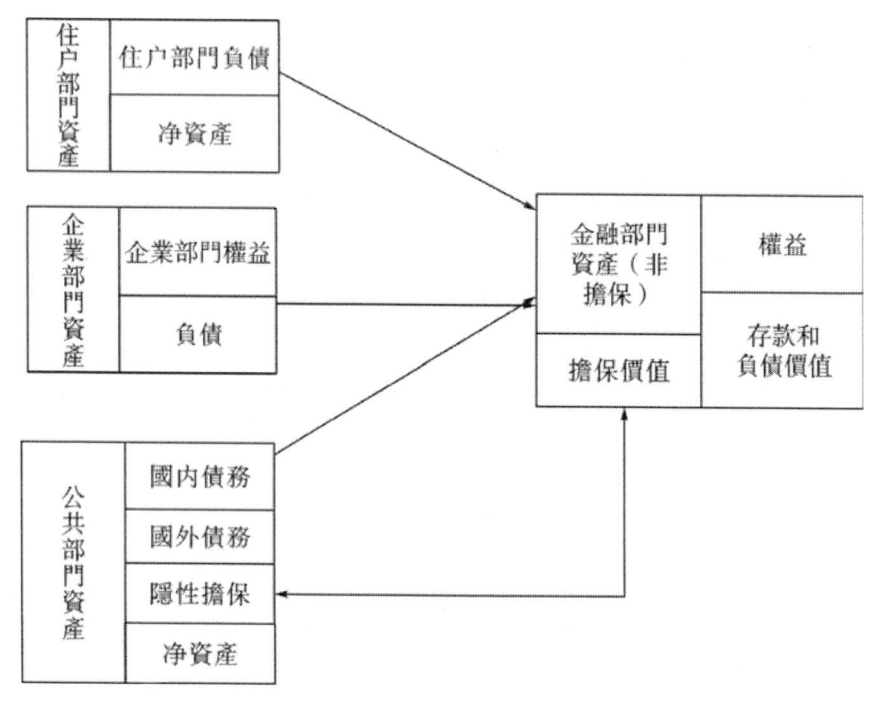

圖 5-1　國家資產負債表反應的部門間風險傳遞關係

使用或有權益資產負債表矩陣作為對象進行研究，由於部門間的債權債務關係體現為金融市場的權益工具，權益價值的變動和波動可以反應部門間風險傳遞狀況。因此，通過考察或有權益資產負債表矩陣，就可以對部門間的風險傳遞狀況進行即時監測。

國家資產負債表反應的部門間風險傳遞關係可以為我們認識美國此次次貸危機導致金融機構不良資產形成提供分析框架，為研究政府如何採取措施化解金融部門的風險行為提供分析視角。

本次金融危機最初以次級抵押債券市場動盪的形式出現，但形成的

原因則是以各商業銀行和信貸機構向不具備借款條件的借貸者大量發放住房按揭貸款開始。隨著住房價格開始下跌及借款利率的上升，越來越多的借款者不能按時還貸或者放棄還貸，開始違約，從而造成商業銀行等信貸機構的不良資產迅速增加，轉化為商業銀行的風險。此前商業銀行在投資銀行的幫助下，把這些次級房地產信貸資產通過資產證券化轉變為債權抵押證券（CDO）等次級抵押貸款的衍生產品。大量的金融機構，包括商業銀行和投資銀行投資這些金融衍生產品，又將住戶部門風險轉移為商業銀行、投資銀行等金融機構的風險。由於當今世界已經進入金融全球化時代，美國又是世界經濟的中心，因此發生在美國的金融危機也就自然而然地轉化為一場全球化金融危機，各國政府都採取了不同的應對策略。由於公共部門和金融部門之間存在隱性擔保的關係，政府採取組建資產管理公司和再貸款以及註資等方式來化解和控制金融部門風險，實質上是將金融部門風險轉化為公共部門風險，這就是政府在應對全球金融危機中所發揮的作用。在應對金融危機的關鍵時候，政府的這一作用非常重要，一是因為公共部門的風險承受能力要遠遠大於一個或多個金融機構的風險承受能力；二是金融機構破產的成本（本身的成本和社會成本）很可能要遠大於政府發揮作用所支付的成本。從前面的分析可以知道，歷次金融危機對經濟的影響和衝擊是巨大的。但是政府花費大量成本進行應對也有其不合理性，因為政府的錢畢竟是納稅人的錢，如果金融機構是因為其高管過度冒險，盲目追求高額報酬而瀕臨破產，最後由廣大納稅人來承擔風險則是極不合理的。但在金融危機爆發的關鍵時刻，只能是兩害相權取其輕。

三、應對全球金融危機，各國政府所採取的措施分析

政府在經濟活動中應該起什麼作用或者實際起什麼作用？對於這個問題，有三種不同答案，都可以概括地用「手」來比喻，即「無為之手」「扶持之手」和「掠奪之手」。政府應該是一只「無為之手」的理論，來自經濟學的鼻祖亞當‧斯密（Adam Smith）。他把市場比喻成一只「看不見的手」，認為自由競爭的市場可以導致社會福利的最大化。在市場上，所有個人都是主觀為自己，客觀為別人，為他人、社會服務。通過市場交換，經濟資源實現最優配置，社會福利實現最大化。

政府的第二只手是「扶持之手」（Helping Hand），這是福利經濟學

的基本思想。福利經濟學研究的基本框架是先定義社會福利（比如生產者剩餘和消費者剩餘總和），確定福利最大化的目標，然後討論如何通過政府干預，採取諸如反壟斷和消除信息不對稱的措施，來幫助增加社會福利。這類討論所假設的基本前提都是國家的目標是使社會福利最大化，國家是善意的，是對市場不足的必要補充。

政府的第三只手是「掠奪之手」（Grabbing Hang）。這方面的研究最有名的代表人物是曼庫爾·奧爾森（Mancur Olson）。[1] 他指出，在人類社會，總有一些人會想生產財富不如掠奪財富來得容易。要掠奪財富，就要有武力。靠武力和掠奪獲得財富的人有兩種，奧爾森稱之為「流寇」和「坐寇」。「流寇」搶完就走，因此其對完全摧毀一地的經濟在所不惜，而「坐寇」則要考慮到今天搶光了，明天就沒有了，不能殺雞取卵。奧爾森把國家視為「坐寇」。另外一個討論「掠奪之手」的代表人物是安德烈·施萊弗（Andrei Shleifer），以他為代表的學者，近年來就「掠奪之手」這一「政府病」主題，寫了很多文章。[2] 施萊弗等強調，不能天真地假設國家的目標是使社會福利最大化。政府，或者說掌握國家機器的人，都有自己的目標、有自身的利益。要理解政府的種種行為，一定要理解掌握國家機器的人的自身利益和利己行為。

肇始於美國的全球金融危機宣布所謂的「華盛頓共識」的破產，也宣布了新自由主義命運的終結，歷史再次證明，政府作為「無為之手」無疑不是對政府職能的正確詮釋。當經濟面臨危機、社會遭受厄運時，政府更應該有所作為。那麼在全球金融危機到來的時候，政府應該如何發揮作用呢？我們認為，政府應該發揮「扶持之手」（Helping Hand）的作用。

（一）美國、歐洲各國採取的措施分析

從各國政府已經採取的對策來看，大致可以劃分為以下幾類：

---

[1] 奧爾森的思想集中體現在他的下列三本著作中：Olson, Mancur. The Logic of Collective Action [M]. Cambridge: Harvard University Press, 1965. Olson, Mancur. The Rise and Decline of Nations [M]. New Haven: Yale University Press, 1982. Olson. Power and Prosperity: Outgrowing Communisist and Capitalist Dictatorships [M]. New York: Basic Books, 2000.

[2] Shleifer Andrei, Robert W Vishny. The Grabbing Hand: Government Pathologies and Their Cures [M]. Cambridge: Harvard University Press, 1998. 中文版為安德烈·施萊弗和羅伯特·維什尼. 掠奪之手——政府病及其治療 [M]. 趙紅軍，譯. 北京：中信出版社，2004.

一是註資。例如，美國、英國、法國、荷蘭、比利時和盧森堡等國政府都採取了一些向商業銀行註資的策略。

二是政府利用財政資金收購一些金融機構的股權。例如，美國、英國等國政府採取了一些收購商業銀行等金融機構部分股權的策略。

三是債務擔保。例如，美國和歐元區國家政府。

四是採取減稅、增加項目投資，尤其是基礎設施投資等刺激經濟措施。例如，澳大利亞、日本和歐盟。

我們可以對美國和歐洲一些國家採取的措施進行分析。第一，以上四種方式主要是把金融部門的風險轉化為公共部門的風險。第二，美國和英國都迅速地推行了史無前例的大規模國有化措施，挽救瀕臨破產的金融機構和金融體系。我們都知道，美國的意識形態是強烈反國有化的，但是這次被迫用國有化的方式挽救金融體系，由此可以清楚地看到面對的問題有多麼嚴重。經過迅速大規模國有化，現在世界上一些最大的金融公司已經變成了國有公司。比如說世界上最大的保險公司美國國際集團（AIG）現在變成了國有公司；世界上最大的房地產抵押貸款公司像房利美、房地美現在都變成了完全的國有企業。美國、英國政府都成了世界上最大的國有金融機構的所有者。第三，全球主要國家的政府空前一致地進行緊密協調，以應對這次金融危機。這次金融危機對全球金融體系和全球經濟產生了嚴重的衝擊。從美國到整個西歐，從北歐和東歐的部分國家到俄羅斯，從日本到韓國、印度、巴基斯坦等亞洲國家，紛紛捲入危機。有不少國家，如冰島、烏克蘭、匈牙利等，還面臨國家破產的風險。正因為如此，此次各國政府為應對這次金融危機進行了空前的合作和配合。第四，所採取的措施的弊端也顯而易見。一些大的金融機構為追求高額回報進行冒險，最後由廣大納稅人為其埋單，這一方面引起廣大納稅人的不滿，另一方面還會激勵更多的公司去過度冒險。

（二）中國政府採取的措施分析

中國是這次金融危機裡受影響相對較弱的國家，之所以如此，是因為中國的金融體系與國際金融市場還有很大程度的隔離。但是中國的對外貿易對國內生產總值增長的貢獻率超過 1/3，因此全球經濟衰退一定會非常嚴重地影響中國經濟。正因為如此，中國作為一個負責任的大國，從危機爆發伊始，就在積極採取措施，應對這次全球金融危機。到

目前為止，中國政府採取的應對金融危機的措施主要包括以下幾個方面：第一，2008年年底，中國政府出抬了引人矚目的4萬億元經濟刺激計劃；第二，貨幣政策由從緊轉向適度寬鬆，財政政策由穩健轉向積極；第三，一些地方政府出抬一些對當地企業的扶持政策，如協調當地銀行為一些瀕臨破產的企業提供信貸支持，對一些困難企業實行稅收優惠政策等。

我們可以對中國政府採取的措施的利弊進行分析。第一，中國政府的4萬億元經濟刺激計劃不是用來拯救某些瀕臨破產的企業，而是用來促進經濟增長和就業，主要用於加快民生工程、基礎設施、生態環境建設和災後重建，對拉動整個經濟增長的作用更明顯，同時也沒有「用納稅人的錢為一部分道德缺失的投機者埋單」的弊端，更沒有像美國那樣把一部分企業國有化，因此深得社會各界人士的理解和支持。但是靠投資拉動經濟也有一些負面影響，有可能出現高能耗、高污染項目，還有可能出現低水平重複建設、低工程質量、勞民傷財的形象工程和脫離實際的政績工程。以投資為主的擴大內需政策有可能使中國的經濟結構扭曲，量的增長很可能是以質的下降為代價。第二，一些地方政府扶持當地企業的一些政策，如協調銀行為一些出現財務危機、可能瀕臨破產的企業提供信貸支持，實行稅收優惠。這對一些產品適銷對路、技術水平高、產品質量好的企業可能起到雪中送炭的作用，但對那些以前就盲目擴張、行業產能過剩的企業，尤其是對那些能耗高、污染環境、生產效率低、技術水平落後，早該被淘汰而沒有被淘汰的企業，起到了「助紂為虐」的作用，對中國經濟長遠發展是不利的。商業銀行在政府的遊說下，為企業提供信貸支持，也會增加商業銀行的經營風險。

這次全球金融危機中，各國政府已經發揮了哪些作用呢？澳大利亞前總理陸克文（Kevin Rudd）認為國家顯然在三個領域做出了首要貢獻：拯救私人金融體系，防止其崩潰；提供對實體經濟的直接刺激，抵消社會需求的減少；建立國家和全球性管理機制，由政府來承擔和實施這一系統規則的最終責任。[1]

一個經濟體需要多長時間才能從經濟低迷中重新崛起？我們認為這主要取決於政府採取何種配套的政策措施，來清除積弊和刺激經濟，尤

---

[1] 陸克文.「第三條道路」的使命［J］.財經，2009（4）.

其是修復銀行系統有效提供信貸的能力，以及重新恢復企業和消費者的信心。根據對過去發生的金融危機的分析，平均來看，在爆發金融危機以後，各國需要兩年時間才能走出經濟低迷期，大約需要 4 年時間才能恢復到趨勢增長水平。歷史上只有兩次經濟低迷期延續了更長的時間：一次是日本的「10 年低迷期」，原因是政府採取的政策的效果適得其反；另一次是美國的「大蕭條」時期，當時政府協調應對危機的能力很弱，不可與今天同日而語。

儘管 20 世紀發生的金融危機都有一些共同的特點，即通常是在金融體系的某些領域槓桿水平過高，然後導致信心崩潰，但是隨之而來的經濟衰退卻有相當大的差異。決定這些經濟衰退的時間長短和嚴重程度的是政府採取的應對方式，尤其是政府能否設法恢復消費者、企業、投資者和貸款方的信心。以上各國採取的應對措施，對恢復消費者、企業、投資者和貸款方的信心是有積極作用的，應該能產生較好的效果。

四、結論

第一，以國家資產負債表為基礎的金融風險研究方法為金融危機的研究和應對提供了新思路，主要表現在將宏觀金融風險的研究建立在一致性的基礎上，宏觀金融風險界定、部門金融風險的識別和度量、金融風險管理三個環節在金融風險的內涵和有關分析工具的使用上都具有一致性，使我們在認識此次金融危機的產生、傳遞以及政府為什麼要在應對金融危機中發揮作用形成邏輯一致的、清晰的分析思路。

第二，美國政府為拯救金融危機，積極採取行動，其行動的本身就標誌著華盛頓共識的破產。這次金融危機再一次證明政府合理的干預不再是可恥的事，而是必要的。我們研究認為政府的作用還是應該從加強監管入手，防範金融危機的發生，而事後應對雖然十分必要，但是畢竟是下策。

第三，我們應該清楚地看到，在應對金融危機方面，政府的作用也是十分有限的，同時也會產生一些弊端，如增加商業銀行的經營風險等。指望僅靠政府拉動經濟也是不現實的。因此，政府應探討如何加強和改善對金融的監管，提高對金融危機的預警能力。在中國，要通過進一步深化改革，刺激民間資本在拉動經濟增長中發揮更大作用。

第二節　政府職能轉變與經濟發展方式轉變

一、中國經濟發展方式轉變的主要內容

「十二五」時期是中國轉變經濟發展方式的關鍵時期。轉變經濟發展方式的主要內容如下：

一是經濟發展必須從依靠外需向建立在擴大內需的基礎上轉變。擴大內需是轉變經濟發展方式的重要內容。在轉變經濟發展方式方面，「十二五」規劃綱要明確指出，要構建擴大內需長效機制，促進經濟增長向依靠消費、投資、出口協調拉動轉變。據統計，2010年，中國全社會消費品零售總額達154,554億元，是5年前的2.3倍，比2009年增長18.4%。在拉動經濟增長的「三駕馬車」中，中國消費的作用雖然日漸擴大，但相比一些發達國家甚至新興市場國家，還有一定差距。2008年爆發的全球金融危機對中國過分依靠外需的經濟發展模式產生了巨大的挑戰，形成了很大的壓力，也迫使中國經濟發展必須從依靠外需向擴大內需轉變。

二是經濟發展要由投資主導向消費主導轉變。始於2007年的美國次級債危機，在2008年演變成為席捲全球的金融風暴。大量金融機構陷入困境，金融市場出現短期的流動性緊縮，美國和歐盟成員國政府均採取了大規模注資的「救市」方式。2008年11月5日，國務院常務會議「進一步擴大內需的十項措施」所匡算的「4萬億元經濟刺激計劃」，顯示了中國政府應對此次全球金融危機表現出的果斷與力度。在中國政府出抬4萬億元經濟救助方案之後不到兩週的時間裡，一些地方政府迅速推出了本地的刺激經濟措施。地方政府規劃中的龐大投資遠超出了中央規劃的未來兩年4萬億元的擴張規模，充分體現了政策放鬆的乘數效應。中央政府和各級地方政府刺激經濟的措施一方面將拉動中國經濟增長，另一方面也可能產生一些負面作用，如有可能出現高能耗、高污染、低水平重複建設，還有可能出現低工程質量、勞民傷財的形象工程和脫離實際的政績工程。以投資為主的擴大內需政策有可能使中國

的經濟結構扭曲，量的增長很可能是以質的下降為代價。2010年，投資拉動約占國內生產總值的49%，這一比例超過其他任何主要經濟體。因此，中國必須加快推進經濟發展由投資主導向消費主導轉變。

三是中國經濟發展方式由粗放型向集約型轉變。中國的基本國情是人口眾多、資源相對稀缺、環境容量小。過去那種粗放式的經濟增長方式和這種現實情況完全不能適應，必然會導致資源難以為繼、環境不堪重負。面對如此嚴峻的資源、環境問題，中國經濟發展方式必須由粗放型向集約型轉變。

四是中國經濟發展方式由政府主導型經濟增長向市場主導型經濟增長轉變。過去30多年，中國保持了平均每年10%左右的增長速度，走的是政府主導經濟增長的發展道路。投資主導的形成也跟政府主導的增長方式聯繫在一起。30多年來地方政府主導型的經濟增長方式的主要特點是以追求國內生產總值總量為主要目標，以擴大投資規模為主要任務，以土地批租和重化工業項目為重要特點，以行政干預和行政推動為主要手段。地方政府主導的經濟增長方式，在提高經濟總量中有重要的歷史作用，但在實現可持續發展及促進社會公平正義方面卻弊大利少。

二、中國政府職能定位不清制約了經濟發展方式轉變

雖然在過去30多年中，中國政府職能發生了很大的變化，但總體看來，政府職能還需要轉變。在現代經濟學理論中，政府是作為彌補「市場失靈」的角色而存在的。在中國漸進式改革中，一開始市場並不存在，所以就很難談得上「市場失靈」。恰恰相反，改革初期，政府的一項重要任務是要盡快培育市場、形成市場、發展市場，充分發揮市場「孵化器」的作用。隨著改革的深入和市場經濟體制的逐步建立，政府職能如不及時轉變將制約中國經濟發展方式轉變。

（一）政府職能不轉變，將難以使經濟發展由投資主導向消費主導轉變

政府繼續作為經濟建設主體，國有經濟的比重就難以降低，建立和完善市場經濟就會遇到障礙，經濟發展由投資主導的局面就難以改變。如何認識和理解「國進民退」和「國退民進」就需要深入探討在市場主體形成和公共產品短缺的兩大特定背景下，國有資本的營利性與公益性的關係。我們認為，國有資本必須在營利性和公益性之間做出平衡和

選擇。一方面，在市場主體基本形成的背景下，國有資本不應當也沒有必要大量配置在市場領域，與民爭利；另一方面，在公共產品短缺的大背景下，國有資本應當強化其公益性。總之，國有資本應當從一般競爭性市場領域「退」，向公共服務領域「進」。如果政府繼續作為經濟建設主體，把國有資本配置到市場領域，銀行信貸規模擴張就很難抑制，投資規模就會繼續膨脹，經濟發展就難以由投資主導向消費主導轉變。

(二) 政府職能不轉變，企業就難以成為自主創新的主體

中國要轉變經濟發展方式，必須提高自主創新能力，建設創新型國家。政府轉變職能，不充當經濟建設主體的角色，企業才有機會成為自主創新的主體。實踐證明，自主創新的主體應該是企業，而不是政府。創新需要高的固定成本，具有溢出效應並具有高風險，因此壟斷、外部性、協調失靈、信息不對稱等典型的「市場失靈」也會在創新過程中出現。也就是說，市場並不能自動地產生足夠的創新活動，這就需要發揮政府的作用。政府要有效地發揮作用，也必須轉變職能，建立鼓勵創新和創業的涵蓋經濟、政治、法治、社會輿論等一整套制度環境。

(三) 政府主導的經濟增長將繼續制約中國經濟發展方式由粗放型向集約型轉變

中國政府主導的經濟增長是以國有經濟為主體、以重化工業為載體、以資源環境為代價、以投資拉動為動力、以出口為導向，建立在低成本優勢上的投資主導型的經濟增長方式。中國經濟發展的環境以及全球金融危機的衝擊已經使這種經濟增長方式不可持續，中國經濟發展方式必須由粗放型向集約型轉變。但是政府主導的經濟增長將制約中國經濟發展方式由粗放型向集約型轉變。一是因為中國地方政府治理最突出的特徵是屬地化行政發包和以經濟增長為基礎的晉升競爭，這就難以改變以國內生產總值為中心的增長主義。二是只要是政府主導，政府就控制著大量的資源，這又為各級政府以國內生產總值為中心的政績攀比提供了物質基礎，就難以改變投資饑渴症，於是就會盲目追求投資規模和經濟總量規模，而不會注重經濟發展方式由粗放型向集約型轉變。隨著中國城市化的快速發展，各級政府手中都掌握了一種新的重要資源——土地。按照中國現行法律規定，城市土地是國有的，農村集體所有的土地要轉為城市用地，先要轉為國有。於是各級政府就可以用很低的價格把農村土地從農民手裡拿過來歸自己支配。在政府掌握了土地、信貸等

重要資源的情況下，加之以國內生產總值為中心的政績觀，政府就會動用大量的資源去營造政績，經濟發展方式就必定難以由粗放型向集約型轉變。

三、轉變政府職能，促進經濟發展方式轉變的具體措施

（一）加快推進政府行政力量從資源配置領域退出，完善市場在資源配置中的基礎功能

在中國從計劃經濟轉變為市場經濟的過程中，我們同時可以看到兩方面的問題：一方面，中國缺乏經濟自由，經濟市場化程度還不夠，國家對經濟控制太多，政府行政力量仍然在資源配置尤其是重要資源配置中發揮作用，甚至是主導作用，市場在資源配置中的基礎性作用還沒有很好地發揮出來，民營經濟發展還面臨一些行業進入壁壘；另一方面，中國的市場秩序並不是很理想。因此，我們必須進一步深化改革，政府應該盡快放棄對土地、信貸等重要資源的配置權力。人類進步的歷史表明，土地所有權是任何經濟體制裡最基本的產權。土地所有權具有特殊性是由於所有其他經濟實體都只能存在於土地之上。土地的所有權最終決定一切其他經濟實體的所有權。不保護土地私有產權的經濟，最終會侵犯建築於土地之上的其他私有產權。因此，必須要深化土地制度改革，保護公民的土地私有產權。這樣有利於保護公民的經濟自由；有利於制約政府濫用土地資源，直接參與經濟活動，與民爭利；有利於完善市場經濟秩序。

（二）政府應盡快從經濟建設主體向提供基本公共產品主體轉變

過去中國政府一直充當經濟建設主體的角色，改革開放已經 30 多年，這種局面還是沒有根本改變。政府在經濟建設方面的越位和提供基本公共產品方面的缺位也一直是中國經濟發展方式難以轉變的重要原因之一。面對公共需求的全面快速增長與公共服務不到位、基本公共產品短缺的突出矛盾以及中國轉變經濟發展方式的迫切要求，政府必須轉型，需要從體制上解決公共資源優化配置的問題，確保政府成為基本公共服務的主體，並發揮主導作用。

哈特、施萊弗和維希尼（Hart，Shleifer，Vishny，1997）利用不完全契約理論對政府組織的職能範圍進行了分析。公共服務（如監獄管理、收集垃圾、國防武器的生產等）既可以由政府提供，也可以通過外

包由市場提供，無論是由政府提供還是由私人部門提供，都需考慮兩個問題，即公共服務的成本和質量。如果政府和私人部門可以訂立完全的契約，也就是將需要的質量、成本要求，面對各種可能發生事件應採取的應對方案等事宜一一說明，那麼無論是政府直接提供服務，還是讓私人部門提供服務將能夠產生相同的效果。但問題在於，契約一般很難是完備的。在契約不能訂立完備的情況下，究竟是誰擁有剩餘所有權，即誰能決定對契約沒有涉及的情況的處理方法就很重要了。一般來說，作為私人部門，會更重視成本節約問題，所以私人部門更加樂於鑽契約的空子，從契約所沒有提及的內容裡挖掘出對於自己有利的方案，盡量減少提供服務的成本；而對於政府而言，其主要關心的內容是公共服務的質量，而對成本的考慮則會較少。在此基礎上，哈特、施萊弗和維希尼提出了一個政府職能範圍的標準，即如果那些不可被合約明確表示的內容對於服務質量影響不大的話，那麼就應該將這些服務交給私人部門來提供；如果不可被合約明確表示的內容有可能嚴重影響服務質量的話，那麼政府就應該選擇直接提供這些公共服務。根據這個標準，哈特、施萊弗和維希尼認為，諸如外交、公安、國防等服務應該由政府直接提供，而像垃圾處理、武器製造等服務則可以交給私人部門完成。循著這樣的邏輯，我們認為公民的基本教育、社會保障、公共醫療衛生、環境保護等社會發展項目，應該由政府提供，以保證這些公共服務的質量。目前中國在這些公共服務領域還有很多事情要做，政府應盡快從經濟建設主體向提供基本公共產品主體轉變，把更多的精力用在這些方面，力爭中國的公共服務質量有更大的改善。

（三）政府為企業自主創新提供良好的制度、金融和法律環境

我們認為，轉變政府職能的一個重要方面就是要尊重市場經濟的基本規律。市場經濟的一個基本要求就是要讓市場機制在資源配置中發揮決定性作用。之所以要讓市場機制在資源配置中發揮決定性作用，主要就是因為市場機制可以提高資源配置的效率。無論是發達國家的實踐還是中國的實踐都已經證明了市場機制是目前為止最有效率的資源配置方式。

經濟學家林毅夫認為，許多發展中國家和原計劃經濟國家的政府領導人，迫於大國生存競爭，均把趕超西方工業化國家作為自己的政治導向和經濟目標。然而由於長期以來缺乏對人類社會運行基本法則的認

識，這些國家政府的領導人在制定本國的發展戰略時，違背了經濟學意義上的比較優勢原則，導致了一些優先發展產業中的企業並不符合一國要素結構所決定的比較優勢。結果這些企業生產成本相對而言更高，沒有政府補貼和優惠政策的保護就無法在開放、競爭的市場經濟環境中生存。林毅夫把這種企業稱為缺乏自生能力的企業。

　　按照這個標準定義，如果一個國家中存在大量缺乏自生能力的企業，就說明一國政府的長期經濟發展戰略是違反比較優勢理論的，因此這樣的國家不可能從本國的「後發優勢」中獲益。若政府決策者對市場經濟運行的基本法則沒有正確認識，僅憑趕超發達市場經濟國家的良好願望和長官意志任意制定本國的發展戰略，有違比較優勢原則，強行並持續扶持大量沒有自生能力的企業，即便是沒有金融危機的影響，經濟發展同樣是不可持續的。從分析問題的思路來看，林毅夫教授提出「自生能力」這個概念是合宜的，既有廣泛的解釋力，也有重要的理論和現實意義。要確保企業有自生能力，關鍵並不在於說服政府決策者按照比較優勢的要求而憑自己的自由意志制定一國的正確發展戰略來設立企業，而在於把主要的決策由政府還給市場，交給市場中競爭博弈的企業家，並設立一定的法律和政治制度，使政府決策者只能按照經濟運行的內在法則行事。

　　政府更應該做的是鼓勵民間資本投資，把投資企業的決策權交給市場，交給市場競爭中的企業家。企業必須具有一種創造性毀滅的精神。一個企業家得干些什麼事呢？他得去找許多不同的投資銀行或風險投資公司或其他融資渠道，介紹自己的創意。大多數人都難以辨識出重要的新創意，但有些人卻能慧眼識珠。這一過程是一種自由市場的流程，是經濟增長的一種真實而重要的源泉。因此，政府不能插手接管這一流程。

　　政府不能作為經濟建設的主體直接投資項目，不能代替企業直接成為創新的主體，而是應該轉變職能，由發展型政府向服務型政府轉變。政府要做的一是進行基礎設施投資，加快法律、金融和社會制度的發展，如資本市場發展中的相關法律和制度，企業破產、個人破產的相關的法律和制度，提供產業、技術、市場等方面的公共信息服務。二是要通過普及教育提高勞動力素質、促進各種信息文化的自由交流、改善對知識產權的保護等。三是要改善金融環境。創新是一項高風險的投資，

創新需要一個有效的金融市場來分擔這些風險。中小企業往往是創新的主體，而在中國，中小企業融資難是一個長期存在但沒有得到有效解決的問題。這大大限制了一些有創新能力的小企業的發展壯大，抑制了整個社會創新潛能的發揮。中國需要發展類似於國外的村鎮銀行和社區銀行，這些金融機構接觸瞭解中小企業的情況，盡職調查成本低，可以為中小企業提供基本融資。由於這些金融機構規模小，國家需要提供清算以及再融資方面的支持。四是建立有利於創新的競爭環境。實現創新需要一個好的競爭環境，保證企業的自由進入和退出。中國的一些基礎性上游行業和服務業部門存在較多的行政性壟斷和管制壁壘。此外，還有一些地區性的和針對不同所有制的進入壁壘。要轉變經濟發展方式，就必須提高企業的自主創新能力，這就需要消除行政性壟斷和管制壁壘，營造一個良好的市場競爭環境。

（四）從國有經濟的總體層面來進行改革，改變大型國有企業的行業壟斷地位

要轉變經濟發展方式，必須進行全面改革。所有的改革，都與政府和國有企業有關。由於政府治理與大型國有企業的治理邊界不清晰，必須進行產權制度方面的改革，逐步推進國有企業的民營化，一般的國有企業應通過股份轉讓，改變國家控股的地位，從而進一步降低國有經濟的比重。必須改變部分大型國有企業的行業壟斷地位，降低民間資本進入的門檻，從而引入行業競爭機制。2010年，中石油、中石化、中海油、中國移動都獲得利潤「大豐收」。2010年財報顯示，三大石油商利潤總額達2,649.91億元，折合每天淨賺7.3億元。中國移動實現利潤1,196億元，中國電信實現淨利潤157億元。中石油等「三桶油」利潤增長的原因，得益於2009年國際油價的高企，也得益於國家發改委的成品油定價機制的調整。這些壟斷國有企業所獲得的巨額利潤，不僅得益於其壟斷地位，也得益於政策紅利。高油價、高電信資費是中國消費者抱怨的問題之一。受政策保護的壟斷利潤則掩蓋了這些國企經營效率低下和內部管理的混亂。總之，只有改變大型國有企業的行業壟斷地位，才能更好地明確政府治理與企業治理的邊界，提高中國經濟運行的效率和社會管理的效率，也才能更好地建立和完善市場競爭機制，促進經濟發展方式轉變。

第三節 中國政府治理與公司治理的合理邊界

一、政府的實質

要探討政府的實質，必須先釐清政府與國家的區別。國家擁有雙重身分，國家和其他所有市場經濟中的主體一樣，是一個經濟人，或者說是一個經濟實體，具體行使國家經濟人功能的是政府。國家還是一個強制性的機構，或者說是一個暴力機構。說國家是一個經濟實體，是因為國家佔有資源，雇用勞動力，有大量的消費，而且也生產許多產品，其中既包括像國防、法律體系這樣的公共產品，也包括某些私人產品。[①]

在一個經濟系統中，國家作為一個具有消費和生產能力的經濟實體和市場主體，扮演著特殊角色，從這個角度來說國家的時候，其實很大程度上就是指政府。但是國家和政府這兩個概念也存在區別：政府具有很多服務性功能，而國家這個詞更能突出國家作為暴力機構的本質。

國家有三只「手」，即「掠奪之手」「扶持之手」「無為之手」。國家的三只「手」都是通過各級政府來發揮作用的。當有人控制國家機器，通過暴力或暴力威脅獲得財富，這就是「掠奪之手」。國家利益的實現取決於可獲取的財富數量。為了獲取更多的財富，國家就要考慮發展經濟，國家採取措施，推動經濟發展，這是「扶持之手」。經濟中的很多活動是國家看不見、管不著或不願管的，在這些領域，國家無為而治，讓市場作為「看不見的手」調節資源配置，這就是「無為之手」。

可以說，政府的實質就是當國家和其他所有市場經濟中的主體一樣，是一個經濟人，或者說是一個經濟實體時，實施「掠奪之手」「扶持之手」「無為之手」經濟人功能的機構。如何使政府能做其該做的事，同時又受到限制，不能濫用權力，不能幹預市場經濟活動主體公司的經營活動，這就需要劃分政府治理與公司治理的合理邊界。

[①] 王一江，等. 國家與經濟——關於轉型中的中國市場經濟改革 [M]. 北京：北京大學出版社，2007.

二、中國政府治理與公司治理的關係

(一) 政府治理分析

政府是每個國家中最重要的制度安排，因為國家的公民資格是普遍的，並且國家對其公民擁有其他經濟組織沒有的強制力（Stiglitz, 1989）。由於這種強制力的存在，政府能夠以很高的自由度推行那些會影響社會中其他制度的功能的制度。如果一個發展中國家的政府能夠很好地運用這種力量，那就能夠逐漸地對落後的、阻礙發展的制度實施改革，從而改善企業家和勞動者面臨的激勵，增加能夠投資於新的產業、技術的國民儲蓄和累積，並提高經濟中的資源配置效率。政府治理就是要堅決約束「掠奪之手」，合理使用「扶持之手」，明智保持「無為之手」。

從傳統的觀點來看，關於政府治理有兩個基本問題：第一個問題是政府職能的有效邊界在哪裡？換句話說，哪些事情屬於政府管轄或直接供應的範圍？哪些應該交給市場和企業？第二個問題是政府公共部門應該採取怎樣的治理結構？政府官員應該面臨怎樣的激勵方式？從當代經濟理論的眼光來看，這兩個問題其實是緊密聯繫在一起的，政府職能的有效邊界和公共部門的治理結構是相互作用和聯合決定的。[1] 本書重點是探討第一個問題。政府治理的主要內容如下：

1. 完善法治

在西方語境中，根據《布萊克法律辭典》的規定，「法治」是指權威認可的普遍運用的法律原則，常常以準則或邏輯命題表述出來。「法治」有時稱為「法律的至高無上」，它規定任何決策都應運用已知的原則或法律來制定，在運用它們時不存在自由裁量權的干預。[2] 法治的本質是限權，但限權的指向通常是公權力，約束的是政府對經濟活動的任意干預，依法限制政府的「掠奪之手」。美國的憲法及憲法修正案中共有143個「不得」與「應當」全都指向「公權力」。《中華人民共和國憲法》中有36個「不得」與「應當」，其中除極個別外均針對地方、

---

[1] 周黎安. 轉型中的地方政府：官員激勵與治理 [M]. 上海：格致出版社，上海人民出版社，2008.

[2] Henry Cambell Black, et al. Black's Law Dictionary [M]. St. Paul Min: West Publishing Co., 1990.

組織、團體、公民和個人。法治的第二個作用是約束經濟人行為，其中包括產權界定和保護、合同和法律的執行、公平裁判、維護市場競爭。這通常要靠政府在不直接干預經濟的前提下，以經濟交易中第三方的角色來操作，起到其支持和增進市場的作用。如果沒有法治的這兩個經濟作用為制度保障，產權從根本上說是不安全的，企業不可能真正獨立自主，市場不可能形成競爭環境並高效率運作，經濟的發展也不會是可持續的。因此，政府必須加強執法監督。

2. 對一些特殊行業的公司加強監管。

對於政府監管，必須回答兩個問題，一是為什麼要進行監管，二是怎樣選擇監管形式。市場失靈的存在是政府監管的原因。有的監管旨在減輕外部性的程度，如分區管制（Zoning Restrictions）和環境監管；有的監管旨在維護競爭（限制反競爭行為），確保自然壟斷者不濫用其壟斷地位；還有大量的監管是為了保護消費者，如要求食品及其他產品安全，以及消費者不會被不法商家、廣告商或貸款人所利用。政府對金融行業也必須進行監督，2008年全球金融危機暴露了美國等西方國家政府對金融企業監管存在的缺陷，危機爆發後各國政府都在積極探討如何加強對金融行業的監管。

3. 提供社會管理和公共服務

社會管理包括各類財產、人口的登記工作。其實政府的一項主要職能應該是登記、註冊。各類財產特別是房屋等不動產的登記要準確、完整，這不僅是保護產權和稅收的基礎工作，還有利於減少社會糾紛。政府有效地提供公共服務包括義務教育、社區醫療服務、社會治安、公共交通、信息服務等。

4. 約束「掠奪之手」，明智保持「無為之手」

政府不能利用自己的公權力與企業爭奪資源，如當前比較流行的經營土地、經營城市等。政府不應該直接參與和干預企業的經營。地方政府應該約束自己的地方保護主義行為，約束地方市場分割行為。政府應該從直接抓經濟項目、招商引資等領域退出，為企業生產經營活動創造一個良好的制度、法律和市場環境。

（二）公司治理分析

代理關係引起代理成本。迄今為止，絕大部分公司治理文獻都是沿用經濟理論的委託代理分析框架，將公司治理看成由於所有權與控制權

分離而必須在股東、董事會和管理層之間所做出的制度安排，或由於大股東與中小投資者的利益衝突而引發的法律保護問題。公司治理的主要內容如下：

1. 公司的內部治理

公司的內部治理是一整套控制和管理公司運作以提升企業績效的制度安排，通過公司內部產權制度安排來實現。公司的內部治理主要包括董事會、經理人員的收益分配和激勵，所有權結構，財務透明度與足夠信息的公布。

2. 公司的外部治理

公司的外部治理主要是通過外部市場體系提供充分的公司經營信息和對公司及經營者行為進行客觀的評價，從而形成一種競爭的市場環境和交易成本低廉的優勝劣汰機制，以達到對公司經營者進行有效激勵和監督的目的。公司的外部治理主要包括立法系統對中小投資者的保護程度以及政治途徑、產品市場競爭、聲譽市場與職業關注、控制權市場爭奪等。

然而目前許多問題仍然沒有得到很好的解答。一方面，雖然法與金融理論表明，完善法律對投資者權利的保護可能是促進金融市場發展、提高公司治理水平的重要途徑（Demirgüc-ku & Maksimovic, 1998; Allen et al, 2005），但是轉型經濟學家卻指出，在轉型國家裡，正式法律制度的完善並非朝夕可就。第一，文化、宗教和語言的差異使新興和轉型經濟體國家無法完整地移植發達國家成熟的投資者法律保護制度；第二，轉型國家普遍存在執法效率低下、信息披露不充分等缺陷；第三，由於歷史原因，既有社會網絡和政治規範等法律外制度已經成為投資者法律保護的自然替代，用法律制度來替代法律外制度需要一個過程（錢穎一，1995；Pistor & Xu, 2005）。因此，我們必須同樣重視對法律外替代機制在公司治理中作用的研究。在這些替代機制中，媒體的公司治理作用獲得了廣泛的重視。近年來，大眾對公司承擔更多社會責任的期望、利益相關者理論的盛行和公司投資者關係管理的需要，使公司治理問題日益社會化。公司治理問題的社會化要求公司治理不僅僅局限於公司內部的監督與控制，還要接受社會的監督。借助於媒體的傳播的新聞輿論便是公司治理社會監督的重要組成部分。研究表明，媒體主要通過聲譽機制來影響公司治理。在中國，由於媒體往往也在政府治理的範

圍內，因此其對公司治理的作用有時會與政府對媒體的治理存在不一致甚至衝突，從而使其對公司的治理作用受到一定程度的限制。

(三) 政府治理與公司治理的動態關係

只要我們將市場失靈和政府失靈綜合起來進行分析，就會發展政府治理與公司治理的動態關係。這裡有一個重要的問題是如何才能使政府治理與企業治理的邊界厘清，形成良性互動關係，即如何使政府部門與企業部門建立合作關係。或者用經濟學術語講，如何使政府部門與企業部門具有互補性。例如，對私有產權保護加強了，政府要侵占私人和私營企業的機會就少了，侵占起來就很難了，這樣政府治理與私營企業治理的邊界就更清晰一些了。又如，金融機構是否給某家公司貸款，這是金融機構自己決定的事情，但是有時政府也會發揮作用，這裡就又有合作的關係。其實，政府治理與公司治理存在動態平衡和相互促進的關係，政府治理的完善有利於促進公司治理的完善，反過來，公司治理的完善又有利於提升政府治理的水平。一些政府治理相對完善的國家，其公司治理水平也相對要高一些。

三、如何劃分政府治理與公司治理的合理邊界

在發達的市場經濟國家，政府與企業的邊界是非常清晰的，政府與公司治理的邊界也是比較清楚的，政府做政府該做的事，公司做公司該做的事，有法律規範政府的行為，也有法律規範企業的行為，政府和企業的行為違法都會受到法律的懲處。要深刻理解中國改革開放的內在邏輯，就必須認識到中國改革已經進入到「深水區」，其中一個重要內容就是劃分政府與公司治理的合理邊界。因此，必須採取以下對策：

(一) 轉變政府職能

要合理劃分政府與公司治理的合理邊界，首先必須轉變政府職能，改變政府職能越位、缺位和錯位同時並存的狀態，促進政府從與民爭利的發展型政府向公共服務型政府轉變，從行政干預過多的全能型政府向讓市場充分發揮作用的有限型政府轉變，從而建立有效的政府和有效的市場，使之能同時達到效率、公平與和諧。

一是從發展型政府向服務型政府轉變。儘管已經經歷 30 多年的改革開放，中國政府還是一個發展型政府，這主要是因為中國的經濟還是一個政府控制了大量資源的經濟。權力和資本必須分開，政府長期居於

資源配置的主導地位，並且將其控制的經濟資源主要用於經濟建設領域而非公共服務領域，這使政府充當了經濟建設主體和投資主體的角色，形成了政府主導的經濟發展模式，實踐已經證明，這種模式是不可持續的。政府應該把主要精力用在提供公共服務上，不能擁有太多的資源，這關係到政府職能能否真正轉變。

二是從全能型政府向有限型政府轉變。政府要最大限度地縮小自身的經濟人角色，擴大公共服務的範圍和力度。目前中國雖然正在向公共財政的方向邁進，但各級政府從本質上還未徹底成為公共服務機關，而是政治實體和經濟實體的複合體，還深深打著計劃經濟時代的烙印。其表現就是政府規模龐大，權力滲透到經濟社會各個領域。政府應該盡快把不該由政府管的事交給企業、社會組織和仲介機構，這樣才能更好地讓市場在資源配置中發揮基礎性作用，也才能提高市場效率。同時，把本該由政府管的事情堅決管好，切實提高行政效能和工作效率。

（二）進一步推進國有企業改革，降低國有經濟在中國國民經濟中的比重

伴隨著中國應對全球金融危機的一系列政策調整，航空、鋼鐵、房地產、煤炭、石油以及交通等多個領域也再次出現了經濟資源向國有企業集中回流的現象，這將進一步模糊政府治理與公司治理的邊界。因此，必須進一步深化改革，除了特殊的行業外，都要消除民用資本進入的壁壘，降低民用資本進入的門檻。

（三）進一步完善對企業的市場監管

公司治理可分為內部治理和外部治理。內部治理包括完善董事會、監事會、股東大會的功能等，外部治理體系則包括政府的監管機構、相關的法律制度環境、獨立的外部會計師事務所等。外部監督又可分為行政監督和市場監督。與行政監督相比，市場監督是大量的人隨時隨地都在進行的監督，而且監督者存在自身利益激勵，具有更大的監督積極性。

（四）政府應該致力於為企業建立有利於市場競爭的法律和制度環境

我們在談論政府治理和企業治理的邊界時，一個重要的內容就是政府要有效地發揮作用。孤立地分析公司治理容易產生片面的結論。完善公司治理是有條件的，而其中最重要的條件，就是包括行政、立法、司

法在內的廣義政府所提供的法律環境或更一般的制度環境。2000年，經濟學家曼瑟·奧爾森的遺著《權力與繁榮》出版。該論著的核心觀點是經濟繁榮取決於政治權力的有效使用，政府治理對公司治理的影響首先表現在財產權利的界定上，其次表現在公司內部治理上，最後表現在公司間契約的簽訂和執行上。對自然人和法人財產權利的明確界定和保護，構成了一切交易活動的基礎，而能夠提供具有權威性和公正性的產權保護的機構，又非政府莫屬。政府頒布的各種公司法或管制條例，對企業的治理結構、盈利模式和規模大小都在施加著形形色色的限制或鼓勵。在法律和制度環境建設方面，政府應該著力做好以下幾個方面：一是加強保護私人產權；二是繼續推進貿易自由化；三是便利國內、區域和地方市場進入，消除地方保護主義；四是取消一些產業的壟斷經營，維護市場競爭原則；五是進一步推進國有企業民營化，包括部分大型國有企業的民營化；六是推進大型國有企業改革，完善大型國有企業的治理機構；七是開放資本市場，建立公平、公正、公開、公信的市場秩序；八是建立一系列的行政程序，健全行政程序法及其執行，落實依法行政；九是建立獨立的司法制度。

此次全球金融危機對商業銀行資本充足率和資本質量提出新要求的《巴塞爾協議Ⅲ》可被視為全球治理影響公司治理和公司行為的最新案例。法院對商業契約糾紛的中立判決和對判決的嚴厲執行，不僅關係到市場的有序性和有效性，而且還直接決定了公司治理的外部環境。

（五）為企業創新創造良好的金融環境和競爭環境

創新需要高的固定成本，具有溢出效應並具有高風險，因此壟斷、外部性、協調失靈、信息不對稱等典型的「市場失靈」也會在創新過程中出現。市場並不能產生足夠的創新活動。中國要發展戰略性新興產業需要發揮政府的作用，但不是說政府應該直接投入一些大項目。政府不應該代替企業成為創新的主體，而是應該營造良好的政策和基礎設施環境，發揮引導和推動的作用。例如，通過普及教育提高勞動力素質、促進各種信息文化的自由交流、改善對知識產權的保護等。目前，第一個方面是要改善金融環境。創新和發展戰略性新興產業是高風險的投資，需要一個有效的金融市場來分擔風險。實踐經驗表明，中小企業往往是創新的主體，在中國，中小企業融資難是一個長期存在但沒有得到有效解決的問題。這大大限制了一些有創新能力的中小企業的發展壯

大，抑制了整個社會創新潛能的發揮。這就需要發展為中小企業融資的金融機構，如村鎮銀行、社區銀行等。由於這些金融機構規模小，國家需要提供清算以及再融資等方面的支持。風險投資是創新型企業和重大創新活動的催化劑和孵化器，不僅提供了創新活動的資金，也分散了創新活動的風險。風險投資的發展需要一個發達有效的股票市場，以保證其可以退出並實現收益。因此，政府要推進銀行體系和資本市場發展和完善，重點是加強相關法律體系的建設和加強監管。第二個方面是要營造公平的競爭環境。實現創新需要一個好的競爭環境，保證企業的自由進入和退出。目前中國的一些基礎性上游行業和服務業部門還存在較多的行政性壟斷和管制壁壘。此外，還有一些地區性的和針對不同所有制的進入壁壘。政府還應盡量減少對生產要素價格的干預，尤其是要放開土地、勞動力、能源、自然資源等要素價格，以創造公平競爭的市場環境。

四、從政府與公司治理邊界的視角看中國大型國有企業公司治理改革

（一）大型國有企業公司治理存在的主要問題

2008年，中國138家中央企業共實現利潤6,961.8億元，占國有企業總額的52.3%，而在央企實現的淨利潤中，中石油、中國移動、中國電信、中國聯通和中國石化等10家企業占70%以上，其中中石油和中國移動分別為1,268.02億元和1,127.93億元，這兩家企業就超過了全部央企利潤的三分之一。可見國有企業的利潤主要是由壟斷企業實現的。2007—2009年，992家國有企業的企業所得稅的平均稅負為10%，民營企業的平均稅負則達到24%。2001—2008年，國有及國有控股企業平均淨資產收益率為7.68%，而規模以上工業企業平均的淨資產收益率為9.22%。因此，國有及國有控股企業的名義績效也不夠高。應從帳面財務數據中還原企業的真實成本，並對政府補貼和因行政壟斷所致的超額利潤予以扣除，從而測算國有企業的真實績效。據測算，2001—2008年，國有及國有控股企業平均真實淨資產收益率為-6.2%。[①] 顯然國有企業是效率很低的，必須進行改革。

---

① 資料來源：天則經濟研究所報告《國有企業的性質、表現與改革》。

20世紀90年代，國有企業改革的焦點轉向了所有制以及治理問題方面。一些大型國有企業被公司化，包括那些已經在上海證券交易所和深圳證券交易所上市的企業，但大型國有企業的公司治理問題依然嚴峻。

　　大型國有企業公司治理存在問題的根源在哪裡呢？關鍵在於以下三個方面：

　　一是對管理者的選擇和任職資格評估所依賴的信息主要來自政治途徑而不是市場渠道，比如股票市場、評級公司以及投資銀行等，這為日後的公司管理者有效的退出機制的形成留下了隱患，難以建立有效的公司治理機制。公司治理是一整套用以協調投資者（股東和債權人）、管理者和員工之間關係的制度安排。公司治理結構所關注的問題包括：第一，受到約束的權力是如何配置並實施的；第二，公司的董事以及高層管理者是如何被選拔和監督的；第三，激勵機制是如何設計並實施的。公司治理主要關注那些限制代理問題產生的法律法規，以保護股東和債權人的利益並為管理活動提供空間。但是在政府充當了「超級所有者」角色的情況下，公司治理的目的是較難達到的。

　　二是大型國有企業的股權機構的特殊性導致治理機構存在嚴重缺陷。從1994年開始，中國在大型國有企業中逐步鋪開了建立公司制的現代企業制度改革，明確了在大型國有企業中建立「法人治理」結構的方向。建立股東大會，由股東大會選舉董事會，由董事會任命經理，由監事會監督董事會和經理人員的活動。大型國有企業，尤其是中央企業，由於大部分都是特大型企業集團，所以集團的結構複雜，集團下屬一家或多家上市公司，這些公司都是將集團內部效益良好的主業資產剝離後註資組建的，這就形成了集團和控股上市公司「兩張皮」的情況。國有控股的子公司尤其是上市公司的所有權和經營權合一，使上市公司的其他股東特別是中小股東在公司治理中的作用極其有限，而且企業董事會成員和經理人員高度重合，董事會不能管理經理層，造成一些企業負責人自己考核自己。另外一個顯著不足是國有股過大，這突出表現在國有獨資公司中股權僅為國家單獨擁有。國有股份過大，容易形成企業法人治理結構中內部人控制現象，不利於經理層在更大範圍內接受其他股東對企業經營活動的監督。

　　三是一些大型國有企業的行業壟斷地位還沒有根本改變。政府與市

場的關係尚未厘清，政府越位、缺位、錯位情況廣泛存在，政府往往是以所有者或經營者的身分，為自己直接或間接經營的商品和服務定價。「自然壟斷」的籠統界定和「政府定價」的規則極易使行政壟斷逃離法律約束之外。

(二) 大型國有企業公司治理改革的方向

大型國有企業公司治理改革的關鍵還是要回到「政企分開」這個落腳點來，也就是必須劃分政府與公司治理的合理邊界。因此，必須採取以下措施進行改革：

一是從國有經濟的總體層面來進行改革，進一步推進「國退民進」的戰略，降低國有經濟的比重。政府與大型國有企業的治理邊界不清晰，必須先進行產權制度方面的改革，逐步推進國有企業的民營化，一般的國有企業應通過股份轉讓，改變國家控股的地位，從而進一步降低國有經濟的比重。

二是必須進一步完善大型國有企業的治理結構。要建立和完善國有大型企業的董事會制度，給董事會賦予足夠的職權。要建立外部董事和獨立董事制度，改革國有大型企業的人事制度，由董事會向社會公開招聘總經理，而不是由黨政部門任命國有大型企業的總經理。

三是降低行業門檻，引入競爭機制，改變大型國有企業的行業壟斷地位。對一些目前大型國有企業處於壟斷地位的行業，應該盡快對民營資本放開，降低民營資本的進入門檻，逐步形成競爭，通過競爭的外部環境建立和完善大型國有企業有效的外部治理機制。同時，充分發揮資本市場等市場監督機制作用和媒體傳播的新聞輿論對公司治理的社會監督作用。

第四節　產業升級與政府的作用

一、新結構經濟學關於政府在產業升級中的作用

林毅夫教授在《新結構經濟學》中強調要素稟賦、不同發展水平上產業結構的差異以及經濟中的各種扭曲帶來的影響，這些扭曲來源於

政策制定者過去對經濟的不當干預，這些政策制定者對舊結構經濟學的信念使他們高估了政府在矯正市場失靈方面的能力。那時人們發現，發達國家的典型特徵就是重工業發達，因此優先發展重工業就成為落後國家發展經濟的戰略，發展中國家之所以重工業發展不起來是市場失靈所致，主張由政府主導直接動員、配置資源發展重工業。但是這一思路失敗了。因為重工業發展需要大量的資金，而這些落後國家缺乏的恰恰就是資金。大量的資金被投入重工業，擠占了符合比較優勢的勞動密集型產業的發展。一方面，這些國家的重工業在國際市場上沒有競爭力，只能靠政府的保護、補貼來維繫生存；另一方面，這些產業能夠吸納的勞動力太少，導致嚴重的就業問題。這樣本來可以迅速發展的勞動密集型產業由於得不到資金，甚至由於政府抑制而發展不起來，政府優先發展的重工業又沒有自生能力，不可能持續發展，結果是經濟的停滯和出現嚴重危機。改革開放前的中國就是一個明顯的例子。新結構經濟學試圖構建一個具有普遍意義的比較框架，來理解人們觀察到的、關於持續增長的各種特徵事實背後的因果關係。新結構經濟學的出發點是現代經濟增長的本質是產業、技術結構的不斷升級換代，而一國在任何一個時點上最有競爭力的產業、技術結構則是由其要素稟賦結構決定。因為要素稟賦結構決定一個國家的要素相對價格體系，而這個要素價格體系就是企業產業、技術選擇的主要參數、依據，企業根據這些要素價格信號來決定生產什麼以及怎樣生產，只有這樣其產品才能以最低的成本在國內外市場上具有競爭力。具體而言，新結構經濟學的目標如下：第一，建立一個分析架構，將發展中國家的要素稟賦和基礎設施、發展水平以及相應的產業、社會、經濟結構等因素考慮在內；第二，分析政府與市場在不同發展水平上的作用以及從一個水平向另一個水平的轉換機理；第三，分析經濟扭曲出現的原因以及政府為退出扭曲應該採取的措施。

新結構經濟學認為，產業結構和技術結構是內生決定於其經濟的稟賦結構的。在沒有政府干預的情況下，由於發展中國家的人力資本和物質資本相對短缺，勞動力和自然資源相對豐富，所以產業的勞動密集度和資源密集度相對較高。既然產業結構和技術結構內生決定於經濟的稟賦結構，那麼政府發展戰略的目標就應該是稟賦結構的升級，而不是在尚未升級稟賦結構的情況下直接實現產業和技術的升級。一旦稟賦結構得以升級，相對價格就會發生改變，逐利動機和競爭壓力就會迫使企業

自發地進行產業結構和技術結構的升級。

新結構經濟學認為，發展中國家的政府能夠在推動經濟發展過程中發揮更為積極的作用，而非如「最小政府」的支持者所提倡的那樣「僅僅維持市場競爭」。新結構經濟學強調了發展中國家的政府在推動產業升級中應該發揮的作用，筆者歸納有以下幾個方面：一是因為一個企業的產業和技術選擇取決於資本、勞動和自然資源的相對價格。只有在相對價格能夠充分反應這些生產要素的相對稀缺性時，企業的選擇才會同稟賦結構決定的比較優勢相一致。這要求產品市場和要素市場充分競爭。由於發展中國家的市場通常並未實現充分競爭，所以比較優勢戰略的推行就要求政府對各種市場制度作出改進，以創造並保護產品市場和要素市場的有效競爭。二是因為存在阻礙創新的市場失靈。發展中經濟體受市場失靈的困擾，這一點不能僅僅因為我們害怕政府失靈就予以忽視。有一種這樣的市場失靈是由重要的「信息外部性」造成的。經濟創新無論成功或失敗，都能提供有利可圖和無利可圖的市場機會的相關信息。但由於大部分信息不僅能被創新者獲得，同時也會落到競爭對手和潛在模仿者手中，這些人無須承擔任何創新的成本，因此往往使得市場供應不足。政府補貼則是一個可能的鼓勵創新和抵消先發劣勢的機制。[1] 筆者認為，產業升級需要政府發揮積極作用還有一個理由，就是產業升級的進程不同於大部分經濟活動的發展的過程，其中具有巨大的集聚效應和路徑依賴。也就是說，如果某一個地區出於各種原因，企業創新能力較強，產業升級較快，聚集能力較強，那麼這種力量將不斷地發展，該地區最終會成為一個高科技產業發達的地區。相反，另外一些地區儘管具備了產業升級的基本要素，但是由於起初的推動力不足，以至產業結構不合理，產業升級遙遙無期。由於產業升級具有路徑依賴和集聚效應的特點，因此不應該完全依賴於市場的力量，否則就相當於把產業升級的進程完全交給一些歷史因素乃至隨機因素，產業升級的效果是會大打折扣的。

林毅夫教授在《新結構經濟學》中明確地指出，經濟發展是一個動態的過程，包含外部性，並需要協調。在發展的任何一個階段，市場都是資源有效配置的必要基礎機制，但在推動經濟跨越不同階段時，政

---

[1] 林毅夫. 新結構經濟學 [M]. 北京：北京大學出版社，2012.

府必須扮演積極主動的角色，對這種跨越提供便利。政府必須干預經濟以使市場正常運轉，政府在產業升級過程中的作用應被限制在以下幾個方面：第一，提供與新興產業相關的信息，讓企業知道哪些產業是與由經濟稟賦結構決定的新的比較優勢相一致的；第二，協調相關產業的投資和必要的基礎設施建設；第三，對工業化和結構轉變過程中帶有外部性的活動予以補貼；第四，通過孵化或者吸引外商直接投資催化新興產業的發展，以克服社會資本的短缺和其他無形約束。[①] 但是政府干預往往是一把雙刃劍。在經濟的動態發展中，政府優惠政策所針對的目標產業，應該符合一個國家要素稟賦變化後所形成的新的比較優勢。只有在這種情況下，政府干預才有可能對經濟的發展產生積極的正面作用，否則政府干預可能比市場自發發展還糟。這就引出了新結構經濟學在發展政策上的核心理論體系：增長甄別與因勢利導框架。一個國家如何進行產業升級？換句話說，一個發展中國家如何選擇新的產業？第一步是確定一國可能具有潛在比較優勢的新產業，第二步是消除那些可能阻止這些產業興起的約束，並創造條件使這些產業成為該國的實際比較優勢產業。因此，新結構經濟學的增長甄別與因勢利導框架提出了一個包含6個步驟的產業增長甄別與因勢利導程序。

　　第一步，選擇參考國。找到與本國相似的要素稟賦結構，且人均收入高於本國約100%的高速增長國家，這些國家快速發展的可貿易產業就是該國可能具有潛在發展前景的產業。

　　第二步，檢查國內產業的發展，看看國內有沒有一些私人企業已經進入了這些產業。如果有，這意味著這些企業已經識別了該產業的潛在比較優勢。因此，政府要做的就是發現這些企業為何不能以較低的工資取得競爭優勢，是哪些瓶頸（比如軟、硬件基礎設施的不足）增加了企業的交易成本，並幫助企業消除這些瓶頸。

　　第三步，在這種情況下，政府可以採取特定措施，鼓勵第一步中確定的高收入國家的企業來本國投資於這些產業，以利用本國勞動力成本低的優勢。政府還可以設立「孵化計劃」，扶持國內私人企業進入這些行業。

　　第四步，發展中國家的政府還應密切關注本國成功實現自我發現的

[①] 林毅夫. 新結構經濟學 [M]. 北京：北京大學出版社，2012.

其他私人企業，並為這些產業擴大規模提供幫助。例如，20世紀80年代初，印度企業發現了給國外代工信息技術服務的新機會。政府也應幫助這些企業克服基礎設施的瓶頸限制，協助其發展。

第五步，發展中國家普遍軟、硬件基礎設施欠佳，而政府可以動員的資源和執行能力又有限，因此政府可以建設工業園區，針對潛在比較優勢產業的需要，進行局部改善，從而降低交易成本，使潛在優勢產業迅速發展起來，成為拉動經濟發展的顯性的比較優勢產業。

第六步，對先行企業所創造的信息外部性進行必要的補償，也可以給這些先行企業優先融通資金和外匯，支持其進行必要的投資和進口必要的機器設備。

新結構經濟學給政府與市場在經濟發展中的作用做了一個全新的闡述，也給發展中國家政府在產業升級中的作用提供了一個可供思考和進一步研究的框架。那就是隨著本國要素稟賦的轉化不斷調整產業結構，在產業結構的升級中實現經濟的高速發展。政府應該在降低交易成本、識別有前景的產業、便利企業發展、補償外部性方面發揮因勢利導的作用。

二、企業自生能力與產業升級

經濟思想史表明，許多有影響的重要經濟理論創新，大都同時伴隨著經濟學的重要概念的出現。例如，新古典經濟學的產生，就伴隨著邊際概念的引進與擴展（如邊際效用、邊際成本等）和邊際分析方法的廣泛運用；凱恩斯宏觀經濟理論的產生，就伴隨著「有效需求」概念的出現及其一系列相應的經濟總量概念和總量分析方法的運用；新制度經濟學的出現，同樣也伴隨著「交易費用」概念的提出及其廣泛的應用。在新結構經濟學中，林毅夫教授引入了企業自生能力的概念，作為產業結構和發展政策理論的微觀基礎。

企業的自生能力與產業升級之間存在著密切的聯繫。什麼是企業的自生能力？顧名思義，企業自生能力就是企業自己生存和發展的能力。產業升級的經濟含義是什麼？我們認為，應該是資本邊際生產率的提高，也可理解為資本邊際產出（Marginal Product of Capital）的提高。資本邊際生產率是指在其他投入不變的情況下，新增加一個單位的資本投入可以引致多少產出的增加，是一個全面反應資本利用效率的指標，其

微觀基礎是充分競爭條件下具有經濟理性行為的企業的投資和生產活動。在這個反應資本投入和產出的經濟（不是技術）關係中，「產出」的概念是國民核算中增加值的概念，既包括資本創造的（稅前）收入，又包括對資本消耗的補償。

新古典增長經濟學理論的核心是投資是經濟增長的引擎，沒有投資就沒有經濟增長。然而決定增長質量的不是投資的增長率，而是投資的效率。投資的效率是影響生產率的重要因素。從這個意義上說，生產率的增長既包括整體經濟的效率改善，也包括其技術進步（技術模仿或創新）。產業升級的內涵則應該既包括技術進步，同時也包括生產率的提高。技術進步與生產率的提高又是緊密聯繫在一起的，技術進步是提高生產率的重要手段。根據定義，資本邊際產出率是資本收入份額調整後的資本產出比（K/Y）的倒數（Y/K）。根據相關研究，在工業化過程中，一個經濟體的資本—產出比（K/Y）大致會從1上升到3左右或更高的水平。也就是說，在工業化過程中，生產同樣一個單位的產出國內生產總值，需要越來越多的資本投入。

從目前的實際情況來看，中國經濟增長仍然是粗放型的。拿能源消耗來講，中國單位國內生產總值能耗目前是世界水平的2.2倍、美國的4.3倍、德國和法國的7.7倍、日本的11.5倍。這就企業不斷進行技術進步，不斷提高勞動生產率，也就是說要實現產業升級，提高資本邊際生產率。只有這樣，企業才能具備較強的自生能力，也只有這樣，企業才能不斷提高自生能力。

三、中國政府在產業升級中發揮作用的局限性

筆者認為，林毅夫教授強調政府在發展中國家經濟發展和產業升級中的作用無疑是正確，同時政府的作用是一把雙刃劍。在經濟的動態發展中，政府優惠政策所針對的目標產業應該符合一個國家要素稟賦變化後形成的新的比較優勢。只有在這種情況下，政府干預才有可能對經濟的發展產生積極正面的作用，否則一個國家的經濟發展績效可能比市場自發發展時還糟。事實上，中國政府當前仍存在一些缺陷，使其在產業升級中發揮作用受到很大的限制。這主要表現在以下幾個方面：

一是中國政府本身很難對各種市場制度做出改進，以創造並保護產品市場和要素市場的有效競爭。中國政府本身是市場的一個參與者，而

且是一個非常強勢的參與者，控制著土地、石油等重要的生產要素，控制著行業准入制度。中國政府在積極參與經濟活動的同時，又制定著游戲規則，影響甚至決定著游戲結果，也就是人們常說的「一邊吹哨，一邊踢球」。政府制定的規則和採取的政策肯定會受自身利益訴求的影響，從而偏離社會福利最大化的目標。越是大政府，有可能這種偏離的程度就會越大。因此，如果政府本身不進行大刀闊斧的改革，指望政府來建立公平競爭的市場秩序是不太現實的。

二是中國政府職能定位不清晰，政府與公司治理的邊界還十分模糊。儘管已經經歷了30多年的改革開放，中國的經濟還是一個政府控制了大量資源的經濟。產業升級經常要求同時改善企業所在市場的軟、硬件基礎設施，包括交通、通信、電力、金融、法制等，給產業升級提供必要的環境。這些需要由政府協調不同行業的企業來進行，或由政府直接提供，才能使企業的升級創新順利進行，提高成功的可能性。在中國，權力和資本沒有分開，政府長期居於資源配置的主導地位，並且將其控制的經濟資源主要用於經濟建設領域而非公共服務領域，這使政府充當了經濟建設主體和投資主體的角色，形成了政府主導的經濟發展模式。

三是新結構經濟學認為，企業關注的是利潤。要想使企業自發進入和選擇符合要素稟賦結構的產業和技術，該經濟的價格體系就必須反應要素的相對稀缺性，而只有競爭性的市場才能做到這一點（Lin, 2009a; Lin & Chang, 2009）。因此，無論在哪一個發展水平上，市場都應被作為基礎性的資源配置機制。在中國，土地、礦藏、能源等生產要素的價格沒有市場化，而是基本保持行政定價的舊體制，或者受到行政機關的影響。行政機關定價時往往按照計劃經濟的慣例壓低價格，因為壓低生產要素價格有利於國有企業降低名義成本和增加盈利。資源價格的扭曲促使企業以低效使用資源的粗放增長方式進行生產，不但降低總體經濟效率，也不利於產業升級，甚至影響國家安全。關於燃油價格的問題，是一件多年來人所共知的事情，但是遲遲未能解決。由於一些生產要素的價格是扭曲的，還不能反應要素的相對稀缺性，市場作為基礎性的資源配置機制的效率還不高，因此企業還不能自發進入和選擇符合要素稟賦機構的產業和技術。正因為如此，新結構經濟學強調了發展中國家的政府在推動產業升級中應該發揮的作用在中國很難奏效。

四是創新應該主要依靠企業，尤其是民營企業。由於信息外部性，政府為創新活動提供補貼應該說是有利於分擔創新活動的成本和承擔部分創新活動的風險，是有利於鼓勵創新的。但中國政府可能會更多地補貼政府的科研機構和國有企業，因此這種補貼的效果可能會大打折扣。大量的事實說明，通過各種形式的補貼、政策鼓勵和廉價生產要素支持大型國有企業在所謂的戰略性產業中的發展，得到的是增長率，損失的是效率。地方政府之間「錦標賽」式的基礎設施投資和戰略性研發投資也是如此。一方面，改變不了粗放式發展的性質，不可能促進產業升級；另一方面，改變不了扭曲的激勵機制，不可能真正實現產業升級。

五是中國幅員遼闊、人口眾多，各地的資源稟賦存在較大的差異。根據張維迎教授的研究，中國大陸有 31 個省級經濟區，從經濟規模來看，如果把每個經濟區當作一個獨立的經濟體排名，然後將其和世界各國的經濟規模做個比較，我們就會發現，中國經濟排名第一位的省份廣東如果被當作獨立的經濟體，其 2008 年的經濟規模可以排在世界的第 18 位（按照匯率換算的國內生產總值總量，下同），在土耳其之後（相當於土耳其的 67%），超過波蘭、印度尼西亞（世界第 4 大人口國）、比利時、瑞士、瑞典、沙特阿拉伯；中國經濟排名第二位和第三位的省份山東和江蘇，其經濟規模均超過挪威、奧地利、伊朗、希臘、丹麥、阿根廷；中國經濟排名第四位的浙江，其經濟規模超過委內瑞拉、愛爾蘭、南非。[①] 中國是一個大國，存在著豐富的多樣性和巨大的差異性，其發展的初始條件與一般的發展中國家也有很大的不同。如果說林毅夫教授的資源稟賦決定產業發展戰略的觀點成立，那麼中國各省份的產業發展戰略應該是不同的。事實上，由於經濟分權、地區競爭，各省份在產業發展戰略上具有很大的趨同性，政府在實施產業發展戰略所採取的措施也十分相似。這是有悖於資源稟賦的邏輯的。

總之，中國政府要在產業升級中發揮作用，那麼中國政府必須是一個守信、可靠且有能力的政府。只有這樣的政府才能執行提供信息、進行協調和外部性補償功能。通過發揮政府的作用，國家可以克服市場失靈，並且促進產業升級與結構轉型。作為新的發展經濟學思路，與老結構主義認為政府應該是結構變遷推手的觀點不同，新結構主義經濟學的

---

① 張維迎. 市場的邏輯 [M]. 上海：上海人民出版社，2010.

「新」主要彰顯在其廓清和界定了市場和政府在內生結構變遷中所要承擔的角色。儘管新結構經濟學對政府在產業升級中的作用範圍進行了嚴格的限制，但在目前中國政府繼續主導經濟發展的大背景下，政府在產業升級中的作用很難被限制在新結構經濟學限定的範圍之內，這就使新結構經濟學在指導中國產業升級和經濟發展的實際效果方面具有一定的局限性。

四、中國政府如何在產業升級中發揮作用

其實產業升級是一個市場化過程，要靠企業家去發現。市場的好處在於總能挑選出能預見未來趨勢的企業家，使他們成為新產業的領導者。就目前來說，要發揮政府在促進中國產業升級的作用的關鍵在於轉變政府職能，厘清政府與企業的邊界，提升政府的公共服務水平。具體來說，必須推進以下方面的改革：

一是充分發揮政府在制度建設上的作用。制度建設要解決兩大問題：第一個大問題是如何建立一個保證公平競爭的市場制度；第二個大問題是如何解決市場經濟活動的各種「外部性」（Externality）問題。兩者有機結合才可以真正完成制度體系的建設。一個這樣的制度體系基本建成後，不但可以鼓勵學習、改善效率和激勵創新，還具有自我修復功能。一個「經濟利益中性」的政府所應該做的就是不斷維護和完善這個制度，而不應該試圖以各種理由干預其運作，無論「理由」多麼充分。任何以「國家利益」為理由的政府干預必須要有清楚的界定，必須通過有公眾參與的聽證程序，而且由此產生的經濟活動的性質應該屬於公共產品或服務的生產。

二是建立和保護自由和開放的思想市場。實現產業升級依賴於創新，而創新歸根究柢是由人來完成的，在任何現代社會，最寶貴的財富都是那些擁有著批判性思維和獨立思考的人。中國社會的每個角落都缺乏充滿活力的思想市場。缺乏自由的思想市場直接導致了科技創新乏力，這早已成為中國製造業的致命軟肋。因為缺乏創新和殘存的政府壟斷，中國企業家缺乏創新的動力。因此，接單生產而不是發明屬於自己的產品成為大部分中國企業家的主要策略。沒有自由和開放的思想市場，中國就很難實現產業升級和繼續保持高速的經濟增長，也無法進入全球科學和技術的領先行列。在改革開放初期，思想的枷鎖去除後，中

國曾經迅速縮小了在科技和管理上與西方世界的巨大鴻溝。但要在未來實現產業升級和保持穩定的高速增長，中國必須具備更積極的創新精神。美國著名經濟學家、諾貝爾經濟學獎獲得者羅納德·科斯教授（2013）認為，與資本市場和勞動力市場一樣，思想市場也是一個生產要素市場。在思想市場裡，知識能得到開拓、分享、累積和應用。新企業成立的速度、新產品開發的速度和新行業創立的速度，都依賴於一個思想市場的運作。此外，思想市場也直接地影響商品與服務市場的發展。由於商品市場的運行基於消費者獨立自主的假設，而正是思想市場塑造了消費者的需求，因此決定了經濟領域中存在的是什麼樣的消費者（或者是企業家、政治家和律師等），決定了他們的性格和價值觀，最終決定了商品市場的性質及其運作效率。①

三是繼續推進國有企業的民營化和市場化。在過去30多年裡，國有企業的民營化在推進，市場化程度有了顯著提高。國有企業儘管經歷了深刻的市場洗禮，但國有企業並沒有與其他類型的企業一樣平等地進入市場。國有企業並沒有與其他類型的企業一樣平等地獲取生產要素，也沒有與其他類型企業一樣平等地競爭並平等地接受市場淘汰機制。國有企業市場化的推進與民營化是密不可分的，因此必須繼續推進國有企業的民營化和市場化。

第五節　告別大政府

一、為什麼要告別大政府

關於政府與市場的爭論，其實質也就是大政府與小政府的爭論，因為放大市場的作用與限制政府的作用是一致的。2008年全球金融危機的爆發和各國政府對危機的應對，又一次引發在市場經濟體制中政府的功能及其與市場的邊界的爭論。這也是經濟學長期爭論的一個經典問題。

---

① 羅納德·哈里·科斯. 變革中國：市場經濟的中國之路[M]. 王寧，譯. 北京：中信出版社，2013.

我們提出要告別大政府，從本質上來說就是要建立有限政府。倡導有限政府絕對不是像有些人所指責的那樣是反政府的，也不是否定政府的權威。我們不但不是反政府，還希望建立一個更有效率的有限政府。大政府更容易倚重強權並濫用權力來侵犯個人的正當權利。政府太大，主要表現在：一是政府機構臃腫，人浮於事；二是政府控制了太多的生產要素和重要資源，控制了太多的市場准入制度，從市場秩序維護者蛻變為市場參與者；三是政府管的事情太多，而該管的又沒有管好，出現嚴重的越位與缺位並存的現象；四是政府對經濟的干預過多、過大，對經濟的參與程度過深。

新古典經濟學假設政府是超然的，是最大化社會福利的，政府的目標函數是全社會老百姓的福利。從中國的現實來看，政府不是置身市場之外的，而是市場的一個參與者，並且是一個非常強勢的參與者，是經濟中最大的利益集團，有自己很強的利益訴求。政府制定的規則和採取的政策肯定會受自身利益訴求的影響，從而偏離社會福利最大化的目標。越是大政府，這種偏離的程度有可能就會越大。

二、大政府與改革路徑選擇

在如何評價過去的改革和如何進行未來的改革的問題上，出現了兩種看起來不同，而本質相同的思潮：「中國模式論」和「改革失敗論」。

「中國模式論」者認為，中國的經濟奇跡來自獨特的「中國模式」，其基本特點是強大的政府干預經濟，就是大政府模式，完全不同於英美等西方發達國家所走過的道路，不同於「華盛頓共識」所主張的自由競爭和私有企業制度。「改革失敗論」者認為，中國當前的社會矛盾是市場化導致的，是企業家造成的，30多年的市場化改革政策基本上是錯誤的。這兩種思潮在本質上具有相同的邏輯：迷信政府的力量，不相信市場的邏輯；迷信政府官員的行政干預能力，不相信企業家的創新能力；迷信政商博弈，不承認現代工商文明的普適價值。

2008年肇始於美國的全球金融危機爆發以後，人們開始反思自由資本主義，認為這次金融危機的根源在於市場的非理性，有的人甚至開始推崇所謂的國家資本主義，並誤將中國作為所謂的國家資本主義成功的樣板。在過去的30多年裡，中國的經濟年均增長率高達9.5%，外貿年均增長率到達18%，中國的經濟發展取得了驚人的成就。中國的經濟

增長始於 20 世紀 70 年代末的開放私營經濟，私營經濟的產值自此逐年增加。中國的經濟增長很大程度上是源於市場化改革，甚至可以說是源於政府部門對整個國民經濟的控制力降低。一些人認為自由市場經濟已經千瘡百孔，國家資本主義似乎已經真的成了一種可能的選擇時，筆者認為中國可能面臨「國家資本主義陷阱」。政府在國家最具實力的公司，如能源巨頭中石油和中石化中的持股比例相當高。國家資本主義的支持者認為，這種結合兩全其美：融合了私人企業的創業精神和政府的穩定支持。但是國家資本主義的反對者認為，中國的國有企業並不像看起來那麼強大，國有企業的投資回報率水平落後於私營公司，如果取消政府補貼，投資回報率則會更低。由於行業准入限制，所以面臨的競爭不大，國有企業往往收費過高。

這次全球金融危機無疑給一些人攻擊自由市場經濟的口實，使公眾廣泛關注自由市場經濟制度的缺陷，從而把政府失靈問題忘得一干二淨，而政府失靈正是導致這次金融危機爆發並長期持續的主因。例如，2003 年以後，儘管美國資產市場迅速繁榮，但是美聯儲仍然決定保持低利率，眾多銀行監管機構和政府官員對銀行資產的擴張歡欣鼓舞，並未盡力控制銀行的資產資本金比率。筆者認為儘管像美國這樣的資本主義國家應當對經濟組織的某些方面予以調整，但實施自由市場經濟的經濟體仍然最有可能實現長期經濟增長。

三、大政府與經濟增長

2012 年上半年，中國的國內生產總值增長率突破 8%，有人在建議如何「穩增長」時又首先想到了大政府，認為未來經濟增長的主要推動力還是要看投資，尤其是政府投資，並且更多的是在基礎設施建設領域的投資。因此，必須實行更加積極的財政政策。我們認為，盲目依靠增加政府的投資無異於飲鴆止渴，我們每次遇到經濟相對低迷時，很多人想到的就是增加政府的投資，2008 年全球金融危機到來時，我們便是這樣的一個邏輯。實踐證明，效果並不理想。但是目前還是有一些專家提出，未來可以考慮由全國人大授權中央政府，擴大 2012 年預算赤字規模至 1 萬億元左右，增加國債發行，以更加積極的姿態來體現「穩

中求進」的工作基調和「穩增長」這一首要任務。① 我們已經嘗到了這樣的「惡果」，即過度依賴投資所帶來的後果就是產能過剩。大政府往往習慣利用行政力量過多地干預經濟，可以稱之為「審批經濟」。在經濟過熱時靠壓縮審批來控制速度，經濟過冷時又靠加快審批來刺激經濟，這種「審批經濟」連計劃經濟都不如。目前經濟增長放緩是正常現象，大可不必過分緊張。經濟增長放緩正是我們轉變經濟增長方式、調整經濟結構的好時機。我們要從依靠資源數量的增長轉變到依賴資源使用效率的提高上來，從製造業轉向服務業。

告別大政府並不是說政府不作為，而是政府應該從直接參與經濟建設中退出來，做好自己該做好的事，如加強制度建設，推進制度創新，為轉變經濟增長方式、調整經濟結構創造良好的制度、法制和監管環境。

四、如何告別大政府

當前我們要告別大政府，必須採取以下對策：一是必須強調對財產權的保護。因為產權越不確定，政府控制和可以支配的資源就會越多，政府從中干預就會越多，個人的預期就會越不穩定，人們就會越有積極性追求短期利益。二是必須厘清政府與企業的邊界，堅定不移地轉變政府職能。為什麼轉變政府職能這麼難，因為關乎政府部門的利益，甚至可以說，關乎一些政府部門工作人員的切身利益。這就必須對政府部門的職能進行科學、正確的定位。只有進行科學定位以後，才能把一些非政府部門的職能從政府部門中剝離出去，交給市場，這樣才能改變政府機構臃腫、人浮於事的現象。三是要規範政府的行為，提高政府政策執行的透明度。現在，我們大量的政府部門有任意、隨意創造權力的權力，這一點非常可怕。政府行為不規範給市場帶來的影響很大，政府管得越多，生產者、消費者就越感到不確定，因此生產者、消費者就越追求短期利益，沒有長遠打算，於是企業無意打造品牌，坑蒙拐騙行為也就越多。目前政府的好多政策透明度低，透明度低的後果是什麼呢？就是把真正的權力交給了執行這個政策的官員，這樣使得政府的官員本身享有了好多權力，他們可以用這些權力去干預企業，既包括國有企業，

---

① 王軍.「穩增長」應加大力度［J］. 財經，2012（19）.

也包括民營企業,從而也會導致企業的行為不規範。四是必須提高政府財政預算的公開透明度。長期以來,中國的財政資源「錯配」問題相當嚴重,該收的錢沒有收,不該收的錢卻沒少得;該花的錢沒有花,不該花的錢卻大筆支出了。這正是政府機構持續膨脹、公共服務提供不足的體制原因。因此,必須提高政府財政預算的公開度、透明度,從而嚴格預算約束。預算公開的關鍵在法治和民主,國家必須有專門的法律保證公開的數字準確和完善,所有的預算信息都要公開,所有的政府財政行為都要納入預算,不能有預算之外的財政行為。五是必須保持中央銀行的獨立性。保持中央銀行的獨立性能防止貨幣政策被政府操縱,成為政府干預宏觀經濟的重要手段,從而影響宏觀經濟穩定。歷史經驗表明,很多時候嚴重通貨膨脹的發生都源於政府對經濟的不當干預。經濟的大起大落也與政府對經濟的不當干預有著密切的聯繫。六是降低行業准入門檻,引入競爭機制,改變大型國有企業的行業壟斷地位。對一些目前大型國有企業處於壟斷地位的行業,應該盡快對民營資本放開,降低民營資本的進入門檻,逐步形成競爭。同時,國有資本要逐步從一些壟斷性行業退出,投資到一些公共服務領域中去,從而改變目前公共服務不能滿足社會需求的狀況。

第六節　從政商博弈到建設現代工商文明

一、中國長達千年的「高水平停滯」的原因

在相當長的歷史時期,中國是世界上工商最為發達的國家,是世界經濟的發動機。早在10世紀的宋代,中國的國內生產總值總量就占到了全球的三分之一,到明清時期,中國仍然保持著經濟規模第一的地位,擁有最高的糧食產量,棉紡織業的生產規模是英國的6倍。如此早慧而發達的工商經濟不但沒有發生工業革命,還保持了長達千年的「高水平停滯」。我們研究認為,究其原因主要包括以下幾個方面:一是政權與國有資本集團為了保持對經濟的壟斷和支配地位,限制民間資本做大做強,所謂「抑商」政策從來都是出於政治上的考量。例如,明朝

皇帝朱元璋，他的治國策略只有兩個字，一是「儉」，二是「嚴」，所謂儉，他痛恨商人，視之如國賊。二是政府與民間從來就沒有形成對等的契約關係，私人財產權沒有得到法律的有效保護，民間資本的累積既缺乏制度激勵，也缺乏制度保障。法國年鑒學派的費爾南‧布羅代爾在《世界史綱》中就很簡捷地說：「中國社會，政府的權力太大了，使富有的非統治者不能享有任何真正的安全，他們對任意徵收的恐懼始終揮之不去。」美國著名學者費正清在研究中也給出了類似的結論：「紳士家庭最好的保障並不僅僅在於依靠佔有土地，而是依靠土地所有權與官吏特權的聯合，家庭財產並不是一種保障。」三是在高度集權的統治模式下，國家機器對商業的控制、干擾及盤剝，阻礙了工商文明基因的形成。中國著名學者王亞南、傅衣凌早在20世紀40年代就斷定：「秦漢以後的歷代中國商人都把鑽營附庸政治權力作為自己存身和發財的門徑。」四是在私有財產權沒有法律保障，財產權隨時有可能受到統治權力侵犯的情況下，民間商人危如累卵，出現強烈的恐懼心理和財富幻滅感，產業資本從生產型向消費型轉移，經濟成長從而缺乏動力。五是權貴經濟、官商勾結、權力尋租，增加了經濟運行的交易成本，降低了經濟運行的效率，阻礙了工商文明基因的形成。

中國歷史上商人與政權博弈成就了事業輝煌，而最後又身敗名裂，結局淒慘的大有人在，最著名的莫過於明朝初年的沈萬山、清朝徽商胡雪岩等。

著名財經作家吳曉波認為，在高度專制的中央集權制度下，政府與工商階層的對立、緊張關係，貫穿於2,000餘年的帝國時期。2,000餘年來，國家機器對商業的控制、干擾及盤剝，是阻礙工商文明發展的最重要因素，長達2,000餘年的中國企業史歸根到底是一部政商博弈史。

二、工業革命為什麼沒有發生在中國

工業革命為什麼發生在英國而不是在中國，這是一個長期被探討的學術問題。在中國歷史上，曾有過很多輝煌的發明創造。長期以來，活字印刷技術的發明都被西方視為是15世紀德國人的貢獻。事實上，這種技術發明於11世紀的中國。紙張也是在傳入西方很早以前就在中國使用了。常常有人宣稱，是英國的農業開創者杰恩羅‧塔爾於1701年發明了穀物條播機。事實上，早在杰恩羅‧塔爾生活時代的2,000年

前，中國就發明了穀物條播機。那種帶拱形鐵模板的羅瑟拉姆犁（Rotherham Plough）是18世紀英國農業革命的關鍵工具，也是先由中國人發明的另一種創新工具。王禎在1313年寫成的《農書》中介紹的工具都是西方聞所未聞的。在煉鐵、紡織技術等方面，中國也早於英國。中國人首次使紡織生產有了革命性的進步。中國人將自己最為著名的發明火藥僅用於鞭炮的說法，也絕對是失實的。劉基、焦玉於14世紀晚期出版的《火龍經》，描述了地雷和水雷、火箭和可裝填炸藥的空心大炮炮彈。[1] 可見工業化革命也是更早在中國出現萌芽。

英國當代著名歷史學家、哈佛大學歷史系教授、牛津大學耶穌學院高級研究員尼爾・弗格森認為，工業革命在英國的發生，緣於英國在兩個方面顯著異於西北歐其他國家。第一個方面，英國的勞動力比歐洲大陸的更為昂貴；第二個方面，英國的煤礦資源豐富且容易開採，因此價格要比位於英吉利海峽另一邊的國家便宜很多。我們認為尼爾・弗格森教授闡述的是工業革命發生在英國的最直接的原因，而更深層次的原因還在於制度方面。1688年的英國「光榮革命」勝利後，在英國確定了財產權制度以及對個人自由的保護。《權利宣言》有力地結束了有關財政權力的爭論：「未經議會授權，以行使特權之名，長期代表王室或為了供其使用而徵收費用，或以有別於上述的其他方式徵收費用的行為，均是非法的。」「光榮革命」結束了國王任意徵稅的威脅，將政府的收入、開支和借款置於比例失衡的資產所有者組成的機構的監管之下。在英國，17世紀就出現了像法學家愛德華・柯克和約翰・洛克那樣為個人自由和保護財產權而搖旗吶喊的鬥士。

財產權的有效保護使發明創造者有積極性進行發明創造，財產權的保護是市場交易的前提，有利於擴大市場交易規模。我們認為，工業革命之所以發生在英國，更深層次的原因就在於財產權的保護提高了技術發明者進行技術發明和應用的積極性。同時，財產權的保護促進了市場交易，提高了市場交易的規模，有利於新技術的應用和推廣，市場規模會影響研發活動的傾向。例如，紐卡門式蒸汽機誕生在英國，而不是其他國家，這是因為紐卡門在設計蒸汽機時，顯然有急需為自己的發明成果開拓出一個廣闊的市場應用領域，畢竟一項耗費驚人的研發活動最終

---

[1] 尼爾・弗格森. 文明 [M]. 曾賢明，唐穎華，譯. 北京：中信出版社，2012.

能否獲利，還要看其產品在市場上的好壞而定。當時只有英國能夠為此類發明成果提供廣闊的用武之地，因此蒸汽機只可能誕生在英國，而絕不可能誕生在法國、德國、中國。

三、中國企業史歸根到底是一部政商博弈史

在中國歷史上，既有輝煌的科技發明，也不乏高明的商業智慧，更存在繁榮的商業記錄。早在漢代，哲學家王符就說自己所處的時代，從事工商者數倍於農民，商業流通之盛達到「牛馬車輿，填塞道路」的程度。① 1420年，南京就差不多成了全球最大的城市，人口規模達到了50萬~100萬人。數世紀來，南京一直是繁榮的絲綢和棉紡業中心。那麼為什麼歷史上中國總是磕磕絆絆、徘徊不前，而歐洲卻迅速崛起呢？亞當·斯密給出的主要原因是中國沒有鼓勵對外商業活動，因此失去了比較優勢和國際勞動分工所帶來的優勢。孟德斯鳩在18世紀40年代寫作的著作中，曾將之歸咎為「既定的專制模式」。這些分析都有一定的道理。

回望中國歷史，越是專制的朝代，工商業的發展越是凋敝。中國史書向來有「暴秦、強漢、盛唐、弱宋」的「公論」。宋朝是史上最溫和的一個政權。但在文化和技術發明上，宋朝卻取得了令人矚目的成就。當代國學大師陳寅恪說：「華夏民族之文化，歷數千載之演進，造極於南宋之世。」② 宋代的數學、天文學、冶煉和造船技術以及火兵器的運用，都在世界上處於一流水準。宋人甚至還懂得用活塞運動製造熱氣流，並據此發明了風箱，後來傳入歐洲，英國人根據這一科學原理發明了在工業革命中起到重要作用的蒸汽機。宋代企業規模之大，超出了中國歷史上的很多朝代。與此同時，宋代還出現了中國企業史上眾多的制度創新，其中包括：資本的所有權與經營權已有分離，第一批股份制合夥公司誕生；世界上第一張紙幣——交子出現；定金制度得到廣泛的運用；出現職業經理人的萌芽等。宋代商品經濟的繁榮遠非前朝可比。為了促進流通，宋朝政府取消了漢唐以來的很多禁令。學界普遍認為，宋

---

① 王符《潛夫論》：「今舉世舍農桑，趨商賈，牛馬車輿，填塞道路……浮末者什於農夫……」

② 陳寅恪《鄧廣銘宋史職官考證序》。

朝時期，中國文明達到了最高成就，所涉及領域不僅有藝術、文學和哲學，而且還有經濟、技術和公共管理。

城市自治權的確立、獨立的大學制度，以及對君權的法制性限制，是歐洲最終走出「黑暗中世紀」、邁向現代社會的根本性路徑，它們分別催生了自由的經濟土壤、思想土壤和法治土壤。相對於歐洲發生的那些新變化，宋代中國儘管擁有當時世界上規模最大、人口最多、商業最繁榮的城市集群，建立了大大領先於同時期歐洲的經營模式和工商文明，但是在社會制度建設上卻開始落後了。在歐洲，出現了「自由民」「自治城市」「私人財產的合法性原則」「對君主權力的限制」等法權思想。在中國，城市與學院一直為政權所牢牢控制，限制君權更是從未有過嘗試，對於強調中央集權的中國而言，限制君權根本沒有萌芽的土壤。這正是東西方文明走向不同演進道路的重要原因。

宋朝滅亡實際上是中國文明的悲慘倒退。如果沒有這一頓挫，中國可能會在西方之前進一步發展社會文明，進而邁向現代工業社會和現代文明。

「穩定」幾乎是宋明之後中央集權制度追求的唯一目標，成為一切政策的出發點。明代統治者為了穩定政權，對外實施閉關鎖國的「大陸孤立主義」；對內追求「男耕女織」的平鋪形社會模式。在貿易全球化、工業化、城市化和王權制度瓦解的世界大趨勢下，中國卻飛馳在一條「反世界潮流」的軌道之上。

權貴經濟是中國經濟史上的一大特色。明末清初的大思想家顧炎武在《日知錄》中寫道：「天下水利、碾磑、場渡、市集無不屬之豪紳，像沿以為常事矣。」顧炎武所提及的這些產業無一不是公共事業，且與公權力有關，他指出了中國官商模式的一大特點——「渡口經濟」：但凡權貴資本，一般不會直接進入生產領域，而是尋找流通環節的交易節點，以政府的名義和行政手段進行管制，然後以特許經營（牌照、指標）的方式加以「尋租」，這類節點好比一個「渡口」，占據其點、則可以雁過拔毛，坐享其利。因此，官商經濟的獲利不是通過創造價值，而是通過增加交易成本來實現的。

晚清政府持續了30多年的「洋務運動」是典型的國家資本主義。國家資本主義存在三大支柱：龐大的國有部門、強行的要素控制及廣泛的產業干預。國家資本主義必然導致政商博弈，究其原因，一是國家資

本主義時代是不可能對私有財產權進行有效保護的，民營企業為了保護自己的企業和財產免遭政府的掠奪，必然要與政府進行博弈；二是國家資本主義時期，政府必然控制著大量的資源，而企業要獲取這些資源，必然要與政府進行博弈；三是國家資本主義時期必然會進行廣泛的產業干預，為一些產業設置進入門檻和壁壘，而民營企業要進入這些產業也必然要與政府進行博弈。政商博弈的直接結果就是裙帶資本主義、權貴經濟。

自洋務運動開始，中國商人大致經歷了這樣的身分轉變：官商、買辦、紳商、傳統商人到民族企業家，再到民族企業家兼官員。所謂官員，即到政府做官。也就是說，這些民族企業家在商界事業有成之後，便開始「不務正業」，開始熱衷於政治。他們都有一個共同的情結——政治。要讓中國商人破除政治情結，成為真正的企業家，僅靠商人個人遠遠不夠，根本上需要中國社會形成一種真正認可企業家價值的觀念，並構建起杜絕「權力尋租」的公平市場秩序。

中華民國經濟大概分為三個階段：民族企業的「黃金歲月」（1911—1927年）、中華民國政府的「黃金歲月」（1928—1937年）、中華民國政府的「崩潰時期」（1938—1949年）。可以說，民族企業的「黃金歲月」（1911—1927年）是中國自由經濟發展的16年，好景不長，中華民國政府的國家主義就讓民族企業的「黃金歲月」戛然而止。沒有經歷充分的自由經濟發展，民營企業的力量就非常有限，就難以逃脫與政府博弈或被政府任意宰割的命運。國家的財富創造能力、科技創新能力就會受到很大的限制，就會積弱積貧。

1949年新中國成立以後，中國政府沒收官僚資本、改造民族資本，逐步建立了計劃經濟。計劃經濟時代，沒有公司、沒有企業家、沒有市場，計劃經濟把整個國家變成了一個超級大公司，把全體社會成員變成了國家公司的雇員，消滅了私有產權，消除了市場交易，中國進入了一個由意識形態掌控一切的社會。政商博弈中政府處於絕對的強勢地位，工商文明已被徹底取代。

改革開放30多年，是中國私有產權逐步受到保護的30多年來，是市場經濟逐步發育、不斷完善的30多年，也是政商博弈的30多年。改革開放以後的「蘇南模式」的核心就是政府主導企業發展，實際上就是政商不分、政企不分。從實際效果看，這種政商不分的關係，在經濟

發展的初期，的確可以產生比較積極的作用，在資源整合、市場開拓、社會關係等方面，政府參與能帶來效率的提高，但是這種關係持續時間長了，必然會產生腐敗，同時也會對企業的長遠發展形成桎梏。

針對政商關係過於密切所蘊藏的風險，國務院發展研究中心企業研究所副所長張文魁提出，恰當的政商關係是「一臂之距」。張文魁認為，在政商關係問題上，「相濡以沫不如相忘於江湖」。

四、中國社會如何由過去的政商博弈轉化為建立現代工商文明

中國古代長期的專制統治使中國企業缺乏相對寬鬆的生存環境，長期處於政商博弈之中；長期的專制統治也使中國沒有形成長期的、穩定的工商文明。中國歷史上並不缺乏優秀的科學家和發明家，也不缺乏具有商業智慧的商人，但缺乏把科技成果和發明創造轉化為社會需要的產品的優秀企業，而缺乏優秀企業的根本原因又在於沒有優秀企業成長的土壤——現代商業文明。那麼什麼是現代商業文明呢？我們認為，現代商業文明應該包括但不限於以下幾個關鍵基因：

（一）財產權

威廉·伯恩斯坦在《繁榮的背後：解讀現代世界的經濟大增長》中搭建了一個可以被稱之為「四位一體」的理論框架，即財產權、科學理性主義、資本市場、交通和通信技術改善。在伯恩斯坦看來，一國繁榮的關鍵是制度，其中財產權制度居首。所謂財產權，是指保障個人財產的權利，是所有其他權利的基礎。在中國2,000多年的封建王朝統治下，所有的產權、所有的財富、所有的資源幾乎統統壟斷在封建王朝的手裡。一個社會對私有產權的保護程度又會影響人們對於職業的選擇。當私有產權被明確界定並受到保護，政府無法輕易沒收私有財產時，做企業家就更有吸引力；否則，做政治官僚就更有吸引力。由於中國歷史上缺乏對私有產權的有效保護，所以做官成了歷代很多「聰明人」為了實現自我價值的畢生追求。

（二）文化

在帝制和科舉制的環境下，個人的前途都與當官連在一起。要當官就必須參加科舉考試。因此，對個人尤其是普通老百姓來說，只有科舉考試這條路能讓其當官。在這個激勵機制的引導下，知識分子只求仕途，不求信仰。科舉制在根本上就是帝制的工具，而在科舉制考試中，

基本內容就是所謂的儒教，即儒家思想、孔孟之道。康有為借用清初學者的研究，早就曾指出，自東漢以來，成為科舉核心內容的儒教經典很多是為幫助帝制篡改過的，不是真正的儒家思想、孔孟之道。什麼是真正的孔孟之道對於廣大考生並不重要，因為根本不在考試範圍之內。因此，科舉制度把讀書人都塑造成了依附於政府的大小官僚，培養不出具有創新精神的企業家。中國傳統文化就是「學而優則仕」。

(三) 自由

什麼是自由？17世紀英國著名思想家約翰·洛克認為自由是在其所屬國家相關法律的允許下，按照自己的意願或授權他人處置擁有物及其所有財產的自由，不受制於他人的隨意性意志。約翰·洛克還認為，社會真正的自然狀態是和諧的，而不遺餘力地「奪走自由」，與社會為敵的，正是那些成為專制主義的人。人們選擇接受管理並不完全是出於畏懼。作為一個「理性動物構成的社會」，其成員會為共同的福祉而努力。在以此為基礎構建的共和國中，只有「公民社會」才能將權力委託給一個立法機關。「人歸於共和國的最大、最重要的目的在於保護其財產權」。約翰·洛克強調的是財產權的自由，認為財產權的自由是一個人真正自由的前提和基礎，可以說沒有財產權，就沒有自由。

(四) 平等

日本明治維新初期，日本思想家福澤諭吉的《勸學篇》開篇這樣寫道：「天不生人上之人，也不生人下之人。」這句話告訴日本人：人人都是平等的，沒有人可以凌駕在別人頭上，也沒有人天生活在別人腳下。這與市場經濟應有的商業文明如出一轍。商業文明的重要內容就是必須遵守合約，而合約的簽訂和執行必須建立在交易雙方平等的基礎之上。平等簽訂合約的前提是產權明晰，只有產權明晰，才能平等交易、實現雙贏。平等還表現在不同的產權主體都享有平等的法律權利、承擔相同的法律義務，不管是國有企業還是民營企業。國有企業不能在一些行業獨享壟斷特權，不同所有制性質的企業要公平競爭。

(五) 法治

法治，即法的統治，是一種源於古代、到近代才逐步完善起來的治理理念和治理制度安排。法治最基本的內容有以下三點：第一，法律是決定對人進行懲罰的唯一依據；第二，沒有人能夠凌駕於法律之上；第三，法庭的決定是維護個人權利的最後防線。在歷史上，法治和民主兩

者的進程是有先有後的。以英國為例，1216 年的《大憲章》開始了法治的進程，而 1688 年的「光榮革命」才是建立民主制度的開端。但是法治與民主是相互依存的，確立民主制度才是實現法治的根本保障。財產權及人與人之間在平等的條件下訂立的合約都需要相關法律的保護。

(六) 信用

商業文明一個重要的內容就是信用。因為現代商業活動一個重要特徵就是分工與合作，尤其是陌生人之間的合作。分工與專業化是與交易聯繫在一起的。人類有交換的意願，才使分工與合作成為可能。但由於信息不對稱，在傳統社會中，合作往往只是在熟人之間、有血緣關係的人之間進行，比如兄弟姐妹、左鄰右舍等。人類今天的合作，早就超越地區、超越國界，走向全球。今天我們所消費的商品，絕大部分的生產者我們都不認識。一個企業的產品賣出去，絕大部分消費者該企業也不認識。正是這種大規模、大範圍的分工與合作，才使全世界的財富以驚人的速度增長。陌生人之間要進行合作，一個基本的前提就是信任。一個人越注重自己的信用，他的聲譽就會越好，才會有人願意與他合作。一個企業越有信譽，其生產的產品才會更有市場，銀行才會願意給其提供更多的貸款，這個企業才有可能取得成功。

美國著名學者弗朗西斯・福山稱信任就是社會資本，他以六個國家為研究對象，就信任與經濟繁榮之間的關係進行了案例分析。他認為，像德國、日本、美國等這些國家可稱為高信任社會國家，已超越了家族的範疇，達到了信賴一般人的能力水準，因而許許多多由專門經營者管理的大規模民間企業得以生存和發展。相反，像法國、義大利、中國那樣的低信任社會國家，不太信任家族以外的其他人，因此大量存在著家族式經營的小規模企業、國有企業或享受政府支援的企業。他聲稱，如果一個社會存在能夠信任不屬於本家族成員之外的其他成員的信任機制，那麼這個社會就自然而然地形成了作為經濟繁榮動力的社會資本。只有進入社會資本的國家才能將經濟發展所取得的成果擴散至整個社會結構當中，從而融入先進國家的行列中去。

(七) 創新

企業存在的目的是為了盈利。創新是企業獲得利潤的一種手段。創新是企業憑藉管理和技術上的優勢，通過提供新產品或創造新的盈利模式增加利潤。但創新又不是企業增加利潤的唯一手段，尤其是在政商博

弈的商業環境中，企業可以通過搞定政府或欺騙他人來增加自身盈利。1932年就到了中國的美國學者費正清，一生以中國為研究對象。他在《中國與美國》一書中就曾提出這樣的疑問：「一個西方人對於全部中國歷史所要問的最迫切的問題是，中國商人階級為什麼不能擺脫對官場的依賴，而建立一支工業的或經營企業的獨立力量？」為了更形象地描述看到的現象，他用了捕鼠的比喻：「中國商人具有一種與西方企業家完全不同的想法：中國的傳統不是製造一個捕鼠器，而是從官方取得捕鼠的特權。」因為沒有獲得捕鼠的特權，再高效的捕鼠器都無法工作，而特權又在政府之手。企業經營者都是理性決策者，如果從官方取得捕鼠的特權比製造一個捕鼠器並開展工作來得快，當然會選擇搞定政府。因此，企業要有動力創新，需要一些社會環境和條件。一是政府不能控制太多的資源；二是政府不能控制市場准入；三是必須有一個有利於企業創新的穩定的政治、法制和政策環境。

(八) 責任

責任就是馬克斯·韋伯所說的「敬業精神」。在韋伯看來，人類社會之所以有200年的工業進步，主要是因為出現了秉持基督新教倫理的新型人類，這些人仿佛在遵行「神的召喚」。在他們的眼裡，「賺錢」不再是養家糊口的問題，而是對上帝崇拜與否的問題，是能不能成為上帝的選民的問題。

在關於公司社會責任的爭論中，米爾頓·弗里德曼於1970年9月13日在《紐約時報雜誌》上發表了題為《公司的社會責任就是增加利潤》的文章，文中對公司的社會責任提出了鮮明的觀點。他認為：「公司只有一種社會責任，即在游戲規則範圍內，為增加利潤而運用資源、開展活動。」他同時警告：「很少有其他傾向能像企業社會管理者接受企業社會責任而非為股東賺取盡可能多的錢那樣，嚴重地動搖我們的自由社會的根基」「企業社會責任乃是極具顛覆性的學說」。弗里德曼還指出，股東擁有公司並應該能夠依靠他們的代理人（董事）賺取盡可能多的錢；要求公司考慮其他社會利益（Social Concerns）就相當於未經股東同意就向其課稅了。[1] 弗里德曼強調企業追求利潤的觀點儘管有

---

[1] Milton Friedman. The Social Responsibility of Business Is to Increase Its Profits [J]. New-York Times Magazine, 1970 (9).

些極端，但無疑是對的，因為在市場經濟條件下，公司只有不斷獲得利潤，才能生存和發展，也才有可能承擔社會責任。

我們要建設現代工商文明，必須依靠中國的民營企業，特別是占比達到99%的廣大中小企業和微型企業，因為它們才是名副其實的企業，也是必須敢於承擔責任的企業，是中國經濟未來的希望之所在。那些巨無霸的國有企業，即使再賺錢、上市再成功，在其背後看到的也只是政府之手、行政特權和行業壟斷，是政商無休止的博弈，沒有激發個人創業的機制，也沒有自主創新的動力，更看不到源自現代工商文明的偉岸力量。

中國社會能否由過去的政商博弈轉化為建立現代工商文明，關鍵要看能否形成現代工商文明的基因。能否形成現代工商文明的基因又關鍵看中國未來是否能沿著完善市場經濟的改革道路前行，限制行政權力，走向法治的市場經濟。如果不能建立現代工商文明，中國有可能沿著強化政府作用的國家資本主義的道路前行，甚至走向權貴資本主義的歧途。如果政商博弈的局面不能改變，不能建立現代國家和市場經濟條件下的政府，不但經濟不可能平穩發展，而且難以擺脫民權不彰、規則扭曲、秩序混亂、官民關係緊張的狀態。

從中國的現實來看，政商博弈的基礎不但存在，而且還很牢固，主要表現在：第一，國有經濟對一些重要產業的壟斷依然存在。國有經濟的壟斷，既表現為經濟性的壟斷，即國有企業憑藉由政府傾斜政策所支撐的巨大經濟實力，足以壓制競爭對手；也表現為行政性的壟斷，就是政府利用行政權力保護與自己利益有關的國有企業（也包括某些本地的非國有企業），排除競爭對手或者限制競爭，這對建立平等競爭的市場經濟是一個巨大的威脅。第二，政府對市場還存在過度干預，自由、平等、法治等現代工商文明的基因面臨巨大的威脅和破壞。第三，政府仍然控制著一些重要的資源（特別是土地和資本）、行業准入，民營企業要獲取這些資源，除了與政府博弈，別無選擇。有些民營企業不是通過滿足消費者的需求來賺錢，而是通過討好政府官員來賺錢，這是違背市場邏輯的。第四，政府還沒有很好地保護產權，推動競爭。近年來，一些民營企業家的財產權利得不到保護甚至被剝奪的案例時有發生，而且不在少數，這無疑會破壞市場競爭秩序，影響公民創造財富的信心和積極性。

要真正建立現代工商文明，必須繼續堅定不移地推進改革，在經濟體制改革方面，建立和健全競爭性的市場體系，使市場能夠在資源配置中發揮基礎性的作用。同時，要積極推進政治體制改革，建立民主、法治國家。具體來說，必須加快推進以下幾個方面的改革：

一是從國有經濟的總體層面來進行改革，進一步推進「國退民進」的戰略，降低國有經濟的比重。政府與大型國有企業的治理邊界不清晰，必須先進行產權制度方面的改革，逐步推進國有企業的民營化。一般的國有企業，應通過股份轉讓，改變國家控股的地位，從而進一步科學降低國有經濟的比重。

二是要降低行業門檻，引入競爭機制，改變大型國有企業的行業壟斷地位。對一些目前大型國有企業處於壟斷地位的行業，應該盡快對民營資本開放，降低民營資本進入門檻，逐步形成競爭，通過競爭的外部環境，建立和完善大型國有企業有效的外部治理機制。同時，充分發揮資本市場等市場監督機制作用和媒體傳播的新聞輿論對公司治理的社會監督作用。

三是中國政府必須從發展型政府向服務型政府轉變，從全能型政府向有限型政府轉變。儘管已經經歷了30多年的改革開放，中國的經濟還是一個政府控制了大量資源的經濟。權力和資本必須分開，中國政府長期居於資源配置的主導地位，並且將其控制的經濟資源主要用於經濟建設領域而非公共服務領域，這使政府充當了經濟建設主體和投資主體的角色，形成了政府主導的經濟發展模式。實踐已經證明，這種模式是低效率和不可持續的。政府要最大限度地縮小自身的經濟人角色，擴大公共服務的範圍和力度。

四是要把政府的權力放在法律之下，沒有任何人、沒有任何組織可以超越法律。這樣我們的人權、自由才可以得到保證，企業家創造財富就更加充滿信心，才會更有安全感。

五是要積極推進政治體制改革，建立法治，推進民主。民主主要是指政府的決策和程序以及制定決策和制定程序的人均受到民眾及其所選舉代表意見的制約。所謂法治，說到底就是政府官員的自由裁量權得到明確的界定，政府的權力是有限的，而且必須受到有效約束。

第七節 完善政府治理,遏制房價快速上漲

一、中國房價快速上漲的根本原因

過去 10 年,中國房地產價格大幅度超過居民收入和租金增長率,從房價收入比、租金收益率等指標看,大城市房價已嚴重偏離基本面。民怨導致政府強行使用行政手段對房地產市場進行干預。到底什麼是中國房價快速上漲的主要原因似乎眾說紛紜、莫衷一是。政府指責房地產開發商太貪婪;房地產開發商埋怨政府對土地的壟斷導致房地產開發的土地成本太高;老百姓埋怨自己的收入增長遠遠沒有房價漲得快。甚至有銀行家分析認為老百姓的錢太多是導致中國房價快速上漲的重要原因。筆者認為,房地產開發商的貪婪不是中國房價快速上漲的主要原因,因為逐利是商人的本性,是商業行為的目的,是無可厚非的。他們提高房價是客觀經濟環境造成的結果,或者說是對客觀經濟環境的一種反應。老百姓手裡的錢太多對房子的需求增加也會促使中國房價快速上漲,但是我們應該看到,中國還是一個不十分富裕的國家,大多數老百姓的平均收入水平都還不高,很多老百姓生活還很拮據,根本就買不起房,因此老百姓對房價快速上漲反應才會如此強烈。改革開放 30 多年來,有一部分人富裕起來了,他們有的買了多套房,他們是中國房地產市場的主要參與者和投機者。但是把房價快速上漲的主要原因歸為老百姓手裡的錢太多,這顯然是不符合事實的。

中國房地產價格持續快速上漲的原因很多,也很複雜。房地產既是消費品,也是投資品。其價格受居民收入增長水平、資金成本、投資者對未來租金收益預期、投資者情緒、貧富差距,尤其是政府土地供給政策等因素影響。

筆者認為,在當前,中國房地產價格歸根究柢主要是受政府土地壟斷供給、流動性泛濫和貧富差距拉大的影響。

房地產有一級市場、二級市場和三級市場。房地產一級市場又稱土地一級市場,是土地使用權出讓的市場。中國的城鎮化是地方政府主導

的，土地市場是地方政府壟斷的，土地是政府控制的重要資源。因此，中國的土地一級市場是國家通過指定的政府部門將城鎮國有土地或將農村集體土地徵用為國有土地後出讓給使用者的市場，是一個典型的壟斷市場。地方政府在土地國有的名義下，以低成本甚至零成本獲取土地以後轉手出讓，在一級市場獲得高額利潤，此時的地方政府就像一家壟斷企業，積極參與到房地產市場中來。

房地產市場適度的投機是十分正常的，投機也是近年來推高中國房地產價格的一個重要因素。有的投機者基於對未來盈利的憧憬，通過舉債來加大投機，使更多的資金流入房地產市場，從而推高房地產價格。嚴格地說，一切市場行為都具有投機性。經濟學家奈特在指出企業家承擔不確定風險時，實際上也就暗示，企業家行為本質上就是投機行為。經濟史證明，投機是經濟和金融創新的主要來源之一。因此，房地產市場適度投機是市場經濟的正常現象。但是應該注意到，在中國，過度投機對中國房地產市場健康發展是存在傷害的。貧富差距大是導致過度投機的重要原因，富人往往購買多套，甚至數十套以上的房產，出現「炒房團」，導致大量的房源閒置，而很多老百姓連個安身立命之處都沒有，這從整個社會來看，造成了資源的極大浪費。

政府應該特別關注房地產市場投機，認識到目前中國房地產市場過度投機的根本原因及其危害。目前中國房地產市場投機的主要原因是人們對房價將持續上漲的獲利預期。

流動性為何如此泛濫，原因也是多方面的。在貨幣學派的創始人、芝加哥學派主要代表人物之一的弗里德曼看來，通貨膨脹是一種貨幣現象。其實房地產價格持續快速上漲很大程度上也是一種貨幣現象。當物價總水平上升的時候，弗里德曼提醒大家要到貨幣數量裡面去尋找原因。同樣，筆者認為，當房價持續快速上漲時，大家也要到貨幣數量裡面去尋找原因。

那麼貨幣又是怎麼多的呢？從歷史上看，自金本位制結束之後，全世界的貨幣發行都是由政府控制的。導致貨幣過多或者說流動性泛濫的原因很多，但在中國，目前的主要原因是：第一，2009年實行的積極的財政政策和適度寬鬆的貨幣政策；第二，外匯儲備快速增加；第三，「熱錢」效應；第四，地方債務融資平臺大量進行債務融資。

為應對2008年肇始於美國的全球金融危機，中國政府採取了積極

的財政政策和適度寬鬆的貨幣政策。所謂適度寬鬆的貨幣政策，早已超過了「適度」，應該可以說是非常寬鬆的貨幣政策。2009年年初開始，中國信貸規模快速擴張，房地產投機者由於存在房價將繼續上漲的預期從而對房地產貸款產生旺盛的需求。由於房地產行業與國民經濟密切相關，也成為中國政府應對金融危機，保證國內生產總值增長目標實現的重要依賴。弗里德曼早就指出，我們採取的措施是由於對經濟衰退的過度緊張，於是加快貨幣量的增長，使經濟陷入新一輪的通貨膨脹，使民眾遭受更高的通貨膨脹和更高的失業率的折磨。[1] 中國在2009年、2010年兩年，共投放貸款18.9萬億元，這是中國當前流動性泛濫的根本原因。為應對流動性泛濫、通貨膨脹和資產泡沫，中國人民銀行決定，從2011年6月20日起，上調存款類金融機構人民幣存款準備金率0.5個百分點，這是中國人民銀行2011年來第六次上調準備金率，也是金融危機以來第十二次上調準備金率，主要是為了遏制通貨膨脹。該次上調存款準備金率後，大型銀行存款準備金率高達21.5%，再創歷史新高點。中小金融機構的存款準備金率也高達18%。但這些貨幣政策措施對於遏制中國房地產價格快速上漲的作用還有待進一步觀察。

外匯儲備增加導致的流動性增加，主要是全球經濟失衡造成的。長期的經常項目和資本項目雙順差使中國的外匯儲備快速增長，造成嚴重的流動性過剩，成為引發通貨膨脹和資產泡沫的重要因素。在過去的10餘年間，基礎貨幣投放的增量全部來自外匯占款。2009年、2010年兩年外匯占款增加5.7萬億元，用上調存款準備金率來對沖外匯占款的做法，在目前經濟增長已放緩，銀行和市場資金都不穩定的情況下，代價實在太高。

所謂「熱錢」效應，就是人民幣升值預期及歐美低息導致大量海外資金進入，造成中國目前被動的流動性過剩。按照外管局此前公布的估算熱錢的方法，熱錢＝外匯儲備增量－進出口順差－直接投資淨流入－境外投資收益。考慮到2011年一季度中國直接投資淨流入約218億美元（流入303.4億美元，流出85.1億美元），外匯儲備受美元貶值影響帳面虧損因素，2011年一季度流入中國的「熱錢」應在1,750億美元

---

[1] 米爾頓·弗里德曼，羅絲·弗里德曼. 自由選擇 [M]. 張琦，譯. 北京：機械工業出版社，2008.

以上，約合 1.15 萬億元人民幣。

由於以上三種原因，2009 年、2010 年兩年中國貨幣供應量（M_2）增加了 25 萬億元，兩年的增量相當於新中國 60 年來投放量的一半（52.6%），中國貨幣供應量（M_2）口徑的貨幣供應量已經一舉位居全球第一。中國國內生產總值只相當於美國的三分之一，但貨幣供應量（M_2）總量卻相當於美國的 120%。流動性過剩造成一個問題，貨幣多了，不是流向實物投資，造成投資的過剩，要麼就是流向資產市場，推高人民幣計價資產，特別是房地產價格和股票價格。

此外，地方政府設立的融資平臺進行債務融資也是中國目前流動性泛濫的一個重要原因。截至 2010 年年末，全國省、市、縣三級政府設立融資平臺公司 6,576 家，地方政府性債務餘額為 107,174.91 億元，其中省級 32,111.94 億元，占 29.96%，市級 46,632.06 億元，占 43.51%，縣級 28,430.91 億元，占 26.53%。地方債務問題影響是深層次和多方面的，不僅會大大增加地方政府財政和整個金融體系的風險，更會進一步強化土地財政和流動性泛濫，從而進一步推高房價。地方債務問題的深層次原因還是因為中國的政府治理存在嚴重的缺陷，主要是以國內生產總值為核心的幹部考核制度，催生了許多地方領導幹部扭曲的「政績觀」和「負債觀」，即「不怕還不了債，只怕借不到錢」「自己借錢別人還債」「前人借錢後人還債」的機制，導致地方各級政府事實上普遍負債。

2009 年，中國的基尼系數為 0.47，城鄉收入比高達 3.3。與其他國家包括新興經濟體相比，中國收入差距的現狀及擴大趨勢都相當嚴重。貧富差距拉大是房價快速上漲的一個重要因素，而貧富差距拉大又與政府治理存在密切的聯繫。一些學者的研究表明，目前中國社會中貧富差距拉大的主要原因是機會不平等，也就是各級政府有過大的支配資源的權力，能夠接近這種權力的人就可以憑藉這種權力靠尋租活動暴富，或者由於部分企業的行業壟斷所造成。此外，「灰色收入」、違法所得在一些人的收入中佔有很大的比重。

如果只是因為土地價格上漲，而貨幣數量並不過多，或者說不存在流動性泛濫，開發商房價定得再高，沒有需求，也是不可能成交的，最終也只能是有價無市的。從長期來看，有價無市必然導致房價下跌，因為開發商必然會降低房屋銷售價格，這是市場規律。但在中國，土地的

政府壟斷形成的高房價供給與流動性泛濫助長的不斷增長的需求相呼應，相互強化，不斷推高事實上的高房價。

二、完善政府治理，遏制房價快速上漲的具體舉措

不管是土地的政府壟斷、貧富差距拉大，還是流動性泛濫都與政府治理有著密切的聯繫。從傳統的觀點來看，關於政府治理有兩個基本問題：一是政府職能的有效邊界在哪裡；二是政府公共部門應該採取怎樣的治理結構和政府官員應該面臨怎樣的激勵方式。

如果說從20世紀80年代初至20世紀90年代中期，地方政府最重要的工作是經營企業，通過擴大企業的產值和利潤增加地方的地區生產總值和利稅收入，那麼20世紀90年代中期以後，地方政府的工作重心已經開始轉移，經營城市成為地方政府重置和盤活城市資產、招商引資、創造財政收入、提高城市經濟競爭力的重要手段。

在計劃經濟時代，中國的城市基礎設施建設作為一種公益性質的事業，採取單一的政府財政投入的模式。由於國家財政資金有限和政府壟斷經營的低效率，中國城市的基礎設施建設嚴重滯後，嚴重制約了城市經濟和社會發展。1990年5月19日國務院頒布的兩個關於土地開發的文件，一是《中華人民共和國城鎮國有土地使用權出讓和轉讓暫行條例》，二是《外商投資開發經營成片土地暫行管理辦法》。這兩份文件的出抬賦予市縣地方政府負責土地開發和有償出讓事宜，規定市、縣享有土地使用權的出讓權。中國實行土地有償使用制度改革其實是一次大規模放權。之後，城市土地的各項權力實際上等於界定給了地方政府。省、市、縣各級政府都有自己的批地限額。在國土資源分級管理的體制下，土地規劃、土地審批、土地出讓金收取等權力實際上屬於地方政府。

城市經營確實改變了中國許多城市的面貌和命運，促進了城市經濟的飛躍式發展，也開創了城市建設融資和開發的新體制，但是城市經營同時帶來了諸多問題，受到社會廣泛的批評和詬病。多年來，中國房價快速上漲，老百姓抱怨「買房難」，其中一個重要原因就是土地的政府壟斷經營，推高了房地產開發的土地成本。近年來，中央一再出抬限制性政策，房價卻遲遲不降，反而連續上升，這期間被認為與地方政府的暗中抵制有關，因為房地產價格與「土地財政」是「榮辱與共」的關

係。中國是一個人口大國，土地屬稀缺資源，而政府壟斷使得商品房建設土地供給更為短缺，土地價格飛漲成為房價快速上漲的主要原因。

房地產市場需不需要政府干預，如何進行干預？這是一個政府治理問題。也就是說，在房地產市場如何劃分政府與市場的有效邊界。有人（包括一些經濟學者）天真地認為，中國房地產價格應該完全由市場供求決定，政府不應該進行干預，這是市場原教旨主義在房地產市場的思路展現，對於中國遏制房價快速上漲是非常有害的。我們知道，房地產價格構成主要有三個部分：土地使用成本、建築成本、各種稅收及開發商的利潤。其中，土地使用成本和稅收是由政府收取。土地是由政府壟斷經營的，稅收具有強制性的。這就天然地決定了中國的房地產市場注定是很不完全的市場。從經濟學的角度來看，很不完全的市場是不可能完全自發地實現資源有效配置的。這也就注定了政府對於中國房地產市場發展應該是有所作為的，關鍵是如何作為。

2010年4月，國務院出抬的《關於堅決遏制部分城市房價過快上漲的通知》被稱作「史上最嚴厲」的樓市調控政策。接下來，從「國四條」「國十條」到全面叫停銷售定金，加強廉租房建設政策，再到規範二套房認定標準等，涉及房地產市場的土地供應和開發、信貸、稅收、融資、購買、保障等多個環節。「限購令」「限囤令」不一而足。2011年，各地政府又提出了當地的房地產調控目標，絕大多數城市將漲幅定在10%，或與當地國內生產總值增速和居民人均可支配收入漲幅掛勾。調控措施最嚴厲的北京市，提出房價控制目標較2010年穩中有降。從目前的情況來看，全方位的調控舉措並未產生預期的效果。為什麼政府的調控政策達不到預期的效果，因為在中國房地產市場，政府既是參與者，又是監管者；政府既想控制房價，為老百姓謀福利，又想從這個市場獲利，因此出抬政策往往不得要領，執行起來更是「羞羞答答」。

筆者認為，中國必須通過完善政府治理來遏制房價上漲。具體可以採取以下舉措：

第一，在土地的政府壟斷在短期無法改變的情況下，通過控制土地拍賣價格達到控制房價的目的。要控制房價上漲的幅度，必須先控制地價上漲的幅度，在控制地價的基礎上控制房價，可以在進行成本核算的基礎上明確某個城市的某個區域，甚至某個樓盤的最高房價不能超過某

個價格。如果房價上漲的幅度與國內生產總值掛鉤，地價上漲的幅度應該不超過當地居民收入上漲的幅度。這樣不僅能降低房地產的成本從而達到降低房地產價格的目的，而且能改變老百姓對土地價格不斷上漲從而導致房價上漲的預期，從源頭上抑制投機。

第二，政府要嚴格控制貨幣發行。從歷史上看，自金本位制結束之後，全世界的貨幣發行都是由政府控制的。如果說金本位還是自發的市場力量決定著貨幣的發行，那麼法定不兌換貨幣的發行量總是由中央貨幣當局來決定的。貨幣主義認為，如此集中的貨幣發行權是對貨幣和價格總水平穩定的一個體制性威脅，因為行政當局很可能為了某種短期的好處而錯用、濫用貨幣發行權。因此，中國人民銀行貨幣政策委員會必須保持相對獨立性，中央政府應該不要干預貨幣政策，從而確保貨幣政策的獨立性。地方政府不應該干預商業銀行的信貸行為，不能指使商業銀行為一些項目貸款。商業銀行的信貸活動應該完全由商業銀行基於項目風險與收益的判斷來做出決定。

第三，對於外匯儲備快速增加引起的流動性增加，我們要靠轉變經濟發展方式來應對，要由過分依賴出口拉動經濟增長轉變為擴大內需拉動經濟增長，這就需要加快推進中國的城鎮化進程、改善收入分配制度、完善公共服務體系、縮小貧富差距等，這也需要完善政府治理。

第四，要加快推進法治化進程，加強對行政權力的監督和約束，堅決打擊房地產市場上政府官員的權力設租和尋租及腐敗行為。行政權力本身也是一種公共資源，因為掌握權力的人員可以利用行政權力來干預收入分配、資源配置和各種社會經濟活動，通過濫用權力侵害其他社會成員的利益。很多房地產市場的腐敗和權錢交易都源於土地的國家壟斷經營及一部分政府官員擁有對土地交易的控制權。這就需要一方面要逐步改變土地的國家壟斷經營，另一方面要提高土地交易的透明度，加強對行政權力的監督和約束，防止行政權力在土地交易和房地產開發審批等環節的尋租及腐敗行為，依法對犯罪行為進行嚴懲。同時，我們要致力於靠健全制度、靠社會公眾的監督保持政府的自身健康。這就需要推進政治管理體制改革，建立一套嚴格、合理、公開、透明的制度及管理方式，形成一個在陽光下運作的政府。

第五，完善政府治理的關鍵是要轉變政府職能，厘清政府的邊界。各級政府要逐漸完全退出經營性和準經營性領域，將有限的財力用於民

生和公益項目。公共財政就不能投資經營，也不應該用於投資，更不能搞房地產開發、與民爭利。這就需要徹底改變以國內生產總值為中心的官員激勵機制。在房地產開發市場，政府必須完全退出，要嚴禁政府成立公司直接或間接涉足房地產開發。

　　第六，要下決心治理收入分配不公、貧富差距懸殊問題。據美林機構研究表明，中國富豪人數已經排名全球第四，中國不到1%的家庭控制了高達60%的社會財富，形成了畸形的社會結構，並由此形成了畸形的房地產需求結構。少部分人擁有多套、幾十套乃至上百套高檔住宅，而很多老百姓「望房興嘆」，為沒有一個安身之處而發愁。中國的貧富差距已經很大，而關鍵還是有的人富得沒有理由，有的人窮得沒有道理，這就極易刺激老百姓的情緒和挫敗感。貧富差距懸殊與政府治理存在密切的聯繫，因為一部分富人的財富正是靠其利用手中權力在經濟領域進行尋租、靠特權對國家財產進行掠奪而獲得的，這在中國房地產市場發展過程中更是表現得淋漓盡致。這些年來房地產開發過程中出現的不勝枚舉的腐敗案就是明證。政府在致力於縮小貧富差距時，不能把著眼點僅放在增加低收入者收入上，而應該反躬自省，努力建立一個公正的制度，杜絕凌駕於法律之上的特權，推進市場化改革，鏟除尋租活動的基礎，打破對競爭性領域的行業壟斷，嚴懲腐敗，為每個公民創造更多公平的機會。

第六章　改革開放與中國經濟轉型

第一節　中國當前金融改革與開放的幾個問題

　　利率市場化、匯率形成機制改革、資本帳戶開放與人民幣國際化是中國當前金融改革與開放的四個熱點問題。利率市場化和匯率形成機制改革是中國金融改革的重要內容；資本帳戶開放和人民幣國際化是中國金融開放的重要組成部分。四者的邏輯順序以及對中國經濟的影響如何？本書試圖對這一問題進行探討。

一、利率市場化、匯率形成機制改革、資本帳戶開放與人民幣國際化的邏輯順序

　　利率市場化會使國內的利率逐漸由市場信貸的供需決定，從而使中國人民銀行的利率工具的傳導更加有效。中國人民銀行的貨幣政策工具可從依賴控制貨幣發行總量到由調節利率為主。這種貨幣政策調控工具的變化也為人民幣國際化奠定了基礎。

　　匯率形成機制改革就是要增強匯率的靈活性，按照 2011 年中國人民銀行貨幣政策執行報告的表述是繼續按主動性、可控性和漸進性的原則，進一步完善人民幣匯率形成機制，重在堅持以市場供求為基礎，參考一籃子貨幣進行調節，增強人民幣匯率彈性，保持人民幣匯率在合理均衡水平上的基本穩定。

　　資本帳戶開放就是一國在國際往來中反應金融資產和負債變化的金融交易項目的開放。資本帳戶可兌換是指任意資本（無論投資國內資本

市場還是投資國外資本市場），可以自由兌換成該國貨幣資本。根據國家外匯管理局（2009）的評估，在7大類40項資本項目交易中，中國有5項實行了可兌換，8項基本可兌換，17項部分可兌換，還有10項不可兌換。目前中國在借用外債、跨境證券投資和中資機構對外貸款、直接投資等重要資本項目上，仍然存在比較嚴格的管制。

人民幣國際化，就是要使人民幣逐步成為貿易和資本項下的結算貨幣、金融交易項下的計價貨幣、國際儲備項下的核心貨幣。人民幣國際化是一個過程，是中國綜合實力逐步提高的過程。能夠做到人民幣基本自由兌換，就是在向國際化邁進，國際貨幣的幾個職能做到了，應該說人民幣就基本國際化了。人民幣國際化體現了中國經濟體系與金融體系的穩健。

在利率市場化、匯率形成機制改革、資本帳戶開放和人民幣國際化中，利率市場化是重中之重。負利率的影響、民間高利率泛濫以及中小企業借款難等問題疊加，導致2011年市場對利率市場化改革的呼聲漸高，利率管制成為民間金融亂象的原因之一，這就要求利率市場化。利率市場化在中國當前處於一個比較核心的地位。為保證銀行的「特許權價值」，利率市場化的排列順序應該首先是貸款利率、然後是長期存款利率，最後才是短期存款利率，這樣利差才可以逐漸降低，同時可以避免倒置收益曲線，避免借款的期限結構向短期靠攏。中國利率市場化改革經過10餘年漸進過程，已完成貸款和短期市場利率的改革。下一步改革的核心是取消存款利率上限。這樣可以讓資金能夠在金融體系中實現有效的流轉，從而實現基於流動性、政策預期以及市場供需的市場利率體系。

在當今的國際貨幣體系下，美元霸權導致美元不負責任，對中國經濟的穩定增長是不利的，因此人民幣必須要「走出去」，要用人民幣來結算。人民幣要「走出去」、要國際化，前提是人民幣可以自由兌換。而人民幣自由兌換，意味著資本帳戶要開放。在目前資本帳戶還不能開放到位的情況下，建立人民幣離岸市場是實現人民幣國際化的重要一步。目前，人民幣離岸市場最適合的地點就是放在中國香港。2010年，香港金管局與中國人民銀行關於人民幣離岸中心建設的相關文件為香港迅速確立其人民幣離岸中心地位提供了條件。隨後的一年半時間內，香港人民幣存款上升了數十倍，並超過6,000億元，儘管這一數字與內地

人民幣存量相比，規模仍然偏小，但不可否認，香港人民幣業務開始吸引更多的投資者和參與者，很多銀行也將跨境人民幣業務作為未來業務發展的重點之一。

香港人民幣離岸市場形成的背景與歐洲美元離岸市場形成的背景是不一樣的。在美國有關監管制度下，美國本土市場看到歐洲市場有利可圖，就將一些美元放到歐洲去了。另外，在美蘇「冷戰」時期，蘇聯不敢把賺到的美元存到美國，就放到歐洲市場上去了，歐洲美元市場是在這樣的背景下自然形成的。香港人民幣離岸市場是為了人民幣國際化建立的一個市場。香港搞人民幣離岸市場，就有一個人民幣回流的問題。回流有各種各樣的辦法，如合格境外機構投資者（QFII）是一種辦法，還有就是鼓勵中國的機構，像國家開發銀行、財政部在香港發行人民幣債券。由於香港的利率低，上述機構都去香港發債券，這種市場化行為如果不加以控制，就無法控制國內信貸規模。在中國目前利率雙軌制下，貨幣政策的傳導可分為價格渠道和數量渠道，而不像發達經濟體中數量和價格信號可以合二為一。如果大量的人民幣回流，控制信貸規模的貨幣政策工具的作用就會大打折扣，這就需要利率這種價格渠道更好地發揮作用，這又需要利率市場化。現行的利率市場化的思路可以表述如下：先貨幣和債券市場，再儲蓄和信貸市場；先外幣市場，再本幣市場；先貸款利率，再存款利率；先長期利率，再短期利率（PBC, 2005）。上述改革，有些在 2004 年後已經實施，如貨幣和債券市場利率已經基本市場化，現在關鍵是如何實施存貸款利率市場化改革。在利率雙軌制下，由於目前銀行業仍然在中國金融體系中占主導地位，存款利率上限如同一座大山，把中國正規金融體系的整體利率水平壓在一個較低的水平（相對於市場均衡利率）。只要存款利率上限仍然低於均衡利率水平，信貸額度控制就是限制信貸過度需求（或供給）的必須工具。貸款利率下限也限制了銀行間的競爭從而保證了銀行的整體利潤和穩定性，不利於中國商業銀行競爭力的提升。因此，利率市場化可以使資本要素價格扭曲逐步得到糾正，從而提高中國經濟的整體運行效率。

利率管制與人民幣國際化的方向是不相匹配的。人民幣一旦國際化，對人民幣的需求的一部分就會來自外國投資者，屆時再將貨幣政策的操作目標定位於貨幣供應量（M_2）的增長就不合適了。在國際化的條件下，操作目標應該轉向利率，政策利率應該成為主要的調控工具。

但如果政策利率無法傳導，則這個貨幣政策操作目標的轉型就無法完成，人民幣國際化的進程就會受到限制。

人民幣國際化離不開對可供國際投資者參與的、活躍並具有足夠規模的人民幣計價金融產品交易市場，尤其是債券和票據市場。目前，中國債券市場不發達，市場規模小且人為分割、流動性低、產品結構不完善。由於缺乏深度和流動性強的國內債券市場，難以起到調節資金流動的「蓄水池」的作用。債券市場發育很大程度上與利率市場化有關。中國目前處於利率雙軌制下，銀行體系中被管制的存貸款利率和基本由市場決定的貨幣和債券市場利率共存。利率雙軌制是中國漸進式改革的一部分，也是理解中國債券市場不發達的關鍵。

人民幣國際化又要求資本帳戶開放。在資本帳戶開放的情況下，國際資本流動的變化將可能導致國內資本市場和宏觀經濟的較大波動。此外，國內債券市場發展滯後還可能導致資本帳戶開放後國內企業傾向於在海外發債融資，增加了債務的貨幣和期限錯配的可能性。資本市場開放需要利率市場化的配套改革，如果利率沒有由市場決定，則有可能大幅偏離市場均衡水平，最終誘發大規模的跨境資本流動，衝擊經濟與金融的穩定。

資本帳戶開放本身就是中國金融開放的重要內容，而利率市場化和人民幣國際化都會促進中國金融開放。實現人民幣資本項目可兌換將有利於我們更有效地利用國內國外兩個市場和配置國內國外兩種資源，是實現「走出去」戰略的重要保證。目前，中國資本帳戶開放已取得較大進展。改革開放以來，中國漸進地推進資本帳戶開放。1993年，中國明確提出中國外匯管理體制改革的長遠目標是實現人民幣可自由兌換。2003年，黨的十六屆三中全會通過《中共中央關於完善社會主義市場經濟體制若干問題的決定》，進一步明確在有效防範風險的前提下，有選擇、分步驟放寬對跨境資本交易活動的限制，逐步實現資本項目可兌換。2010年10月，黨的十七屆五中全會決定，將「逐步實現資本項目可兌換」目標寫入「十二五」發展規劃。近年來，中國資本帳戶開放步伐明顯加快。2002—2009年，中國共出抬資本帳戶改革措施42項。外匯管理已由「寬進嚴出」向「雙向均衡管理」轉變，逐步減少行政管制，逐步取消內資與外資企業之間、國有與民營企業之間、機構與個人之間的差別待遇。

幣值穩定是人民幣國際化的基礎。幣值穩定有兩層含義，一層含義是對外幣值穩定，即實際匯率穩定，人民幣實際匯率不能有明顯的升值或者貶值趨勢；另一層含義是對內幣值穩定，即穩定且較低的通貨膨脹率。對外與對內兩方面的幣值穩定是聯繫在一起的，會相互影響，對外幣值不穩會導致國內物價不穩。固定匯率本質上就是不穩的。兩個國家的生產率不同，將持續改變兩種貨幣的相對幣值，任何事先確定的固定匯率水平都將隨著時間的變化而出現幣值扭曲。由於生產率的變化難以預測，且難以迅速準確地測量，人為地制定一個匯率水平本來就是很難的事情。固定匯率的好處是匯價穩定，有利於促進國際貿易，壞處是由於匯價不能隨時調整，過一段時間就可能會產生匯率扭曲，影響經濟績效。相比較而言，浮動匯率的好處是市場可以匯集各種與幣值有關的信息，不斷調整匯價，防止匯率的過度偏離形成單邊的升值或者貶值預期。浮動匯率付出的代價是匯價時刻都在波動當中，企業需要對沖外匯波動的風險。但是正是這種時時刻刻的匯率管理，幫助匯價實現大方向上的穩定，從而實現人民幣幣值穩定。在人民幣升值預期顯著的情況下推動人民幣國際化，不但會助長人民幣升值預期的套利行為，造成幣值升值的財務損失，而且不利於在長期內形成真正的人民幣國際化。因此，匯率形成機制市場化改革有利於促進真正的人民幣國際化。

在人民幣國際化和資本帳戶開放的情況下，要求提高匯率的靈活性，以防止大量的資金流入、產生通貨膨脹壓力和資產泡沫，最終逼迫人民幣匯率大幅升值，導致對實體經濟和金融業的巨大衝擊。2012年4月14日，中國人民銀行出抬人民幣匯率新政，加大人民幣交易波動區間，從此前的±0.5%放寬至±1%。作為與美國經濟週期非常不同的發展中大國，中國的貨幣政策必須要有充分的獨立性。由於在經濟和金融全球化條件下資本管制必然失效，所以從蒙代爾的「三角悖論」來說，我們也只能選擇有彈性的匯率和開放的資本市場。在人民幣單邊升值趨勢漸弱的大背景下，中國能夠逐步獲得貨幣政策的獨立性，同時限制資本流動的必要性也開始降低，這為中國進一步推進資本帳戶開放提供了更好的機會。溫州金融改革也提出了一系列鼓勵資本外流的舉措，近期的合格境外機構投資者（QFII）和人民幣合格境外機構投資者（RQFII）額度大幅增加，也表明了鼓勵資本「雙向流動」的大方向。資本「雙向流動」又需要資本帳戶的進一步開放和人民幣的可自由兌

換，同時資本「雙向流動」對於人民幣國際化意義深遠。

此外，人民幣國際化的長遠目標是使人民幣成為國際儲備貨幣，給世界多一個儲備貨幣的選擇。基於儲備貨幣的分散化原則，人民幣與美元的相關性也應該大大減弱。如果人民幣還繼續基本盯住美元，國際儲備管理者是沒有興趣持有人民幣的。

人民幣國際化是一個長期的過程，尤其是在放開資本帳戶管制和人民幣實現資本帳戶可兌換之前，人民幣很難在國際貿易和金融活動中發揮重要的交易媒介和儲備作用。但是我們又不能等到利率市場化、匯率市場化、資本帳戶可兌換之後，才去推進人民幣國際化，因為推進人民幣國際化並非我們的主觀臆想，而是順應市場的需求。既然是順應市場的客觀需求，就不能嚴格地設定先後順序，而應該交叉進行、相互促進。

在我們熱議資本帳戶開放和人民幣國際化時，巴西、南非和韓國等國卻在不斷推出資本管制措施，曾經對資本管制持懷疑態度的國際貨幣基金組織（IMF）也把資本流動管理納入宏觀審慎管理的政策建議之中。但是我們必須認識到中國與巴西、南非和韓國等國的不同，從資本帳戶管制的現狀來看，巴西、南非的資本帳戶管制程度都比中國低，韓國更是20國集團（G20）中資本帳戶管制程度最低的國家。中國是20國集團中資本帳戶管制最多的國家。因此，我們必須推進資本帳戶開放。中國目前已經是全球第二大經濟體，人民幣具有成為國際儲備貨幣的潛力。中國利率市場化、資本帳戶開放和人民幣國家化都應該朝著人民幣成為國際儲備貨幣的方向而努力，但開放資本帳戶也並不意味著人民幣成為國際儲備貨幣。目前，全球流動性擴張反應了美、英、日、歐壟斷儲備貨幣的地位。中國資本帳戶開放的進程與成敗關係到中國能否打破儲備貨幣壟斷局面。

在中國學術界影響較大的觀點是「先內後外」，即利率市場化、匯率形成機制改革完成後，才能搞資本帳戶開放和人民幣國際化，人民幣國際化應該是最後一項。事實上，人民幣國際化現在進展很快。為什麼現實與理論存在這樣大的差距呢？我們必須搞清楚「先內後外」的理論基礎。「先內後外」的理論基礎是什麼呢？就是蒙代爾的「三角悖論」和利率平價理論。我們認為，這兩個理論具有一定的局限性，並不完全適合中國目前的實際情況。「不可能三角」是指固定匯率、資本自

由流動和貨幣政策有效性三者只能選其二。使用這個理論來分析中國當前的實際情況至少有兩個局限性。資本完全自由流動（或完全管制）、固定匯率制（或浮動匯率制）和貨幣政策有效（或無效），這「三角」的絕對狀態並非常態，實際中往往並不是極端的，而是存在大量的中間狀態。中國目前的資本流動和匯率管制就是中間狀態，在中間狀態下，三者可以有條件地成立。此外，我們還要注意到中國作為一個大國的特殊國情。在小國經濟中，一個國家的匯率甚至利率在很大程度上是受國際資本流動影響的。大國經濟規模大，其貨幣政策能對其他國家的政策選擇產生較大影響。儘管目前中國的貨幣政策對世界的影響沒有美國大，但這種影響在不斷加強。利率平價理論的局限性在於大國國內資金一般要遠遠多於套利資金，利率和匯率及其變動基本不取決於套利資金的流動，而主要受國內經濟金融條件的影響。此外，市場並不總是那麼有效，使得利率平價理論未必符合中國的實際情況。

我們認為，資本帳戶開放與利率市場化、匯率形成機制改革、人民幣國際化並不存在簡單的先後關係，在很大程度上是互相依賴、協調推進的。在目前的匯率和利率機制下，過快、過大開放資本帳戶，可能使中國陷入高外匯儲備、高貨幣供應量和高通貨膨脹壓力的怪圈。因此，在開放資本帳戶的同時，必須積極穩妥地推進利率市場化、匯率形成機制的市場化改革。與此同時，中國還需要在以下幾個方面加快金融改革和開放的步伐：一是應該加快深化金融體系的市場化改革，推進金融機構的市場化營運，減少或取消對金融機構和企業的隱性擔保；二是要發展現代化的金融基礎設施。修改和完善金融立法框架，完善金融監管框架，建立宏觀審慎監管體系，以應對系統性風險；三是推動金融市場的發展以降低經濟體系對銀行的過度依賴，打破行業壟斷，促進競爭。中國金融改革與開放的每一個方面既不能單兵突進，也不能過分強調簡單的先後順序，更不能期盼一蹴而就，而應該在條件基本成熟的情況下，協調、漸進推進，這就是中國金融改革與開放的邏輯順序。

二、中國金融改革與開放的邏輯順序對中國經濟的影響

第一，利率市場化在中國當前處於一個比較核心的地位。利率市場化有利於更好地發揮金融體系在中國各種資源中的配置作用。市場化的利率環境下，社會儲蓄向社會投資的轉化會更有效率，資源配置也會更

加優化，對經濟持續健康發展有積極的促進作用。

利率市場化將加大金融機構的盈利難度和面臨的風險，降低其特許權價值。這意味著金融機構內部風險控制和監管水平需要實現動態上升，並為未來進一步改革提供良好的制度基礎。利率市場化帶來的環境變化，將對商業銀行的經營管理、業務發展和盈利能力產生深遠的影響。商業銀行在利率市場化之後就必須做到自主定價，這不僅包括貸款的自主定價，還包括負債業務（如吸收存款）的自主定價。這對商業銀行會形成較大的市場壓力。這就要求商業銀行提高風險定價能力、利率風險管理能力和產品創新及差異化服務能力。利率市場化在中國當前處於一個比較核心的地位。

第二，匯率市場化從短期來說就是提高人民幣匯率的靈活性，使其保持合理的匯率水平，避免一旦資本帳戶開放，巨大的資金流入產生通貨膨脹和資產泡沫，最終迫使人民幣匯率大幅升值，導致對實體經濟和金融業的巨大衝擊。提高人民幣匯率的靈活性將使中國資本帳戶開放和人民幣國際化面臨更少的掣肘。

第三，資本帳戶是否開放，一直是困擾發展中國家的一個重要政策問題。從國際範圍來看，絕大部分發達國家的資本帳戶是開放的。對於發展中國家，早期的理論認為，開放資本帳戶可以為其帶來充足的資本，有利於分散風險，可能促進國內金融體系以及相關制度的完善，因此有利於經濟增長。但實證研究發現這一結果並不一定存在，而且資本帳戶開放還可能帶來較大的經濟風險。當前，中國正處於資本帳戶開放的戰略機遇期。開放資本帳戶主要有以下幾個方面的好處：一是有利於中國企業對外投資，也有利於購併國外企業，獲取技術、市場和資源便利，提高中國企業可持續競爭能力。現在國際上一大批優秀企業需要借助中國的資金和巨大的市場獲得發展，而中國的企業則需要借助國際企業的技術和營業網絡提升自己的水平並打開國際市場，這為中國企業走出去，尤其是海外併購提供了巨大的機會和空間。二是有利於推動跨境人民幣使用和香港人民幣離岸中心建設，推進人民幣國際化。三是有利於中國經濟結構調整，化解當前中國高儲蓄、高投資、產能過剩以及消費水平偏低等經濟運行中的突出矛盾。

資本帳戶一旦開放，資本流入和流出會大大超過目前的規模，國際金融產品的複雜性和多變性也將遠超過目前國內的水平。這就對中國商

業銀行的風險管理能力形成很大的挑戰，對中國資本市場會形成一定的衝擊。資本帳戶開放意味著匯率和利率形成以及波動機制的系統性變革，這就要求商業銀行大幅提升資產負債長期搭配、定價、外匯頭寸等方面的管理能力。

第四，人民幣國際化有利於減少中國貿易和投資的交易成本，有利於中國及時把握全球的投資機會，增加國內金融改革的動力，獲得在國際金融體系中的話語權，提高參與國際金融游戲規則制定的影響力。人民幣國際化有利於化解中國企業「走出去」的匯率風險。近年來，中國的對外投資發展迅猛，要求進一步推動人民幣國際化進程，擴大跨境人民幣結算範圍，擴大人民幣在跨境投融資中的作用，穩步推進人民幣資本項下可兌換，以化解企業「走出去」的匯率風險。人民幣國際化的最終目標是成為國際儲備貨幣，不但可以取得鑄幣收入，還可以降低國際儲備貨幣「美元獨大」導致的風險和波動等。

第二節　人民幣匯率制度改革與中國經濟

一、人民幣匯率制度改革的簡要回顧與評析

世界上沒有十全十美的匯率制度，固定匯率制度與浮動匯率制度各有優劣。一個國家是選擇固定匯率還是浮動匯率要綜合考慮多種因素，包括這個國家經濟體在世界經濟中的地位、經濟發展的階段、經濟發展的狀況、對外貿易發展的情況、金融體系的完善程度等國內因素以及經濟全球化程度、金融全球化水平、國際金融市場環境等外部因素。就連著名經濟學家、2008年諾貝爾經濟學獎獲得者、美國普林斯頓大學經濟學教授保羅・克魯格曼在匯率制度的認識上也存在前後不同的觀點，正如其自己所言：「在我職業生涯的大部分時間裡，我相信自由浮動匯率是能夠實現的最好的匯率制度。匯率浮動在宏觀經濟層面的好處是顯而易見的，我在第一講中已經強調過這一點了。而且，匯率由政府酌情決定而非由市場自行調節的國際貨幣體系遭遇了一些眾所周知的失敗，這也對我生產了強烈影響。目前，我已經改變了想法。基於我對浮動匯

率實際運作情況的看法,我現在讚成最終回到一個可以酌情調整、相對比較固定的匯率制度。」①

普遍認為,固定匯率制度的主要優點有二:其一,有利於抑制通貨膨脹。根據「名義錨」理論,當出現國際收支逆差的時候,貨幣當局面臨兩種選擇,即降低國內通貨膨脹率或使名義匯率貶值。國內通貨膨脹率的下降將導致實際匯率的下降,從而恢復國際貿易平衡。使名義匯率貶值也能達到相同的效果,但名義匯率的貶值將導致物價水平的進一步上升。貨幣當局往往願意採取後一種政策,因為從短期來看,後一種政策的實行相對比較容易。實行固定匯率政策將使貨幣當局不得不努力降低通貨膨脹率,從而使其反通貨膨脹政策變得更具有可信性。其二,保持匯率穩定可以增加經濟的確定性,從而推動經濟的發展。但是固定匯率也有其嚴重的缺點。一個國家的競爭力是會隨著該國相對於其貿易夥伴的物價水平的變化而變化的。名義匯率可以保持不變,但實際匯率(考慮到相對物價水平的匯率)是無法保持不變的。實際匯率的變動將導致「匯率的錯位」並進而導致國際收支失衡和貨幣危機或資源的錯誤配置。

浮動匯率制度的優點是浮動匯率制度具有強大的抵禦國際投機資本衝擊的能力。在20世紀90年代,發生貨幣危機的國家基本上都是實行固定匯率制度的國家(絕大多數都是盯住美元的固定匯率制度);反之,實行浮動匯率制度的國家基本上都未發生貨幣危機。根據公認的經濟理論,在固定匯率、資本自由流動和獨立的貨幣政策三者之中,只能取其二。作為一個大國,毫無疑問,中國必須保持獨立的貨幣政策。同時,中國已經選擇了逐步實現資本項目自由化的道路。在這種情況下,中國放棄固定匯率,讓人民幣與美元脫鈎而自由浮動就成為必然的選擇。但是在目前和今後相當長的時期內,由於中國金融體系的脆弱性,以及經濟結構和經濟體制上的一系列問題,中國經濟還無法承受匯率的巨大波動。換言之,在目前和今後相當長的時期內,中國還不具有實行自由的浮動匯率制度的條件,因而實行有管理的浮動匯率制度,是中國現在的最佳選擇。

---

① 保羅・克魯格曼. 投機敗局——克魯格曼談不穩定匯率 [M]. 劉煜輝, 譯. 北京: 中信出版社, 2010.

中國實行有管理的浮動匯率制度正式啓動於 1994 年的匯率並軌。1994 年 1 月 1 日，人民幣官方匯率與調劑匯率並軌，正式開始實行以市場供求為基礎、單一的、有管理的浮動匯率制度，其中特別提到要實行單一的匯率制度，改變了 1994 年以前中國實行的雙重匯率制度，將官方匯率與因外匯留成而形成的外匯市場調劑和交易的匯價統一起來。人民幣事實上盯住美元的匯率制度是中國政府應對 1997 年東亞金融危機的臨時性措施。在東亞金融危機結束之後，由於人民幣與美元脫鉤可能導致人民幣升值，不利於出口增長，中國政府並未改變人民幣事實上盯住美元的狀況。2002 年年底開始，日本和美國先後發難，要求人民幣升值。與此同時，由於中國貿易順差持續增加，國際資本市場形成強烈的人民幣升值預期，投機資本開始加速流入中國。東亞金融危機的一個重要教訓是固定匯率制度不利於經濟調整，難以抵抗國際投機資本的大規模攻擊。

恢復有管理的浮動匯率制度是中國政府的既定方針，2005 年匯率制度改革是 1994 年匯率制度改革的延續。從 2005 年 7 月 21 日起，中國對有管理的浮動匯率制度進行進一步完善，實行以市場供求為基礎，參考一籃子貨幣進行調節，有管理的浮動匯率制度。有管理的浮動匯率制度的框架和內涵不斷得以完善，主要表現在：一是動態趨向合理均衡匯率水平的機制逐步形成，匯率浮動的區間逐步擴大，2005 年匯率制度改革時人民幣對美元日波幅是 0.3%，2007 年擴大至 0.5%。市場主體開始通過國際收支、外匯供求等因素動態「尋找」合理均衡的匯率水平。二是匯率定價更加依照市場供求關係。1996 年年底人民幣經常項目實行可兌換，2001 年以來直接投資、證券投資、跨境融資等資本流動渠道逐步拓寬，外匯供求關係逐步理順，貿易投資和個人持有和使用外匯更加便利，外匯供求關係逐步在市場中得到充分體現。三是匯率形成的市場機制不斷完善。根據對外貿易和投資日益多元化的格局，匯率水平逐步從單一盯住美元到參考一籃子貨幣進行調節。

對於人民幣應該選擇固定匯率制還是浮動匯率制，各國學者也是見仁見智。2005 年 7 月 21 日，當中國人民銀行宣布人民幣匯率體制調整時，在國際上就引起了很大的反響。為國內讀者所熟悉的斯坦福大學著名金融經濟學家羅納德・麥金農此後不久在《華爾街日報》發表文章，對該次改革提出了許多批評意見。羅納德・麥金農認為東亞地區這種集

體性美元盯住制確保了匯率的穩定性以及價格水平調整的一致性，並由此促進了地區相互貿易和投資的迅速和有效率的增長。在固定匯率下，中國的國內生產總值和生產率的高速增長尤其引人矚目。著名華裔經濟學家，長期研究中國經濟問題的美國普林斯頓大學教授鄒至莊卻持不同的觀點，他認為中國過去實行的盯住美元的固定匯率制與中國國內生產總值的快速增長之間沒有因果關係。他還認為人民幣升值有利於降低通貨膨脹率。

目前，中國恢復實行的有管理的浮動匯率制度本身也存在許多問題。例如，在存在升值壓力的時候，匯率會立即上升到浮動區間的上限，而升值壓力可能依然存在。在對中心匯率或浮動區間進行調整之後，匯率會立即上升至新的上限。當存在貶值壓力的時候，匯率將會以類似的方式下降到浮動匯率的下限。由於有管理的浮動匯率制度無法妥善解決匯率的預期問題，一些經濟學家主張，要麼實行發鈔局制度，要麼實行完全自由的浮動匯率制度，其他處於兩極之間的匯率制度是不可取的。對於中國來說，實行固定匯率制度和實行完全自由的浮動匯率制度都是不可取的，尤其是在後危機時期，中國出口增長受到較大衝擊的時候，有管理的浮動匯率制度便於逐步釋放人民幣升值的壓力，減少匯率過度波動對經濟帶來的巨大衝擊，並使金融機構和企業獲得進行調整的時間，以適應匯率變化造成的影響，又可保持貨幣政策的獨立性。

二、人民幣匯率制度改革與人民幣升值

匯率問題主要包含兩個方面，即匯率水平決定（升值還是貶值）和匯率制度選擇。這兩個問題又是密不可分的。在改革開放前的20世紀70年代，中國實行盯住由十幾種主要貨幣構成的貨幣籃子的有管理的浮動匯率制度。[①] 在改革開放之後，中國實行以維持出口產品競爭力為目標的多種匯率制度。人民幣事實上盯住美元的匯率制度是中國政府應對1997年東亞金融危機的臨時性措施。在東亞金融危機結束之後，由於人民幣與美元脫鈎可能導致人民幣升值，不利於出口增長，中國政府並未改變人民幣事實上盯住美元的狀況。2002年年底開始，日本和美國先後發難，要求人民幣升值，與此同時，由於中國貿易順差持續增

---

① 賀力平. 人民幣匯率體制的歷史演變及其啟示 [J]. 國際經濟評論，2005 (7-8).

加，國家資本市場形成強烈的人民幣升值預期。

那麼人民幣匯率制度與人民幣幣值決定之間到底存在什麼樣的關係呢？

在盯住美元匯率制度下，無論外匯市場上美元對人民幣的供求關係如何，也無論美元對世界其他主要貨幣匯率的變動如何，人民幣兌美元的匯率是事先確定的 1 美元兌換 8.27 元人民幣。如果在這一匯率水平下，對人民幣而言，美元的供應大於需求（人民幣的供應小於需求），中央銀行就會買進美元，賣出人民幣，使美元兌換人民幣的匯率保持在 1 美元兌換 8.27 元人民幣的水平上。

在盯住一籃子貨幣匯率制度下，人民幣兌美元的匯率同外匯市場上美元對人民幣的供求關係也同樣沒有直接關係，但是會受美元中其他貨幣匯率變動的影響。所謂「貨幣籃子」或「一籃子貨幣」，是指通過某種方式聯繫在一起的多種貨幣。在盯住一籃子貨幣的匯率制度下，一籃子貨幣通常是多種貨幣的加權之和。在盯住一籃子貨幣匯率制度下，由於貨幣籃子的價格（或價格指數）以及權重是事先給定的，人民幣對各種貨幣匯率的變化由貨幣籃子中各種貨幣之間匯率的變化決定。匯率制度實際上是由有關中央銀行干預（或不干預）外匯市場的一整套行為準則。在盯住一籃子貨幣的匯率制度下，貨幣籃子的本幣價格（或價格指數）和權重是給定的。但是由於貨幣籃子中各種貨幣的相對匯率經常發生變化，本幣對這些貨幣的匯率也應該相應變化，由此貨幣籃子的本幣價格才能保持穩定。在盯住一籃子貨幣的匯率制度下，中央銀行同樣需要對外匯市場進行干預，其盯住的目標是貨幣籃子的價格，即事先確定的名義有效匯率。

中國 2005 年 7 月 21 日宣布執行的「以市場供求為基礎、參考一籃子貨幣進行調節、有管理的浮動匯率制度」同典型的盯住一籃子貨幣匯率制度有很大的不同。新匯率制度參考一籃子貨幣，可以看作處於單一盯住美元匯率制度和盯住一籃子貨幣匯率制度之間的一種過渡形式。「參考」而不是「盯住」意味著中央銀行不一定會根據一籃子貨幣給定計算公式來確定人民幣兌美元和其他貨幣的匯率水平。「參考」而不是「盯住」，在給予貨幣當局更多決定匯率水平靈活性的同時，匯率的靈活性是否會增加取決於中央銀行在維持有效匯率穩定和維持美元穩定兩個目標中的偏好。新匯率制度的第二個重要特點是對人民幣兌美元的匯

率變動設定了一個區間，每日銀行間外匯市場美元對人民幣的交易價格仍在中國人民銀行公布的美元交易中間價上下 0.3% 的幅度內浮動，非美元貨幣對人民幣的交易價在中國人民銀行公布的該貨幣交易中間價上下一定幅度內浮動。新匯率制度的第三個重要特點是存在一個人民幣兌美元匯率逐漸上浮的機制。根據中國人民銀行 2005 年 7 月 21 日的聲明，中國人民銀行每個工作日閉市後公布當日銀行間外匯市場美元等交易貨幣兌人民幣匯率的收盤價，作為下一個工作日該貨幣兌人民幣交易的中間價格。如果由於美元對日元和歐元的貶值，人民幣兌美元升值超過 0.3%，下一個工作日人民幣兌美元交易的中間價格就會上升 0.3%。這種升值機制的引入，必然導致貨幣籃子參數的不斷調整，但並不必然導致人民幣的不斷升值。只有當美元對其他主要貨幣持續貶值時，這種機制才意味著人民幣兌美元的匯率有可能在不長的時間內明顯升值。

　　那麼日本和美國認為人民幣幣值低估，要求人民幣升值的依據是什麼呢？人民幣與美元的匯率水平應該多少更為合理是一個很難說清楚的問題。估算所根據的理論模型不同、計算方法不同，所得出的結果也會存在差異。比較流行的做法是先計算出所謂的「均衡匯率」，然後再確定現實匯率與「均衡匯率」的差額，並由此決定人民幣升值幅度。所謂「均衡匯率」，根據經濟學家納克斯的定義，是指與宏觀經濟內部及外部平衡相一致的匯率水平。內部平衡是指宏觀經濟增長率沒有明顯偏離潛在增長率，而外部平衡是指經常帳戶餘額和資本與金融項目餘額相互抵銷。均衡匯率水平不是一個靜態的概念，一種貨幣的均衡匯率將隨著該國宏觀經濟基本面的變動而變動。事實上，均衡匯率計算見仁見智，對於人民幣匯率的「合理均衡水平」更是眾說紛紜、莫衷一是。但是人民幣幣值低估應該是一個不爭的事實。外匯儲備的快速、持續增加就是證明。因此，可以這樣說，目前實行的「以市場供求為基礎、參考一籃子貨幣進行調節、有管理的浮動匯率制度」是人民幣匯率決定的機制或人民幣升值的機制，「均衡匯率」決定人民幣升值的幅度或水平。

　　因此，普遍認為，人民幣匯率制度改革，即從盯住美元的固定匯率制度改革為有管理的浮動匯率制度必然導致人民幣升值。這裡需要說明的是，目前匯率制度改革只是更加靈活的人民幣匯率制度，或者說是有管理的浮動匯率制度，與完全獨立的自由浮動匯率制度（如美元/日元、

美元/歐元）也有明顯的不同。後者的匯率基本上由市場自由決定，中央銀行只在極罕見的情況下進行干預。自 1973 年布雷頓森林體系解體以來，浮動匯率制 30 多年的實踐經驗表明，浮動匯率過度波動，可能反應了外匯市場的實際情況、投機泡沫和「羊群效應」等因素。

2005 年 7 月，人民幣匯率制度改革，實行了盯住一籃子貨幣，有管理的浮動匯率制度。在 2005 年 7 月匯率制度改革後的 3 年內，人民幣對美元持續升值達 21%。2008 年 7 月後的全球金融危機期間，人民幣中斷了 2005 年 7 月以來的有管理的浮動匯率制度，開始了實際盯住美元的匯率制度。這是在 2008 年國際金融危機以來，全球和中國經濟出現了較大的困難和不確定性的背景下，中國人民幣匯率制度的又一次調整。在此期間，許多國家貨幣對美元貶值，而人民幣匯率保持了基本穩定。人民幣匯率的穩定一定程度上穩定了中國的外需，在政府一系列經濟刺激政策和產業規劃政策的基礎上，中國經濟較快地從低迷中走出，為亞洲乃至全球經濟的復甦做出了巨大貢獻。

2010 年以來，全球經濟進一步復甦，中國經濟形勢回升向好，在各項條件逐漸具備的條件下，2010 年 6 月，中國人民銀行提出要進一步推進人民幣匯率形成機制改革，增強人民幣匯率的彈性，強調人民幣匯率不會進行一次性重估調整，重在堅持以市場供求為基礎，參考一籃子貨幣進行調整。中國人民銀行將繼續按照已公布的外匯市場匯率浮動區間，對人民幣匯率浮動進行動態管理和調節，保持人民幣匯率在合理、均衡水平上的基本穩定，促進國際收支基本平衡，維護宏觀經濟和金融市場的穩定。可以說，此次人民幣匯率制度改革是與時俱進、因勢而變、擇機而動、水到渠成。

三、人民幣匯率制度改革對中國經濟的影響

（一）人民幣匯率制度改革與中國對外貿易

代表外貿依存度的中國進出口總額占國內生產總值的比重從 1978 年的 9.7% 上升到最高的 2006 年的 65% 的水平，比任何大型經濟體都要高（同期美國和日本的外貿依存度約占國內生產總值的 20%~25%）。其中，中國的出口依存度（出口占國內生產總值的比重）也從 1978 年的 4.6% 上升到 2006 年的高點超過 35%，美國和日本的這一比率為 10%~14%。出口占國內生產總值比重高，經常被作為中國經濟增長過度依

賴外需的依據。

在中國官方的立場上，為了避免強勢人民幣對中國出口（以及就業）的打擊，升值必須由中方自行決定、逐步推進而且在可控的情況下實施。將人民幣與一籃子貨幣掛勾的匯率管理措施就是為了讓人民銀行能夠靈活控制人民幣升值過程而設計的，通過製造對美元匯率的雙向波動來遏制投機者賭人民幣升值的單向交易行為。

由於受全球金融危機影響，中國2009年度的出口增長比2008年下降了34%。在2010年前7個月，中國的貿易順差為840億美元，相比2009年同期下降了21.2%。這種大幅下降的局面令中國政府不敢讓人民幣大幅升值，害怕可能對貿易平衡產生長遠影響。[1]

人民幣升值會影響中國的對外貿易是毫無疑問的，這幾乎是大家都知道的常識。但人民幣升值對貿易的影響作用不應被誇大。從2005年6月到2008年8月，人民幣實際有效匯率升值了18.6%，對美元則升值了16%。從2006年到2008年，中國的年度出口增速達到了23.4%，超過進口增速19.7%。

影響貿易平衡的因素很多，匯率因素只是其中之一。對中國來說，全球需求所帶來的收入效應比匯率所帶來的價格效應大得多。中國貿易順差自2008年年末開始的下降，主要是因為全球金融危機後全球增長的放緩以及政府的經濟刺激計劃，而不是人民幣匯率的變化。人民幣匯率制度改革重啓之後，面臨全球經濟復甦受阻的現實以及美歐經濟二次探底風險的上升，以美國為代表的西方國家對於中國貿易順差的批評乃至要求人民幣匯率升值的壓力再次升溫。我們認為，美國不應當寄希望於弱勢美元和人民幣升值來扭轉其貿易不平衡的態勢。對美國來說，貿易不平衡的深層原因不是人民幣匯率低估，也不是強勢美元，而是過度的消費和借債。斯坦福大學著名經濟學家羅納德·麥金農教授也認為，這是一個廣泛流傳的經濟謬論：匯率可以用來控制任何一個國家貿易平衡，即儲蓄與投資之差。其實，美國儲蓄嚴重不足、財政赤字巨大、個人儲蓄極少，而同時中國出現儲蓄「順差」，正是美中兩國貿易失衡的主要原因。中國的「順差」來源於企業盈利和政府收入的增加。[2]

---

[1] 餘永定. 人民幣升值之困 [J]. 財經, 2010 (21).
[2] 羅納德·麥金農. 升值還是漲工資? [J]. 中國改革, 2010 (9).

我們應將中國的貿易順差放到更廣闊的發展戰略的視野中去審視。應該看到，貿易順差不僅僅是一種貨幣現象，順差背後所表現的是中國農村剩餘勞動力轉移到現代化全球生產體系的必由之路。從發展的角度來看，中國在未來一段時間內除了繼續保持貿易順差之外別無選擇。而認為中國出口依存度已經過高，並據此將繼續推行對外開放國策與促進國內需求在拉動經濟增長中的作用對立起來，無疑是錯誤的。我們應該認識到，如果人民幣升值過快過猛，中國的出口部門將遭受沉重打擊，農民工的失業問題會更加嚴重，這將影響到中國的內需，而中國的內需的萎縮將顯著減少從美國進口，使美國擴大出口和就業的預期落空。如果中國出口部門受到沉重打擊，中國將更多的儲蓄和資源用於啟動國內消費與民間投資，美國國債發行將難以得到中國的支持。正如摩根士丹利亞洲區主席羅奇所認為的那樣，人民幣匯率變動的結果只能是零和博弈，如果中國經濟和貿易受損嚴重，美國也不會獲得益處。

(二) 人民幣匯率制度改革與中國國民福利

在人民幣盯住美元的情況下，中國人民銀行不得不對外匯市場進行持續干預，通過不斷買入美元賣出人民幣來維持人民幣對美元名義匯率的穩定。若中國人民銀行減少或停止干預，市場上美元的供過於求必然導致人民幣對美元名義匯率升值，而人民幣匯率盯住美元帶來的中國國民福利損失不可低估。

一是大部分外匯儲備投資於低收益外國政府債券給中國帶來國民福利損失。截至 2010 年 9 月底，中國持有的外匯儲備達 2.65 萬億美元，大部分外匯儲備投資於年收益率約為 3%~6% 的低收益外國政府債券。截至 2007 年年底，中國外商直接投資（FDI）存量高達 7,424 億元。根據世界銀行 2005 年的一項調查表明，中國外商投資企業回報率為 22%。從中國投資外國政府債券的回報率與中國外商投資企業回報率的比較可以看出，這種「股權換債權」帶來的機會成本是不言而喻的，這是人民幣匯率盯住美元給中國帶來的國民福利損失之一。

二是大量持有美國國債和機構債面臨巨大的市場風險與匯率風險。據市場推斷，目前中國外匯儲備的 65% 左右投資於美元資產，主要包括美國國債與機構債。這使得中國外匯儲備暴露在美國國債與機構債的估值風險及美元匯率風險之下。「兩房」（房利美、房地美）危機爆發後，若美國政府沒有救援「兩房」，中國持有的約 4,000 億美元「兩房」債

券將化為烏有，相當於當年中國國內生產總值的10%。2009年，美國國債餘額已經超過13萬億美元，超過國內生產總值的90%，未來美國政府通過製造通貨膨脹與美元貶值來降低真實債務負擔的激勵很強，而無論是美國國內通貨膨脹還是美元貶值，都將造成以人民幣計價的美國國債市場價值下降，從而給中國人民銀行造成巨大的資本損失。這是人民幣匯率盯住美元給中國帶來的國民福利損失之二。

三是中國人民銀行為避免外匯儲備累積影響國內基礎貨幣規模而進行的大量衝銷操作給中國人民銀行和商業銀行帶來虧損和機會成本。在大量購入美元、釋放人民幣的同時，為避免外匯儲備累積影響國內基礎貨幣規模，中國人民銀行進行了大量的衝銷操作。自2003年以來，中國人民銀行主要通過發行央票的方式來進行衝銷。截至2010年5月底，央行票據餘額高達4.61萬億元。一方面，隨著外匯儲備的累積，為吸引商業銀行購買央票，央票利率應不斷上升。而一旦央票利率超過美國國債利率，中國人民銀行會持續遭受虧損；另一方面，若中國人民銀行不提高央票利率而強行要求商業銀行購買，無疑會損害商業銀行的盈利。通過央票衝銷給中國人民銀行或商業銀行帶來的虧損或機會成本，是中國國民福利的損失之三。①

（三）人民幣匯率制度改革與中國資產價格

普遍認為，人民幣匯率制度改革必然導致人民幣升值，人民幣升值預期對中國資產價格的影響，最主要是「熱錢」效應，即升值預期吸引大量海外資金進入，造成中國目前被動的流動性過剩。流動性過剩造成一個問題，即貨幣多了，不是流向實物投資造成投資的過剩，就是流向資產市場推高人民幣計價資產，特別是房地產價格和股票價格。在人民幣升值的過程中都有一個資產「重估」的過程，這就避免不了產生泡沫，資產的價格上漲就很快，股市也就上漲得很快。在2005年7月的人民幣匯率制度改革後，「熱錢」集中釋放，推動部分城市房價翻番，股票市場上地產股和金融股一度獨領風騷，甚至催生了每股300元的高價股。2007年3月底中國上海證券交易指數大概3,100點，到了5月29日，達到4,300點，後來到了6,000多點。資產價格泡沫一旦破裂，馬上就會影響整個經濟體系，特別是金融體系。

---

① 張明. 從國民福利看匯率彈性［J］. 財經，2010（17）.

(四）人民幣匯率制度改革與中國通貨膨脹

一些專家認為，如果商品價格上漲驅動的通貨膨脹出現，本幣升值其實也是另一種解決之道。雖然人民幣升值可能令出口行業競爭力受損，但進口商品價格會變得更加低廉，降低了輸入型通貨膨脹的壓力。

中國人民銀行為治理資產價格泡沫和通貨膨脹而採取加息的貨幣政策，這將進一步加大人民幣升值的壓力。2010年10月19日，中國人民銀行宣布上調存款基準利率，1年期存貸款基準利率上調0.25個百分點。這是中國人民銀行時隔3年後的首度加息，目的非常明確，就是遏制通貨膨脹和資產價格泡沫。但是加息也會加大國際「熱錢」流入的吸引力，因為目前除中國外，其他國家都在減息，加息會加速人民幣升值，給匯率問題又帶來壓力。筆者認為，該次加息是在權衡通貨膨脹和人民幣升值的基礎上，兩害相權取其輕。

北京時間2010年11月4日凌晨，美聯儲宣布推出第二輪量化寬鬆貨幣政策，決定到2011年6月底前購買6,000億美元美國長期國債，以進一步刺激美國經濟復甦。美聯儲同時宣布將聯邦基金利率維持在0~0.25%的水平不變。在美國出抬量化寬鬆貨幣政策背景下，中國等新興市場國家面臨兩難處境：一方面，要維持經濟穩定增長，避免更多遊資進入，避免資產泡沫形成以及更嚴重的通貨膨脹；另一方面，若將本國貨幣與美元明顯脫鉤，大幅升值，又會降低國內就業及經濟增長水平。中國人民幣匯率制度改革在美國第二輪量化寬鬆貨幣政策背景下，一方面，會導致「熱錢」效應，進一步推高中國的資產價格；另一方面，又會使進口商品價格降低一些，一定程度上能降低輸入型通貨膨脹的壓力。

（五）人民幣匯率與中國出口企業的員工工資水平

近年來，在中國南方，尤其是製造業的心臟——珠江三角洲地區，普遍出現員工要求大幅漲薪的要求。許多地方政府，特別是東部沿海地區的地方政府，均將最低工資標準提高了15%~20%。面對強烈而持續的漲薪需求，中國的長期匯率政策應該如何調整呢？美國斯坦福大學著名金融學家羅納得・麥金農教授認為，長期看來，匯率升值和貨幣工資增長可以相互替代。如果企業雇主擔心未來人民幣升值，那麼他們會反對目前大幅漲薪。因為如果出口企業滿足員工要求大幅增加人民幣薪水的要求，而人民幣繼續升值，以美元計算的實際漲薪幅度更大，最終企

業將會破產。從平衡企業國際競爭力來看，工資增加能達到人民幣升值的效果，同時還能避免出現「熱錢」流動。因此，人民幣升值會影響出口企業工資與生產率同步增長的自然過程。①

（六）人民幣匯率制度改革與中國經濟發展方式轉變

後危機時代，中國面臨經濟發展方式轉變的艱鉅任務。要轉變經濟發展方式，中國的產業機構必須轉型、需求結構必須調整以及社會結構必須轉換。產業結構必須從第二產業，特別是以工業為主導轉向以第三產業，特別是以服務業為主導的產業結構，由資本密集型的重化工業轉向知識和技術密集型的產業結構，在產業形態上從製造業為主轉向以服務業為主。在產業結構轉型升級過程中，科技進步、組織創新是主要動力，全要素生產率提高對經濟增長作用明顯上升。

從產業結構看，過去以製造業為主、出口為導向的產業發展道路走下去日趨困難。一方面，金融危機後，去槓桿化使得美歐等發達國家開始改變高負債的消費方式，大幅度壓縮消費，並不斷提高儲蓄率，由此減弱了對勞動密集型產品進口的強度，這使得中國必須加快產業結構的轉型升級；另一方面，在這次金融危機之後，一些發展中國家利用比中國更加低廉的資源和勞動成本，生產與中國相同的勞動密集型產品，並向歐美等國家不斷增加出口，大有替代中國之勢。

同時，經濟增長必須從投資拉動及時轉向消費拉動。目前，投資率由過去的持續上升轉為不斷下降，社會消費由不斷下降轉為持續上升，並成為經濟增長的最主要的貢獻力量。隨著城鄉居民收入水平的提高，社會消費結構已經從溫飽階段轉向小康階段，人們開始追求發展型、享受型消費，對農產品、工業品以及服務產品消費出現了優質、安全、方便、多樣化的需求，這就要求中國產業結構升級換代，主動去適應社會消費結構的變化，而不是追求低水平規模擴張。

隨著中國跨入中等收入國家行列，社會結構將發生兩大變化：一是人口結構將從以農村人口為主轉向以城鎮人口為主；二是社會階層結構將從「啞鈴型」結構轉向「橄欖型」結構，中產階層將在人群中占大多數。② 這都為中國擴大內需和拉動經濟增長創造了條件。

---

① 羅納德·麥金農. 升值還是漲工資？[J]. 中國改革，2010（9）.
② 馬曉河. 中國結構轉型進入加快期 [J]. 財經，2010（22）.

人民幣低估的匯率對製造業是一種保護，對服務業的發展是一種歧視。人民幣匯率制度改革，建立更加靈活的匯率制度安排，適當調整匯率，有利於中國服務業的發展。

有學者認為，人民幣的升值可以迫使一些低效率的企業退出出口市場，減少中國企業在國際市場上的惡性競爭。其結果可能是在貿易條件改善的同時，中國的貿易順差非但不減少，反而增加。由於升值，企業通過提高生產效率而不是僅僅依靠廉價勞動力來維持競爭優勢的內在動力將會加強。與此同時，企業也將會有較強的購買能力進口先進的資本品和技術。因此，從長遠的角度來看，人民幣的適度升值還有助於促進企業加快技術進步的步伐。①

目前，國內抑制產能過剩主要是靠貨幣當局及金融管理部門收緊信貸、發改委收緊投資項目審批。實際上，光靠行政干預不行，根源在於要建立有效的資本激勵機制。金融危機使中國過於依賴外需的弊端暴露無遺。要轉變經濟發展方式就必須多依賴內需拉動經濟增長，人民幣升值也是實現這種轉變的重要途徑。

中國經濟結構調整和經濟發展方式轉變需要一套綜合治理方案。匯率是調結構的重要手段，有利於提高發展的質量和效益。匯率作為一種市場價格，是市場資源配置的基本信號。一個市場化的價格機制，將有利於優化資源配置。中國正處於優化經濟結構、轉變經濟發展方式的關鍵時期，靈活的匯率制度以及為資源配置提供信號和反應經濟結構調整需要的匯率水平將在這一調整過程中發揮重要作用。

四、結論性評述

本書在對人民幣匯率制度改革進行簡要評析和回顧的基礎上，分析了人民幣匯率制度改革與人民幣升值的關係，認為目前實行的「以市場供求為基礎、參考一籃子貨幣進行調節、有管理的浮動匯率制度」是人民幣匯率決定的機制或人民幣升值的機制，而「均衡匯率」決定人民幣升值的幅度或水平。儘管對於人民幣匯率的「合理均衡水平」眾說紛紜、莫衷一是，但是人民幣幣值低估應該是一個不爭的事實。因此，

---

① 餘永定. 見證失衡：雙順差、人民幣匯率和美元陷阱 [M]. 北京：生活・讀書・新知三聯書店，2010.

人民幣匯率制度改革，即從盯住美元的固定匯率制度改革為有管理的浮動匯率制度必然導致人民幣升值。人民幣升值將對中國對外貿易、國民福利、資產價格、通貨膨脹、工資水平以及經濟發展方式轉變等方面產生影響，但我們對這些影回應該有著比較客觀的認識和判斷。人民幣升值會影響中國的對外貿易是毫無疑問的，這幾乎是大家都知道的常識，但人民幣升值對中國對外貿易的影響不應被誇大。美國也不應該寄希望於人民幣升值來降低或消除其貿易逆差。人民幣匯率盯住美元帶來的中國國民福利損失不可低估，而人民幣匯率制度改革將有利於降低國民福利損失。人民幣匯率制度改革必然導致人民幣升值，而人民幣升值預期將導致中國資產價格上漲。人民幣升值可以使進口商品價格降低一些，一定程度上能降低輸入型通貨膨脹的壓力。人民幣升值會影響中國出口企業工資與生產率同步增長的自然過程，但人民幣匯率制度改革有利於促進中國經濟發展方式的轉變。

總之，人民幣匯率制度改革導致人民幣升值，對中國經濟既有積極的作用，也有消極的影響。人民幣適度升值是必要的，也是可行的。人民幣匯率制度改革的方向無疑是正確的，是應該堅持的。

第三節　農村改革與中國經濟轉型

一、「三農」問題：過去和現在

「三農」問題由來已久，在中國幾千年的封建社會裡，「三農」問題就一直存在，「農者，天下之大本也」。在封建社會，國家無論在政治上，還是在經濟上，都高度依賴農民，農業是王朝統治的經濟基礎，是財政收入最大化最可靠的來源。據研究，即使到了商品經濟已經有所發展的明代，農民仍然提供了80%以上的「歲入」。農民人多勢眾，直接決定國家的治亂、經濟的榮衰、社會的和諧與否。農民安居樂業與否，直接關係到封建政權的穩定性，影響統治階級政治收益最大化目標的實現，可見「三農」問題的重要性。儘管如此，歷代統治者並未對「三農」問題引起足夠的重視，最終導致民不聊生，不得不揭竿而起。

中華民族歷史上無數次農民起義就是證明。

共產黨的崛起和執政才真正開始重視「三農」問題。美國哈佛大學歷史學博士龔忠武在《中國向農村的貧窮開戰》一文中寫道:「中國廣大的農村是中國社會的基礎,從古到今,誰能夠解決農民問題,誰就能夠控制農村,誰就能夠統治中國,就能使中國長治久安。當然毛澤東和中國共產黨早就敏銳地看到了中國政治上的這個訣竅,這個千古不易的中國歷史規律,所以中國共產黨勝利了,國民黨失敗了。」這段話說得很精闢。中國革命之所以勝利,就是因為中國共產黨敏銳地抓住並解決了中國革命的根本問題——農民問題。

1949年之後不久,在中央和地方政府的指導下,土地改革運動使農民獲得了土地。新的土改分配政策雖然激勵了20世紀50年代早期產出水平的增加,但中央政府很快又推行了新的政策。第一個五年計劃開始不久,農民被組織形成了合作社,並在1958年取消了家庭耕作,開始向人民公社轉變。雖然向集體化的轉變是逐步的,但是在1954年到1958年間全國大部分地區的農民都從互助小組或者合作社轉變成了集體公社。人民公社最大的弊端就是缺乏激勵機制。人民公社存在兩個基本的問題:第一,對個體家庭而言,他們對產出沒有剩餘索取權,這影響了他們工作的積極性;第二,更糟糕的是一些集體領導者集中掌握了產量等農業生產方面的決策權,但他們往往又不在農業生產的第一線,因此難免瞎指揮。從人民公社化到1978年改革開放以前,中國農村實行的是「以等級界定權利」的制度。

中國的農村改革不是任何政府領導人設計出來的,而是安徽鳳陽小崗村的村民自發進行的制度變革。家庭聯產承包責任制在小崗村取得了成功之後,在1979年年底的中央農村工作會議上,中央通過了允許當時農村最貧困的「三靠隊」從1980年首先開始實行「大包干」的決議。結果在1980年年底進行清算時,全國有14%的生產隊採用了「大包干」的形式。但是不管這些生產隊原來的生產情況如何,在採取了「包產到戶」的這一年內都取得了顯著的成效。因此,從1981年開始,中央將家庭聯產承包制度推廣到全國實行,在當年年底實行的生產隊就達到了45%,第二年提高到80%,到1984年全國農村99%都實行了家庭聯產承包責任制度。

1978年改革開放以後,農業開始在發展過程中真正發揮其在各個

領域的作用。與 20 世紀 70 年代初期和中期農業生產總值 2.7% 的年增長率相比，在改革開放初期的 1978—1984 年，年增長率是其 3 倍多，達到了 8.8%。雖然在 1985—2000 年實際增長率減緩到 4% 左右，但是仍是很高的農業可持續增長率。

中國農村經濟體制改革與中國整體經濟改革的漸進式戰略一致，也具有顯著的漸進式戰略特徵。在改革的初始階段，領導人有意識地限制推進以市場為基礎的經濟活動，只允許在嚴格限制的地區發生次要產品（如水果和蔬菜）的貿易。直到 1985 年，在完成家庭聯產承包責任制改革後，政策制定者才鼓勵更重要產品（如糧食）開始在價格雙軌制的框架下進行市場交易，直到 20 世紀 90 年代初才進行更完全的市場化改革。由此可見，中國的農村經濟體制改革分為兩個階段：1978—1984 年的激勵體制改革和 1985 年開始並延續到整個 20 世紀 90 年代的漸進的市場化改革。

家庭聯產承包責任制取得了很好的效果，但是實行家庭聯產承包責任制後的農村依然存在一些問題，主要表現在糧食安全和「三農」問題兩個方面。由於農村改革的成功，中國政府把以市場為導向的改革從 1985 年開始推向城市，帶來了整個國民經濟的持續快速增長，但是到了 20 世紀 90 年代末，「三農」問題成為國內外理論界和政府高度重視的問題。有的人發出了「農村真窮，農民真苦，農業真危險」的嘆息。歸根究柢，就是農民收入增長緩慢。正如黨的十七屆三中全會指出的那樣，農業基礎仍然薄弱，最需要加強；農村發展仍然滯後，最需要扶持；農民增收仍然困難，最需要加快。在肯定 30 年來農村改革成績的同時，我們也必須正視「三農」確實存在的問題。例如，城鄉居民收入差距在不斷拉大，從絕對數上看，1978 年二者的收入差距為 200 元左右，2008 年二者的收入差距已經超過 10,000 元，一些農民還沒有脫貧，生活還很艱難；農村醫療、教育、基礎設施甚至養老狀況參差不齊，有的地方還很差，都說明了問題的嚴重性。

二、中國農村經濟體制改革：合約經濟學的分析框架

阿爾欽提出，任何社會，只要有稀缺，必然有競爭，而決定勝者與負者的規則可以闡釋為產權制度。作為阿爾欽的「入室弟子」，張五常嘗試著從一個修改了的角度看世界。他的看法是，資源使用的競爭一定

要受到約束，人類才可以生存，因為沒有約束的競爭必然帶來的租值消散會滅絕人類。這些約束可以有不同的形式或不同的權利結構，界定著經濟制度的本質。他還進一步把約束競爭的權利結構劃分為四大類，他認為任何社會通常是四類並存的。第一類是以資產界定權利，即私有產權；第二類是以等級界定權利；第三類約束競爭的法門是通過法例管制；第四類則是競爭也可以受風俗或宗教的約束。

張五常認為中國的經濟改革必須有一種轉移，要從以等級界定權利的制度轉到以資產界定權利的制度，或者說要從一種合約安排轉到另一種合約安排來約束競爭。他認為中國農村經濟體制改革就是制定了承包責任合約。他是這樣描述承包責任合約的：「所謂承包責任合約，從最簡單因而最完善的形式看，等於國家通過土地租約授予私有產權。這租約的年期可長可短，原則上是可以永久的。國家沒有放棄土地的所有權，但使用權與收入權則為承租人獨有。」承包合約用於農村經濟改革是成功的，在這個過程中，執政者逐步減少了他們的操控，偏向於界定土地的使用權利。20世紀90年代初期，農產品的價格管制取消了；2005年，國家取消了農業稅，使農業的承包成為不需要付稅的長期租約。

那麼什麼是中國農村改革的基本邏輯和主要內容呢？在筆者看來，中國農村改革的實質就是從以等級界定權利的合約轉到以資產界定權利的合約。在1978年改革開放之前，國家制定了以人民公社、統購統銷和戶籍制度「三駕馬車」為主要內容的社會主義計劃經濟制度，高度控制了農民社會，形成了國家大、社會小的治理結構。[1]農民沒有獨立的土地權利，沒有進入市場的權利，沒有流動的權利，也沒有自治的權利，卻承擔著交售公糧的強制性義務，他們被迫通過「剪刀差」的方式，以農養工，給國家工業化提供了大量的賦稅，結果導致了農業失去了自我累積和自我發展的能力。在當時的農村，實質上是以等級在界定農民的權利。由於身分是農民，沒有城鎮戶口，身分就決定了不能享受城市的居多優惠政策，如糧食、油、食品等方面的供應保障，也不能享受城市的公共服務，甚至進入城市都要受到限制。農村的幹部也是根據不同的級別享受不同的待遇。在生產隊，勞動力也是有等級的。總之，

---

[1] 李成貴.歷史視野下的國家與農民［J］.讀書，2010（4）.

在計劃經濟年代，農村是以等級來界定權利的。

1978年農村改革以後，農村逐步開始以等級界定權利的合約轉到以資產界定權利的合約。一方面，農民通過合約的形式獲得了土地使用權。這是農村改革的突破口和關鍵環節，並且確定了家庭經營的基礎。農民獲得了直接的土地使用收益權，因此積極性大為提高。另一方面，農民也從土地上解放出來，獲得了進入市場的權利和從事非農產業的權利。

從農村改革的邏輯來看，進一步深化農村改革的關鍵應該是進一步深化和完善以資產界定權利的合約。土地應該是農民最主要的財產，但是農村改革邁出承包合約的第一步後，就再也沒有實質性的第二步，以致農民的土地產權至今沒有達到相對完整，土地權益經常被分割、甚至被侵犯。由於農民沒有相對完整的土地產權，農民就不能自由地處置土地、沒有抵押土地的權利。土地作為農村最重要的資源就不能創造更多的財富，也不能給農民帶來更多的利益。近些年來，快速推進的工業化和城市化導致了大量的、被迫的失地農民。地方政府利用農民對土地沒有相對完整的產權，在徵地過程中經常侵害廣大農民的利益，引發的衝突、群體性事件、腐敗現象屢禁不絕。可以說，農村進一步改革的關鍵就是要進一步完善農民對土地的所有權，讓農民擁有對土地相對完整的產權，切實保護農民土地權益。中國政府已頒布了一系列法律法規來保障農民的土地權益。關鍵原則包括農地使用權「三十年不變」、全面禁止農地再調整、允許限於農業用途的土地流轉。儘管如此，中國政府仍需要進一步完善農村土地使用權的基本法律和政策框架，並予以全面實施。

筆者認為，中國農村在已經初步實現合約自由的基礎上初步形成了自由競爭的市場機制。在土地轉讓上，也要體現合約自由的市場經濟本質特徵。對農民土地權益的非法任意徵用（大多由一些地方政府所為）必須加以限制，使法律和公平的基本原則得以貫徹，使合約自由的基本精神受到尊重。近年來，在城鄉一體化的大背景下，各種非法的土地徵占常常以不同的名稱出現，一些地方還因土地徵用導致群體性事件。究其原因，很大程度上都是地方政府沒有很好地保障農民的土地權益，沒有尊重合約自由的基本精神。

我們要進一步完善合約自由的機制，因為這一機制可以通過自由定

價體系優化資源配置來實現經濟快速增長和經濟效益的提高。可見合約自由是農村經濟繁榮的重要前提，而自由與繁榮也是社會不可逆轉的發展方向。

在追求農民合約自由和農村經濟繁榮的過程中，如何處理繁榮與自由背後的風險，是合約自由社會對政府的基本要求。例如，在農村，一旦農民對土地有自由轉讓的自由，那麼如何防止農民把轉讓土地的錢花光，導致生活沒有保障，最後成為社會的負擔。對於這樣的問題，我們可以通過在農村建立和完善社會保障制度來應對。

三、中國農村的社會秩序：建立了以利益為基礎的社會秩序

在中國農村建立以利益為基礎的社會秩序是與中國農村經濟體制改革結伴而行的。從中華人民共和國成立到1978年中國農村經濟體制改革序幕拉開以前，中國農村的社會秩序一直是由意識形態構建起來的社會秩序。在農村推行家庭聯產承包責任制，極大地提高了農業生產效率，導致了一種以利益為基礎的社會秩序的出現，這個社會秩序又反過來促成了農村私人領域的興起和擴展。私人領域的急遽擴展在農村體現在大量農民從集體土地耕作上解放出來，從事一些個體的經營活動。全國私人領域的快速發展，破壞了以前由意識形態建構起來的農村社會秩序。對中國農村社會經濟發展有著重要的政治意義。城市非國有經濟的發展為農村剩餘勞動力創造了大量的就業崗位，大量的農村剩餘勞動力進入城市就業，更加強化了農民的利益意識。自從20世紀80年代中後期中國市場經濟快速發展以後，戶籍制度已經逐步解體，城市戶籍享受的特權也逐步消失，也為農民進城掃除了部分障礙。隨著人們可以從市場上得到日常的生活必需品，國家不再能夠有效地控制人口從鄉村到城市、從內地到沿海、從小城鎮到大城市的流動。地區間經濟的競爭進一步破壞了戶籍制度。為了吸引人才，許多城市實質性地放鬆了原來的戶籍制度限制，大量聘用外地人才。尤其是隨著經濟全球化及沿海地區經濟的快速發展，對勞動力的需求大幅、快速增長，為農村剩餘勞動力提供了大量的就業崗位，大量的農民工從農村向城市，尤其是向沿海地區城市流動。

農村實行家庭聯產承包責任制後，社會成員的生產活動不再以生產隊集體為單位，而是以家庭為單位，因此不僅容許人們不必過度關心政

治，而且鼓勵他們把大部分精力放在經濟活動中，個人生產生活有了更大的自由度，這些都加快了以利益為基礎的社會秩序的形成。由於以利益為基礎的社會秩序的產生，中國農村經濟發展以更穩定和更可預期的步伐向前推進。農村的經濟活動較少受到政治變遷的影響，經濟活動具有其自身的動力。以利益為基礎的社會秩序下有一種本能的力量來抵抗政治變遷的衝擊。

改革開放 30 多年，中國農民的個人生存方式和生活意識都發生了深刻的變化，「國」和「家」在理念上分離，國家、集體和個人利益邊界日漸清晰，尤其是個人利益日益獨立、清晰和強烈。

隨著農村經濟體制改革的深入，追求利益最大化成為農民合理的行為，於是昔日共享集體利益之下的「吃大鍋飯」和平均主義的農民開始將自己的利益邊界對外擴張。由於個人天然的稟賦不同，以及歷史形成的地理優勢、社會優勢，包括社會變化中的特殊機遇不同，這種擴張的結果就是部分人累積了較多的財富，先富了起來，於是出現了一少部分人先富裕起來，形成了貧富差距。與此同時，另外一部分人雖然沒有在利益擴張中得到足夠的財富，甚至相對貧困，卻在先富起來的農民的「豐裕生活」和「光鮮形象」的示範下，內心有著並不比富裕者弱的利益擴張和財富累積衝動。農村建立了以利益為基礎的社會秩序，隨著城市經濟體制改革的深化，這種以利益為基礎的社會秩序在城市也逐漸形成，逐步滲透到整個社會。總之，中國改革開放 30 多年，是迅速發展成為世界經濟大國的 30 多年，也是中國社會個人利益意識迅速強化的 30 多年。

四、社會主義新農村建設與「三農」問題

「三農」問題，即農民、農業、農村問題。社會主義新農村建設作為國家政策的正式提出是在 2005 年 10 月，黨的十六屆五中全會通過了《中共中央關於制定國民經濟和社會發展第十一個五年規劃的建議》，提出建設社會主義新農村，內容是生產發展、生活寬裕、鄉風文明、村容整潔、管理民主，作為未來五年指導新農村建設的一個綱要。

2003 年，中央經濟工作會上，胡錦濤同志明確指出，「三農」工作是全黨工作的重中之重。從 2004 年開始，中央連續七年出抬「一號文件」，對農民實行「多予，少取，放活」，從過去的「以農養工」轉向

「以工補農」。這一系列變化主要有國家取消了農業稅，大幅度增加農業補貼，提高糧食收購價，增加農村社會事業和基礎設施建設投入，2003—2007年累計投入超過 1.6 萬億元，2008年超過 6,000 億元，2009年進一步達到 7,161 億元。

社會主義新農村建設離不開現代農業這一命題。現代農業或農業現代化，一直是傳統發展經濟學教科書設定與現代國家和政黨追求的一個重要的目標。現代化作為現代性的自我展開過程，與傳統模式相碰撞，產生了改造傳統農業的要求，即對農業的合理化或理性化。這一般被認為是實現大地園林化、操作機械化、農田水利化、品種良種化、栽培科學化、飼養標準化或農業工業化。具體而言，就是用現代工業裝備農業，打破小規模單位生產的自然農業的局面；用現代科技武裝農業，逐步取代傳統的生產技術和經驗；採用現代化的經營體系管理農業，實現專業化、商品化、社會化生產。現代農業在追求農產品的產量與商業價值的時候，忽略了環境與人身完整性的需要，不惜以耗費土地的自然生產力和破壞生態為代價挖掘土地、水、氣候等各種自然資源的增產潛力，將現代商業中完全的利潤導向和「大量生產—大量消費—大量廢棄」模式植入傳統農業，使原本具有多種功能、提供多樣化產品的農業趨於價值和功能的單一化，以同質化且無安全保障的食品流水生產線應對越發異質化的消費者需求。[1]

發展現代農業，必須尊重農業的本來屬性，必須以更加符合環境的、更加節約資源的可持續方式從事農業生產。我們既不要拒絕和排斥現代農業的豐碩成果，也不要對其過度迷信，我們要在保護農業生態環境和充分利用高科技的基礎上，調整和優化農業生態系統內部結構和產業結構，提高農業的生產效率，最大限度地減輕環境污染，把農業生產活動真正納入到農業生態系統循環中，實現生態的良性循環和農業的可持續發展。只有這樣，中國的農業發展才有希望。

解決農村問題的重要內容就是要搞好社會主義新農村建設。社會主義新農村建設離不開農民收入的穩步提高和農民生活條件的不斷改善。這就需要切實保護農民權益，實現社會財富和權益的公正分配，保障城鄉居民之間共享最基本的權益，即普遍的，超越了任何職業、身分和文

---

[1] 曹東勃. 現代農業的困惑 [J]. 讀書，2010 (5).

化認同性的基本需求，如受到保護的產權、合理的收入分配、較完善的社會保障制度以及較為公平的受教育機會等。農民實現由家庭養老到社會養老，實現由私人、家庭出資醫療到新型合作醫療，這就需要政府加大對農村的公共財政投入，擴大公共產品和公共服務的覆蓋範圍。

五、城市化與「三農」問題

後危機時期「三農」問題的核心是農民問題。就是在中國快速城市化的進程中，農民的收益如何最大化的問題。儘管在土地產權問題上，存在觀點針鋒相對的兩派，但對於農業本身卻有一個基本的共識，即中國農業的低收入唯有在更高度城鎮化之後，減輕人口壓力，建立規模農業，才有可能解決。在這個基本共識下，就存在觀點對立的兩方：一方要求的是維持當前均分土地使用權的制度，賦予農村人民基本生活保障，防止貧富分化，借以穩定農村，避免更尖銳的社會矛盾；另一方則要求土地私有化，依賴市場機制進行資源配置，讓小部分能幹的農民實現規模經營，領先致富，期待進一步城鎮化之後，走向西方先進國家的資本主義農業發展模式。雙方的共識是小規模農業潛力十分有限，在相當長時期內，中國農村勞動力繼續過剩，大部分農業從業人員只可能仍舊貧窮。[①] 因此，儘管近年來全國上下都在提倡要「建設社會主義新農村」，要「千方百計」提高農民收入，但總的想法仍然是寄長遠希望於城鎮化，眼前則提倡由工業來反哺農業，並沒有考慮到農業本身的發展潛力，更不用說投資農業的高回報可能。一言以蔽之，決策者同樣認為，在人多地少的基本國情下，農業本身只能是個待哺的弱勢產業。

在當前的承包制下，務農人口普遍處於土地過少而引起的「不充分就業」或「隱性失業」狀態。農民為提高收入或維持生計，便大規模湧向城市就業。農民在城市主要從事的都是一些技術含量不高、進入門檻低的行業的工作，加上進城農民規模龐大，農民工供應極為充足，因此工資被壓到最低的糊口水平，迫使許許多多的農戶同時依賴低收入農業和低收入臨時工作，以部分家庭成員外出打工的「半工半耕」方式來維持生計。這就是當前「三農」問題中的農民問題的真實寫照。

---

① 兩方關於土地產權問題的論爭可以 2005 年 7 月 11 日公布的《中華人民共和國物權法草案》所引起的眾多爭議為例。

黃宗智先生在《中國農業面臨的歷史性契機》一文中從前瞻性角度探討了中國農業的可能出路，認為改革開放以來的大規模非農就業（先是鄉村工業，而後是城市就業）以及近年來的人們食品消費轉型（先是以糧為主而後是糧食、肉—魚、菜—果兼重模式）兩大趨勢的交匯，正賦予小規模農業以一個歷史性的契機，使中國農業有可能走出黃宗智先生多年來所強調的「過密化」困境。適當提倡推廣新時代糧食兼肉—魚、菜—果的具有中國特色的小規模勞動密集型農場，可以在不遠的將來即邁向充分就業的適度規模、多種經營農業，改善隱性失業問題，提高務農人員收入，緩解長期以來農村勞動力過剩和低收入問題。黃宗智建議，通過法律規定和市場機制來促進土地使用權的進一步流轉，包括定期的轉租和帶有回贖權的出典，借以擴大適度規模農場比例，所有權問題則可以暫時置於一旁。筆者認為黃宗智的觀點有以下幾個方面的可取之處：一是從中國農業、農村的實際情況出發，反對採用少數人經營大農場、多數人無產化的傳統資本主義模式。黃宗智認為兼有種植和養殖的小家庭農場更符合中國大部分農村的實際狀況。二是重視農業本身還是存在較大的發展潛力，而不是過分寄希望於城鎮化來提高農民收入，從而解決「三農」問題。三是為農業發展指明了新的發展方向，那就是有計劃地邁向高質量、高價值的可持續發展綠色農業。伴隨著人們收入與消費水平的提高，市場需求將會越來越趨向高檔產品和綠色產品。那就是中國農業發展長時期的方向與前景。面對上述前景，國家應向農業做出相應的積極投資和扶持，促進具有中國特色的新時代小規模農場的發展，借以提高全國的國民收入水平，同時為工業產品提供廣闊的農村市場，賴以促進整個國民經濟的持續發展。

我們認為城市化是解決「三農」問題的一條重要途徑，但過分依賴城市化來解決「三農」問題在中國是行不通的。要理解這一點，我們必須清醒地認識到當前中國城市化過程中存在的問題。改革開放以來，中國的城市化發展應該說是最吸引世人注意的經濟社會的最大「亮點」之一。中國城市化率近年來每年上升1.2%左右，現已達到46.6%的水平。這種城市化內含著工業化的發展過程，又配合著中國現代化道路上的市場化取向。改革開放初期，中國城市化率在20%以下。如果按1.2%的現行速度繼續發展，再過幾年，至少從直觀意義上講，中國城市化率會達到具有歷史意義的50%的水平。儘管人們對這個指標的涵蓋

範圍或許有爭議，但這畢竟反應了一種趨勢。2009年，中國總人口為13.35億人，其中城鎮常住人口6.22億人，占總人口46.6%，而城鎮戶籍（非農業戶籍）人口約占全部人口的33%。城鎮常住人口與城鎮戶籍人口之差，就是那些沒有城鎮戶籍的城鎮常住人口。他們的數量相當於總人口的13.6%，約為1.82億人，占當年城市戶籍人口總量的近30%。在長三角地區和珠三角地區等農村勞動力的主要流入地，「準城市人口」占城市人口的比例更高。現行制度下，這些「準城市人口」不能取得流入地城市戶籍，不能把家安在城市（很多人把配偶或子女留在流出地），不能享受城市的公共服務和社會保障，更不用說獲得城市的社會救助了。他們在城市的就業機會、子女的入學等也受到很大的限制。「準城市人口」中還有另一個重要群體，就是失地農民，在城市化進程中，這些農民的土地被徵用，他們一般被就地轉化為城鎮戶口。但是通過這種方式轉化為城市居民的農民往往並未真正「城市化」，他們中的許多人實際上仍然被安置居住在農村社區，難以在城市獲得穩定的正規就業，大多數人未能加入城鎮職工的各類社會保障，這個特殊的「準城市人口」群體估計數量達4,000萬人左右。如果將上述兩部分相加，中國城鎮中「準城市人口」的數量達2億多人。城市常住人口的1/3被長期排斥在真正意義上的「城市化」進程之外，我們認為這種現象反應了「淺度城市化」（城市化的深度不足和質量不高）的嚴重問題。「淺度城市化」還會帶來其他的後果。由於「準城市人口」在就業、勞動保護和社會保障制度等方面受到系統性歧視，使他們成為城市的低收入人群，可支配的購買力低下，同時由於他們的家屬常常還留在流出地，他們往往在城市地區只進行最低限度的必要消費，這自然不利於擴大內需。此外，由於城市地方政府不向或少向「準城市人口」提供充分的公共服務，「準城市人口」的增加意味著公共服務消費的不足。長期以來，農民工自身和農民工的子女還不能享受與城裡對應人群的同等培訓和教育，這勢必影響中國未來勞動力的素質和國際競爭力。

　　我們認為應該從可持續性上用更多的維度來觀察和衡量城市化發展的健康狀況。例如，區域和全國中心（政治的、經濟的、金融的、物流的、高科技的、文化的）效應能否發揮出來。現在各個城市的發展戰略都提出自己要成為什麼中心，多中心林立，但各種各樣定位的中心作用能不能發揮出來需要在可持續性上進一步觀察。

「二元經濟」的彌合是否順利？城市化指標只反應了一個大概的刻度，實際能有多高？特別是一線城市，能不能按照城鄉一體化的和諧趨向來解決好不斷增加湧入城市的社會成員的一大堆待遇問題？中國是不是可以避免非常令人頭痛的在印度以及南美國家出現的都市中成片的貧民窟區域？這是一個很現實的挑戰，能否走出一個比較和諧的二元經濟的路子是衡量中國城市化成敗與否的標尺之一。

此外，城市化發展裡面的人文傳統特色和區域特色能不能有效地保持和發展，延續其吸引力並張揚其個性。古都裡高樓崛起的背後是人們津津樂道的人文特色的迅速喪失，從可持續發展的觀點來看，這充其量只能算得不償失。

我們認為城市化的可持續發展必須從決策入手。「淺度城市化」的問題在一定意義上反應出地方政府的短視，要改變以國內生產總值為中心的地方政府考核體系；解決城市化決策和實施過程中的短視、短期行為和做表面文章的通病，採取措施使決策制度化、激勵機制長期化；關注城市化進程中的失地農民，讓他們獲得更加公平和充分的土地補償，更多地獲得城市化進程中的土地收益；提高土地的利用效率，用較少的土地，容納更多的城市人口；推行城市公共服務的一體化，由「納稅地」的地方政府負責向納稅人及其家屬提供公平的公共服務；改革目前按不同地區和不同人群分割的「板塊化」或「碎片化」的社會保障體制，在基本層面建立覆蓋全體非農業勞動者進而覆蓋全體國民的社會保障（包括社會養老保障和社會醫療保障等），逐步實現繳費水平較低的全國統籌。城市化的可持續發展離不開政府的作用和財政的支持，但政府要發揮既不越位又不缺位的獨特職能，做好頂層戰略規劃；依法貫徹規劃；推行高水準、高質量的財政「績效導向」；促進機制創新，引導公私合作夥伴關係概念下的合力與協作，開拓發展空間；支持生態補償、排污權交易等新機制；協調引導各種要素的融合，打造城市品牌和城市特色。鑒於過去中國城市化發展與專業化產業政策的正相關關係，各地方政府不應互相盲目攀比，要防止「羊群效應」，應該因地制宜，採取專業化的產業政策取向，在爭取社會居民「用腳投票」和生產要素「用流動投票」的競爭中，贏得「投票」，以促進本地城市化的持續發展。

六、全球金融危機對中國「三農」問題的影響

（一）出口增長放緩將減少對農民工的需求

長期以來，中國經濟高速增長主要靠投資、出口拉動。2009年，中國已超過德國成為第一大貿易出口國，但目前歐洲和美國等中國主要出口市場都深受全球金融危機影響，中國對外出口增長放緩。

同時，高投資大量消耗自然資源，污染環境，已經嚴重超出中國的承受能力，大量進口能源及各類礦產品則推高了各類大宗商品的價格，進一步侵蝕中國經濟的整體競爭力和發展的可持續性。

全球金融危機也使中國不得不轉變經濟發展方式。一是經濟增長要由重點依賴投資、出口拉動轉向重點依賴消費拉動，這需要從源頭調整優化當前的國民收入分配結構，擴大內需；二是經濟增長要由過分依賴投資規模和出口規模的持續高增長，轉向加快技術創新步伐，提高勞動生產率，實現產業結構優化升級，提高出口產品的技術含量和附加值。

全球金融危機對中國「三農」問題也會產生一定的影響。由於出口增長放緩，也會使出口加工企業對勞動力需求增長減緩甚至出現在某個特定時期的負增長，造成大量的農民工返鄉。

（二）產業結構的調整和升級對農民工的素質提出了更高的要求

產業結構的調整和升級對勞動力的素質提出了更高的要求，將減少對素質較低的農民工的需求，使這部分農民工不得不重新返回農村或在城鎮從事更簡單、收入更低的勞動。從這個角度來說，中國出現的「民工荒」是結構性的，是由於中國勞動力供給結構不能適應勞動力需求結構的變化造成的，中國勞動力的整體素質有待提高。

（三）解決中國「三農」問題依賴穩步推進城市化

後危機時期，中國宏觀經濟政策面臨的現實課題就是穩定擴大內需、防止資產泡沫和抑制產能過剩。擴大內需政策的目的之一，是彌補外需減少進而創造新的就業崗位。但抑制產能過剩則意味就業崗位的縮減。同時，擴大內需意味著貨幣供應量繼續增加，但在微觀經濟主體面臨著投資方向選擇困難且市場回報率不確定時，更會傾向於從事投機行為，從而進一步擴大資產泡沫。

穩定推進城市化則可能獲得解決這三個難題的更大的回旋餘地。從需求角度看，城市化的推進將創造巨大的投資和消費需求。一方面，城

市基礎設施投資和住房投資需求將繼續增長；另一方面，城市人口增加特別是中等收入階層人數逐步上升，無疑會帶來新的消費需求，對普通消費品、耐用消費品和教育、醫療等方面的需求將大大增加。從供給角度看，城市化所帶來的投資需求將有利於消化過剩的產能。在全球經濟衰退的背景下，鋼鐵、水泥等行業存在大量過剩生產能力，將這些生產能力進行兼併重組和提高生產集中度是必要的，但不是解決問題的根本辦法，強力推進也會使社會短期成本很高。城市化創造出的投資需求是消化這些「過剩」生產能力的主要渠道。更為重要的是，城市化創造的需求，將對產業結構的調整起到重要導向作用，基礎設施、製造業、營銷網絡及其他服務業的發展將獲得更加明確的生產方向。①

城鎮化是安置從沿海返回內地的農民工的重要途徑之一，也是提高農村勞動力文化素質的重要舉措之一，還是擴大內需、拉動經濟增長的重要渠道之一。

要推進城鎮化進程，關鍵還是要推進相關制度創新，必須把戶籍制度改革、農民工定居落戶問題統籌考慮，才有助於從根本上推進城鎮化進程。農村集體建設用地改革、農民工的公共服務設施建設等必須相應推進。我們應該看到，作為中國產業工人主體的 2 億人左右的農民工，特別是他們當中的年輕一代，長期定居城鎮已成為不可逆轉的趨勢，部分農民轉為市民是非常迫切的要求。我們必須切實採取有效措施，解決好農民就業、居住、就醫等問題，特別要解決好農民工子女的教育問題，積極推進戶籍制度和廉租房制度改革，這是擴大內需和維護社會穩定的必要條件。

七、後危機時期中國「三農」問題的發展趨勢

（一）後危機時期，中國將有大量的農民在城鎮化的大趨勢下轉變為市民

中國的城市化水平遠遠落後於整體經濟發展水平，城市化水平低，恰恰是中國經濟未來十年乃至更長時間發展的最大潛力。清華大學經濟學院金融系主任李稻葵教授研究認為，中國已經進入城市化加速發展的階段，而城市化比例在人均國內生產總值達到 2,000~12,000 美元會出

---

① 劉鶴. 世界市場和中國城市化模式的均衡 [J]. 比較，2009（6）.

現一個加速的過程。中國城市化水平低於其他國家，但就發展趨勢來講是一致的。① 後危機時期，一方面，中國城市化進程會加快；另一方面，中國還將深化城市化率。中國今天的大量城市人口是外來農民工，而由於我們的制度缺陷，他們還沒有真正融入城市。讓他們變成真正的城裡人，還必須解決戶籍管理和公共管理落後兩大主要障礙。

後危機時期，城市化將是中國經濟發展的最大動力。國際經驗表明，城市化比例每提高一個百分點，會拉動經濟兩個百分點的增長速度。假如中國未來十年城市化率每年能提高 1.5 個百分點，就將帶來國內生產總值非常可觀的增長速度。因此，政府也必然會在戶籍管理方面進行改革，讓部分進入城市的農民成為真正的市民。同時，政府也會加大對城市公共設施的投入，提高公共管理水平，以滿足城市化加速的需求。在後危機時期，中國將有大量的農民在城鎮化的大趨勢下轉變為市民。

2010 年 7 月 28 日，重慶市召開了統籌城鄉戶籍制度改革工作會，正式宣布全面啟動統籌城鄉戶籍制度改革。改革方案涵蓋土地、社會保障、教育、醫療等多方面配套政策，重慶兩江新區將率先落實相關政策。重慶市市長黃奇帆表示，重慶未來不僅要建設一個主要的大城市，還設想把眾多區縣城區變為中等城市，大體集聚 600 多萬人口，還有 100 多個根植於農村的中心鎮，集聚 500 多萬人口。現在是 1,000 萬城市人口，近 2,000 萬農村人口；未來會倒過來，2,000 萬城市人口，近 1,000 萬農村人口。用大城市群帶大農村，這好像一個齒輪箱原理，大齒輪帶中小齒輪。可見重慶市政府在加快推進城市化及統籌城鄉發展方面已經取得了新進展。當然，重慶的做法也引來不同的看法，有人認為重慶的戶籍制度改革是讓農民用土地換城市戶籍，是對農民權利的侵害。筆者認為，利用身分權利與資產權利的交易來推動經濟和社會轉型是中國改革的一種重要手段，值得繼續探索。

2010 年以來，廣東、浙江等地開始的「強鎮擴權」和「鎮改市」等改革也引起了社會的廣泛關注。這些改革的目的就是要發展特大鎮，吸納農民工。根據國家統計局的數據顯示，2008 年中國有小城鎮 19,234 個，以鎮區人口規模排序的千強鎮，鎮區平均人口達到 7.1 萬

---

① 李稻葵. 城市化：中國經濟發展的金礦 [J]. 新財富，2010 (8).

人，已接近中國城市設市規模標準，許多特大鎮已經達到中等城市甚至大城市的人口規模。特大鎮的經濟發展水平也達到了中小城市的規模。在就業方面，2008年中國財政收入千強鎮平均吸納4.4萬非農產業就業人員，而縣級市平均吸納非農產業就業人員4.74萬人，與縣級市水平接近。在創造稅收方面，2008年中國財政收入千強鎮共計創造稅收4,027.8億元，縣級市共創造稅收4,997.9億元。總體來說，特大鎮經濟集聚能力強，經濟發展規模已達到城市水平，應該通過制度創新加快發展。可以設想，這些鎮如果能夠成為建制市，享受城市的政策，建立城市的管理體制，那麼這些特大鎮就可以成為城市，這裡的人口就可以成為市民。

（二）隨著農村土地流轉制度的建立，農業生產集約化經營的程度將會大大提高

農村土地流轉一直是一個有很大爭議的問題。很多人擔憂，如果土地可以做抵押、可以入股，或者是可以變賣的話，萬一一些農民把錢拿到手後花掉了，以後的生活沒有保障，成為社會的負擔怎麼辦？筆者認為，農村土地的流轉是解決「三農」問題的一個重要環節，這是因為：一是土地不能流轉是阻礙中國城鎮化進程的一個重要方面。土地不能流轉，部分農民為了耕作自己那一點點土地，不能離開農村，或者在農忙季節不得不返回農村種地和收割。如果土地能夠轉讓，或作抵押貸款，農民不但能放心進城，還能獲得一筆土地轉讓或抵押貸款的資金，做各種創業和投資，去獲得新的創業或就業機會。二是土地流轉有利於農業的集約化和規模化經營，提高農業生產效率。中國人多地少，人均耕地面積更少，如果土地不能流轉，農民只能死守著自己那點土地，吃不飽、餓不死。那些有豐富種地經驗的農民也英雄無用武之地。如果土地能夠流轉，就能通過市場轉讓把土地集中到種地能手和農業種養專業戶手中，讓他們能集約化、規模化經營，不但能發揮他們的比較優勢，還能提高農業生產的效率。

總之，農村土地流轉、資本化是解決中國「三農」問題的重要環節，是大勢所趨。隨著中國農村土地流轉制度的建立，中國農業生產集約化經營的程度將會大大提高。

(三) 後危機時期，中國廣大農村還是很大一部分農民生產、生活的主要領地

根據經典的劉易斯經濟發展理論，具有勞動力無限供給特徵的發展中國家，要經歷一個長期的二元經濟發展過程，即現代部門用不變的工資率獲得源源不斷的農業轉移勞動力，加速其資本累積過程（Lewis, 1954）。勞動力供給大於需求的就業壓力，始終充斥著整個發展時期。二元經濟發展到這樣一個階段，按照現行工資率，現代部門的勞動力需求超過農業部門可以轉移出的勞動力供給時，就到達一個重要的轉折點，即「劉易斯轉折點」（Lewis, 1972）。數據顯示，至少在過去幾年，中國新增勞動力人口一直呈下降趨勢。從需求面來看，過去20年中國經濟強勁增長並創造了大量的就業崗位，將成千上萬的農民工吸引到城市和工廠企業。於是，一些學者認為中國已經到達劉易斯轉折點。筆者認為，到目前為止，中國還沒有達到劉易斯轉折點，目前中國現實中還存在大量的失業。有學者把中國現實中存在的失業現象或就業困難概念化，即從理論上把中國的失業類型劃分為週期性失業、自然失業（包括摩擦性失業和結構性失業）和隱蔽性失業三種（蔡昉，2010）。在大規模農村剩餘勞動力穩定地轉移出農村，進入城市非農產業就業之後，農業生產方式做出了相應的調整，農業不再是剩餘勞動力的「蓄水池」，城鎮對農民工的勞動力需求也形成了剛性特徵。因此，這個勞動力群體事實上成為城鎮非農產業就業的主體，加之他們在勞動力市場上受到社會保護程度低，已經成為宏觀經濟波動造成的週期性勞動力市場起伏的主要承受者。2008年肇始於美國的全球金融危機使中國農民工首當其衝地遭受週期性失業的打擊。全球金融危機後期，中國經濟走強創造了較大的勞動力需求時，2010年春節後又出現「民工荒」現象。因此，我們也絕不能因為出現這種「民工荒」就得出中國勞動力供給相對於需求不足的結論。在改革開放伊始，中國存在著典型而反差強烈的二元經濟結構，隱蔽性失業規模龐大，在農村這一比例甚高。目前，農村隱蔽性失業雖與改革開放初期相比已有大幅度降低，但仍然在一定程度上存在。與此同時，由於勞動力市場功能、政府服務水平、人力資本匹配程度等因素造成的農村勞動力自然失業也還存在。我們必須正視中國農村剩餘勞動力還將較長時間存在這個事實，我們也不能完全寄希望於城市化和農村剩餘勞動力向城市非農產業轉移。

後危機時期，中國潛在的經濟增長速度會比過去 20 餘年明顯放緩應該是大概率事件。隨著經濟發展方式的轉變，科技進步在推動經濟增長中將發揮越來越大的作用，這對勞動者的素質提出了更高的要求。在後危機時期，農民工進城就業的形勢仍然會比較嚴峻。

　　後危機時期，中國廣大農村還是很大一部分農民生產、生活的主要領地，因此我們要統籌城鄉發展，搞好新農村建設，就地解決部分農民的生產、生活問題，改善他們的生活環境，提升他們的生活水平和生活品質。

第七章 文化與中國經濟轉型

第一節 儒家文化、企業家精神與經濟增長

一、引言

以羅默（Paul Romer）和盧卡斯（Robert Lucas）為代表的內生經濟增長（Endogenous Economic Growth）理論的誕生是傳統經濟增長模型無法解釋世界各國經濟增長的結果。根據傳統理論，長期經濟增長率將最終取決於人口增長和技術進步等外在因素。經濟學家鄒恒甫（1993）就提出過這樣的問題：為什麼受儒家文化影響很深的許多東亞國家和地區，如日本已躍入發達國家行列，韓國、新加坡、中國香港和臺灣等已躍入新興工業化國家和地區的行列？為什麼以新教為主要宗教的國家人均國民收入要比以天主教為主要宗教的國家在均數上多出三分之一？難道是文化因素，如中國文化中的節儉和西方受新教影響而產生的資本主義精神在起作用？

在中國歷史上，儒家學說由春秋時期的孔子創立，後由戰國時期的孟子等人繼承和發展。自漢武帝「廢黜百家，獨尊儒術」之後，儒家思想與封建王權相結合，成為維繫封建社會政治秩序的工具。一個國家的經濟增長與其文化，尤其是企業家精神是否存在聯繫？如何理解企業家精神？儒家文化是否存在企業家精神形成的基因？儒家文化是否能對企業家精神的形成產生積極作用？中國歷史上產權制度的缺失、科舉制度與儒家文化的結合是否扼殺了企業家精神，從而阻礙了中國的經濟增

長？這些正是本書研究和探討的內容。

二、文獻綜述

熊彼特（1934）認為，企業家精神就是一種創新精神，是一個「不斷推出新的市場組合的過程」，包括：開發新的產品、採用新的技術、開闢新的市場、尋找新的供給來源、實現新的組合形式。文卡塔拉曼（Venkataraman，2000）指出，企業家精神就是搶先抓住新機會的能力，認識到機會並抓住機會可以「矯正」市場，把市場帶回平衡狀態。瑞文斯·克拉夫特（Ravens.Craft，1982）利用企業的調研數據，對企業家精神與企業創新水平之間的關係進行了實證研究，研究發現企業家精神對於企業創新水平提升具有正向的促進作用。薩拉（Zahra，1999）利用企業的微觀調研數據，對企業家精神、創新水平以及企業績效三者之間的關係進行了實證研究，研究發現擁有越強企業家精神的企業，其創新水平越高，企業績效水平也會越高。

德郎（1988）對1870—1979年100多年的世界經濟增長歷史進行了研究發現，文化影響導致各國之間不同的經濟增長水平。鄒恒甫（1993）研究認為，節儉儲蓄和為累積而累積的文化必然帶來快速的長期的經濟增長。他還認為，在中國文化的影響下，許多東亞國家和地區先後在經濟上起飛。遍布在東亞以及世界各地的華人中產生了很多善於理財聚寶的企業家。近期國內外諸多學者試圖從不同角度解釋企業家精神的影響因素，如經濟因素（Lee et al，2004）、文化因素（Freytag & Thurik，2010）、制度因素（Lu & Tao，2010）、個體特徵因素（Lu & Tao，2010）等。一國文化影響一國企業家精神的形成，進而影響一國經濟增長。儒家文化對於中國企業家精神的形成有何影響？眾多學者都對這個問題進行過研究。

學者們在談論企業家精神時言必稱「創新」。企業家創新的目的是為了追求利潤。孔子也承認：「富與貴，是人之所欲也。」但是，孔子也提出警告：「不以其道得之，不處也。」可見儒家文化是認同通過符合道德的方式追求利潤的。

我們研究認為企業家精神除了創新精神以外，就是合作精神，這一點往往被人們忽視。黃少安（2000）提出經濟學研究的重心要由「競爭」轉向「合作」並提出「合作」經濟學的構想。他認為，人類經濟

行為及整個經濟運行就像一枚硬幣，一面是競爭，一面是合作。隨著市場經濟的發展，分工越來越細，人們在仍然不斷競爭的同時，隨著理性度的提高，越來越傾向合作，因為合作可能即使自身的利益最大化，也促進對方利益的實現。合作就必須講誠信，「信」是傳統商業文化的核心。長久以來，商界就已形成了「誠信為本」的核心商業文化。孔子說過「民不信不立」。孟子說過「誠者天之道也」。合作精神是儒家文化的重要內容，也應該成為企業家精神的有機組成部分。

一些學者也認為新興市場國家之所以會有更高的儲蓄率是由撫養比例低的人口結構和將節儉視為美德的儒家文化傳統所決定的（喬曉楠、楊成林，2013）。節儉和注重累積財富是企業家精神的重要內容。

企業家精神還有重要的一點，就是自強不息的精神。熊彼特（1912）在其著名的創新理論中大談企業家的心理的作用。他認為典型的企業家具有非享樂主義性質的心理。首先是追求社會地位，即存在一種夢想和意志，要去找到一個由他支配的私人王國；其次是存在徵服的意志，即戰鬥的衝動，證明自己優越的衝動，求得成功不是為了成功的果實，而是為了成功本身；最後是存在創造的快樂，即把事情辦成的快樂，或者只是施展個人能力和才華的快樂。這難道不是自強精神的彰顯嗎？

因此，筆者認為，企業家精神的核心歸納起來應該是「創新、合作、節儉、自強」。美國巴布森（Babson）學院的「企業家精神研究中心」給出了企業家精神的定義，認為企業家精神是「一種痴迷機遇、整體把握和協調領導的思考和行為方式。這種精神可以甄別機遇，不管當前的條件是否具備；可以利用機遇在個人、公共和全球性部門創造財富」。我們認為「創新、合作、節儉、自強」的企業家精神與這一定義是基本契合的。

三、理論分析

(一) 儒家文化有利於企業家精神的形成

儒家文化的核心是什麼？學術界有不同的觀點，有人認為「仁」是儒家文化的核心。但我們所說的儒家文化是構成中國的社會治理機制的核心規範，是一個思想體系的制度化改造，因此其核心是「禮治」，「仁」是「禮治」的靈魂。儒家「禮」的重要功能就是協調預期和定分

止爭。這一點荀子講得很清楚:「人生而有欲,欲而不得,則不能無求,求而無度量分界,則不能不爭,爭則亂,亂則窮。先王惡其亂也,故制禮義以分之,以養人之欲,給人以求。使欲必不窮乎物,物必不屈於欲,兩者相持而長,是禮之所起也。」(《荀子・禮論》)這種協調預期的規則進一步演化,就上升到治國之道。「道德仁義,非禮不成;教化正俗,非禮不備;分爭辨訟,非禮不決;君臣上下,父子兄弟,非禮不定;宦學事師,非禮不親;班朝治軍,莅官行法,非禮威嚴不行;禱祠祭祀,共給鬼神,非禮不誠不莊。」(《禮記・曲禮上》)「禮之於正國也,猶衡之於輕重也,繩墨之於曲直也,規矩之於方圓也。」(《禮記・經解》)「敬讓之道也。故以奉宗廟則敬,以入朝廷則貴賤有位,以處室家則父子親、兄弟和,以處鄉里則長幼有序。孔子曰:『安上治民,莫善於禮。』此之謂也。」(《禮記・經解》)將禮的地位上升到制度的最高地位,就是要社會中每個人都有規矩可循。

「禮治」為企業家精神的形成創造一個良好的外部環境。因為企業家精神的核心是創新精神,企業家創新的目的就是為了追逐更高的利潤。要獲得更多的利潤,就必須為客戶提供更好的產品或服務,要想得到,就必須給予,必須遵守相應的「道」。有的學者以孔子和孟子的話來說明儒家文化是反對逐利的,如孔子認為「君子喻於義,小人喻於利」,孟子尤以「何必曰利」著稱。其實,這是對孔孟思想的片面理解。在孔子和孟子看來,重要的是以義求利。孔子曰:「不義而富且貴,於我如浮雲。」(《論語・述而》)這就是說,賺錢、發財要符合仁義;如違背仁義,富貴也沒有什麼值得追求的。正是在這種思想基礎上,孔子又說:「富而可求也,雖執鞭之士,吾亦為之。」(《論語・學而》)孟子則認為,只要從仁義出發,利將不期而至。這都說明儒家文化用「禮治」來規範「逐利」的行為,使企業家精神的內涵更加完整。

儒家文化在為企業家精神的形成創造一個良好的外部環境的同時,也提供內在的激勵。儒家文化靠等級劃分制度來完成社會治理,其標準就是「君子」。在儒家文化裡,一個人具有仁愛之心,又能約束自己,道德高尚,就被視為君子,而相反地,損人利己者被視為小人。君子這個詞在《論語》裡出現了106次,其中大部分是孔子的話。如「君子懷德,小人懷土;君子懷刑,小人懷惠」(《論語・里仁第四》)等。在儒家文化看來,首先,君子是遵守社會道德、等級、規範的人;其

次，君子是一個利他主義者，或者說是一個考慮長遠、不注重眼前利益的人，是一個有耐心的人；再次，君子是一個謙讓的人，是一個「不爭」的人；最後，君子是一個合作的人。

儒家文化為企業家合作精神提供了豐厚的營養。儒家以「和」為貴。孔子說：「君子和而不同，小人同而不和。」（《論語・子路》）孔子的弟子有子說：「禮之用，和為貴。」（《論語・學而》）孟子說：「天時不如地利，地利不如人和。」（《孟子・公孫醜下》）孔子「和而不同」之說的淵源來於西周。西週末年史伯論和同之辨雲：「夫和實生物，同則不繼。以他平他謂之和，故能豐長而物歸之；若以同裨同，盡乃棄矣。」（《國語・鄭語》）不同的事務相互為「他」，「以他平他」即聚合不同的事務而得其平衡，這樣就能創造出新的事務。如果追求簡單的同一，就不能產生新事物了。這不正是強調合作與創新嗎？

儒家文化中作為君子的行為標準，不也是企業家應該遵守的行為準則嗎？對於企業家來說，如何對其行為進行約束呢？除了所有權就是聲譽機制。如果一家企業造假，或者損害了消費者的利益，聲譽機制不但會使經營這家企業的企業家在社會上名聲掃地，人力資本大幅貶值，而且企業形象也會受到很大的損害，最終還會影響企業自身的發展。企業家必須是一個善於與人合作的人。在市場經濟中，只有善於與人合作，才能尋找到新的商業機會，也只有與人合作，才能創造價值。

儒家文化把節儉視為美德。孔子說：「奢則不孫，儉則固。與其不孫也，寧固。」（《論語・述而》）孔子又說：「道千乘之國，敬事而信，節用而愛人，使民以時。」（《論語・學而》）荀子把節儉認作順應天地間的自然規律而又能與天相抗爭的手段。「強本而節用，則天不能貧……本荒而用侈，則天不能使之富。」（《荀子・天論》）儒家文化鼓勵人們節儉積蓄，引導人們以錢生錢。節儉在儒家文化中以倫理道德出現，累積財富在儒家文化看來是一種高尚的行為。

儒家文化高度弘揚主體意識，「志不可奪」「剛健自強」。孔子承認人人具有獨立的意志，他說：「三軍可以奪帥也，匹夫不可奪志也。」（《論語・子罕》）匹夫即是庶民，庶民有其不可奪的「志」。孔子雖然認為貴賤等級的區分是必要的，但認為庶民也是人，應該尊重庶民的獨立意志。《周易》提出「剛健」「自強」的人生理想。《周易》雲：「大有，其德剛健而文明，應乎天而時行，是以元亨。」「天行健，君子以

自強不息。」這不正是企業家應具備的精神嗎？

(二) 儒家文化與科舉制的結合扼殺了企業家精神

中國傳統社會有三大支柱：皇權制度、科舉制度、儒家文化。科舉制度是完全不獨立的，在根本上就是帝制的工具。帝制下皇帝通過科舉制度提供強大的激勵機制，將中國知識分子網羅一空。著名歷史學家錢穆先生就這個問題進行過較詳細的闡述：「中國傳統政治，規定只許讀書人可以出來問政，讀書人經過考試合格就可做官。讀書人大都來自農村，他縱使做了官，他的兒孫未必仍做官，於是別的家庭又起來了，窮苦發奮的人又出了頭，這辦法是好的。不過積久了，讀書人愈來愈多，做官的人也愈來愈多，因為政權是開放的，社會上聰明才智之士都想去走做官這條路，工商業就被人看不起。」[1] 在科舉制達到鼎盛的明朝、清朝，激勵也更加強大。在那時，不參加科舉制的知識分子數量很少。而在科舉制裡，基本內容就是所謂的儒教，即儒家思想、孔孟之道。在帝制和科舉制的環境下，個人的前途都與當官聯繫在一起。但是當官只有一種途徑——參加科舉考試。科舉考試是當官的必要條件。因此，對個人來說，科舉制的強激勵機制表現為兩個方面：一方面是只有科舉這條路能讓其當官；另一方面是走這條路的回報特別巨大。這兩個方面結合起來產生特別強大的現實回報激勵。在這個激勵機制的引導下，絕大多數的科舉考生、知識分子，只求仕途，不求信仰（許成鋼，2012）。

作為科舉考試的儒家經典是經皇帝及其御用文人修訂過的，它們無一不有利於統治的延續。漢代獨尊儒術以後，經學佔據了統治地位，束縛了人們的獨立思考，阻塞了探索未知領域的前景道路。康有為借用清初學者的研究早就曾指出，自東漢以來成為科舉考試核心內容的儒教經典很多是為幫助帝制篡改過的，不是真正的孔孟之道。何為真正的孔孟之道，何為確切史實之鑒，對於廣大參加科舉的人都不重要。因此，科舉制度使得絕大多數知識分子不獨立於朝廷。他們以忠於皇帝、忠於朝廷而自豪。這樣經修訂過的儒家經典與科舉制度結合起來選拔的人才只對做官有興趣，對其他事物就失去了好奇心，尤其是對自然世界沒有興趣。因此，科舉制度的本質其實是讀書人與朝廷進行博弈（見圖7-1）。讀書人只有認可被篡改過的儒家文化才有可能被朝廷重用，這對於讀書

---

[1] 錢穆. 這個歷代政治得失 [M]. 北京：生活・讀書・新知三聯書店，2012.

人和朝廷來說是雙贏的。一方面，讀書人認可被篡改的儒家文化，就有可能獲得做官的機會，被朝廷重用；另一方面，朝廷也會因為這樣的讀書人加入其體制內而使其統治地位得到鞏固。在思想上，只要涉及世俗政治，科舉制和中國皇帝絕不寬容任何挑戰皇權的多元化思想存在，讀書人如果不認可被篡改的儒家文化，是很難被重用的。可見，獨尊儒術束縛了人們的思想和創新精神。儒學與科舉制度有機結合，嚴重抑制了企業家精神的形成。

	朝廷 重用	朝廷 不重用
讀書人 認可	1, 1	-1, 0
讀書人 不認可	1, -1	0, 0

圖 7-1　讀書人與朝廷博弈

命題 1：儒家文化與科舉制度的結合阻礙了全社會企業家人力資本的形成，從而不利於經濟增長。

命題 1 證明如下：

假設全社會的聰明人總數為 Q，聰明人又有兩種選擇，第一種選擇是讀書做官，第二種選擇是經商辦企業，成為企業家。設讀書做官的人數為 R，則成為企業家的人數為 $L=Q-R$。將企業家人力資本納入分析框架，建立如下的拓展的柯布—道格拉斯生產函數：

$$y = AK_{it}^{\alpha} L_{it}^{\beta} = AK_{it}^{\alpha}(Q-R)^{\beta} \tag{1}$$

其中，y 為企業的產出，K 為企業的資本投入，L 為企業家的人力資本，i 為產業，t 為時間，α、β 為相應變量的產出彈性。可見隨著讀書做官的人數 R 越多，則成為企業家的人數 $L=Q-R$ 就越少，則企業的產出就越少，而經濟增長是由無數企業產出構成的，因此經濟增長就會受到不利影響。

（三）產權制度的缺失使儒家文化對企業家精神的形成大打折扣

產權保護與企業家精神之間存在密切的聯繫。對產權的保護是私營商業發展的必要條件，也是企業家精神形成的必要條件。自 20 世紀中葉開始的 20 年間，私有產權基本上被廢除。私營買賣要冒被批判或犯罪的風險。在嚴重缺失產權保護這一條件的環境中，中國私人部門從

20 世紀 70 年代後期改革開放之初的幾乎為零發展成巨大並充滿活力的部門，為進出口和財政收入的增長做出了巨大的貢獻，同時也逐步湧現出了一批又一批具有企業家精神的創業者。一系列法律和管理新規在 20 世紀 90 年代末陸續出抬，明確承認國家保護私有產權的責任，這從根本上改善了私營部門的商業環境，企業家開始在中華大地不斷湧現，企業家精神也不斷發揚光大。在長期中斷企業家精神之後，這種企業家精神的突顯表明了儒家文化並不缺乏孕育企業家精神的基因。無論歷史上還是現在，中國的企業家才能表現出巨大的地域差異，在控制國內尤其是國際貿易達幾個世紀之久的沿海地區湧現出更多具有企業家才能的人。中國南方沿海地區和內陸地區企業家才能的差異早在 1,500 年就被注意到，現在也表現得很明顯——這反應了文化特徵和組織知識的傳承。

威廉·伯恩斯坦在《繁榮的背後：解讀現代世界的經濟大增長》中搭建了一個可以被稱之為「四位一體」的理論框架，即財產權、科學理性主義、資本市場、交通和通信技術改善。在伯恩斯坦看來，一國繁榮的關鍵是制度，其中財產權制度居首。所謂財產權，是指保障個人財產的權利，是所有其他權利的基礎。儒家對私人產權制度、私人企業、契約意識是持支持態度的，但在 2,000 餘年的封建帝制下，所有的產權、所有的財富、所有的資源幾乎統統壟斷在封建王朝的手裡。一個社會對私有產權的保護程度又會影響人們對於職業的選擇。當私有產權被明確界定並受到保護，政府無法輕易沒收私有財產時，做企業家就更有吸引力。否則，做政治官僚就更有吸引力。由於中國歷來缺乏對私有產權的有效保護，所以做官成了歷代很多聰明人為了實現自我價值的畢生追求。

命題 2：儒家文化具備孕育企業家精神的基因，但產權制度的缺失會影響人與人之間的合作，從而一定程度上破壞了企業家精神的形成。

重複囚徒困境博弈中，合作之所以有可能出現，是因為參與人不僅關心眼前利益，也關係長遠利益。我們借助一般性的囚徒困境博弈來說明這個問題（見圖 7-2）。

	乙 合作	乙 不合作
甲 合作	T, T	S, R
甲 不合作	R, S	P, P

圖 7-2　囚徒困境博弈

在一次性博弈中，如果甲、乙兩人合作，每人都得到 T；如果兩個人都不合作，每人得到 P；如果一個人合作、另一個人不合作，合作的人得到 S，不合作的人得到 R。這樣一來，對於個人來說最好的結果是：別人合作，自己不合作，占對方的便宜，得到 R；最糟糕的結果是自己合作，對方不合作，自己受騙了，只得到 S。這裡我們假定有 R>T>P>S。同時，我們假定合作的總價值大於一方合作、另一方不合作的總價值，即 (T+T) > (S+R)。當然，(T+T) > (P+P)。設 V 代表合作各方因合作而獲得的財產，T 為每次合作使合作各方獲得的收益，δ 代表繼續合作的概率，則：

$$V = T + \delta T + \delta^2 T + \delta^3 T + \cdots$$

則：

$$V = \frac{T}{1-\delta}$$

轉換為：

$$\delta = 1 - \frac{T}{V}$$

這裡，V>T，即每位合作者獲得的總財產要大於每次合作獲得的收益。在產權受到保護的情況下，V 的值就越大，δ 就更大，即甲、乙雙方合作的概率就會更高；反之，產權不受到保護，V 比產權受到保護時要小，則 δ 就更小，即甲、乙雙方合作的概率就更小。因此，產權保護缺失影響了人與人之間的合作精神。在中國歷史上，儘管儒家文化具備孕育企業家精神的基因，但由於產權制度缺失，皇權侵犯了人們的產權，從而在一定程度上破壞了人與人的合作，也破壞了企業家精神的形成。

（四）企業家精神促進經濟增長

中國改革開放釋放了大量的企業家精神和企業家才能。在沿海地

區，由於這一地區走在改革開放的前列，企業家精神和企業家才能更早地釋放出來。這不僅反應了沿海地區政府的相對開放以促進、支持私營企業和商業的發展，而且反應了沿海與內地企業家才能和企業家精神的差異。企業家精神能促進經濟增長，這從改革開放初期中國沿海地區率先實現快速經濟增長以及改革開放 30 多年中國經濟持續、穩定、快速增長的事實可以充分反應出來。

命題 3：累積欲、節儉是企業家精神的重要內涵，能促進經濟長期持續增長。

累積欲、節儉是企業家精神的重要內涵。下面證明累積欲、節儉這種企業家精神能促進經濟長期持續增長。

考慮一個無窮期離散時間增長模型，為簡化討論，假定人口增長率 n 和技術增長率 g 為 0。假定個體完全相同，個體效用最大化問題可以刻畫如下：

$$\max \sum_{t=0}^{\infty} \beta^t \left[u(C_t) + \rho v(K_{t+1}) \right]$$
$$s.t. \quad C_t + I_t = f(K_t) \tag{2}$$
$$K_{t+1} = I_t \varphi\left(\frac{I_t}{K_t}\right) + (1-\delta) K_t$$

此處效用函數中 $u(\cdot)$ 滿足 $u'(\cdot) > 0$，$u''(\cdot) < 0$，$v(\cdot)$ 滿足 $v'(\cdot) > 0$，$v''(\cdot) < 0$，效用函數中引入 $\rho v(K_{t+1})$ 是因為企業家在追逐資本的同時帶來了效用，資本累積越多，財富越多，社會地位越高，效用越高。假定個體投資無法完全轉化為資本，存在一個轉換函數 $\varphi\left(\frac{I_t}{K_t}\right)$，$\frac{I_t}{K_t}$ 越大，轉換效率越低，因此有 $\varphi'(\cdot) < 0$，$\varphi''(\cdot) > 0$。

求解個體效用最大化問題，我們有如下歐拉方程：

$$u'(C_t) = \left[\rho v(K_{t+1}) + \beta u'(C_{t+1})(f'(K_{t+1}) + 1 - \delta) \right] \left[\varphi\left(\frac{I_t}{K_t}\right) + \frac{I_t}{K_t} \varphi'\left(\frac{I_t}{K_t}\right) \right] \tag{3}$$

1 單位財富在 t 期消費產生 $\beta^t u'(c_t)$ 效應增加，將該單位財富進行投資，則下一期資本增加 $\varphi\left(\frac{I_t}{K_t}\right) + \frac{I_t}{K_t} \varphi'\left(\frac{I_t}{K_t}\right)$，由於資本進入效應函

數，所以產生 $\left[\varphi\left(\dfrac{I_t}{K_t}\right)+\dfrac{I_t}{K_t}\varphi'\left(\dfrac{I_t}{K_t}\right)\right]\beta^t v'(K_{t+1})$ 的效用；由於資本增加，其產出增加，將這部分產出用於消費，導致邊際效用增加 $\beta^{t+1}u'(c_{t+1})$ $(f'(K_{t+1})+1-\delta)\cdot\left[\varphi\left(\dfrac{I_t}{K_t}\right)+\dfrac{I_t}{K_t}\varphi\left(\dfrac{I_t}{K_t}\right)\right]$，前者等於後兩者之和，化簡即得 (3) 式。

進一步假定 $u(c_t)=\ln c_t$，$v(K_{t+1})=\ln K_{t+1}$，$f(K_t)=AK_t$，$\varphi\left(\dfrac{I_t}{K_t}\right)=\left(\dfrac{I_t}{K_t}\right)^{-\alpha}$，$0\leqslant\alpha<1$，則我們可以分析平衡增長路徑（BGP）上經濟增長率與企業家精神的關係。將上述效用函數、生產函數代入（2）式和（3）式可得：

$$c_t+I_t=AK_t \tag{4}$$

$$K_{t+1}=I_t\left(\dfrac{I_t}{K_t}\right)^{-\alpha}+(1-\delta)K_t \tag{5}$$

$$\dfrac{1}{c_t}=\left(\dfrac{\rho}{K_{t+1}}+\beta\dfrac{1}{c_{t+1}}\right)(A+1-\delta)\left[\left(\dfrac{I_t}{K_t}\right)^{-\alpha}(1-\alpha)\right] \tag{6}$$

由（4）~（6）式可以推導出：

$$\dfrac{c_t}{K_t}+\dfrac{I_t}{K_t}=A$$

$$1+r_K=\dfrac{K_{t+1}}{K_t}=\left(\dfrac{K_{t+1}}{K_t}\right)^{1-\alpha}+(1-\delta)$$

$$1+r_K=\dfrac{c_{t+1}}{c_t}=\left[\dfrac{c_{t+1}}{K_{t+1}}\rho+\beta(A+\delta)\right](1-\alpha)\left(\dfrac{I_t}{K_t}\right)^{-\alpha}$$

在平衡增長路徑（BGP）上所有宏觀經濟變量的增長率均為常數，因此：

$$r_K=r_I=r_c=r_Y$$

即資本的增長率等於投資的增長率及消費的增長率和產出的增長率。

由（5）式推導出：

$$\dfrac{I_t}{K_t}=(r_K+\delta)^{\frac{1}{1-\alpha}} \tag{7}$$

代入（4）式推導出：

$$\frac{c_t}{K_t}=A-(r_K+\delta)^{\frac{1}{1-\alpha}} \tag{8}$$

代入（6）式整理得：

$$1+r_K=\rho[A-(r_K+\delta)^{\frac{1}{1-\alpha}}\beta(A+1-\delta)(1-\alpha)(r_K+\delta)^{-\frac{\alpha}{1-\alpha}}]$$

$$1+r_K=\rho A+\beta(A+1-\delta)(1-\alpha)(r_K+\delta)^{-\frac{\alpha}{1-\alpha}}-\rho(1-\alpha)(r_K+\delta) \tag{9}$$

由（9）式，我們可以計算出 r_K 的值，r_K 依賴於 A、ρ、δ、β、α 這些參數。

當 $\alpha=0$，不考慮投資轉化率時，投資可以直接轉化為資本，有：

$$1+r_K=\rho A+\beta(A+1-\delta)-\rho(r_K+\delta)$$

可以推導出：

$$r_K=\frac{\rho A+\beta(A+1-\delta)-\rho\delta-1}{1+\rho} \tag{10}$$

$$\frac{\partial r_K}{\partial \rho}=\frac{(A-\delta)(1+\rho)-\rho A-\beta(A+1-\delta)+\rho\delta+1}{(1+\rho)^2}$$

$$=\frac{A-\delta-\beta A-\beta+\beta\rho+1}{(1+\rho)^2}$$

$$=\frac{(1-\rho)(A+1-\delta)}{(1-\rho)^2}>0$$

所以，當 ρ 提高時，r_K 也升高，即企業家對資產的在乎程度越高，長期經濟增長率越高。

當 $\alpha\neq 0$，投資存在轉換率，兩邊對 ρ 進行求導得：

$$\frac{dr_K}{d\rho}=A(1-\alpha)(r_K+\delta)^{-\frac{\alpha}{1-\alpha}}+[\rho A+\beta(A+1-\delta)](1-\alpha)\left[-\frac{\alpha}{1-\alpha}(r_K+\delta)^{\left(-\frac{\alpha}{1-\alpha}-1\right)}\frac{dr_K}{d\rho}\right]$$

$$-(1-\alpha)(r_K+\delta)-\rho(1-\alpha)\frac{dr_K}{d\rho}$$

由此，得：

$$\frac{dr_K}{d\rho}=\frac{A(1-\alpha)(r_K+\delta)^{-\frac{\alpha}{1-\alpha}}-(1-\alpha)(r_K+\delta)}{1+\alpha[\rho A+\beta(A+1-\delta)](r_K+\delta)^{-\frac{1}{1-\alpha}}+\rho(1-\alpha)}$$

$$=\frac{(1-\alpha)(r_K+\delta)^{-\frac{\alpha}{1-\alpha}}[A-(r_K+\delta)^{\frac{1}{1-\alpha}}]}{1+\alpha[\rho A+\beta(A+1-\delta)](r_K+\delta)^{-\frac{1}{1-\alpha}}+\rho(1-\alpha)} \tag{11}$$

由（8）式可以推導出：

$$A-(r_K+\delta)^{\frac{1}{1-\alpha}}>0$$

因此，$\frac{dr}{d\rho}>0$，平衡增長路徑上經濟增長率隨 ρ 增加而提高，即企業家對資產的在乎程度越高（注重財富累積），長期經濟增長率越高，而企業家注重累積正是企業家精神的重要內涵之一。

四、歷史事實與解釋

回望中國歷史，越是專制的朝代，企業家精神越是受到抑制，工商業的發展越是凋敝。中國史書向來有「暴秦、強漢、盛唐、弱宋」的「公論」。宋朝是史上最溫和的一個政權。但在文化和技術發明上，宋朝卻取得了令人矚目的成就，工商業的發展也取得了空前的成就。

明清時代，所謂「抑商」政策從來都是出於政治上的考量。例如，明朝皇帝朱元璋的治國策略只有兩個字，一個是「儉」，另一個是「嚴」，所謂「儉」，他痛恨商人，視之如國賊；政府與民間從來就沒有形成對等的契約關係，私人財產權沒有得到法律的有效保護，民間資本的累積既缺乏制度激勵，也缺乏制度保障，政府對從事工商業者採取歧視的態度。法國年鑒學派的費爾南·布羅代爾在《世界史綱》中就很簡捷地說：「中國社會，政府的權力太大了，使富有的非統治者不能享有任何真正的安全，他們對任意徵收的恐懼始終揮之不去。」美國著名學者費正清在研究中也給出了類似的結論：「紳士家庭最好的保障並不僅僅在於依靠佔有土地，而是依靠土地所有權與官吏特權的聯合，家庭財產並不是一種保障。」在高度集權的統治模式下，國家機器對商業的控制、干擾及盤剝，阻礙了企業家精神的發揚光大。中國著名學者王亞南、傅衣凌在20世紀40年代斷定：「秦漢以後的歷代中國商人都把鑽營附庸政治權力作為自己存身和發財的門徑。」在私有財產權沒有法律保障，財產權隨時有可能受到統治權力侵犯的情況下，民間商人危如累卵，出現強烈的恐懼心理和財富幻滅感，企業家的節儉和累積的慾望受到打擊，創業的激情受到抑制，產業資本從生產型向消費型轉移，經濟成長從而缺乏動力；權貴經濟、官商勾結、權力尋租，增加了經濟運行的交易成本，降低了經濟運行的效率，阻礙了企業家精神的形成和經濟的持續增長。

五、結論

儒家文化蘊涵著豐富的企業家精神,「創新、合作、節儉、自強」是企業家精神的核心。但由於中國歷史上長期產權制度缺失,皇權制度扼殺了企業家精神。儒教與科舉制度的結合,使天下讀書人把考取功名作為自己的畢生追求,「學而優則仕」的官本位思想甚囂塵上。

研究表明,一個國家的經濟增長離不開企業家精神,不同國家的文化,尤其是企業家文化會導致經濟增長水平的不同。因此,我們必須弘揚儒家文化,弘揚「創新、合作、節儉、自強」的企業家精神。要致力於為企業家精神的形成和發揚光大創造良好的社會環境。必須繼續堅定不移地推進改革,在經濟體制改革方面,建立和健全競爭性的市場體系,使市場能夠在資源配置中發揮決定性的作用。同時,要積極推進政治體制改革,建立現代民主、自由、法治國家。

第二節　現代管理與人文精神

一、現代管理中人文精神的缺失

隨著20世紀80年代華爾街的風光歲月帶來了20世紀90年代製造財富神話的互聯網熱潮,美國式資本主義中市場驅動一切的理念似乎已經徹底地、永久地改變了管理學和管理教育的性質。但是,當20世紀90年代晚期華爾街的泡沫一一破滅之後,當美國電話電報公司(AT&T)、安然公司、泰科公司(Tyco)和其他許多公司的內部交易和財務詐欺行為一一被曝光之後,人們清楚地意識到用股票價值來回報股東,把經營者的利益與股票價值掛勾的做法將激發某些人利用不當甚至違法的辦法去抬高股票價值。2008年肇始於美國的全球金融危機,管理無論是作為一個專業、一門學科,還是一種實踐,其人文精神的缺失都已經充分暴露了出來。

二、什麼是人文精神

什麼是人文精神?人文精神總是離不開道德的養成及對人的尊重,

儘管其程度可能有所不同。儘管在不同的文化背景下人們所看重的品格特徵會有所差異，但是培育「良好品格」或者培育具有「美德」的人一直是人文精神所關注的重要內容。德性的形成不僅僅是使人能夠適應社會生活、成為一個合格的社會成員並為社會所接納，而且對個體精神的提升也至關重要。不是每一個組織、每一個社會都已經或者即將接受完全相同的美德或者價值觀，這就要求我們考慮我們所珍視的東西的歷史和來源，考慮何為美德。人文精神強調對人的尊重，亞里士多德說過：人，即使是奴隸，也不是活著的工具。這種理念被羅馬人化為了行動和制度，通過《羅馬法》而在羅馬延續。又過了十幾個世紀，康德才講出了那句浸透了歐洲人文精神的名言：不能把人當作工具，而必須把人當作目的。

根據亞里士多德的觀點，品格優異並非與生俱來，人們需要時間的累積才能逐步認識到，道德的品格需要從教育中獲得，在某一特定的情況下有德性的行為才是正確的行為。德性必須出於德性本身，而不能出於某些外在的固有規則。德性也不可能是「偶發行為」，究其本身而言，有德性的行為應該是一種恒常的自覺行為。

三、西方社會過去如何培養公民的人文精神

現代管理者首先應該是合格的公民。什麼是公民呢？公民是具有獨立人格和基本權利，並且意識到自己對社會有基本義務的人。每個人的權利是平等的，而每個人都生活在社會裡，這是一個契約社會，因此公民是一個社會人。每一個公民應該意識到自己對社會有起碼的義務，做一件事要有起碼的道德規範，遵守起碼的法律，行為要有一個底線。羅馬哲學家西塞羅和昆體利安都認為，對公民進行人文精神的培訓能夠引領整個社會，能夠讓公民理解並且尊重那些大家普遍認同的行為規範，而這些行為規範的獲得方式是通過學習一批從古代傳承下來的體現文化價值觀和道德觀的著作。人文精神教育致力於培養道德品格和灌輸社會價值觀。羅馬帝國滅亡之後，基督教和伊斯蘭教開始影響早先形成的希臘、羅馬關於人文的理念。在徵服了早先屬於羅馬帝國的大部分土地後，奧斯曼土耳其帝國獲得了許多價值連城的手稿，包括亞里士多德的著作。其學者將這些著作翻譯成阿拉伯語，隨後基督教和猶太教學者則將它們翻譯成拉丁語。到18世紀晚期，人文教育的目的是要規範人們

的言行舉止、思維方式和道德準則，從而能夠逐步灌輸「虔誠、公正、尊重真理的原則，愛國、仁慈、普遍的善，清醒、節約、純潔、適度和節欲以及其他能讓人類社會更加美好並賴以建立共和憲政的美德」。

在美國，二戰以後的工業化擴張呼籲高等教育要變得更加實用。這使人們更加強烈地認為人文學科課程早就不可救藥地過時了，無法再適應現代美國人的需要。有些人為傳統課程辯護，認為它們仍然是一種有助於培訓人的思維方式或者開發通用知識技能的方法。另外一些人則強調對技術專業化加以平衡的重要性，認為人文學科應該承擔起打造「全面發展」的人的角色。這一不斷激化的爭論最終帶來的成果之一是通識教育課程的建立，這一運動受到約翰·杜威思想的影響。1920 年，哥倫比亞大學英語教授約翰·厄斯金設計了完全致力於古典文本研究的核心人文學科課程。這一兩年制榮譽課程以學生們一起討論「偉大的著作」為中心，其設置目的是希望激發學生對閱讀和思想發展的終生興趣。20 世紀 30 年代，芝加哥大學校長羅伯特·哈欽斯開發了「名著」課程。哈欽斯在芝加哥大學提倡使用一批核心著作即所謂「名著」來教學。20 世紀 50 年代，哈欽斯在《西方世界名著》中將那些作品推薦給商業人士。在管理教育的早期，人文教育被人視為美德和道義的堡壘。但是二戰以後，旨在強化分析型和技術型技能的專門化傾向日益加劇，最終導致了管理學與人文學科脫節的後果。管理教育培養出來的畢業生只是一些職能模塊上的受教育者，他們對於自身對整個社會所應承擔的更廣泛的責任一無所知。人文精神教育的理念也受到了整個社會中教育角色變化的壓力。從 20 世紀 80 年代開始，學生們就開始提出通過大學教育掌握符合市場需求的技能這一要求。高等教育成為可以在市場上購買到的產品，因此消費者要求自己的付出能夠得到最高的回報。隨著教育的目的從打造一個受過教育的人轉變為給人們提供具體的與雇用相關的培訓從而幫助他們在職場上有所斬獲，關於人文教育的整體概念就再一次受到了猛烈的抨擊。

四、現代管理教育中人文精神的缺失

亨利·明茨伯格在 1973 年和 1980 年所進行的有關管理者的研究《管理工作的性質》一書中揭示了管理活動固有的非人性化特質。在明茨伯格看來，所謂的「白領」，與泰勒筆下使用鏟子的工人一樣，都是

其時代的奴隸，異化於工作之中，被上級賦予的任務掌控。哈佛商學院教授羅伯特·海耶斯和威廉·阿伯內西在題為《加強管理規避經濟衰退》一文中認為，管理學教育的罪魁禍首是一味強調管理學是一門科學最終產生一個錯誤而又淺薄的觀念，使得專業的管理者，其實是假專業人士，錯誤地以為自己貿然地「空降」到一家完全陌生的公司，通過推行嚴格的財務控制、利用投資組合概念和市場驅動策略這幾招就能夠成功地經營好該公司。隨著股東價值和短期財務結果成了公司業績唯一有效的衡量標準，芝加哥學派的市場驅動哲學充斥著對美國式資本主義的討論。從20世紀70年代晚期和20世紀80年代中期開始，經濟學家對商學院的影響逐漸增強，代理理論主導了工商管理碩士（MBA，下同）課程。通過建立一家公司，所有者可以享受因為減少交易成本而帶來的利潤。但是當所有權與控制權分離時，委託—代理問題就出現了：如果所有者沒有親自去監督管理者，所有者如何才能知道管理者是在做所有者最感興趣的事情？實際上，在企業內部存在著股東—董事會—經理—工人這樣一個委託—代理鏈條。根據代理理論，股東是委託人，公司的管理者是代理人，管理者的利益與股東的利益並非完全一致，往往存在衝突。根據現有的激勵理論，要有效地調和股東和管理者之間的利益衝突就要設計有效的激勵合同。研究委託—代理的目的是科學設計激勵機制，解決激勵不相容的問題。導致激勵問題的原因有三個：一是代理人的行動難以觀察，即委託人只能觀察到結果，不能觀察到行動，因為有外生要素的干擾使得結果不能準確的測度努力程度，這也就是前面講的「隱藏行動」問題；二是代理人的類型不能準確觀測，這也就是前面講的「隱藏信息」問題；三是代理人風險厭惡程度不同。代理人存在三種不同的風險態度：風險愛好、風險中性、風險規避。典型情況下，一家公司的首席執行官（CEO，下同）得到股權和其他直接與利潤相關的獎金。儘管支付給大公司 CEO 巨額報酬存在爭論（特別是此次金融危機下華爾街金融巨頭的薪酬方案），但是現代經濟學認為，以績效為基礎的報酬對股東和 CEO 都是有利的，而且減少 CEO 這樣的報酬可能減少公司的利潤。

按照以上的邏輯，管理者對公司不再有任何忠誠感；相反，他們視自己的工作為由市場驅使的完全的交換行為，不帶有任何道德成分，不包含任何信託責任。借用德魯克的話來說，公司的世界已經變成了一個

弱肉強食的叢林。這一市場驅動一切的理念也滲透進了商學院，MBA 項目也開始在一個更大的市場上相互廝殺，將希望入學的學生視為潛在的「客戶」。成為一名 MBA 學員不再是為了掌握某些技能或者學會某一領域的專業知識；相反，其目的變成了擁有一個能夠帶來巨大利益的校友關係網。

人類已經進入大數據時代，這標誌著「信息社會」終於名副其實。在現代管理中，我們收集的所有數字信息現在都可以用新的方式加以利用。大數據的出現，使得通過數據分析獲得知識、商機和社會服務的能力從以往局限於少數象牙塔之中的學術精英圈子擴大到了普通的機構、企業和政府部門。但正如維克托·邁爾-舍恩伯格教授在其新著《大數據時代——生活、工作與思維的大變革》[1] 中所指出的，大數據同時也給我們帶來了巨大的風險。它使得目前用以保護隱私的法律手段和核心技術失去了效果。在一個預測的時代裡，人類的自由意志神聖不可侵犯，這一點不可輕視。我們不僅需要承認個人進行道德選擇的能力，還要強調個人應為自我行為承擔責任。

管理學大師德魯克將價值觀看得比技能、戰術或各門學科更加重要。他堅信，人文精神是道德和價值觀的守護者。儘管德魯克從來未曾公開地揭示管理學和人文學科兩者之間的關聯，但是他關於管理學是人文學科的這一理念還是將人文學科培養道德品格的理想與管理學培養有效領導者的目標緊密聯繫在了一起。

五、中國傳統文化中的人文精神

我們認為，具有人文精神的管理者對人類存在的本質有著透澈的理解，能夠在制約權力濫用的同時，將組織裡的人培養好。具有人文精神的管理者能夠認識到，儘管人性本身是不完美的，但是由人組成的組織必須努力創造一個「尚能容忍」的希望社會。

杜維明先生指出：「說中國傳統中的『儒』的概念，在當代近似於人文科學的學者，也許並不牽強。」[2]他還指出：「在儒家看來，學就是

---

[1] 維克托·邁爾-舍恩伯格，肯尼思·庫克耶. 大數據時代——生活、工作與思維的大變革 [M]. 周濤，等，譯. 杭州：浙江人民出版社，2013.

[2] 杜維明. 儒家思想：以創造轉化為自我認同 [M]. 北京：生活·讀書·新知三聯書店，2013.

學做人。誠然，我們無可逃避的是人，並且在自然主義的意義上說，這是我們與生俱來的權利。但是，從美學或宗教意義上看，成為人卻必須有一個學習的過程。因此，學做人意味著審美上的精致化、道德上的完善化和宗教信仰上的深化。」① 筆者也認為，儒家思想的傳播基本可以認為是人文精神的培養。

人文精神的培養離不開教育。康德指出，人是唯一需要教育的一種存在。② 按照康德的看法，人之外的動物只須以本能的方式來運用它的天性，無須像人那樣經受教育的過程。孟子說：「人之有道也，飽食、暖衣、逸居而無教，則近於禽獸。」（《孟子・滕文公上》）人文精神教育的目的在於使人知善，以便進而擇善。孔子更是提倡「學而不厭，誨人不倦」（《論語・述而》），到達「發奮忘食，樂以忘憂，不知老之將至雲爾」（《論語・述而》）的地步。孔子說：「德之不修，學之不講，聞義不能徙，不善不能改，是吾憂也。」（《論語・述而》）可見從「人的完成」這一方面看，教育不僅涉及知識的接受與傳授的問題，而且與德性的培養相聯繫，因為道德是社會能夠維繫、延續的必要條件之一，社會秩序的建立無法離開道德的維度。

荀子跟托馬斯・霍布斯一樣相信人性本惡，相信人對人就像狼對狼。荀子曰：「人之性惡，其善者偽也。」（《荀子・性惡篇》）荀子以為人生而有好利、嫉惡之心和耳目聲色之欲。若任其發展，不加節制，則爭奪殘賊，淫亂隨之升起，「正理平治」的社會生活難以實現。其實，荀子的思想與孔孟思想並非完全矛盾，甚至可以說是相得益彰。因為正是人性本惡，才需要不斷修身，才需要不到提高自己的道德水準。孟子重心體之仁的呈現發揚，荀子重禮教之善的潛移默化。前者講究「集義」，後者講究「積善」。荀子曰：「積善而全盡，謂之聖人。」（《荀子・儒效篇》）這句話無異於儒家所強調的「擇善固執」才能成就聖人。

儒家一方面重視禮樂所形成的外在規範，另一方面強調人性本有的內在要求，然後兼顧內外，肯定每一個人都有能力也有責任成就完美的道德人格。以經驗事實來說，我們發現人間有善行也有惡行，人有行善

---

① 杜維明. 儒家思想：以創造轉化為自我認同 [M]. 北京：生活・讀書・新知三聯書店, 2013.

② Kant. Education [M]. Ann Arbor: The University of Michigan Press, 1960.

與行惡的自由，同時行善使人心安，行惡使人羞愧。以理性反省來說，這些經驗事實告訴我們個人的快樂在於心安理得，群體的和諧在於大家行善避惡，因此人性要求也是向善的。以理想途徑來說，如果肯定人性向善，就要多做存養省察的工夫，讓個人內心的指示清楚呈現，同時還要妥善安排道德教育，使大家樂於遵守外在既成的規範。儒家的人性論因此成為中國道德思想的主流。這套人性論常被稱為「性善論」，其真正含義則是肯定人有「善端」，需要努力實踐，以成就善的行為。孔子是主張人性向善的，如孔子在描述有德者在政治上所表現的功效如下：

子曰：「為政以德，譬如北辰，居其所而眾星共之。」（《論語·為政》）

子曰：「無為而治者，其舜也與？夫何為哉？恭己正南面而已矣。」（《論語·衛靈公》）

子曰：「子欲善而民善矣。君子之德風，小人之德草，草上之風，必偃。」（《論語·顏淵》）

中國歷史上對人文教育的作用一直是非常認可的。儒家經典《大學》開篇就指出：「大學之道，在明明德，在親民，在止於至善。知止而後有定，定而後能靜，靜而後能安，安而後能慮，慮而後能得。物有本末，事有始終。知所先後，則近道矣。古之欲明明德於天下者，先治其國；欲治其國者，先齊其家；欲齊其家者，先修其身；欲修其身者，先正其心；欲正其心者，先誠其意；欲誠其意者，先致其知。致知在格物。」

已故著名學者蕭公權先生詳細論述了孔子「人本主義的政治觀」，指出孔子的全部政治學說，從根本到枝節，都以人為其最高、最後和最直接的對象和目的。在孔子的學說中，政治生活是人的人性的表現，是人性發展的過程，是人類活動的結果，是滿足人類要求的努力。這種人本主義思想同樣適應於現代管理。

六、中國人文精神培養存在的缺陷

我們也應該認識到，中國傳統的人本主義教育往往有空洞說教之嫌，重做人、輕做事。在孟子看來，做實事是「勞力」，「勞心者治人，勞力者治於人；治於人者食人，治人者食於人。天下之通義也」（《孟子·滕文公上》）。儒家經典也很少有教人做實事的內容，相反倒不乏

鄙視做實事的人的言論。「樊遲請學稼。子曰：『吾不如老農。』請學為圃。曰：『吾不如老圃。』樊遲出。子曰：『小人哉，樊須也！』」(《論語・子路》)在孔子看來，只須「上好禮」「上好義」「上好信」，那麼「四方之民襁負其子而至矣，焉用稼」(《論語・子路》)。由於儒家重做人、輕做事的傳統，造成勞心者只務虛言，干不了實事。勞力者能幹實事，卻盡是文盲。這種手和腦嚴重割裂的傳統一直貫穿中國歷史 2,000 多年，直到西方人用首腦合作造成的「堅船利炮」打開中國封閉的大門，中國人這才逐漸覺悟到中國傳統教育手腦割裂的禍害。

在科舉制度背景下，中國人的知識指向更多的是關注社會秩序的建立及與之相關的內容，包括人如何維護這種社會秩序。因此，起碼從制度化儒家建立的漢代開始，中國的教育的主要內容是如何灌輸這種思想傾向，即《中庸》所謂的「修道之謂教」。這就是我們今天所說的人文精神的培養。馬克斯・韋伯對於中西考試的內容的分析，充分說明了中西之間的巨大差別：「中國的考試，並不像我們西方為法學家、醫師或技術人員等所制定的新式的、理性官僚主義的考試章程一樣確定某種專業資格。中國的考試，目的在於考察學生是否完全具備經典知識及由此產生的、適合於一個有教養的人的思考方式。」[1] 但是科舉制度這種只注重人文知識培養的理念在西方的經濟強勢面前，很快就失去了其合法性。在鴉片戰爭的屈辱面前，已經日趨腐敗的科舉制度乃至整個中國的教育制度和知識傾向都面臨前所未有的挑戰，因為儒家所著力培養的人才根本無法應對外敵的「堅船利炮」。廢除科舉，設立新式學校，引進西方的科學技術知識，成了維新人士首先考慮的事情。正因為中國傳統教育的缺陷，所以廢除科舉，引進西方自然科學技術知識和現代教育模式就成為歷史的必然。

儒家思想中的重要格言「格物、致知、誠意、正心、修身、齊家、治國、平天下」，明顯地把人生意義的指針指向了權力。在中國幾千年的歷史上，能夠接受儒家文化教育的人，無不圍繞著權力轉，這當然也與中國的皇權和科舉制度存在必然的聯繫。黎鳴指出：「兩千多年來的中國社會，是人類中典型的官場化社會。社會中的一切，無論官場、市

---

[1] 馬克斯・韋伯. 儒教與道教 [M]. 洪天富，譯. 南京：江蘇人民出版社，1993.

場、情場中一切人們的活動，無不受到私有化的專制權力的威懾。」①權力壟斷中國人的思想，中國人除了聽命於大人、聖人，永遠不會有自己的思想，儒家思想乃至孔子、孟子本人也都成了權力的工具。這樣中國的人文傳統被權力裹挾，人文精神被權力閹割。因此，當代人文精神的培養，一方面，要充分利用我們民族傳統文化的精華；另一方面，又必須掙脫傳統文化的桎梏。

人文精神的培養需要「獨立之精神，自由之思想」。在先秦時代，孔子可以提出「志士仁人，無求生以害仁，有殺身以成仁」（《論語·衛靈公》），孟子可以提出「富貴不能淫，貧賤不能移，威武不能屈，此之謂大丈夫」（孟子·滕文公下）。但由於中國長達2,000多年的封建君主專制統治，這並沒有成為中國人的人文精神。中國的皇帝是金口玉言，中國的老百姓只能勞作，吃飯，不能有自己的思想，更不允許有異議，只能絕對服從，中國人的人文精神早就喪失了原創力。哈耶克認為，人民和各社會階層，只有在長期享有自由的情況下，才會有高尚的道德標準——這與他們所擁有的自由度成正比。反過來，哈耶克也相信，道德在一個偉大社會中也起著重要作用，只有在自由的行動受著強有力的道德信念引導時，自由社會才會良好地運作。早在20世紀40年代，哈耶克就認識到，在物質環境迫使我們做出選擇時有決定自己行動的自由，以及對按照自己的良心安排我們自己的生活自行負責，這兩者是道德情感能夠賴以培養、道德價值在個人的自由決定中賴以逐日再造的唯一氛圍。不是對上級，而是對自己的良心負責，不是用強力所威逼出來的責任心，以及對自己所做決定的後果負責，這才是名副其實的道德實質。因此，哈耶克一直相信，自由不僅是一種特殊的價值，而且是大多數道德價值的源泉和條件。② 筆者對此非常認同，因為自由是打開偉大心靈的第一把鑰匙，也是迎候神聖啟示的必要準備，更是開啟未來的真正源頭。

1978年改革開放以來，中國學術界乃至社會上廣為流傳一種觀點，那就是搞市場經濟，人人都想著如何賺錢發財，這會摧毀傳統社會的道

---

① 黎鳴. 問人性：東西文化500年的比較[M]. 上海：上海三聯書店，2011.
② 哈耶克. 自由憲章[M]. 楊玉生，馮興元，陳茅，等，譯. 北京：中國社會科學出版社，2012.

德基礎，當今社會中的商業倫理缺失和人們道德水準下降就是市場化改革的必然結果。這實在是對市場經濟的一種誤解。因為只有在市場經濟條件下，我們做出決策時才有決定自己行動的自由，也才能對自己所做決定的後果負責。我們市場化改革出現的社會商業倫理的缺失，不是市場化改革的結果，而是由於其他方面的原因。按照哈耶克的觀點，把自由當作法治保障下的個人經濟社會活動中的一種私人領域、一種人的生存狀態，這一論辯的邏輯就是說，只有在法治社會之中，人們的道德情感才會得以展示和再造，社會的道德水準才會不斷提高。法治還不夠完善才是社會商業倫理缺失的重要原因。

七、現代管理中如何培養人文精神

人文精神儘管無法成為治愈現代管理實踐之病的神藥，但是還是能夠使身處權力崗位的人重新關注價值觀、倫理道德和品格問題。通過重建現代管理與人文精神之間的由來已久的聯繫，能夠為現代管理注入新的活力。現代管理強調人文精神就是基於這樣的理念，我們不相信世界上存在十全十美之人，因此現代管理實踐需要解決有關人格發展、美德和價值觀之類的重大問題，還要理解我們作為人無法實現亞里士多德關於德性行為所提出的目標。但是這並不意味著我們不能有所提高、有所進步。

人文精神的培養與具體管理技能和方法的培養以及專業技術的培養應該有機結合，不可偏廢。核心價值觀的傳授和勞動技能的傳授是教育的兩項基本的社會功能，現代管理教育也不例外。現代管理分工越來越細，也越來越專業化。博弈論、信息技術、大數據挖掘、雲計算等現代管理方法和技術在現代管理中的應用越來越普遍。在管理教育和管理實踐中重視人文教育，能讓我們的管理者理解「我們的決策背後的終極價值觀」以及批判性思維技能，當然還包括提升他們說服他人的辯論能力。人文教育對品格的培養和對美德的塑造使其成為現代管理教育的重要組成部分。因為管理本質上是一種關乎人的活動，不只是關乎技術和數據。但人文精神的培養又不能只是通過空洞的說教，而要與現代管理技能的培養和具體管理實踐有機結合起來。在某種意義上人文精神的培養更多地需要示範來引導，因此道德典範的示範作用就顯得非常重要。孔子要求「見賢思齊」，也就是說當我們見到有德性的人（「賢人」）

時，就要考慮怎麼向他看齊。亞里士多德也提到，要使自己的行為達到正義（道德）的層面，我們就要像正義的人那樣去做。這就需要在現代管理教育中加強案例研究和使用案例教學，通過典型的案例來傳播和彰顯現代管理中的人文精神。

在德性培養過程中，另一個需要關注的問題是引導和涵養。引導主要表現為個體之外的教育、指引，更多地體現社會的影響和社會的約束。例如，社會逐步擺脫權力指向的文化，逐步形成尊重財產權、誠信、平等、自由的現代商業文明。涵養主要是個體自身的體驗、反省、覺悟，主要表現在企業管理者在經營實踐逐步形成的經營理念、商業道德和良好品質。外在的社會影響和約束以及自身的體驗、涵養在廣義的德性培養中相互關聯、彼此互動。

進而言之，人文精神的培養涉及美的品格的形成。在美的品格的形成過程中，又涉及真、善、美三者的關係。在美和真的關係中，一方面，真隱含著美；另一方面，美往往體現真。美和善內在地相互聯繫，一方面，它體現了道德上崇高的力量；另一方面，它又給人以一種審美意義上的美感。宋明理學家常常講「聖人氣象」，其中便包含形之於外的人格美。楊國榮認為，從中國思想史看，相對而言，道家比較強調「美」和「真」之間的統一，儒家則更注重「美」和「善」之間的互動，即所謂「美善相樂」。[①] 中國人還必須進一步學習和借鑑西方人的人文精神，尤其是民主、自由、科學的精神，因此還需要「啟蒙精神」繼續在中國萌芽、生長和鋪開，從這個意義上說，「啟蒙精神」就是人文精神。與此同時，還必須創造性地改造西方人的信仰精神，把西方人對上帝的崇拜轉換成現代中國人對永恆的真、終極的善和自由的美三者的信仰，用真、善、美來構築中國人的人文精神。

---

① 楊國榮. 哲學的視域 [M]. 北京：生活・讀書・新知三聯書店，2014.

參考文獻

中文部分

1. 阿代爾·特納. 銀行在做什麼，應該做什麼？——公共政策如何確保銀行對實體經濟的最佳結果 [J]. 比較, 2010 (3).

2. 本·S.伯南克, 托馬斯·勞巴克, 弗雷德里克·S.米什金, 等. 通貨膨脹目標制：國際經驗 [M]. 孫剛, 等, 譯. 大連：東北財經大學出版社, 2006.

3. 伯恩斯坦. 美國與世界經濟：未來十年美國的對外經濟政策 [M]. 朱民, 譯. 北京：經濟科學出版社, 2005.

4. 本斯泰爾, 羅伯特·E.利坦. 金融國策——美國對外政策中的金融武器 [M]. 黃金老, 劉偉, 曾超, 譯. 大連：東北財經大學出版社, 2008.

5. 保羅·克魯格曼. 戰略性貿易政策與新國際經濟學 [M]. 海聞, 等, 譯. 北京：中信出版社, 2010.

6. 布萊恩·斯諾登, 霍華德·R.文. 現代宏觀經濟學：起源、發展和現狀 [M]. 佘江濤, 魏威, 張風雷, 譯. 南京：江蘇人民出版社, 2009.

7. 陳彩虹. 亞當·斯密與凱恩斯之爭又起 [J]. 讀書, 2009 (4).

8. 陳雨露, 馬勇. 現代金融體系下的中國金融業混業經營：路徑、風險與監管體系 [M]. 北京：中國人民大學出版社, 2009.

9. 蔡昉. 成長的煩惱：中國在劉易斯轉折期間面臨的就業難題 [J]. 比較, 2010 (2).

10. 曹東勃. 現代農業的困惑 [J]. 讀書, 2010 (5).

11. 丹尼·羅德里克. 相同的經濟學, 不同的政策處方 [M]. 張軍

擴，侯永志，等，譯. 北京：中信出版社，2009.

12. 第米瑞斯 N.考若法斯. 商業銀行發展戰略［M］. 許鐵，等，譯. 北京：中國金融出版社，2005.

13. 丁學良. 辯論「中國模式」［M］. 北京：社會科學文獻出版社，2011.

14. 馮興元. 地方政府競爭——理論範式、分析框架與實證研究［M］. 南京：譯林出版社，2010.

15. 弗朗西斯·加文. 黃金、美元與權力——國際貨幣關係的政治（1958—1971）［M］. 嚴榮，譯. 北京：社會科學文獻出版社，2011.

16. 郭世坤. 人民幣應該或將加速國際化［J］. 中國金融，2009（21）.

17. 賀雄飛. 經濟學的香檳：22位諾獎得主對經濟危機的預測與反思［M］. 北京：世界知識出版社，2009.

18. 海曼·P.明斯基. 穩定不穩定的經濟——一種金融不穩定視角［M］. 石寶峰，張慧卉，譯. 北京：清華大學出版社，2010.

19. 黃宗智. 經驗與理論：中國社會、經濟與法律的實踐歷史研究［M］. 北京：中國人民大學出版社，2007.

20. 黃少安. 經濟學研究重心的轉移與「合作」經濟學構想——對創建「中國經濟學」的思考［J］. 經濟研究，2000（5）.

21. 肯特·馬修斯，約翰·湯普森. 銀行經濟學［M］. 慕相，譯. 北京：機械工業出版社，2008.

22. 劉遵義. 治理通貨膨脹的策略［J］. 比較，2008（37）.

23. 李訊雷. 不把 GDP 作為經濟發展首要目標又如何［J］. 新財富，2009（4）.

24. 林毅夫. 經濟發展與轉型——思潮、戰略與自生能力［M］. 北京：北京大學出版社，2008.

25. 林毅夫. 新結構經濟學：反思經濟發展與政策的理論框架［M］. 北京：北京大學出版社，2012.

26. 林毅夫. 新結構經濟學［M］. 北京：北京大學出版社，2012.

27. 羅延楓. 推動消費信貸發展的政策建議［J］. 中國金融，2006（17）.

28. 羅納德·麥金農. 升值還是漲工資［J］. 中國改革，2010（9）.

29. 李稻葵, 尹興中. 國際貨幣體系新架構：後金融危機時代的研究 [J]. 金融研究, 2010 (2).

30. 廖子光. 金融戰爭——中國如何突破美元霸權 [M]. 林小芳, 查君紅, 等, 譯. 北京：中央編譯出版社, 2008.

31. 黎鳴. 問人性：東西文化500年的比較 [M]. 上海：上海三聯書店, 2011.

32. 勞倫·勃蘭特, 托馬斯·羅斯基. 偉大的中國經濟轉型 [M]. 方穎, 趙揚, 等, 譯. 上海：格致出版社, 上海人民出版社, 2009.

33. 里奧 M.蒂爾曼. 金融進化論 [M]. 劉寅龍, 譯. 北京：機械工業出版社, 2009.

34. 李培功, 沈藝峰. 媒體的公司治理作用：中國的經驗證據 [J]. 經濟研究, 2010 (4).

35. 樓繼偉. 中國經濟的未來15年：風險、動力和政策挑戰 [J]. 比較, 2010 (51).

36. 拉斯·特維德. 逃不開的經濟週期 [M]. 黃裕平, 譯. 北京：中信出版社, 2008.

37. 默里·羅斯巴德. 美國大蕭條 [M]. 謝華育, 譯. 上海：上海人民出版社, 2009.

38. 馬克斯·奧特. 崩潰已經來臨 [M]. 何夢舒, 等, 譯. 天津：天津教育出版社, 2009.

39. 馬克斯·韋伯. 儒教與道教 [M]. 洪天富, 譯. 南京：江蘇人民出版社, 1993.

40. 米爾頓·弗里德曼, 羅絲·弗里德曼. 自由選擇 [M]. 張琦, 譯. 北京：機械工業出版社, 2008.

41. 年怡楠. 商業銀行流動性考察：基於風險管理的視角 [J]. 財經科學, 2007 (10).

42. 馬曉河. 中國結構轉型進入加快期 [J]. 財經, 2010 (22).

43. 錢穆. 中國歷代政治得失 [M]. 北京：生活·讀書·新知三聯書店, 2012.

44. 屈宏斌. 理性看待中國出口依存度 [J]. 財經, 2010 (18).

45. 斯蒂芬·莫里斯, 申鉉松. 立足於整個金融體系的金融監管 [J]. 比較, 2009 (2).

46. 斯圖爾特·L.哈特. 資本之惑 [M]. 戰穎, 白晶, 譯. 北京: 中國人民大學出版社, 2008.

47. Thomas G. Rawski. 人力資源與中國長期經濟增長 [J]. 經濟學 (季刊), 2011, 10 (4).

48. 田國強, 夏紀軍, 陳旭東. 破除「中國模式」迷思, 堅持市場導向改革 [M]. 北京: 中信出版社, 2010.

49. 王兆星. 國際銀行監管改革對中國銀行業的影響 [J]. 國際金融研究, 2010 (3).

50. 王永欽, 張晏, 章元, 等. 中國的大國發展道路——論分權式改革的得失 [J]. 經濟研究, 2007 (1).

51. 汪利娜. 美國次級抵押貸款危機的警示 [J]. 財經科學, 2007 (10).

52. 王一江, 等. 國家與經濟 [M]. 北京: 北京大學出版社, 2007.

53. 王一江. 民富論——關於發展與分配問題的探討 [M]. 北京: 中信出版社, 2010.

54. 王一江, 等. 國家與經濟——關於轉型中的中國市場經濟改革 [M]. 北京: 北京大學出版社, 2007.

55. 謝百三. 美國的次貸危機能夠波及到中國嗎? [N]. 金融投資報, 2007-08-18.

56. 夏斌, 陳道富. 中國金融戰略 2020 [M]. 北京: 人民出版社, 2011.

57. 熊彼特. 經濟發展理論 [M]. 何畏, 等, 譯. 北京: 商務印書館, 1990.

58. 許成鋼. 解釋金融危機的新框架和中國的應對建議 [J]. 比較, 2008 (39).

59. 許成鋼. 科舉制與基督教會對制度演進的影響 [J]. 比較, 2012 (3).

60. 約瑟夫·斯蒂格利茨. 斯蒂格利茨經濟學文集 [M]. 4 卷. 紀沫, 陳工文, 李飛躍, 譯. 北京: 中國金融出版社, 2007.

61. 約瑟夫·斯蒂格利茨, 等. 穩定與增長——宏觀經濟學、自由化與發展 [M]. 劉衛, 譯. 北京: 中信出版社, 2008.

62. 約瑟夫・斯蒂格利茨. 政府失靈與市場失靈監管的原則 [J]. 比較, 2009 (2).

63. 約瑟夫・馬恰列洛, 凱倫・E. 林克萊特. 失落的管理藝術——德魯克論現代管理與人文精神 [M]. 顧潔, 王茁, 譯. 北京：清華大學出版社, 2012.

64. 閻慶民. 金融監管要根植於「調結構」並服務好「促轉型」[J]. 中國金融, 2010 (6).

65. 楊國榮. 哲學的視域 [M]. 北京：生活・讀書・新知三聯書店, 2014.

66. 餘永定. 人民幣升值之困 [J]. 財經, 2010 (21).

67. 餘永定. 見證失衡：雙順差、人民幣匯率和美元陷阱 [M]. 北京：生活・讀書・新知三聯書店, 2010.

68. 張五常. 中國的經濟制度 [M]. 北京：中信出版社, 2009.

69. 張維迎. 博弈與社會 [M]. 北京：北京大學出版社, 2013.

70. 張維迎. 市場的邏輯 [M]. 上海：上海人民出版社, 2010.

71. 周其仁. 中國做對了什麼 [M]. 北京：北京大學出版社, 2010.

72. 周黎安. 轉型中的地方政府——官員激勵與治理 [M]. 上海：格致出版社, 上海人民出版社, 2008.

73. 張軍, 等. 中國企業的轉型道路 [M]. 上海：格致出版社, 上海人民出版社, 2008.

74. 張明. 從國民福利看匯率彈性 [J]. 財經, 2010 (17).

75. 鄭永年. 全球化與中國國家轉型 [M]. 鬱建興, 何子英, 譯. 杭州：浙江人民出版社, 2009.

76. 張岱年. 國學要義 [M]. 北京：北京大學出版社, 2012.

77. 鄒恒甫. 累積欲、節儉與經濟增長 [J]. 經濟研究, 1993 (2).

78. 中國工商銀行城市金融研究所次貸危機研究課題組. 次貸危機正在改變世界 [M]. 北京：中國金融出版社, 2009.

英文部分

1. Ausubel, Lawrence M. The Failure of Competition in the Credit Card Market [J]. American Economic Review, 1991, 81 (1).

2. Bar-Gill, Oren. Seduction by Plastic [J]. Northwestern Law Review, 2004 (98).

3. Berkowitz, Jeremy, Richard Hynes. Bankruptcy Exemptions and the Market for Mortgage Loans [J]. Journal of Law and Economics, 1999, 42 (2).

4. Bradford Delong. Productivity Growth, Convergence and Welfare: Comment [J]. American Economic Review, 1988 (12).

5. Courchane M, Surette B, P. Zorn. Subprime Borrowers: Mortgage Transitions and Outcomes [J]. Journal of Real Estate Finance and Economics, 2007 (29).

6. Domowitz Ian, Robert L. Sartain. Determinants of the Consumer Bankruptcy Decision [J]. Journal of Finance, 1999, 54 (1).

7. Demirgüc-kunt, Maksimovic. Law, Finance, and Firm Growth [J]. Journal of Finance, 1998 (53).

8. Fay, Scott, Erik Hurst, et al. The Household Bankruptcy Decision [J]. American Economic Review, 2002, 92 (3).

9. Fischer, Stanley. The Role of Macroeconomic Factors in Growth [J]. Journal of Monetary Economics, 1993, 32 (3).

10. Freytag A, Thurik R. Entrepreneurship and Cuture [M]. Berlin: Spring-Verlag, 2010.

11. Gross, David B, Nicholas S. Souleles. An Empirical Analysis of Personal Bankruptcy and Delinquency [J]. Review of Financial Studies, 2002, 15 (1).

12. Gross, Daid B, Nicholas S. Souleles. Do Liquidity Constraints and Interest Rates Matter for Consumer Behavior? Evidence from Credit Card Data [J]. Quarterly Journal of Economics, 2002, 117 (1).

13. Hart, Oliver Andrei Shleifer, Robert Vishny. The Proper Scope of Government: Theory and Application to Prisons [J]. Quarterly Journal of Economics, 1997, 112 (4).

14. Jin, He Hui, Yingyi Qian. Public vs Private Ownership of Firms: Evidence from Rural China [J]. Quarterly Journal of Economics, 1998, 113.

15. Laibson, David. Golden Eggs and Hyperbolic Discounting [J]. Quarterly Journal of International Law, 1997, 26 (2).

16. Lin, Emily Y, Michelle J. White. Bankruptcy and the Market for Mortgage and Home Improvement Loans [J]. Journal of Urban Economics, 2001, 50 (1).

17. Lu J Y, Tao Z G. Determinants of Entrepreneurial Activities in China [J]. Journal of Business Venturing, 2010, 25.

18. Lee S Y, Florida R, Acs Z J. Creativity and Entrepreneurship: A Regional Analysis of New Firm Formation [J]. Regional Studies, 2004, 38 (8).

19. McKinnon, Ronald I. Trapped by the International Dollar Standard [J]. Journal of Policy Modeling, 2005, 27.

20. Michelle J. White. Bankruptcy Reform and Credit Cards [J]. Journal of Economic Perspertives-Volume, 2007 (21).

21. Qian Y, G Roland. Federalism and the Soft Budget Constraint [J]. American Economic Review, 1998, 141.

22. Schumpeter J A. The Theory of Development [M]. London: Oxford University Press, 1934.

國家圖書館出版品預行編目(CIP)資料

中國經濟轉型的邏輯 / 胡少華 著. -- 第一版.
-- 臺北市：崧博出版：財經錢線文化發行, 2018.10
　面；　公分
ISBN 978-957-735-602-4(平裝)
1.經濟發展 2.中國
552.2　　　　107017321

書　名：中國經濟轉型的邏輯
作　者：胡少華 著
發行人：黃振庭
出版者：崧博出版事業有限公司
發行者：財經錢線文化事業有限公司
E-mail：sonbookservice@gmail.com
粉絲頁　　　　　網　址：
地　址：台北市中正區延平南路六十一號五樓一室
8F.-815, No.61, Sec. 1, Chongqing S. Rd., Zhongzheng Dist., Taipei City 100, Taiwan (R.O.C.)
電　話：(02)2370-3310　傳　真：(02) 2370-3210
總經銷：紅螞蟻圖書有限公司
地　址：台北市內湖區舊宗路二段 121 巷 19 號
電　話：02-2795-3656　傳真：02-2795-4100　網址：
印　刷：京峯彩色印刷有限公司（京峰數位）

　　本書版權為西南財經大學出版社所有授權崧博出版事業有限公司獨家發行電子書及繁體書繁體版。若有其他相關權利及授權需求請與本公司聯繫。
定價：500元
發行日期：2018 年 10 月第一版
◎ 本書以POD印製發行